KNAUR

Über die Autorin:

Layne Mosler wuchs in Kalifornien auf. In ihrer Familie gibt es Metzger, Bäcker, erfolglose Landwirte und fabelhafte Köche. So entdeckte sie früh ihre Leidenschaft für gutes Essen und träumte jahrelang vom eigenen Restaurant. Doch der Zeitdruck in der Küche war nicht ihre Sache, und so verlegte sie sich vom Kochen aufs Schreiben. Unter anderem hat sie für das New York Magazine, den Guardian, den Observer sowie für den Radiosender NPR Berlin gearbeitet. Sie lebt in Berlin.

Layne Mosler

TAXI
TAPAS
TANGO

Meine Reise durch drei Kontinente und ihre Küchen

Aus dem Amerikanischen
von Sabine Thiele

KNAUR

Die amerikanische Originalausgabe erschien 2015 unter dem Titel
»Driving Hungry« bei Knopf Doubleday Publishing.

Besuchen Sie uns im Internet:
www.knaur.de

FSC
www.fsc.org
MIX
Papier aus verantwortungsvollen Quellen
FSC® C083411

Vollständige Taschenbuchausgabe Februar 2019
Knaur Taschenbuch

Dieses Buch erschien 2016 unter dem Titel
»Taxi Gourmet« im Droemer Verlag.
Covergestaltung: Franzi Bucher, München
Coverabbildungen: Shutterstock / robuart; Timmy Turner; Vipicon
Satz: Adobe InDesign im Verlag
Druck und Bindung: CPI books GmbH, Leck
ISBN 978-3-426-78987-2

2 4 5 3 1

Für Leroy und Virginia

Ich möchte Sie, so gut ich es kann, bitten, lieber Herr, Geduld zu haben gegen alles Ungelöste in Ihrem Herzen und zu versuchen, die Fragen selbst liebzuhaben wie verschlossene Stuben und wie Bücher, die in einer sehr fremden Sprache geschrieben sind. Forschen Sie jetzt nicht nach den Antworten, die Ihnen nicht gegeben werden können, weil Sie es nicht leben könnten. Und es handelt sich darum, alles zu lesen. Leben Sie jetzt die Fragen. Vielleicht leben Sie dann allmählich, ohne es zu merken, eines fernen Tages in die Antwort hinein.

Rainer Maria Rilke,
Briefe an einen jungen Dichter

TEIL I
Buenos Aires

Zuerst muss man wissen, wie man leidet,
dann, wie man liebt, dann, wie man verlässt,
und schließlich, wie man, ohne
nachzudenken, umherschweift …

Homero Expósito,
Naranja en Flor

1

Wo soll's denn hingehen?«, fragte der *taxista*, während er den Mate-Kürbis in seinem Schoß hochhob, einen raschen Schluck durch das Metallröhrchen nahm und mir dabei einen Blick im Rückspiegel zuwarf. Ich blätterte in meinem Kalender und wünschte, ich hätte mir die Querstraßen bei meiner neuen Adresse gemerkt. »Avenida Santa Fe und …« Wie oft hatte ich das auf der Karte im Internet nachgesehen?

»Santa Fe und Bulnes«, sagte ich schließlich, während ich mir einen Schweißtropfen von der Stirn wischte und das Fenster herunterkurbelte. Der Januar war in Buenos Aires das, was der August in Miami war, und wenn man um zehn Uhr vormittags aus dem Ezeiza-Flughafen ins Freie trat, lief man gegen eine solide Hitzewand.

»*Bueno.*« Der Fahrer nickte. »Santa Fe und Bulnes.« Er fuhr an den anderen Taxis vorbei, die am Ankunftsbereich parkten – hauptsächlich Fiats und Renaults, gelb-schwarze Spielzeugautos, die ein starker Windstoß davonwehen könnte. »Santa Fe und Bulnes«, wiederholte der Fahrer und warf mir einen erneuten Blick im Rückspiegel zu. In seinen tiefliegenden, dunklen Augen war ein neckisches Lächeln. »Wir geraten vielleicht in einen Stau, *¿sabés?*«

Ich rutschte näher an das offene Fenster und fragte mich, wie er es in seinem langärmeligen Hemd aushielt. »*Bueno* …«

»*Bueno no es*«, erwiderte er. Nein, nicht gut. Wir hielten beim Parkwächter. »*¡Che, Juan! ¿Como estás, viejo?*« Er reichte dem Mann einige Pesos, und der hölzerne Schlagbaum hob sich langsam und unsicher, als zögere er, uns vom Flughafengelände zu lassen. »Die *piqueteros*«, sagte der Taxista und schwenkte seinen Mate-Kürbis, als wir uns von dem Parkwächterhäuschen entfernten und die Straße entlang zum Ausgang rollten, »marschieren in die Stadt.«

»Ach ja?« Ich steckte den Kalender zurück in meine Handtasche. »Wissen Sie, warum?« Die *Piqueteros* waren Demonstranten, die durch Straßenblockaden etwa auf die schlechte wirtschaftliche Situation des Landes aufmerksam machten.

»Wer weiß das schon?« Der Fahrer trank von seinem Mate – das grünteeartige Getränk, das mehr Regalmeter in argentinischen Lebensmittelläden einnimmt als Kaffee und Tee zusammen – durch die silberne *bombilla*, bis ein schlürfendes Geräusch ertönte. »Die *piqueteros* haben ein Recht darauf, ihre Meinung zu äußern«, sagte er, während er den Mate-Kürbis vor der Gangschaltung abstellte, »aber ich habe auch ein Recht, die Straßen meiner Stadt in Ruhe zu befahren, nicht wahr?«

Er grinste mir im Rückspiegel zu, an dem ein hölzerner Rosenkranz hing sowie ein blau-weißes Band in den Farben Argentiniens, das flatterte, als er sich auf die *autopista* einfädelte, die bis auf ein paar andere Taxis leer war. Ich sah hinaus auf die Pampa, die in der Vormittagshitze flirrte, ein Ozean hoher Gräser, der sich bis zum bläulich braunen Horizont erstreckte. Ich konnte die Weite genauso wenig erfassen, wie ich begreifen konnte, dass ich endlich hier war.

»Was machen Sie in Buenos Aires?«

Ich sah aus dem Fenster und wusste nicht, was ich antworten sollte. Wir fuhren vorbei an einer *villa miseria*, einem Slum, wo die Sonne auf den Wellblechdächern der Hütten gleißte und durchhängende Wäscheleinen zwischen den Wänden gespannt waren. Hinter dem Barackenviertel stand eine Plakatwand, auf der über den Streifen der Nationalflagge geschrieben stand: »*Argentina, un país en serio.*« Argentinien: ein ernstes Land.

Ich wischte mir noch einen Schweißtropfen von der Schläfe und dachte zurück an die Nacht der widerspenstigen Austern.

»Du bist zu *langsam!*«, brüllte die Zauberin mich aufgebracht durch die Durchreiche an, ihre normalerweise unbewegten braunen Augen weit aufgerissen hinter den randlosen Brillengläsern. »Du kannst nicht mal eine Auster öffnen!«

Die Zauberin war die vierzigjährige Chefköchin, die strähnige Haare und einen Kugelbauch hatte, abhängig von Schmerzmitteln war und wahrscheinlich unter deren Einfluss stand, als sie ihr Edelrestaurant in San Francisco mit französisch-asiatischer Fusionsküche Vertigineuse getauft hatte. Ich nannte sie die Zauberin, weil man alles, was sie kochte – weiße Gazpacho, Foie gras mit Mangobutter, scharf angebratener Hamachi, in Shiso-Blätter gewickelt –, unbedingt essen musste, egal ob man hungrig war oder nicht.

Jetzt versuchte sie, ein Dutzend Promis an Tisch II zu umgarnen; der Beginn sollten Austern in der Schale sein. Parallel bemühte ich mich, das Messer in den Spalt der geschlossenen Muschel zu zwängen, ohne ihren Inhalt zu beschädigen. Doch sie kam mir keinen Millimeter entgegen. Die Zauberin verdrehte die Augen. Diese störrische Auster verkörperte für sie meine gesamte Unfähigkeit.

»Was machst du«, sagte sie und drückte die Handflächen ins Kreuz, die Teller ignorierend, die die anderen Köche ihr zur Überprüfung vorsetzten, »wenn wir mal *wirklich* viel zu tun haben?«

Keine Ahnung. Ich schob ein Dutzend Austern in meine Schürze, packte das Messer (kurz, dick und stumpf, zum Stochern, nicht zum Schneiden), ließ drei Fladenbrote mit Feige,

Gorgonzola und karamellisierten Zwiebeln im Pizzaofen, hastete an Bob an der Sauté-Station vorbei (der zwischen dem Foie gras auf der großen Herdplatte und dem Maisfond auf dem Herd hin und her wirbelte), an Rob beim Grill (der Lammkarree briet und den Wildlachs fertig machte) sowie an der Zauberin, die zischte: »Du hast eine Minute!«

Ich rannte den Gang entlang in die Vorbereitungsküche. »Raúl!«, rief ich und hielt ihm meine Schürze mit den Austern hin. »*¡Ayúdame, por favor!*« Raúl war unser Chefvorbereitungskoch. Er legte sein Ausbeinmesser ab, schob das Schneidebrett mit dem Thunfisch, den er gerade filetierte, zur Seite und holte die Austern aus meiner Schürze auf die Edelstahlarbeitsfläche – alles in einer fließenden Bewegung. Wie jeder andere in der Küche hatte er Mitleid mit mir – ich *war* zu langsam. Im Gegensatz zu allen anderen war Raúl allerdings nett.

Er hätte an meiner Stelle sein sollen, vorne bei den verschiedenen Köchen, sollte an der Kaltstation lernen, Salate und Desserts anrichten. Raúl hatte in Guadalajara halbprofessionell Fußball gespielt, bevor er sich ein Band im Knie gerissen hatte. Jede Bewegung hatte bei ihm einen Sinn. Mit dem Messer war er mindestens so gut wie Bob oder Rob, wenn nicht sogar besser. Doch nach drei Jahren mit zwei Stellen in Küchen in San Francisco sprach er noch immer nur ein paar Worte Englisch, weshalb er im Hintergrund blieb und vorbereitete. Doch er konnte ein Dutzend Austern in fünfundvierzig Sekunden öffnen, mit einem cholerischen Chefkoch im Rücken und einem gelassenen Lächeln um die perfekten Zähne.

Stunden später, nachdem sowohl die Gäste als auch die Zauberin gegangen waren und das Vertigineuse geschlossen hatte, saß ich an der Bar und nippte an einem Johnnie Walker Black, den Ray, unser sommersprossiger Oberkellner mit dem Schwanenhals ausschenkte, als gehörte ihm der Laden.

Alle vergötterten Ray. Jeden Abend vor Öffnung machte er der Küchenbelegschaft Espresso und berücksichtigte individuelle Vorlieben. Er konnte jeden Koch überreden, ein Gericht noch einmal zuzubereiten, wenn ein Gast unzufrieden war, und er erfasste innerhalb von Sekunden die Stimmung an einem Tisch. Meine Großmutter hätte ihn eine »Kaviarpersönlichkeit« genannt. »Was war denn los heute Abend?«, fragte Ray und sah auf meine bandagierte Hand.

Ich seufzte. »Was jeden Abend los ist. Ich lasse das Fladenbrot anbrennen. Ich vermassele die *tuille*. Ich ertränke den Salat in Dressing. Oder gebe zu wenig darüber. Und das hier«, ich deutete auf den Verband, »stammt vom Gasbrenner. Ich darf keine Crème brûlée mehr machen.«

»Also«, sagte Ray mit einem halben Lächeln, eine seiner schön geschwungenen Augenbrauen in die Höhe ziehend, »du willst dich selbst feuern?«

Ich versuchte zu lachen, als ich mich von meinem roten Gesicht im Spiegel hinter der Bar abwandte. »Die Zauberin hat mich seit zwei Monaten nicht bezahlt, weshalb ich wohl sowieso schon gefeuert bin.«

»Wie meinst du das, sie hat dich nicht bezahlt?«

»Du weißt, dass das Restaurant Verluste macht.«

Ray nickte. Er wusste es, war aber nicht beunruhigt. Er würde immer irgendwo einen Job bekommen.

Ich lehnte mich über den Tresen und senkte die Stimme. »Sie hat mich gefragt, ob ich auf meinen Lohn warten könne, und ich habe ja gesagt. Ich dachte allerdings nicht, dass es zwei Monate dauern würde.« Ich trank meinen Whiskey aus und schloss die Augen, als der Alkohol eine wohlige Wärme in meinem Bauch verbreitete.

»Ach, Mädchen.« Ray schnalzte mit der Zunge. »Das ist gar nicht gut.«

»Du weißt, dass ich keine Köchin werde, ich weiß es. Wahrscheinlich verdiene ich meinen Lohn nicht einmal.« Ich trommelte mit den Überresten meiner Fingernägel gegen das Glas. »Aber ich gebe mir alle Mühe, jede Tätigkeit in diesem Business zu lernen, damit ich weiß, was ich tue, wenn ich mein eigenes Restaurant eröffne.«

»Bist du dir da ganz sicher, Süße?« Ray warf einen Blick auf meinen Verband, als er uns noch einmal einschenkte. »Willst du wirklich ein Restaurant eröffnen?«

Mir war diese Idee gekommen – beziehungsweise ich hatte mich in sie verliebt – während eines zähen Semesters an der Universität in New Jersey, wo ich auf einen Masterabschluss in Gemeindeentwicklung hinarbeitete und jeden Tag einige Stunden Food Network schaute und Rezepte an meinen Mitbewohnern ausprobierte. An meinem Geburtstag fuhr ich nach Philadelphia und verwöhnte mich mit einem Mittagessen im White Dog Café, Judy Wicks' Restaurant und sozialem Projekt. Nach der Hälfte einer Schale grüner Knoblauchsuppe wollte ich in Ms. Wicks' Fußstapfen treten. *Zum Teufel mit SWOT-Analysen und Indikatoren für die menschliche Entwicklung,* dachte ich. Ich konnte viel direkter etwas Gutes tun, indem ich jemandem Dads Milchbrot servierte oder Grandpas Fenchelwurst (die er als Metzger nur in Hundert-Pfund-Portionen herstellen konnte) oder unsere Neujahrslasagne nach einem Rezept, das Grandma von einem italienischen Lebensmittelhändler in L. A. bekommen hatte und meiner Mutter erst gab, als meine Eltern schon fünf Jahre verheiratet waren.

Als ich die Kerze auf meinem Sauerkirschkäsekuchen ausblies, hatte ich eine Vision: mein Restaurant, in einer Westküstenvariante des White Dog. Wir würden unsere eigenen Kräuter anbauen, Wein vom Fass servieren, wie in Italien, in kleinen

Glaskrügen. Die Gäste könnten selbst bestimmen, was sie zahlen wollten. Alle Tische wären rund, damit sich lebhafte Unterhaltungen entwickeln konnten.

»Die ganze Ausbildung, um dann in einem Restaurant zu arbeiten?«, sagte Mom.

»Bist du dir sicher, dass du das tun willst, Kleines?«, fragte Dad.

Ich legte meinen Masterabschluss auf Eis, zog nach San Francisco und stürzte mich in das Restaurantbusiness. Ich wusch Geschirr. Ich bediente. Ich arbeitete als Barista im Java Supreme, wo ich den richtigen Gebrauch einer Espressomaschine lernte. Ich war eine Hostess im Greens, dem »weltberühmten« vegetarischen Restaurant des San Francisco Zen Centers, wo die Gäste nicht mit der Wimper zuckten, wenn sie einen Wurm im Salat fanden (»Nun, dann wissen wir wenigstens, dass hier alles bio ist!«), und wo ich schließlich Greens to Go managte, ihr Takeout-Café.

Währenddessen füllte ich ein Notizbuch nach dem anderen mit Ideen für mein Restaurant: Sobald die Gäste sich hingesetzt hatten, würden wir wie in Portugal Käse, Oliven und eingelegtes Gemüse auf den Tisch stellen, damit sie schon etwas knabbern konnten, während sie die Speisekarte lasen. Wir würden für unsere Gäste Rezeptwettbewerbe organisieren und die Gewinnergerichte einen Monat auf die Speisekarte setzen. Und ich würde Focaccia machen, in einem holzbefeuerten Lehmofen in der Mitte des Restaurants. Ich überlegte, mich an der California Culinary Academy zu bewerben.

»Bevor du fünfzigtausend Dollar für eine Kochschule ausgibst«, sagte ein Chefkoch namens Nano, der mit mir auf seinem Motorrad die Lombard Street entlangfuhr und mich um ein Uhr morgens in die Freuden von Super Quesadillas Suizas im El Farolito einführte (riesige Weizentortillas mit Avocado, saurer Sahne, Frischkäse, Fleisch und so viel Tomatensalsa, wie man wollte), »solltest du erst mal als normaler Koch in einer Restaurantküche arbeiten.«

Nano verhalf mir zu einem Mindestlohnjob in der Küche des Vertigineuse, wo er einst als Souschef gearbeitet hatte. Das Restaurant lag in einer Art Vorhölle zwischen dem alten Geld in Nob Hill und den Drogen und der Armut in Tenderloin. In den letzten zehn Jahren waren drei Restaurants an dieser Stelle gescheitert.

»Die ganze Ausbildung, um dann Pilze zu schneiden!«, jammerte Mom.

»Solange du Spaß hast an dem, was du tust«, sagte Dad.

Ich hoffte, nach dem Vertigineuse endlich meinen Businessplan zu erstellen und damit anzufangen, Geld für mein Restaurant zu sammeln. (Außerdem suchte ich immer noch nach einem Namen. »Gusto« war mein bester Einfall bisher.) Doch nach zehn Monaten als Köchin bekam ich immer noch nicht dieses Adrenalinhoch, bei dem Bob oder Rob manisch zu kichern begannen, wenn sie mit Bestellungen bombardiert wurden, sondern geriet in helle Panik und wusste überhaupt nicht mehr, was ich zuerst erledigen sollte. Eines Abends nahm Bob, der selbst in Clogs und karierter Hose immer kampfbereit aussah, mich zur Seite und versuchte, mir zu helfen.

»Wenn du dich überfordert fühlst, musst du dich konzentrieren«, sagte er. »Schau dir dreißig Sekunden genau an, was zu tun ist, und entscheide, was zuerst erledigt werden muss. Mach dir eine Liste. Und dann leg los.« Es klang so leicht.

»Okay!« Ich nickte. »Ich mache eine Liste.«

Doch jeder brauchte sein Chawanmushi und die scharfen Auberginen Napoleon und die Austern in Schale *sofort*. Nach zehn Monaten musste ich mich den Tatsachen stellen: Bob und Rob bewegten sich auf einem ganz anderen Level. Der Stress befeuerte sie, zog sie in diesen Tanz unter Hochdruck durch die Küche, für den die Köche leben. Mich lähmte er dagegen. *Gut, ich bin also kein Koch,* dachte ich. *Aber deswegen kann ich immer noch ein Restaurant leiten.*

Doch in der Nacht der widerspenstigen Austern, während ich um zwei Uhr morgens mit schmerzender Brandwunde auf meinem dreigängigen Fahrrad durch Nob Hill radelte, durch Nebelfelder und über feucht glänzenden Asphalt, dachte ich an Rays Frage – »Willst du wirklich ein Restaurant eröffnen?« –, hoffte, die Antwort wäre immer noch ja, wollte es so dringend, aber ich wusste, sie lautete nein.

»Ich will über Buenos Aires schreiben«, sagte ich dem Taxista, während wir an der letzten Mautstation auf dem Highway vom Ezeiza-Flughafen vorbeifuhren.

»Wirklich?«

Der Verkehr auf der *autopista* war innerhalb der Stadtgrenzen dicht, und mein Fahrer kauerte über dem Lenkrad, als ob er sich gegen einen Angriff wappnete. »*Mira*«, sagte er, »schauen Sie, wenn Sie den Menschen die Wahrheit über diesen Ort sagen, wird Ihnen niemand glauben. Aber was weiß ich schon.«

Ich sah durch das Fenster auf meine sonnengebleichte Umgebung: Die Stadt wirkte wie eine zusammengesetzte Erweiterung der umliegenden Ebenen, mit Wolkenkratzern als nachträglichen Einfällen.

»Eigentlich«, ich drehte mich zu dem Taxista und lächelte seinem Profil zu, »bin ich vor allem an dem Essen hier interessiert.«

»*¿Cómo?*«

»Ich will über die Gastronomie schreiben.«

»Astronomie?«

»Nein.« Ich lachte. »Gastronomie – Essen, Restaurants, so etwas.« Nach der Nacht der widerspenstigen Austern und der anschließenden Erkenntnis, dass ich den Großteil eines Jahrzehnts damit verbracht hatte, auf den falschen Traum hinzuarbeiten, begann ich nach einer neuen Berufung zu suchen. Ich wechselte von Job zu Job, von Wohnung zu Wohnung, zog quer durch die Bay und wieder zurück und wurde immer rastloser und gelangweilter, sobald etwas Neues zur Routine wurde. In der Zwischenzeit kauften meine Freunde in San Francisco Immobilien und planten ihre Hochzeit, machten einen Abschluss in Jura und Betriebswirtschaft und schlossen ihren Master in Gesundheitswesen und Sozialarbeit ab. *Jeder macht Ernst, außer mir,* dachte ich. Aber meiner Ansicht nach eliminierte man zu viele andere Möglichkeiten, wenn man sich für einen Weg entschloss. Ich wollte nicht »mein Leben bestreiten«. Ich wollte leben. Alles schmecken, überall hingehen. Ich wollte Leidenschaft und eine alles verschlingende Beschäftigung – und es musste mit Essen zu tun haben.

Der Taxista setzte sich aufrecht hin und zog die Augenbrauen zusammen, während er mich im Rückspiegel musterte. »Woher kommen Sie?«

»Raten Sie mal.«

»Kolumbien?«

Ich schüttelte den Kopf.

»Venezuela?«

»Neein.«

»*México?*«

»Fast«, antwortete ich. »Kalifornien.«

»Kalifornien?«

Ich nickte.

»Ah, Kalifoooornien.« Er seufzte, als erinnerte er sich an eine alte Liebschaft. »Ich habe ein Jahr in L. A. gelebt, *¿sabés?* Von 2002 bis 2003. Nach der Krise. Dort habe ich Autos lackiert. Als ich hierher zurückkam, hatte ich Dollars in der Tasche, doch ich machte ein paar schlechte Investitionen, und jetzt bin ich hier. Ein Taxifahrer.« Er seufzte wieder und hob den Mate-Kürbis zu einem spöttischen Toast. »*La crisis.* Was soll man da schon machen?«

La crisis war der Zusammenbruch der argentinischen Wirtschaft Ende 2001, die von einer Rezession ausgelöst wurde sowie hohen internationalen Schulden und dem Gerücht, der Peso solle abgewertet werden, weshalb alle zu den Banken rannten und daraufhin die Konten eingefroren wurden, was wiederum zu massiven *cacerolazos* (lautstarken Protesten auf den Straßen mit Töpfen und Pfannen) führte, die in Unruhen mit fünfundzwanzig Toten eskalierten, nach denen der Präsident zurücktrat, in einem Helikopter aus der Casa Rosada floh, worauf der Übergangspräsident die Zahlungsunfähigkeit erklärte und nach einer Woche im Amt wieder zurücktrat, worauf ein weiterer Übergangspräsident den Peso entwertete, weshalb Tausende Menschen ihre Ersparnisse verloren, ihr Zuhause und/oder ihre Arbeit.

»Wie lange bleiben Sie in Buenos Aires?«, fragte der Taxista.

»Auf unbestimmte Zeit.«

»Haben Sie Familie hier? Einen Ehemann?«

»Nein. Keinen Ehemann.«

»Wie alt sind Sie?«

Ich lachte. »Einunddreißig.«

»Haben Sie Freunde hier? Einen Freund?«

»Nein«, erwiderte ich und wusste, wie fremd und traurig ich für einen Mann aus einer Kultur klingen musste, in der Liebe und Freundschaft die Lebensentscheidungen eines Menschen bestimmen. »Ich war schon einmal hier«, erzählte ich ihm. »Mit meiner besten Freundin. Und ich habe mich in die Stadt verliebt. Also …«

»Sie haben sich in Buenos Aires verliebt?«

»¿Cómo te lo puedo explicar …?« Wie kann ich es Ihnen erklären?

War es die Kombination aus Steak und Empanadas und Dulce de leche, Straßen, die nach Dichtern, Philosophen und Tangokomponisten benannt waren, Buchläden auf der Avenida Corrientes, die bis nach Mitternacht offen hatten? War es der musikalische, italienisch beeinflusste Rhythmus des *rioplatense*-Spanisch? Wie die ganze Stadt explodiert war – TOOOOOOOOOOR! –, als die Fußballnationalmannschaft in einem Weltmeisterschaft-Qualifikationsspiel gegen Uruguay ein Tor schoss? Waren es die Zeitungskioske auf dem Gehsteig, in denen Neruda und Shakespeare neben den neuesten Ausgaben von *Hello!* und *Hustler* standen? War es die Nervosität der Stadt, die mich immer, immer dazu trieb, aufmerksam zu sein? Das Verkehrschaos auf den großen Avenidas, das mein eigenes Chaos zu spiegeln und in den Schatten zu stellen schien? Oder war es das Gefühl, dass die Stadt gerade erst aus der Krise auferstand und dass sich auch das Essen hier ändern könnte? Hier, sagte ich mir, war ein Ort, an dem ich etwas Neues beginnen konnte. Hier war ein Ort, den Borges »ein Land voller Exilanten, voller Menschen, die sich nach dem Fernen und dem anderen sehnen« nannte, einen Ort, an dem die Menschen zu glauben schienen, ihr Schatz wäre irgendwo in weiter Ferne vergraben.

Der Taxista fuhr von der Autobahn ab. Fuhren wir nach Norden oder nach Süden? Ich wusste es nicht. Ich sah keine *piqueteros*. Die Luft roch nach überreifen Pfirsichen und Diesel. Mein Rücken war schweißüberströmt. Am Straßenrand waren Schilder mit roter Blockschrift – LAVANDERÍA, PAPELERÍA, HELADERÍA, EMPANADERÍA –, Männer in Tanktops, die Fanta tranken, und Frauen mit gebräunten Beinen in kurzen Shorts, die über die Schlaglöcher im Gehsteig stolzierten.

Ich fragte den Taxista, was er von Borges hielt.

»Borges? Nein, nein, nein, nein, nein, nein. Wenn Sie Buenos Aires verstehen wollen, dürfen Sie nicht Borges lesen. Er ist nicht einmal in Argentinien *begraben*! Wenn Sie die Stadt begreifen wollen, dann müssen Sie Tango können. Vergessen Sie Borges! Vergessen Sie die Astronomie!«

»Tanzen Sie Tango?«

»Nein«, antwortete er. »Meine Eltern haben getanzt. Als ich jung war, haben sich nur die alten Leute für Tango interessiert, *¿sabés?* Wir haben die Beatles gehört. Und Rock 'n' Roll. Aber jetzt, da ich älter bin, wünschte ich, ich hätte es gelernt. Und jetzt mag ich auch die Musik.« Er öffnete das Handschuhfach, in dem zwei ordentliche Kassettenstapel lagen. »Kennen Sie Julio Sosa?«

»Nein, aber ich glaube, ich habe den Namen schon mal …«

»*¡Qué voz!*«, sagte er. »Was für eine Stimme! Hier, hören Sie mal.«

Er schob eine Kassette in das Abspielgerät. Julio Sosas Bariton, bestimmend, gewichtig, voller Ironie, schien die Lautsprecher an ihre Grenzen zu bringen. Der Taxista drehte lauter. »Diese Stimme! Hören Sie, was er sagt. Dieser Tango heißt ›Cambalache‹. Hören Sie!«

Ich versuchte, den Text beim Zuhören zu übersetzen. Viel verstand ich nicht.

»Dieses Lied ist in den zwanziger Jahren geschrieben worden, doch was er sagt, stimmt immer noch! *Increíble.* Hören Sie!« Er spulte die Kassette zum Anfang zurück. »Er sagt: ›Die Welt war und wird Schmutz sein im Jahr fünfhundertsechs und auch im Jahr zweitausend!‹ Er sagt: ›Heute ist alles das Gleiche, nichts wird besser, ignorant sein, ein Genie, ein Taschendieb, ein Schwindler.‹ Es ist alles das Gleiche.«

Wir rasten über eine gelbe Ampel und bremsten hinter einem Bus. Der Taxista holte eine Metallthermosflasche aus einer Tasche auf dem Beifahrersitz und füllte den Mate-Kürbis neu. Er musste beinahe schreien, um Julio Sosa zu übertönen. »Er spricht über einen Mangel an Respekt, den Verlust der Vernunft! Dass das zwanzigste Jahrhundert voller Probleme ist! Wenn man nicht schreit, wird man nicht gefüttert! Wenn man nicht stiehlt, ist man ein Dummkopf!«

»Was denken Sie?«

»Ich wäre ein Dummkopf, wenn ich etwas anderes denken würde«, sagte er. »Nicht nur das. Sondern ein hungernder Dummkopf.«

Julio Sosa klang, als genieße er den Schmerz, als er die letzten Zeilen von »Cambalache« sang, und ich erfasste den Kern der Worte: Der Idiot lebt von seiner Arbeit, und der kluge Mann lebt vom Idioten. Und wir werden uns alle in der Hölle wiedersehen.

Der Taxista überholte den Bus, den Mate-Kürbis in der Hand, und bog auf die Avenida Santa Fe ab. »Wo soll ich Sie absetzen?«

Ich sah aus dem Fenster und blinzelte, um die Hausnummern zu erkennen. Da war mein Gebäude: fünf Stockwerke Beton aus den Siebzigern, eingequetscht zwischen einen Burger King und einen Handyladen. Mein Magen verkrampfte sich in einer Sackgasse aus Zweifeln und Angst, als ich erkannte, dass ich aus dem Taxi aussteigen musste. Ich würde in ein Apartment einziehen, das ich nur im Internet gesehen hatte, meine Ersparnisse reichten für drei Monate, und mein Notfallkontakt war zehntausend Meilen entfernt.

2

Dieser erste Tag im Jetlag verging wie im Nebel – die Stadt glühte vor Hitze und war halbleer, und die *porteños* (wörtlich: Menschen aus dem Hafen; örtliche Übersetzung: jeder aus Buenos Aires, ob er aus der Stadt stammte oder tatsächlich hier lebte) mit Geld waren an die Küste oder in die Berge geflohen. Restaurants waren geschlossen. Banken – einige Fenster waren immer noch gesplittert nach den Protesten, als der Peso vor drei Jahren einbrach – waren ebenfalls zu. Ich stand allein in der tropischen Hitze auf einem U-Bahn-Steig, tupfte mir den Schweiß von der Stirn und starrte auf einen Fernsehmonitor, auf dem der Tangokanal lief: Ein junges Paar, dunkelhaarig und in enge rote und schwarze Kostüme gekleidet, tanzte auf dem Bildschirm, die Beine wirbelten synchron zu den stakkatoartigen Klängen einer Geige umher.

Ich war schon vor der Begegnung mit dem Julio Sosa liebenden Taxista neugierig auf Tango gewesen, lange bevor ich das erste Mal in Buenos Aires war. Jedes Jahr, seit ich sieben war, hatte ich mir jede Runde der World Latin Dance Championships auf PBS angesehen. Ich liebte die sonnige Energie von Salsa und Samba und das große stampfende Drama des Paso doble, doch der Tango faszinierte mich am meisten: Ich starrte die Paare mit ihren zurückgegelten Haaren an, wie sie einander grimmig musterten, sich voneinander lösten, sich wieder annäherten – sie waren so wild, so eindringlich –, und ich versprach mir, dass ich irgendwann, irgendwo diesen seltsamen, wunderschönen Tanz lernen würde.

Kurz bevor ich San Francisco den Rücken kehrte, hatte ein Tango tanzender Freund eines Freundes mir vom La Catedral erzählt, einem der beliebtesten Untergrund-Tangoclubs in Buenos Aires. »Montags«, sagte er mit einem sehnsüchtigen Lächeln, »gibt es dort Unterricht für Anfänger.« *Perfekt,* dachte ich.

Das La Catedral lag in dem Mittelklasseviertel Almagro, fünfzehn Blocks und Welten entfernt von den schicken Schuhläden und dem Imbiss mit der frischen Pasta und der deutschen Biobäckerei in der Nähe meines Apartments auf der Avenida Santa Fe. Als ich zu dem Tangoclub ging, an zwei Fleischempanadas mit süßer Paprika kauend, wurden die Straßenlichter spärlicher, die Risse im Gehsteig breiter, und der Geruch nach Hundekot und Müll – der sich vom Boden in den Rinnstein ergoss – wurde stärker in der schwülen Nacht. Ich packte die Empanadas weg und hielt den Atem an. Dort, wo das La Catedral sein sollte, befand sich eine rostige Metalltür ohne Schild. Als ich klopfte, öffnete ein Teenager in einem Che-Guevara-T-Shirt.

»*Hola*«, sagte ich und hoffte, dass er die Schweißringe unter meinen Armen nicht bemerkte. »Findet hier heute Abend Tangounterricht statt?«

»*Arriba*«, antwortete er und deutete auf die Betontreppe hinter sich.

Eine kopflose Schaufensterpuppe in einem Tanga begrüßte mich oben auf der Treppe, die zum Unterrichtsraum führte, der wie eine Kreuzung aus einem Film-noir-Set und einem Flohmarkt aussah. Die Holzdecke war sicher zwölf Meter hoch, und die nicht gestrichenen Wände waren übersät mit gebrauchten Fahrradreifen, leeren Bilderrahmen, Radkappen und einem einzelnen staubigen Tangoschuh. An der Decke baumelten verrostete Ventilatoren, die halbherzig die heiße Luft im Raum umpflügten. Streunerkatzen schliefen zwischen den nicht zueinander passenden Stühlen, die die Tanzfläche säumten, die von einer Handvoll nackter Glühbirnen in Primärfarben beleuchtet wurde. Es war düster, es war schmutzig, und vielleicht war das Gebäude sogar abbruchreif. Ich hätte keinen romantischeren Ort heraufbeschwören können, um Tango zu lernen.

Eine große Frau in roten High Heels stolzierte auf die Tanzfläche und klatschte in die Hände. »*¡Vamos, chicos!*«

Von diesem Moment hatte ich fantasiert. Bei meiner ersten Reise nach Buenos Aires hatte ich nur Zeit für einen Tango gehabt, mit einem dort angestellten Tänzer in einem Steakhouse in La Boca. Eine überaus merkwürdige Erfahrung, doch ich sagte mir, dass es nur daran lag, weil unser Tango gerade mal fünfundvierzig Sekunden gedauert hatte. Auch wenn ich wusste, dass ich nie eine professionelle Tänzerin werden würde – diese Hoffnung wurde zerstört, als ich vier Jahre alt war und die Lehrerin in meiner ersten Ballettklasse zu mir sagte, mein Torso sei zu lang in Relation zu meinen Beinen –, konnte mich nichts davon abhalten, mir vorzustellen, dass ich vielleicht eine Art Tangowunderkind sein könnte, dass ich den Tanz schnell lernte, ganz natürlich, geradezu unheimlich. *Eines Tages,* dachte ich – mich zusätzlich auf die Fantasien von der Hauptdarstellerin in einem Film namens *Tango-Fieber* stützend –, *würde ich vielleicht sogar Tango vor Publikum im Teatro Colón, Argentiniens Carnegie Hall, tanzen.*

Ich stellte mich in den Kreis von Schülern, der sich um die *profesora* gebildet hatte. Die meisten Frauen trugen hochhackige Tanzschuhe, einige andere Ballettschuhe. Die Männer hatten alles Mögliche an, von Krawatten bis zu T-Shirts. Die *profesora* musterte uns von oben bis unten, während sie ihr krauses, kastanienbraunes Haar zu einem Knoten drehte. Als sie bei mir angelangt war, fixierte sie meine Füße.

»Wie zur Hölle kannst du glauben, in diesen Schuhen Tango tanzen zu können?«

Köpfe drehten sich in meine Richtung. Die *profesora* verlagerte ihr Gewicht von einem langen, schlanken Bein aufs andere und deutete mit einem langen, tiefroten Fingernagel auf meine Flip-Flops. Der Zigarettenrauch, der durch die Luft waberte, schien innezuhalten.

»Es tut mir leid«, sagte ich. »Ich habe nicht …«

Der Partner der *profesora,* der etwas kleiner als sie war, trat in die Mitte des Schülerkreises und legte ihr den Arm um die Taille. Er sah mich mitleidig aus seinen dunklen Augen an. »Hast du nur diese Schuhe?«

Ich nickte, meine Wangen brannten.

Er wandte sich an die *profesora.* »Gisela«, sagte er, »es ist ihre erste Stunde. Sie wird sich richtige Schuhe besorgen.«

Ich nickte immer noch. Ja!, wollte ich allen versichern. Ja, ich werde mir Schuhe kaufen! Zwei junge Argentinierinnen in Riemchen-Tangosandalen begannen zu kichern. Am liebsten wäre ich im Boden versunken.

»*Bueno*«, sagte Profesora Gisela, schürzte die Lippen und klatschte zweimal kurz in die Hände, um die Aufmerksamkeit der Schüler zu erregen. »*¡Vamos, chicos!* Zeit zu laufen. Schaut mich an!«

Sie setzte einen ihrer roten Stilettos auf einer unsichtbaren Linie vor den anderen, ihre Balletttänzerfüße schwebten über den Sohlen ihrer High Heels. Ich beobachtete, wie meine Mitschüler über den schiefen Holzboden stolzierten und Profesora Giselas katzenhaften Gang gekonnt nachahmten. Mit Mühe folgte ich ihnen, und schon nach wenigen Schritten erkannte ich, dass ich ganz sicher *kein* Tangowunderkind war.

Der *profesor,* der sich als Luis vorgestellt hatte, schaltete einen Ghettoblaster ein. Jetzt sollten wir im Takt zur Musik laufen. Meine Flip-flops rutschten mir ständig von den Füßen. Gisela unterdrückte eine Bemerkung. Ich hatte das Gefühl, als könnte sie direkt in mich hineinsehen, als wüsste sie um all die unrealistischen Vorstellungen, mit denen ich zu ihrem Unterricht gekommen war. Ich jedoch war zu verlegen und zu verschwitzt, um desillusioniert zu sein.

Profesor Luis unterbrach die Musik.

»Okay, *chicos*, wählt euch einen Partner.«

Oh nein.

Ich trat an den Rand der Tanzfläche und sah zu, wie meine Klassenkameraden sich zu Paaren formierten und sich fröhlich mit Wangenküssen begrüßten. Ein Mann etwa in meinem Alter kam auf mich zu. Ich hatte ihn und seinen lockigen Pferdeschwanz schon zu Beginn des Unterrichts bemerkt, ebenso wie seinen sorgfältig getrimmten Ziegenbart – er hätte einen Schwertkämpfer in einem Errol-Flynn-Film spielen können oder einen Disney-Piraten. »*Hola*«, sagte er mit einem halben Lächeln. »Ich bin Daniel.« Seine Augen hatten die Farbe von Portwein.

»Ich heiße Layne.« Ich hielt ihm meine Hand entgegen.

»E-la…?«

»Wie Luisa Lane. Du weißt schon … die Freundin von Superman?«

Er verzog den Mund zu einem Grübchenlächeln und hielt meine Hand eher fest, als dass er sie schüttelte.

Ich warf einen Blick auf sein weißes Anzughemd, das perfekt gebügelt war und überhaupt nicht durchgeschwitzt. Er war so elegant wie ich unfrisiert. Ich strich mir das Haar hinter die Ohren. Seine Schönheit machte mich nervös. Wieder lächelte er. Ich dachte an die Empanadas, die ich auf dem Weg hierher gegessen hatte, und erwiderte das Lächeln mit geschlossenen Lippen.

Gisela und Luis führten eine Schrittfolge vor. Sie bewegten sich mühelos, drehten sich und machten Seitenschritte, ihre Oberkörper schienen aneinander festgewachsen zu sein, ihre Füße befanden sich in einem federleichten Dialog. Sie waren nicht so strahlend wie das Paar, das ich in der *subte*-Station auf dem Tangokanal gesehen hatte, aber sie waren mindestens so sinnlich.

»*Es lindo, ¿no?*«, fragte Daniel. Wunderschön, nicht wahr?

»*Sí.*« Ich nickte. »*Muy lindo.*«

Gisela und Luis wiederholten die Schrittfolge, reduzierter, ließen sie einfach aussehen.

»*Vamos*«, sagte Daniel und führte mich in eine Ecke der Tanzfläche. »Versuchen wir es.«

Das taten wir. Jedes Mal, wenn ich einen Schritt nach hinten machte – was überwiegend der Fall war, da die meisten Tangoschritte für Frauen eine Variante des Ausfallschritts nach hinten waren –, kämpfte ich mit meinen Flip-Flops. Doch schlimmer als meine Schuhe war, dass ich kein Tanzgedächtnis hatte. Egal wie oft Gisela und Luis die Schritte vorführten, ich vermochte sie nicht auf meinen Körper zu übertragen. Die anderen Paare konnten es anscheinend – dezent flirtend drehten sie sich in dem Dämmerlicht über die Tanzfläche, während sie sich in die Schrittfolge einfanden. Sie glühten, als ob ihre Bewegungen sie strahlen ließen, während ich nur vor mich hin tropfte: an den Innenseiten meiner Ellbogen, in den Kniekehlen. Ich sehnte mich nach einer Empanada.

»Luisa Lane?«, sagte Daniel.

»Es tut mir leid. Ich weiß nicht, was ich tun soll.«

»Keine Angst«, erwiderte er. »Folge mir einfach. *Yo te llevo.*«

Yo te llevo. Ich nehme dich mit. Es klang bezaubernd. Wohin nahm er mich mit?

Wir probierten die Schrittfolge noch einige Male, bevor Daniel mitten in einer Drehung innehielt. »Was machst du in Buenos Aires?«, fragte er und trat einen Schritt von mir zurück.

Erschöpft wischte ich mir den Schweiß von den Augenbrauen. Ich hätte ihm dasselbe sagen können wie dem Taxista, dass ich hierhergekommen war, um zu schreiben, aber mich selbst eine Schriftstellerin oder Journalistin zu nennen, wäre eine Lüge gewesen.

»Ich bin nur wegen eines Gefühls hier«, sagte ich stattdessen, während ich meine Arme verschränkte und wieder entfaltete. »Dass das der richtige Ort für mich ist.«

»Wenn du Tango lernen willst, dann ist das hier auf jeden Fall der richtige Ort«, erklärte Daniel, der nach eigener Aussage ein *porteño* war, geboren und aufgewachsen in Buenos Aires, und hier wollte er auch sterben.

In der Zwischenzeit ging Profesora Gisela von Paar zu Paar, schwebte wie eine Nymphe in High Heels über die Tanzfläche und korrigierte dabei Fehler. Daniel und ich versuchten die Schrittfolge noch einmal und blieben stehen, als die *profesora* zu uns kam.

»Dieser Arm«, Gisela packte energisch meinen rechten Bizeps, »ist wie Pudding. Pudding wollen wir nicht. Wie willst du denn sonst seine Führung spüren? Du brauchst Spannung. Hier! So!«

Sie legte ihre trockene Handfläche an meine feuchte. »Nicht schieben! Du willst Spannung, aber schieb niemals, unter gar keinen Umständen, den Arm des Mannes in die Umarmung. Du willst ihn wissen lassen, dass du da bist. Aber sein Arm darf nicht wund werden!«

Mein Kopf verstand einwandfrei, was sie sagte. Meinen Arm ihre Anweisungen ausführen zu lassen, war etwas vollkommen anderes.

Daniels Blick ruhte auf Giselas Beinen, als sie davonging.

»Gisela ist tough, aber sie ist eine gute Lehrerin«, sagte er. »Sie will nur sichergehen, dass es dir mit dem Tango ernst ist.«

Ich sah auf meine Füße. »Ich verstehe.«

»*¡Vamos, chicos!*«, rief uns Profesor Luis zur Mitte des Raumes, und Gisela trat in seine Arme. Ihr Körper wurde weicher, als ob sie gerade ins Bett ginge.

»Sie beenden den Unterricht immer mit einem Tango für uns«, erklärte Daniel. »Danach können wir noch bleiben und tanzen, wenn wir wollen.«

Jemand schaltete den Ghettoblaster wieder ein.

Daniel schloss die Augen »›Pacienca‹«, sagte er. »Ein wunderschöner Tango. Hör zu.«

Die Musik war fröhlich – Geigen, die zwischen dem raschen Rhythmus eines akkordeonartigen Instruments hin und her flitzten. (Später erfuhr ich, dass es ein *bandoneón* war, der Cousin des Akkordeons. Es war über Deutschland nach Argentinien gekommen und verleiht dem Tango seinen charakteristischen Klang.) Die Worte jedoch, zumindest das, was ich verstand, wechselten bald von süß (»Letzte Nacht haben meine Augen dich wiedergesehen …«) zu bitter (»… letztendlich waren wir zwei Fremde … warum etwas vorspielen?«).

»Verstehst du?«, flüsterte Daniel. »Es geht darum zuzugeben, dass man nicht zu jemandem gehört, trotzdem aber mit diesem Menschen zusammen sein zu wollen.«

So bewegten sich Gisela und Luis zu »Paciencia«, hielten sich wie todgeweihte Liebende, die in ihrem letzten Tango ertranken. Man hatte das Gefühl, bei etwas sehr Intimem zuzusehen.

Das Lied war zu Ende, wir klatschten. Gisela machte einen Knicks, und Luis berührte ihre Schulter. Der Unterricht war vorbei.

»Bleibst du noch?« Daniel sah auf seine Uhr. »*La noche está en pañales.*«

»Die Nacht trägt noch Windeln?« Ich lachte. Es war Mitternacht. Ich sah mich um: Die *milonga* – das Wort für einen Tangoabend – begann gerade erst. Männer reihten sich an der Bar auf und zündeten Zigaretten an. Frauen kamen allein oder zu zweit herein, setzten sich auf die nächstgelegenen Stühle und zogen rasch ihre Tangoschuhe an. Zwei Paare tanzten zu einem Tango-Walzer, die Arme der Männer lagen beschützend auf den Rücken der Frauen, die die Augen geschlossen hatten, während sie sich über die Tanzfläche und um ihre Partner herum drehten.

Was sie tanzten, ebenso wie Gisela und Luis zuvor, hatte keine Ähnlichkeit mit dem Tango, den ich auf PBS gesehen hatte: keine durchgestreckten Arme, keine Köpfe, die hin- und hergerissen wurden, keine Rosen in den Mündern der Frauen. Dieser Tango war eher nachdenklich als dramatisch, eher nachgiebig als kämpferisch – es war hinreißend und sehr sexy (die körperliche Nähe!), und doch hatte der Tanz auch etwas Beschauliches an sich, wenn ich den gelassenen Gesichtsausdruck der Tänzer richtig interpretierte. So wollte ich mich auch bewegen, empfinden, was auch immer sie empfanden. Doch in Flip-Flops war das unmöglich. Ich erklärte Daniel, ich müsse gehen.

Ich hatte den Raum schon beinahe verlassen, wollte mich gerade stumm von der kopflosen Schaufensterpuppe im Tanga verabschieden, als Profesor Luis mir in den Weg trat. »*No te vayas.*« Geh nicht. Er nahm meinen Arm. »*Vamos a bailar un tanguito.*« Lass uns einen kleinen Tango tanzen.

»Wie bitte?«, sagte ich. »Nein. *No puedo bailar.*« Ich kann nicht tanzen. Ich deutete auf meine Flip-Flops.

»Dann gehen wir«, erwiderte er. »Komm.«

Er führte mich zwischen die tanzenden Paare in die Mitte der Tanzfläche. »Entspann dich«, sagte er. »*Ya sé.* Du hast Angst, dass dich jeder anschaut. Aber es ist ihnen egal.«

»Aber …«

»*Vamos*. Geh mit mir. Tu so, als gingen wir durch einen Wald.«

Er hielt mir seinen Arm hin, und ich ergriff ihn. Nebeneinander gingen wir ein paar Schritte vor, ein paar Schritte zurück. Es war einfach lächerlich. Ich lachte, versuchte, mich zu entspannen und nicht zu überlegen, ob Daniel wohl zusah.

»Denk nicht an den Tango«, sagte Luis. »Geh einfach.«

Ich schloss die Augen und versuchte, mir den Wald vorzustellen. Luis wandte sich mir zu, nahm meine rechte Hand und legte mir den anderen Arm auf den Rücken. Ich machte einen Schritt zurück, verlor einen Flip-Flop, holte ihn wieder. Dann zog mich Luis dicht an sich – unsere Oberkörper berührten sich, unsere Köpfe lagen nebeneinander. Seine Wange war kühl. Ich atmete unsicher aus. So viel Körperkontakt war ich nicht gewohnt; in Amerika berührte man Fremde nur beim Händeschütteln oder in schlaffen Umarmungen. Noch beängstigender war jedoch, dass ich nicht wusste, in welche Richtung ich mich nach dem Willen des *profesor* bewegen sollte.

»Erwarte nichts«, sagte er. »Das musst du als Erstes lernen. Versuch nicht zu erahnen, was ich als Nächstes tue.«

»Wie bitte?« Wenn ich nicht gerade aß, dachte ich immer im Voraus. Ohne etwas Leckeres – etwas in der Liga von Grandmas Kartoffelsalat oder einem Fisch-Taco von Mariscos Sinaloa in Oakland – dachte ich von Natur aus über die Zukunft nach und tat alles in meiner Macht Stehende, um mich darauf vorzubereiten. In diesem Moment hoffte ich inständig, dass der Tango bald vorbei war und ich es noch rechtzeitig zum Empanada-Laden schaffte, bevor er schloss. Ich bohrte meine Zehen in die Flip-Flops und beschwor sie, an meinen Füßen zu bleiben.

»Atme«, sagte Luis.

Gerade als ich ihm gehorchte, machte er einen Schritt nach vorne und links, dann erneut nach links, und irgendwo in dieser Nanosekunde des Nichtdenkens fand ich seine Führung. Ich wusste nicht, wohin er mit mir wollte, und ich musste es auch nicht wissen. Mein Kopf ordnete sich meinem Körper unter, seinem Körper, dem Instinkt, diesem Augenblick. Die Musik jubelte triumphierend. Meine Schuhe blieben an ihrem Platz.

Geigen kündigten die Schlussnoten des Tangos an. Ich brachte mein Bein in die Abschlusspose, streckte die Zehen und zog sie in einem Halbkreis über den Boden, genau wie Gisela am Ende ihres Tangos, doch ich stieß gegen Luis' Bein, und er stolperte. Es tat mir leid, dass ich den Zauber gebrochen hatte.

»Entschuldige dich nie«, sagte er. »*Lo tenías.* Du hattest es.«

Eine Strophe lang hatte ich es vielleicht gehabt. Und mir war in diesem Moment klar, warum ich in Buenos Aires, warum ich zu dieser Tangostunde gekommen war und warum ich am nächsten Montag wiederkommen würde, trotz der *profesora* und meiner angeborenen Tolpatschigkeit und der Komplexität des Tanzes: Ich musste so viel entlernen.

3

Nach dieser ersten Stunde tauchte ich vollkommen in die Welt des Tangos ein. Ich probierte andere Lehrer aus. Ich kaufte ein Paar Tanzschuhe – an den Zehen offen, mit dünnen Riemen und bronzefarbenen, neun Zentimeter hohen Absätzen –, die ich in einer Satintasche ständig mit mir herumtrug. Ich ging zu den Nachmittags-*milongas*, bei denen mir meine Lehrer sagten, die alten Meister würden die Grundlagen nur zu gern mit ahnungslosen Ausländerinnen durchgehen, vor allem, wenn sie jung waren. Bei einer dieser *milongas* traf ich Liliana, eine Psychiaterin in den Fünfzigern aus Lomas de Zamora mit aufgebauschtem blondem Haar und blauen Augen, die sie mit silbernem Kajal betonte.

»Buenos Aires ist eine Freud-Stadt«, sagte Liliana zwischen zwei *tandas* (ein Block von drei bis vier Liedern, der etwa zwölf Minuten dauert), während sie sich mit einem schwarzen Spitzenfächer Luft gegen die hohe Stirn fächelte. Wir saßen an einem der Tische an der Tanzfläche. »Wir haben die höchste Pro-Kopf-Dichte an Psychiatern in der Welt.«

»Mehr als New York?« Ich bot ihr ein Stück Empanada an. Die Empanadas bei den *milongas* kamen meistens aus der Mikrowelle, aber ich hatte mir angewöhnt, trotzdem jedes Mal zwei oder drei zu bestellen.

»Viel mehr als in New York«, bestätigte Liliana. »*No, gracias.*« Sie lächelte und schüttelte ablehnend den Kopf in Richtung meines Snacks. »Wir sagen immer, dass auf jeden Argentinier zwei Therapeuten kommen.«

Ich lachte, und sie stand auf, um sich einem schmallippigen Mann in einem lilafarbenen Hemd anzuschließen, der auf der Tanzfläche auf sie wartete. Sie unterhielten sich wie alte Freunde, ließen die anderen Paare um sie herumtanzen, bevor sie ihren eigenen Weg gegen den Uhrzeigersinn um die Tanzfläche herum begannen.

»Tango«, sagte Liliana nach der *tanda* mit dem schmallippigen Mann, der sie danach zu unserem Tisch zurückgebracht und sich vor uns verbeugt hatte, bevor er zu seinem Platz zurückgekehrt war, »ist der psychologischste Tanz von allen.«

»Warum?«

»Die Umarmung«, verkündete sie, während sie ihren Fächer aufnahm. »Wie soll ich es erklären? Man kommuniziert durch sie, jedoch nicht auf die herkömmliche Art, sondern auf sehr, *sehr* intime Weise. Es ist wie ein emotionales Gespräch.« Liliana erzählte mir, dass sie seit vier Jahren mit einem Tangotänzer zusammen war. »Nun ja« – sie ließ ihren Fächer zuschnappen –, »meinen Patienten sage ich jedenfalls immer, sie sollen die Finger von den Männern bei den *milongas* lassen.«

Zwischen den *milongas* schrieb ich meine ersten Food-Artikel. Hauptsächlich widmete ich mich den ungewöhnlichen Themen: die neue Welle vegetarischer Restaurants in der Hauptstadt des Fleisches, zum Beispiel, oder eine Gruppe von anarchischen Bäckern, die Gebäckstücke erfanden (darunter *bolas de fraile,* Priesterhoden, und *suspiros de monja,* Nonnenseufzer), um sich über die Kirche lustig zu machen. Doch mein Lieblingsartikel handelte von der Geburt der Slow-Food-Bewegung in Argentinien und war inspiriert von einem Menü des jungen Chefkochs Lucas Mallmann. Sein Essen – Zwiebel- und Wildpilzsuppe mit Torrontés Riojano, Forellenpaté aus San Martín de los Andes, Ziegenkäse aus Santiago del Estero, mariniertes Rindfleisch aus Bariloche – war eine Ode an die Aromen der argentinischen Provinzen. Und als Mallmann, der Neffe von Francis Mallmann, einer der bekanntesten Köche Argentiniens, nach dem Dessert aus der Küche kam, sich über den dünnen Schnurrbart strich und unter unserem Beifall errötend sagte: »Nun, dieser Applaus sollte den wunderbaren Schätzen unseres Landes gelten«, fühlte ich mich meiner wahren Berufung einen Schritt näher.

Diese Arbeit brachte allerdings nicht genug Geld ein, und ich lebte von meinen Ersparnissen, während ich für meine Artikel recherchierte (also aß). Schließlich antwortete ich auf Stellenanzeigen in der *La Nación* und fand einen Job als Projektmanagerin in einer Satellitentelekommunikationsfirma, deren Niederlassung sich im Microcentro, dem Geschäftsviertel von Buenos Aires, befand, auch wenn ich keine Ahnung von Satelliten oder Telekommunikation hatte. Nachts ging ich zur Belustigung meiner argentinischen Kollegen, von denen keiner Tango tanzte, zur *milonga.* »Was machst du dort?«, fragten sie mich. »Glaubst du, du wirst ein Tangostar? Oder wirst einen *milonguero* heiraten? *¡Muy buena suerte!*« Na, dann viel Glück.

Ein paar Kollegen waren dann aber doch fasziniert, als ich ihnen erzählte, dass ich ins Sunderland ginge, zu einer mythenumsponnenen *milonga* in einem Klubhaus in Villa Urquiza, am nördlichen Rand von Buenos Aires, wohin die Star-*tangueros* rudelweise pilgerten, nur mit Leuten tanzten, die sie kannten, und Frauen, die allein oder zu zweit auftauchten, mit missbilligenden Blicken bedachten.

Das Sunderland war laut meiner Lehrer »der beste Tangoklub, der Welt«, die *milonga,* die den Tango am Leben erhalten hatte, während er zu verschiedenen Zeitpunkten des zwanzigsten Jahrhunderts vom Aussterben bedroht war – während der Militärjunta in den Fünfzigern, nach dem Siegeszug des Rock

’n’ Roll, während der Beatles-Manie in den Sechzigern und dann wieder während der Militärdiktatur in den späten Siebzigern und frühen Achtzigern, als die regierenden Generäle öffentliche Versammlungen von drei oder mehr Menschen unter Strafe stellten.

Im Sunderland lernten die jungen Tänzer die traditionelle Sprache des Tangos von den alten *milongueros*, und der Tangoklub weckte die größte Angst in den Tänzern, die das nächtliche Solo tanzen sollten, eine Ehre, die nur professionellen oder semiprofessionellen Paaren vorbehalten war, die zwei oder drei Lieder zur Unterhaltung des notorisch kritischen Publikums tanzten. Wenn Robert Duvall in Buenos Aires war, ging er ins Sunderland, wo er nur ein Tänzer unter vielen war. Mit anderen Worten, wenn der Tango etwas Religiöses war und die *milonga* eine Kirche, dann war das Sunderland der Vatikan (selbst wenn die Tanzfläche unter der Woche als Basketballfeld diente).

Um zwei Uhr morgens drehten meine Mitschüler und ich unsere Stühle Richtung Tanzfläche, als Joaquín Aragón seine Partnerin in die Mitte führte, um das Solo mit ihr zu tanzen. Wir waren zum ersten Mal im Sunderland und hatten an diesem Abend wenig getanzt, hatten es aber auch nicht anders erwartet – Joaquín, der frisch gekrönte Weltmeister des Tango de Salón, war der Grund für unsere Anwesenheit. Er trug einen blassgrauen Anzug, das dünne, dunkle Haar war nach hinten gestrichen. Sein Ziegenbärtchen wirkte wie ein vergeblicher Versuch, Gleichgewicht in ein Gesicht zu bringen, das niemals schön sein würde. Doch seine zimtfarbene Haut war glatt, und er war groß – über einen Meter achtzig, in Argentinien quasi ein Riese –, mit den geschmeidigen Muskeln eines Tänzers.

Joaquín hielt Sonya, seine Partnerin, eine schwarzhaarige Granate in einem weißen Spitzenkleid mit schenkelhohem Schlitz, starr in den Armen und wartete auf die Musik. Das glamouröse Paar wirkte deplaziert auf dem Sportfeld, unter Neonlichtern und rostigen Ventilatoren, vor Bannern, die in schreienden Farben Schuhreparaturen, Lebensversicherungen, Wäscheservice, Fischmärkte und Bingo anpriesen.

Die Musik begann, doch Joaquín und Sonya blieben bewegungslos stehen. Zehn Sekunden vergingen, zwanzig, dreißig, und gerade als die Zuschauer unruhig miteinander zu flüstern begannen und ich mich fragte, ob sie sich das ganze Lied über aneinanderklammern wollten, glitten sie in einen langen, langsamen Ausfallschritt.

Joaquín zog jede Pause im Lied – ein üppiger, geigendominierter Walzer – in die Länge und hielt Sonya, als wäre sie etwas Wertvolles und Seltenes. Sie bewegte sich mit geschlossenen Augen, wie in Trance. Er drehte sich, einmal, zweimal, dreimal, auf einem Bein, um eine unsichtbare Stange. Sonya strich mit ihrem Fußrücken seinen Schenkel auf und ab, zeichnete mit ihrem Fuß Achter und winzige Kreise auf den Boden. Nichts wirkte einstudiert. Klatschen wurde laut, Pfiffe und Rufe, *¡Esaaaaaaaaaa!*

Der Raum explodierte, als die Musik aufhörte, das Brüllen der Menge hallte von den Wänden wider, als die Menschen aufstanden, um zu applaudieren und »*¡Oooootra, campeones! ¡Oootra!*« zu rufen, bis die Musik wieder einsetzte und Joaquín Sonya in einen weiteren Tango führte, verspielt und heiter dieses Mal. Sie tanzten Offbeat, tauschten die Führung. Der Raum explodierte erneut, als das Stück zu Ende war. Die Härchen auf meinen Armen stellten sich auf, Joaquín und Sonya verbeugten sich vor jeder Ecke des Publikums, hielten sich strahlend an den Händen und eilten von der Tanzfläche, als sich die Begeisterung langsam legte. Ein Mann schüttelte Joaquín die Hand, klopfte ihm auf den Rücken und sagte ihm, er tanze mit jedem Tag besser. Eine Frau, die seine Großmutter sein könnte, nahm sein Gesicht in beide Hände, küsste ihn auf die Lippen und sagte: »*Gracias, gracias, gracias por tu tango.*« Ich wartete, bis die Menge sich zerstreut, bis Joaquín sich hingesetzt und eine Zigarette angezündet hatte. Als ich mich vorstellte, musterte er mich von Kopf bis Fuß.

»Ich mag Ihr Kleid, Luisa Lane«, sagte er und stieß den Rauch durch den Mundwinkel aus, sah von mir zur anderen Seite des Raums, zu einer Rothaarigen in einem königsblauen Rock. Er nickte ihr zu – das *cabeceo*, die stumme Einladung zum Tanz, das Männern das Risiko ersparte, den Raum durchqueren zu müssen und vielleicht eine Absage von der Frau zu kassieren. Wenn ein Mann auf diese Weise Kontakt mit einer Frau aufnahm, musste sie nur den Blick abwenden, um abzulehnen, und niemand merkte es. Wenn sie mit ihm tanzen wollte, erwiderte sie das Nicken beinahe unmerklich, sah ihm in die Augen und stand auf, um mit ihm auf der Tanzfläche zusammenzutreffen – und das tat die Rothaarige jetzt.

Mein Gesicht brannte, und ich warf einen Blick auf die schwarzen und weißen Falten meines Kleids, in das ich mich einige Stunden zuvor hatte hineinzwängen müssen. (Zu diesem Zeitpunkt hatten meine Mitschüler mich in das Wunder der Eislieferung von Buenos Aires eingeführt: ein Pfund Dulce-de-leche-Eis – oder Dulce de leche mit Schokoladenstückchen und Rum –, gekühlt mit Trockeneis und nach Hause geliefert, kostete ungefähr fünf Dollar, selbst um drei Uhr morgens.) Dann fragte ich Joaquín, rascher als gewollt, da er bereits aufstand: »Könnte ich Sie irgendwann interviewen?« Ich räusperte mich. »Ich bin Journalistin«, sagte ich. Na ja, so in etwa.

»Natürlich.« Er grinste, griff in seine Tasche, zog eine Visitenkarte hervor und legte sie neben den Aschenbecher, in dem seine Zigarette noch brannte. Dann sagte er: »Entschuldigen Sie mich«, als er zwischen den Paaren verschwand, die auf die Tanzfläche drängten. Die Rothaarige stand auf der anderen Seite und wartete auf ihn. Wortlos gingen sie in Positur. Ich betrachtete die Karte. In der ersten Zeile stand: Joaquín Aragón. In der zweiten: Tango. In der dritten seine Handynummer. Sonst nichts.

»Jeder Tango hat seine eigene Seele«, sagte Joaquín. »Sein eigenes Leben, seine eigene Kraft, seine eigene ... *¿Cómo se dice?* Einzigartigkeit. *Den* Tango gibt es nicht. Nur *einen*. Man kann mit demselben Menschen zum selben Lied am selben Ort tanzen, doch es ist ein anderer Tag. Man selbst ist anders. Sie ist anders. Die Feuchtigkeit auf dem Boden ist anders.« Er nahm einen knappen Zug an seiner Zigarette. »Tangos sind wie kleine, dreiminütige Wesen. Jeder hat seine eigene Seele.«

Eine Woche war vergangen, seit ich Joaquín im Sunderland tanzen sah. Ich interviewte ihn für eine Story, die ich nicht sofort schreiben würde, in einem namenlosen *café-kiosco* neben der Tangoschule Carlos Copello, die Joaquín leitete.

»Ich habe mit sechs Jahren angefangen zu tanzen, als Hobby«, erzählte er, während ich mir Notizen machte. »Mit siebzehn sah ich einen Film, der mir sehr gut gefiel. Als ich aus dem Kino kam, war ich ganz aufgeregt. Vielleicht kennst du ihn? Er hieß *Dirty Dancing* ...«

Sein Handy meldete sich, der Klingelton das »Mahna Mahna«-Lied aus der *Muppet Show*. Ich unterdrückte ein Lächeln, nahm einen Bissen Alfajor – eine dünne Schicht Dulce de leche zwischen zwei Scheiben Shortbread – und las noch einmal meine Fragen, während ich unruhig auf meinem Plastikstuhl neben einem Regal verstaubter Schokoriegel hin und her rutschte und mich fragte, mit wem er telefonierte.

Joaquín plante offenbar seinen Abend und sprach dabei eine

Oktave tiefer: *»¿A las ocho? Bien. Y después vemos. Besooo. Chauuu.«* Ich gab mir Mühe, nicht zuzuhören, nicht auf seine Lippen zu starren – so voll und geschwungen, dass sie einer Frau zu gehören schienen – und mich stattdessen auf seine Zähne zu konzentrieren, abgesplittert und braun von wahrscheinlich jahrelangem Kaffeegenuss, Kettenrauchen und Mate-Trinken.

»Entschuldige«, sagte er, klappte das Handy zu und bestellte einen zweiten *café cortado.*

»Ich hätte nicht gedacht, dass du ein Fan der Muppets bist.«

»*Claro que sí.*« Er lächelte und holte noch eine Marlboro aus seiner Vordertasche.

»Welches ist deine liebste Muppet-Figur?«

»Und deine?«, gab er die Frage zurück.

»Du zuerst.«

»Gonzo.«

»Warum Gonzo?«

»Weil er keine Angst hat.« Er zündete die Marlboro an und nahm zwei Züge, wobei er den Rauch durch die Nasenlöcher ausstieß. »Und wen magst du am liebsten?«

»Das Tier.«

»Aber er ist verrückt!«

»Und Gonzo nicht?«

Joaquín lachte, ein tiefes Lachen aus dem Bauch heraus, bei dem die Frau an der Kasse von ihrer Zeitschrift aufsah. »*Ay, yay, yay.*« Er lehnte sich zurück, schlug die Beine übereinander und sah mir zu, wie ich in meinem Notizbuch blätterte. »*Bueno*«, sagte er. »Worüber sprachen wir vorhin?«

»Du hast etwas von *Dirty Dancing* gesagt …«

»*¡Ah! Sí!*« Er legte die Zigarette auf den Budweiser-Aschenbecher. »Wenn ich den Film jetzt sehe, weiß ich nicht, was mir damals daran gefallen hat, aber er hat mir den Glauben geschenkt, er hat mich erkennen lassen, dass ich von dem leben könnte, was mir wirklich Spaß macht. In diesem Moment habe ich mir gesagt: ›Ich werde ein professioneller Tänzer.‹ Und so kam es.«

»Wie hast du es geschafft?«

»Ich habe hart gearbeitet. Ich bin morgens um sechs aufgestanden, zur Schule gegangen, habe Unterricht in klassischem Tanz genommen, zeitgenössischem, alles, was ich finden konnte. Ich habe mehr Geld für Unterricht ausgegeben als für Essen. Und dann, *bueno,* erkannte ich, dass ich in Rosario – meiner Geburtsstadt – nicht größer werden konnte, und ich zog nach Buenos Aires.«

»Wie alt warst du da?«

»Dreiundzwanzig.« Er zog ein weiteres Mal an seiner Zigarette und wartete, bis ich meine Notizen beendet hatte, bevor er weitersprach. »Das war vor zehn Jahren. Ich habe am Ballet Folklórico Nacional gearbeitet, und eines Abends haben wir uns die Show *Tango x 2* angesehen. Und ich empfand dasselbe wie bei *Dirty Dancing.* Ich habe mir gesagt: ›Ich will Tango tanzen. Ich will Tangotänzer werden.‹« Er drückte seine Zigarette im Aschenbecher aus. »So habe ich es geschafft.«

Er hielt inne und blickte zu der rauchfleckigen Decke auf. »Ich weiß immer noch nicht, was ich werden möchte«, gestand er, »aber im Moment bin ich Tangotänzer.«

Ich unterbrach meine Notizen. »Was meinst du damit, du weißt immer noch nicht, was du werden möchtest?«

»Es ist so ein Gefühl.« Er machte eine weit ausholende Geste. »Da ist noch was. Mehr.«

»Hmm.« Ich tippte mir mit dem Stift gegen die Lippen, sah auf meine Mitschriften und fragte mich, wie ich sie jemals wieder entziffern sollte. »Ich glaube, ich weiß, was du meinst.«

***

Wir vereinbarten, uns zu meiner ersten privaten Tangostunde in einem Studio im zweiten Stock über der Tango Escuela Carlos Copello zu treffen, in dem jemand Poster von früheren Tangofestivals über der abblätternden Farbe auf den holzgetäfelten Wänden befestigt hatte. Die meisten von ihnen zeigten Joaquín und seine Partnerin Sonya, sie in einem roten, halterlosen Minikleid, das glänzende schwarze Haar hing ihr bis zur Taille, er in einem pflaumenfarbenen Anzug mit dazu passenden Schuhen.

»Du reitest die Musik, wie du ein Pferd reiten würdest«, sagte Joaquín und schnippte zum Rhythmus aus dem Ghettoblaster mit den Fingern, während er zum Fensterbrett ging, eine Metallthermoskanne aus einer ledernen Schultertasche zog und heißes Wasser in einen Mate-Kürbis mit einem Silberrand goss. »Du kannst dir denselben Tango hundert Mal anhören und jedes Mal vollkommen anders dazu tanzen.« Er nahm die *bombilla* in den Mund und sog daran, bis ein schlürfendes Geräusch ertönte, wie es Sitte war und das Zeichen, den Mate an den Nächsten weiterzugeben. »Deshalb sage ich, dass es ist, wie ein wildes Pferd zu reiten. Weil man nie weiß, was passieren wird. Du reitest die Musik, und sie bringt dich dorthin, wo du hinmusst. Wenn du auf die Musik achtest, sagt sie dir, wo du hinmusst.«

Er füllte den Kürbis erneut und reichte ihn mir. Ich trank die bittere Flüssigkeit bis zum Grund – von meinen Kollegen in der Satellitenfirma hatte ich gelernt, dass ein Mate-Angebot zurückzuweisen der Ablehnung einer Freundschaft gleichkam – und reichte das runde Behältnis zurück an Joaquín. Ich hatte keine Ahnung, was er damit sagen wollte … die Musik reiten.

Er stellte den Kürbis aufs Fensterbrett. »Schließ die Augen.« Er nahm meine Hand und führte mich in die Mitte des Raums, und ich strengte mich an, den Lärm der Avenida Corrientes vor den dünnen Wänden auszublenden – Autohupen, vorbeirauschende Mopeds, quietschende Busse. »Jetzt«, sagte er, »stell dir vor, du bist an einem Flughafen, triffst dort jemanden, den du liebst, nach einer langen, langen Reise. Denk nicht an den Tango. Halte mich einfach. *¡Eso es!* Jetzt entspann deine Arme ein wenig. Gib mir deine Hand. Nein, bewahre das Gefühl. Erinnere dich, wir sind am Flughafen. *¡Sí!* Das ist es. Warte einen Moment.«

Er drückte eine Taste am Ghettoblaster. Ein langsamer Tango, den ich nicht kannte, ertönte.

»Der Tango hat seine eigene Energie, seinen eigenen Fluss«, sagte er. »Entspann dich. Versuch, mit dem Fluss zu fließen.«

Wir tanzten ein paar Minuten schweigend. Da war etwas in seiner Umarmung, eine Zurückhaltung, die ich bisher noch bei keinem meiner Tanzpartner gespürt hatte – als ob er mir etwas zutiefst Persönliches erzählte. Doch trotz seines konzentrierten Halts hatte ich immer noch genug Platz, um mich zu bewegen, meinen Weg in die Musik zu finden. Ich war bestrebt, geschmeidig und leicht in seinen Armen zu sein, seine Anweisungen zu befolgen, zu fließen. Doch als das Stück vorbei war, wirkte er frustriert.

»Hast du Angst zu fallen?«, fragte er.

»Wie bitte?«

Er gab mich frei und stützte die Hände in die Hüften. »Vertraust du mir nicht?«

»Was?« Ich sah nach unten auf ein Astloch im Holzboden. »Nein, das ist es nicht.«

Er ging zum Fenster und nahm seinen Mate-Kürbis.

Ich sah auf. Das Bild von Sonya in ihrem roten Kleid in einem Ausfallschritt auf dem Poster vom Genoa Tango Festival fiel mir wieder ins Auge. »Egal wie oft du mir sagst, ich soll mich entspannen, ich *kann* es nicht«, sagte ich schließlich. »Ich weiß nicht, was du tun wirst. Und wenn ich nicht weiß, was du tun wirst, weiß ich nicht, was ich tun werde …«

»Ah.« Sein Gesicht wurde weicher. Er stellte den Kürbis zurück aufs Fensterbrett.

»Ich will keinen Fehler machen, verstehst du?«

Er trat hinter mich und legte mir die Hände auf die Schultern. »Menschen sind solche wunderbaren Wesen.«

»Wie meinst du das?«

»Letztendlich tun wir doch immer das, was wir zu vermeiden versuchen.«

Meine Schultern versteiften sich. »Ich verstehe nicht.«

»Du kennst die Geschichte von Ödipus, wie sein Vater ihn des Hauses verwies, weil er so große Angst vor ihm hatte?«

Ich nickte.

»Dann kam Ödipus zurück, verliebte sich in seine Mutter und tötete seinen Vater. Genau das, was dieser gefürchtet hatte«, erzählte Joaquín weiter. »Genau das tust du auch. Das, wovor du am meisten Angst hast. Was ist so schlimm daran, nicht zu wissen, wohin du gehst?«

Ich hatte das Gefühl, als hätte er mich geschlagen: Mit aller Kraft Fehler zu vermeiden, war der größte Fehler, und ich wusste, dass ich so nicht nur auf der Tanzfläche reagierte. Aber wie konnte ich darauf vertrauen, wohin er ging, wenn ich keine Ahnung hatte, wo das war?

»Die Sprache des Körpers lügt nie, vor allem nicht in einer Umarmung«, sagte Joaquín und schaltete die Musik wieder ein. »Du weißt, was ein Mensch empfindet, wenn er tanzt, egal, welche Worte er benutzt.«

4

Es war, als befände ich mich in einer Art Wachtraum oder beträte eine glamouröse Unterwelt, als ich die Stufen ins La Viruta hinunterging, den Tangoklub im Keller der Armenian Cultural Association. Es war vier Uhr morgens, der Raum war in blaues Licht getaucht, die Touristen waren gegangen, und die Tanzfläche gehörte den Tanzlehrern, den alten *milongueros*, bekannten *tangueras* und den wahrlich Besessenen.

Früher am Tag, nach einer weiteren Unterrichtsstunde – war es unsere dritte oder vierte? –, hatte Joaquín, der mittlerweile offiziell mein neuer Tangolehrer war, mir eine SMS geschickt: »Ich gehe heute Abend ins La Viruta. Kommst du?!« Sein Timing war gut – ich hatte nach einer Entschuldigung gesucht, um einen dringenden Artikel nicht schreiben zu müssen, über einen achtzigjährigen Winzer in Mendoza, der die Trauben immer noch in einem Holzkorb presste. Ich versuchte, vor der Tanznacht etwas zu schlafen. Ich probierte ein Outfit nach dem anderen an, warf einen Rock nach dem anderen aufs Bett und sah nebenbei eine Folge von *Eine Frage des Geschmacks* auf dem Travel Channel – Anthony Bourdain war in Bangkok und bat gerade einen Tuk-Tuk-Fahrer, ihn irgendwohin zu bringen, wo man gut essen konnte. Ich dachte darüber nach, was Joaquín mir beigebracht oder was er zumindest versucht hatte, mir an diesem Nachmittag zu lehren: »*Contención*«, hatte er gesagt, als wir den Tango »Poema« tanzten. »*Contención* ist, wenn du dich einem anderen Menschen hingibst und akzeptierst, was dieser andere Mensch dir gleichzeitig zurückgibt.«

Stunden später stand ich auf den Zehenspitzen und bemühte mich, ungezwungen zu wirken, als ich in dem blauen Licht die Tanzfläche und die sie umgebenden Stühle nach Joaquín absuchte. Mein Magen machte einen Satz, als ich ihn sah, in demselben grauen Anzug, den er bei seinem Solo im Sunderland getragen hatte. Er saß an einem Tisch im hinteren Bereich des Raums, in der Nähe der Bar. Er stellte sein Bier ab, als er mich sah, erhob sich halb, küsste mich wie üblich auf die Wange, zog den leeren Plastikstuhl neben sich hervor, gab mir ein Bonbon in einem roten und gelben Papier und sagte: »*Hola, Layne! Permiso, pero …*«, bevor er ganz aufstand, um eine Brünette in einem Kleid mit gekreuzten Spaghettiträgern auf der anderen Seite der Tanzfläche zu begrüßen.

Ich wickelte das Bonbon aus – wachsartige Schokolade und pulverförmige Erdnussbutter, die sich sofort auflöste, als sie meine Zunge berührte –, nicht sicher, warum er es mir gegeben hatte. Die nächsten zwei Stunden sah ich ihm zu, wie er mit den schönsten Frauen der *milonga* tanzte, und fragte mich, warum er mich eingeladen hatte. Wenn er nicht gerade tanzte, spazierte er durch den Raum, schüttelte Hände, verteilte Wangenküsse, machte Small Talk mit anderen *tangueros* und kehrte an unseren Tisch nur zurück, um kurz an seinem Bier zu nippen und an seiner Marlboro zu ziehen.

»Ich halte es nicht aus zu sitzen, wenn es so voll ist«, sagte er. »Ich fühle mich dann gefangen.«

»*Entiendo*«, erwiderte ich. Ich verstand. Wirklich? Joaquín spazierte über die Tanzfläche, wo eine Frau mit karamellfarbener Haut in einem violetten Cocktailkleid auf ihn wartete.

Ich sah zu den *tangueras* am Nachbartisch – eine hübsche Braunhaarige und eine gefärbte Blondine, die beide etwa in den Vierzigern waren. Sie hatten mich seit meiner Ankunft auf der *milonga* beobachtet, verfolgten, wie ich Joaquín im Auge behielt. Ich war erleichtert, als sie mich an ihren Tisch baten, wo sie eine Flasche billigen Sekts vernichteten.

»*Ay, me muero.* Oh, ich könnte sterben«, sagte die Brünette, die Unmengen von Silberreifen trug, die an ihren Unterarmen klirrten, wenn sie in die Hände klatschte. Also jedes Mal, wenn der DJ einen Tango spielte, der ihr gefiel.

»Du weißt von den Männern, die auf der Tanzfläche sterben?«, fragte die Blonde. »Das geschieht oft. Der ganze Whiskey und die Zigaretten.«

»Glaubst du, dass sie vielleicht sogar auf der Tanzfläche sterben *wollen?*«, fragte ich.

»Natürlich!«, erwiderte die Braunhaarige.

»*¿Bailás?*« Joaquín tippte mir von hinten auf die Schulter und überraschte mich damit. Die *tangueras* wechselten lächelnd einen Blick.

Ich folgte ihm an den Rand der Tanzfläche. Er legte mir den Arm auf den Rücken, oberhalb der Taille, seine Finger lagen genau hinter meiner Brust. Die Musik hatte eingesetzt, doch er bewegte sich noch nicht, und ich spürte den Luftzug, als andere Paare um uns herumtanzten, während er nach meinem Atem suchte und wartete, bis wir synchron ausatmeten, bevor er sich zu bewegen begann. Während wir uns drehten, flüsterte er mir den Liedtext ins Ohr.

***

»*¿Te gustaría ir a casa commigo?* Willst du mit zu mir kommen?«, fragte Joaquín ein paar Stunden später, als die Neonlichter aufleuchteten und der DJ Cumbia zu spielen begann. »*Así tenés más para escribir, y te vas a entender más de mi esencia.* So hast du mehr zu schreiben, und du wirst meine Essenz besser verstehen.«

»*¿Tu esencia?*«, erwiderte ich lächelnd.

Ich folgte ihm nach oben ins Erdgeschoss, ins erste zarte Tageslicht, und sagte mir, dass es zwar unklug, aber vor allem unausweichlich war, mit ihm nach Hause zu gehen.

Wir stiegen in ein Taxi, er hielt meine Hand und begrüßte den Fahrer Pablo, der ein pinkfarbenes Poloshirt trug, mit Namen.

»Du kennst jeden«, sagte ich.

»Es braucht nicht viel, um Menschen zu kennen«, antwortete er.

Die Wolken färbten sich lila hinter den Jacarandabäumen auf der Calle Armenia. Die Stadt wirkte matt, als ließe sie sich in den feuchten Morgen nieder. Ich konnte den Rauch von Joaquíns Marlboros in meinen Haaren riechen, von jeder einzelnen.

»*Che,* Pablo, hältst du hier bitte an?«, bat Joaquín. »Ich möchte ein paar *facturas* kaufen.« Er deutete auf eine Bäckerei, deren beschlagene Fenster hell erleuchtet waren. Pablo stoppte das Taxameter.

»*Qué buen tipo*«, sagte Pablo, »was für ein guter Kerl«, nachdem Joaquín aus dem Taxi gesprungen war, eine nicht angezündete Zigarette baumelte von seinen Lippen. »Und was ist mit dir?« Pablo drehte sich um und warf einen Blick auf die Satinschuhtasche in meinem Schoß. Seine großen braunen Augen, die von kurzen, geraden Wimpern eingerahmt waren, wirkten jünger als der Rest seines Gesichts. »Was macht der Tango?«

Ich strich mit dem Finger über einen Riss in der Lehne des Beifahrersitzes. »Ich glaube, ich befinde mich in meiner Tangojugend.«

Pablo lächelte. »Wie meinst du das?«

»Ich kann bei der *milonga* zum Beispiel nicht mehr sagen,

›Ich weiß gar nichts‹ oder ›Ich habe gerade erst damit angefangen‹ … Aber ich mache immer noch viele Fehler.« Ich sah aus dem Fenster. Joaquín kam aus der Bäckerei, ein in Papier eingeschlagenes und mit einer Schnur umwickeltes Paket in der Hand haltend.

»*Bueno*«, meinte Pablo. »Aber vergiss nicht, *linda*« – er sah wieder nach vorn und packte den Steuerknüppel –, »manchmal muss man für den Tango leiden.«

Joaquín warf seine Zigarette in den Rinnstein, öffnete die Tür des Taxis und reichte mir das Gebäck. »*Vamos a casa*«, sagte er zu Pablo. »Ich möchte dir Sofía vorstellen«, fuhr er, an mich gewandt, fort.

»Wer ist Sofía?«

»Mein Hund.«

Ich lachte.

»*A casa entonces*«, bestätigte Pablo. Nach Hause also.

Sofía rannte die Treppen herunter, sobald sie hörte, wie sich die Haustür quietschend öffnete. »*¡Hola, mi amor!*« Joaquín streichelte ihren Nasenrücken und kraulte sie hinter den Ohren. »*¡Hola, princesa!*«

Der schwarze Labrador wedelte mit dem Schwanz, leckte ihm die Finger und lehnte seinen glänzenden Körper an Joaquíns Beine, sobald wir oben an der Treppe angekommen waren. Ich hielt das Paket mit dem Gebäck hoch erhoben und bot ihr den Rücken meiner anderen Hand an. »*Hola*, Sofía«, flüsterte ich. »*Hola.*« Immer noch schwanzwedelnd, schnüffelte sie kurz an meiner Handfläche, hob die Nase in Richtung Gebäck und leckte dann wieder Joaquíns Finger.

»Sie ist wunderschön«, sagte ich, während ich ihr über den Rücken streichelte. »Wie alt ist sie?«

»Drei.« Er kniete sich hin und ließ sich das Gesicht abschlecken. »*Sí, mi amor, ya sé.* Ja, mein Liebling, ich weiß. *Bueno,* Sofía, *bueno. ¡Vamos!*«

Wie alte Spielkameraden rannten sie die Treppe hinunter. Ich stellte meine Schuhtasche und das Gebäck auf einem Sitzsack ab und sah mich im Wohnzimmer um, musterte die Fotos an den meergrünen Wänden. Auf einem Schwarzweißbild war eine Frau in einer karierten Schürze um ihre apfelförmige Körpermitte zu sehen, wahrscheinlich Joaquíns Mutter. Sie hatte kleine Augen und volle Lippen, genau wie er, und sah stirnrunzelnd in die Kamera. Auf einem anderen war Joaquín in Gummisandalen zu sehen, wie er stolz eine selbstgebaute Angel präsentierte. Seine Haare lockten sich, und ihm fehlten zwei Vorderzähne.

»Als ich klein war, war ich süß«, sagte er, während er, wieder zurück, die Füße oben an der Treppe abstreifte und Sofías Halsband losließ. »Jetzt bin ich nicht mehr so niedlich.« Ich lachte. Sofía schüttelte sich und legte sich neben den Sitzsack. »Ich mache Mate«, verkündete Joaquín und ging in die Küche, als frühstückten wir jeden Tag zusammen. »Du kannst das Gebäck auf die *terraza* bringen.«

***

Bevor er Sofía zu sich nahm, spazierte Joaquín gerne nachts durch die Straßen von Buenos Aires, wenn er nicht gerade tanzte. »Ich wollte Sofía, weil ich sehen wollte, ob ich für jemanden sorgen könnte«, erzählte er und reichte mir den Tee. Ich wischte die Krümel des *medialuna* – einem croissantartigen Gebäckstück – von meinen Fingern, bevor ich das Getränk nahm.

»Aber ich habe Schuldgefühle, wenn ich zur *milonga* gehe und sie allein lasse«, fuhr er fort und streichelte die Pfote, die

Sofía auf seinen Schoß gelegt hatte. Er aß nichts von dem Hörnchen. Wir saßen an einem schmiedeeisernen Tisch, der einen Großteil seiner Terrasse einnahm, deren Zement von Rissen durchzogen war. »Ich weiß nicht, wie ich wäre, wenn ich eine Familie hätte. Es macht mir Angst.«

»Das weiß man vorher nicht«, sagte ich und trank in kurzen Schlucken von dem Mate, während ich den heißen Metallhalm mehr an meinen Lippen spürte, als dass ich die bittersüße Flüssigkeit schmeckte. »Ist das nicht so, als wolltest du mir sagen, du wüsstest, wie du den nächsten Tango tanzen würdest?«

Er senkte den Kopf, streichelte immer noch Sofías Pfote. Die geblümten Bettlaken der Nachbarn flatterten ein paar Meter entfernt auf der Wäscheleine.

»*Sos tan delicada*«, sagte er. »*Tan culta, tan femenina.*« Er sah zu mir auf. »*Me encanta.*«

Ich errötete. Anders konnte es nicht sein. Ich sah es nicht, aber ich spürte es. Und ich fühlte mich wie ein Stück Hackbraten neben den überwältigenden Frauen, mit denen er bei der *milonga* getanzt hatte. *Delicada? Culta? Femenina?* Ich wusste, ich würde diese Worte tage-, vielleicht wochenlang mit mir herumtragen. Ich wusste aber auch, dass wir als Paar, oder was auch immer das hier war, nicht halten würden, nicht halten konnten. Doch ich wollte unbedingt wissen, was bis dahin geschehen könnte.

Eine Brise wehte den Bindfaden des Gebäckpakets vom Tisch. Sofía schnappte ihn sich und kaute genüsslich darauf herum, bis Joaquín mit dem Finger ihre Kiefer auseinanderzwang. »Gib mir das, Sofía, das ist nichts für dich.« Der Faden fiel von ihrer Zunge in seine Hand. »Kommt«, sagte er zu uns beiden, »gehen wir hinein.«

»Wie hast du gelernt, mit dem Tango zu verführen?«, fragte ich. Wir lagen auf dem Wollteppich im Wohnzimmer, Sofía zwischen uns, und hörten brasilianische Boleros.

»Ah«, antwortete Joaquín, »ich verführe, wenn ich Tango tanze? Ha, ha, ha. Ho, ho, ho.« Er drehte sich auf die Seite, stützte sich auf den Ellbogen. »Wann? Wenn ich mit dir tanze? Oder mit jemand anderem?«

»Allgemein.«

»Ich weiß es nicht. Ich wusste nicht, dass ich verführe. Ich habe es zumindest nicht vor.«

»Nicht?«

»Nein.« Er schob seine Hand unter Sofías Halsband und kraulte ihren Hals. »Ich weiß, dass es ein sehr sinnlicher Tanz ist. Doch generell versuche ich, mich für den anderen Menschen zu öffnen. Wahrscheinlich wirkt das verführerisch.«

»Nun … ja.«

Er legte sich wieder auf den Rücken, die Hände auf der Brust gefaltet. »Wenn ein Mensch sich genauso zeigt, wie er ist«, sagte er, »wenn jemand durchsichtig ist … das sieht man heutzutage nicht sehr oft, und deshalb wirkt es verführerisch. Die Menschen wissen nicht, wer sie sind. Sie wollen ihrer Umwelt immer das zeigen, von dem sie glauben, dass man es wahrnehmen will. Wenn sich also jemand öffnen kann … keine Ahnung. Ich glaube, es liegt eher an der Verbindung, die ich zu meinem Tanzpartner aufbauen kann. Jetzt, ja«, er räusperte sich, »jetzt weiß ich, dass ein Mensch manchmal Dinge tun kann beim Tanzen, um den anderen zu verführen …«

»Zum Beispiel?«

Sofía rollte sich herum, die Pfoten in der Luft.

»Absichten, Atem, Umarmungen, Pausen, Spannung in den Armen – aber ich versuche nicht, die Frau zu verführen. Nein, nein, nein! Ich versuche, durch die Umarmung eine Verbindung zu ihr aufzubauen. Wenn ich eine Frau mag, tanze ich anders, aber ich werde nicht anders tanzen, damit sie es mag.«

»Okay«, erwiderte ich und tätschelte Sofías Bauch. »Aber …«

»Wenn man versucht, etwas von einem anderen Menschen zu bekommen – *das* ist Verführung. Ich will nichts von diesem anderen Menschen. Ich öffne mich meinen Gefühlen oder dem, was mich der andere Mensch empfinden lässt. *Es eso.*« Das ist alles.

»*¿Nada más?* Sonst nichts?«

»*Nada más.*«

Sofía hob den Kopf. Joaquín strich mit den Fingern über ihren Kiefer, bis sie gähnte.

»Aber weißt du was?«, fragte er. »Ich bin nicht daran interessiert, mit einer Frau befreundet zu sein.«

»Oh?«

»Frauen wollen immer mit mir befreundet sein. Nach einem oder zwei Monaten verlieben sie sich in mich. Dauernd. Ich habe es so satt.«

»Ich bin also eine von vielen.«

»Ja«, bestätigte er.

Ich lachte. In diesem Moment machte ihn seine Ehrlichkeit noch attraktiver. Ich griff über Sofía hinweg nach seiner Hand und begann sie zu massieren. »Entspann deine Finger.« Er schloss die Augen. »Das habe ich in Thailand gelernt. Wusstest du, dass es hundertvierundsechzig Handgriffe in der Thai-Massage gibt? Die meisten habe ich schon wieder vergessen.«

Joaquíns Augen blieben geschlossen. Als ich seine Hand freigab, beobachtete er, wie Sofía meine Finger abschleckte.

»Keine Angst, Sofía«, sagte er, »du wirst immer die Königin hier im Haus sein.« Sie wedelte mit dem Schwanz, er tätschelte ihren Bauch. »Sie akzeptiert dich in unserem Rudel«, erklärte er. »Ich bin das Alphamännchen, sie das Alphaweibchen, aber du darfst dich uns anschließen. Das Fingerschlecken ist das Zeichen, dass sie dich akzeptiert.« Er küsste mich, schmeckte mehr nach Mate als nach Marlboros. »Ich mag dich.«

»Ich mag dich auch.«

Als ich sein Haus verließ, schlief er mit dem Gesicht nach unten auf den schmutzigen Laken. Ich küsste ihn auf den Rücken und prägte mir das Bild ein: zimtfarbene Haut, lange Haarsträhnen über dem Gesicht, sein Körper so lang wie das Doppelbett im Sonnenlicht, das durch die löchrige Jalousie hereinfiel.

5

Du siehst müde aus«, sagte Liliana und warf ihr dichtes, blondes Haar über die Schulter, während sie sich ein Stück Pizza nahm. Wir trafen uns mittlerweile mindestens einmal die Woche, wenn nicht zu einem Tangokonzert, dann im Guerrín, einer fünfundsiebzig Jahre alten Pizzeria auf der Avenida Corrientes, wo der Mozzarella wie Honig von der weichen Kruste tropfte.

»Ich fühle mich wie ein Vampir«, erwiderte ich und starrte auf die Fettaugen im Käse auf unserer *mozzarella chica*. Ich kämpfte auch im Büro darum, die Augen offen zu halten, wo ich mich sowieso schon als Betrügerin fühlte: Ich arbeitete als Projektmanagerin, war für die Koordination der Installation von Satellitenanlagen auf drei Kontinenten verantwortlich, obwohl ich keine Ahnung vom technischen Hintergrund der Projekte hatte, die ich leitete, selbst wenn ich Kunden in Genua versicherte, dass wir uns um Stromausfälle auf den Philippinen kümmern würden, oder unseren Logistikmanager anflehte, eine Satellitenschüssel so schnell wie möglich nach Kampala zu transportieren. Das wahre Leben begann erst nach Mitternacht, wenn ich Joaquín bei der *milonga* traf. Wir blieben bis vier, fünf, sechs Uhr morgens, und wenn die Sonne aufging, nahm ich ein Taxi zurück in meine Wohnung. Noch nie in meinem Leben war ich so oft Taxi gefahren, geschweige denn, hatte so viele gesehen. Liliana erzählte mir, dass es achtunddreißigtausend von ihnen in Buenos Aires gab – dreimal so viel wie in New York, wie ich später erfuhr –, und relativ wenig *porteños* benutzten sie regelmäßig, bis auf die Tangotänzer, da die *subte* bereits um elf Uhr abends ihren Dienst einstellte, Nachtbusse unzuverlässig waren und die besten *milongas* ihren Höhepunkt nicht vor zwei Uhr morgens erreichten.

»Er macht dich zu einer *perra milonguera*«, sagte Liliana.

»Einer *milonga*-Hure?«

»So nennt mich Mariano.« Das war ihr Freund. »Wenn wir über *perras milongueras* sprechen, reden wir von wirklich sexy, wirklich sinnlichen Frauen, die die ganze Nacht mit Tanzen verbringen.«

»Glaubst du?« Ich lächelte.

»Mmmhmm.« Sie nickte und schob ein Stück Pizza auf meinen Teller. »Aber denk daran, *nena*« – ihr Blick war besorgt, wie schon vor Wochen, als ich ihr von Joaquín erzählt hatte –, »wenn du dich mit einem Mann triffst, der zur *milonga* geht, wird er auch weiterhin mit anderen Frauen zusammen sein wollen. So ist die Regel. Nicht die Ausnahme. Hier«, sie deutete auf die Pizza, »iss.«

Später am Abend traf ich Joaquín im La Viruta. Es war nach zwei Uhr morgens, und Lalo, der Organisator, feierte seinen Geburtstag. Er zerteilte gerade einen Blechkuchen und reichte die Stücke auf Styroportellern an alle Anwesenden weiter.

Als der DJ »Poema« spielte, sah ich mich nach Joaquín um. Er stand an der Bar und war in ein Gespräch mit einer grünäugigen jungen Frau in einem smaragdgrünen Kleid vertieft; als er sie auf die Tanzfläche führte, lag seine Hand auf ihrem nackten Rücken. Er neigte ihr den Kopf zu und flüsterte ihr etwas ins Ohr. Ich spürte, wie sie ihn faszinierte – selbst im Halbdunkel meinte ich, in seinen Augen Bewunderung zu lesen, vielleicht sogar Ergebenheit. In diesem Augenblick, an einem Tisch mit einem riesigen Stück von Lalos Meringueüberzogenem Geburtstagskuchen mit Dulce de leche, der so süß war, dass meine Backenzähne schmerzten, erkannte ich, dass ich auf diesen Moment noch nicht vorbereitet war. Auch wenn ich wusste, dass ich eine von vielen war, dass er sein Leben in Liedblöcken lebte, dass er süchtig war nach der Nacht und der *milonga* und dem ganzen Drumherum.

»Beim Tango fühle ich mich frei«, erinnerte ich mich an seine Worte während unseres Fake-Interviews. Wie lange war das her? Ich hatte kein Zeitgefühl mehr. »Der Tango, die *milonga,* die Umarmung: den Körper eines anderen Menschen zu spüren, der kein Freund ist, kein Verwandter, jemand, den man liebt – der Körper eines vollkommen Fremden. Diesen Körper plötzlich zu spüren, die winzigen Knochen, wie sich ihre Brust an deine schmiegt – das ist unmittelbare Kommunikation. Man hat das Gefühl, als könne man eine Verbindung zur ganzen Welt aufbauen. Zumindest für drei Minuten.«

Die *tanda* war zu Ende, und Joaquín hielt die Frau in dem smaragdgrünen Kleid in seinen Armen, bis der nächste Liedblock begann. Ich hatte noch nie gesehen, dass er mehr als eine *tanda* mit derselben Frau getanzt hatte, vor allem nicht mit einer Pause dazwischen. In der Sprache des Tango, zumindest laut Liliana, hießen zwei aufeinanderfolgende *tandas:* »Ich möchte dich mit nach Hause nehmen.«

Ich stach die Plastikgabel in die Überreste meines Kuchens und wechselte die Schuhe. Warum war ich nur so bestürzt? Liliana hatte mich gewarnt, und Joaquín hatte mir immer die Wahrheit gesagt: »Manchmal gefällt mir eine Frau sehr, dann tanze ich mit ihr. Manchmal tanze ich mit einer alten Dame, die nicht attraktiv ist, sondern fett, aber ich liebe es, wie sie sich bewegt. Ich suche nach Empfindungen. Allen. Lachen, Spaß haben, vibrieren – emotional meine ich. Ich höre nie auf, nach Gefühlen zu suchen …« *Ich auch nicht,* dachte ich, als ich ihn beim unermüdlichen Tanz mit der Frau in dem smaragdgrünen Kleid beobachtete und es sich anfühlte, als würde mich etwas zerreißen.

Im Taxi auf dem Nachhauseweg gab sich der Fahrer, dessen schwarzes Haar gerade erst zu ergrauen begann, alle Mühe, mich mit seinem Sohn zu verkuppeln.

»Lassen Sie sich nicht mit diesen Typen bei der *milonga* ein«, sagte er mit einem Blick auf die Satinschuhtasche in meinem Schoß. »Glauben Sie mir, die verschlingen Sie bei lebendigem Leib.«

Ich hatte ihm nichts erzählt, doch wahrscheinlich hatte er schon genügend Frauen mit roten Augen und aufgedunsenen Gesichtern gesehen, die die *milonga* nachts allein verließen. »Sie sind keine Tänzerin, nicht wahr?« Ich schüttelte den Kopf. »Sie sind Schriftstellerin? *¡Ay, qué linda!* Haben Sie Manuel Puig gelesen? *Der Kuss der Spinnenfrau?*« Ich schüttelte wieder den Kopf. »Das *müssen* Sie lesen! Was ist mit Cortázar?«

»Noch nicht«, sagte ich. »Ich wollte schon immer, aber …«

»*Rayuela*«, schwärmte er. »Sie müssen *Rayuela* lesen. Alle reden immer von Borges. Borges, Borges, Borges. Er hat nicht mal den Nobelpreis gewonnen. Aber für mich ist *Rayuela* der beste Roman des zwanzigsten Jahrhunderts. Cortázar ist ein *maestro.* Sehr experimentell, aber gut.«

Ich schob die Schuhtasche vom Schoß, holte mein Notizbuch hervor und notierte mir den Buchtitel.

»Es ist schwierig für einen Mann, der mit einer Schriftstellerin zusammen sein will, nicht wahr?«

Ich nickte zerstreut. Joaquín hatte wahrscheinlich mittlerweile bemerkt, dass ich nicht mehr im La Viruta war. Oder vielleicht auch nicht. Der Taxista bog langsam auf die Avenida Santa Fe ein. Es war vier Uhr morgens, doch die Blumenstände waren immer noch offen, boten Nelken, Lilien und blaue Rosen an.

Als wir vor meinem Haus anhielten, sagte er: »Sie sind zu klug für meinen Sohn, aber Sie werden ein gutes Leben haben. Wie heißen Sie? Sagen Sie es mir. Irgendwann werde ich dann stolz erzählen können, dass ich Sie mal gefahren habe.«

In dieser Nacht fand ich keinen Schlaf, sah alte Folgen von *Eine Frage des Geschmacks* auf YouTube, versuchte, die *milonga* zu vergessen und mir vorzustellen, ich wäre mit Anthony Bourdain unterwegs. Wie ich den reisenden Koch beneidete: seine Verzückung über Spanferkel in Puerto Rico, wie er sich die Lippen an Fischkopfcurry in Malaysia verbrannte, wie er Kapern in Pantelleria pflückte und über jedes Gericht mit der Eloquenz eines Hunter S. Thompson berichtete. *Er lebt seinen Traum,* dachte ich, als die ersten Strahlen des Morgenlichts durch die Fensterläden drangen. *Und was tust* du*?*

6

Als ich ins La Confitería Ideal kam, hörte ich bereits die Musik aus dem Tanzsaal im zweiten Stock. Das Wehklagen wurde immer lauter, während ich die Marmortreppe emporstieg, die sich um einen schmiedeeisernen Aufzugkäfig wand, der außer Betrieb war.

Als ich oben war, erblickte ich Liliana und ihren Schopf blonder Haare. Ihre schwarze Seidenbluse rutschte von ihrer Schulter, als sie mich an ihren Tisch neben einer Säule aus rosafarbenem Marmor winkte, nur einen Schritt von der Tanzfläche entfernt. Es war kurz nach zwei Uhr mittags. Die Samstagnachmittag-*milonga* hatte gerade erst angefangen. Ich hielt den Atem an – der Geruch nach Räucherstäbchen und Katzenurin war stärker als je zuvor, ein Moschusgeruch intensiver als jeder andere in einem Tangosalon, der die verlorene Dekadenz der gesamten Stadt zu verkörpern schien.

»La Ideal«, wie Liliana und die anderen Stammgäste es nannten, bot die ganze Pracht von Buenos Aires' Belle Époque: Kristalllüster aus Frankreich, Buntglasfenster aus Italien, handgeschnitzte Eichenpaneele aus Slowenien. Doch wie Argentinien war auch der Tanzsaal vom Pech verfolgt – ein paar Monate nach meinem ersten Besuch dort fiel ein Kronleuchter während einer Tangostunde von der Decke und einem sechsundsiebzigjährigen Mann auf den Kopf. (Er überlebte mit tiefen Schnitten, das La Ideal schloss vorübergehend, um die Schäden provisorisch zu reparieren.) Doch trotz seiner Gefahren, seines widerlichen Geruchs und der zweifelhaften Qualität des Tanzes – auch Touristen, die noch nie im Leben Tango getanzt hatten, kamen gern hierher –, liebte ich die vergangene Pracht dieses Ortes, ebenso wie Liliana.

»*¿Cómo te va, nena?*«, sagte sie und beugte sich über den Tisch, um mich auf die Wange zu küssen. »Du siehst schrecklich aus.«

»Ich weiß.« Ich fuhr mit den Fingern über die Haut unter den Augen, als ob ich die dunklen Ringe wegwischen könnte, die dort seit Tagen waren. Ich widerstand dem Impuls, mich in den verzerrten Spiegeln an der Wand zu betrachten. Nach meiner Flucht aus dem La Viruta waren die Dinge mit Joaquín aus den Fugen geraten. Erst drei Tage später hatte ich wieder etwas von ihm gehört. Und seither überhaupt nichts mehr.

»Ich kann nicht lange bleiben«, sagte ich. Ich sollte überhaupt nicht hier sein. Meine Arbeit in der Satellitenschüsselfirma hatte ich diese Woche furchtbar vernachlässigt – »*¿Qué te pasa?*«, hatte mein normalerweise nachsichtiger Chef gesagt. Was ist los mit dir? »*Nada*«, hatte ich erwidert. Nichts. Ich versprach, einen Markteinführungsbericht für unsere afrikanischen und asiatischen Standorte bis Montag fertigzustellen.

Liliana legte eine ihrer Hände mit den French-Manicure-Nägeln auf mein Handgelenk. »Wann hast du das letzte Mal etwas von ihm gehört?«

»Vor einer Woche«, antwortete ich. »Er wollte anrufen, damit wir uns zum Tanzen treffen.« Ich biss mir auf die Innenseite der Wange. »Aber dann nichts mehr.« Ich hasste die Vorstellung, dass Joaquín und ich es nur so weit geschafft hatten, dass alles im Sand verlief, dass wir nicht einmal gestritten hatten vor dem Ende.

Liliana beobachtete die Tische auf der anderen Seite der Tanzfläche. »Du musst weitertanzen, weißt du.« Ein Mann in einem Tweed-Sakko starrte sie an, nickte, wollte tanzen, doch sie wandte den Blick ab und drehte sich zurück zu mir. »Du kannst nicht zulassen, dass er dir den Tango wegnimmt.«

Ich sah zu unserem Nachbartisch. Ein Mann in einem hellbraunen Blazer zog gerade ein Paar Tanzschuhe aus einer Plastikeinkaufstasche. »Ich weiß nicht, wo er aufhört und der Tango anfängt«, sagte ich. »Tango … Buenos Aires … Joaquín …« Ich zählte die Wörter an den Fingern ab und ballte die Hand zur Faust.

»*¡Mozo!*«, sagte Liliana. Ich blinzelte gegen die Tränen an. Ein Kellner in einer Polyesterweste eilte herbei. »Zwei Gläser *champán*, bitte«, bestellte Liliana. »Und zwei *empanadas de carne.*« Der Kellner neigte den Kopf und ging direkt zurück zur Bar, wobei er sämtliche erhobenen Hände um ihn herum ignorierte.

»Zuerst einmal«, sagte Liliana und umfasste meine Hand mit ihren, »musst du verstehen, dass das hier ein Übergangsritus ist. Jeder, der sich ernsthaft auf den Tango einlässt, hat früher oder später eine Art Affäre.«

»Ich weiß.« Die *tanda* war vorbei, die Tänzer zerstreuten sich und gingen zu ihren Plätzen zurück. Ich sah nach unten auf das Tischtuch, in dem sich ein Zigarettenbrandloch befand. »Aber es war einfach nicht genug Zeit.«

Liliana seufzte und gab meine Hand frei. Ein Walzer ertönte, und Mariano, ihr Freund, kam lächelnd auf unseren Tisch zu. Sie waren seit beinahe vier Jahren zusammen – ein außergewöhnliches Kunststück für ein nichtprofessionelles Tangopaar.

Mariano war drahtig und gedrungen, kleiner als sie, und hatte leichte O-Beine. Liliana pflegte zu sagen, sein Körper trüge Spuren der messerkämpfenden *compadritos*, der harten Kerle, die die Ecken in den Randbezirken von Buenos Aires beherrschten, wo der Tango um die Jahrhundertwende das Licht der Welt erblickt hatte. Doch wenn er tanzte, sah Mariano überhaupt nicht wie ein *compadrito* aus: Sein Gang hatte etwas Vornehmes, seine Haltung etwas Majestätisches, und er achtete immer auf seine Umgebung, stieß nie mit anderen Paaren zusammen, egal wie schnell er sich bewegte oder wie voll die *milonga* gerade war.

»*¿Bailás?*«, fragte Mariano und lächelte mir zu.

Ich warf Liliana einen Blick zu.

»Tanz mit ihm.«

»Aber …«

»*Vamos*«, sagte Mariano.

»Geh«, bestätigte Liliana.

Meine Knie zitterten, als ich ihm zur Tanzfläche folgte. Ich hatte noch nie mit ihm getanzt. Er war bekannt in den Tangoklubs, einer der respektierten Tänzer der Stadt. Wenn ich mich mit ihm nicht blamierte, würde ich den restlichen Nachmittag über aufgefordert werden. Wenn ich es vermasselte, würde ich zuschauen.

Mariano begann den Walzer in doppelter Geschwindigkeit und drehte sich irgendwann immer schneller. Ich gab mir größte Mühe, mit ihm mitzuhalten, doch ich vergaß irgendwann meine Drehungen, mir wurde immer schwindeliger, und schließlich machte ich einen falschen Schritt, knickte um und begann zu fallen. O nein. Nein, nein, nein … Ich ließ Mariano los, als ich erkannte, dass ich das Gleichgewicht nicht halten konnte. Er sprang zurück, das Gesicht vor Entsetzen verzerrt, als er den Versuch unternahm, meinen Bleistiftabsätzen auszuweichen, die haltlos in die Luft stocherten. Ich landete auf meinem Hintern, zu schockiert, um Schmerz zu empfinden. *Bitte, lass das ein Traum sein,* dachte ich, als ein altes Paar im perfekten 1-2-3-Walzerschritt an mir vorbeischwebte. Irgendwo an einem der Tische an der Tanzfläche kicherte eine Frau. Mariano half mir auf die Füße.

»Es tut mir so leid«, sagte ich mit hochrotem Gesicht, während mein Hinterteil immer mehr schmerzte. Ich würde sicher einen blauen Fleck bekommen.

»Mach dir keine Gedanken«, erwiderte er, meinen Blick meidend. »Vielleicht brauchst du eine Pause.« Er führte mich zurück an den Tisch neben der rosafarbenen Säule und hielt meinen Oberarm dabei mit den Fingerspitzen wie einen schmutzigen Lumpen. Liliana war auf der anderen Seite der Tanzfläche und in einen wunderschönen Walzer mit einem halb so alten bezaubernden Jüngling versunken, doch der *champán* stand auf dem Tisch, ebenso wie die Empanadas, die Mikrowellendampf und einen leichten Kreuzkümmelgeruch verströmten. Ich wollte sie. Aber ich wollte nicht, dass sich irgendwer im La Ideal an mein Gesicht erinnerte.

Mariano entschuldigte sich und steuerte auf die Toilette zu. Ich schlüpfte aus meinen Tangoschuhen – die Bronzefarbe auf dem rechten Absatz war abgesplittert, der dunkle Lack darunter sichtbar. Ich wollte Lilianas Blick erhaschen, aber sie tanzte immer noch und sah mich nicht. Ich würde sie später anrufen.

Ich eilte aus dem La Ideal und suchte nach einem Taxi. Ein herbstlicher Regensturm peitschte durch die Straßen von Buenos Aires, und ein verfrühter *sudestada*, der starke, eisige Wind, der die Kälte aus der Antarktis brachte, kam zu dem üblichen Verkehrschaos auf der Avenida 9 de Julio hinzu. Ein Windstoß drehte meinen Zwei-Peso-Regenschirm von innen nach außen. *Wirklich?* Ich wollte die Faust Richtung Himmel schütteln. *Was sollte das denn jetzt?* Mein Magen knurrte laut und erinnerte mich an die Empanadas, die ich zurückgelassen hatte. Zum ersten Mal seit Wochen starb ich beinahe vor Hunger.

Ich stopfte den Schirm in einen Abfalleimer und winkte einem Taxi nach dem anderen. Alle ignorierten mich, fuhren weiter, die LIBRE-Leuchtschilder ausgeschaltet, während das Wasser bis an die Radkappen stieg.

Ich hatte noch nie ein Problem gehabt, in Buenos Aires ein Taxi zu finden. An jedem Tag, in jedem Moment, auf nahezu jeder Straße hatte ich nur meinen Arm heben müssen, und schon hielt ein Taxi für mich an. Heute jedoch nicht. Heute hatte der *sudestada* die Stadt überrumpelt, und nirgendwo gab es ein freies Taxi. Die Schmerzen in meinem Bauch wurden immer stärker, und mein Blutzucker sank rapide in die Regionen von Schwindel, zitternden Händen und Desorientiertheit. Ich musterte die Snackbars auf der Avenida – kein *milanesa*, kein *sandwich de miga*, kein *medialuna* sprachen mich auch nur im Geringsten an, und ich wollte nicht einfach nur wegen der Energiezufuhr essen. Das hatte ich jetzt wochenlang mit Joaquín getan, gegessen, ohne etwas zu schmecken – Empanadas aus der Mikrowelle, traurige Pizza, übriggebliebenes Gebäck. Er aß, um zu funktionieren, aus rein körperlichen Gründen. Ich aß, wenn irgend möglich, aus Genuss, um ein meiner Meinung nach spirituelles Bedürfnis zu befriedigen. Doch ich war auch nicht wegen des Essens mit ihm zusammen gewesen.

Ich eilte am Hotel Panamericano und seinem berühmten und für seine Preise berüchtigten Restaurant Tomo I vorbei und ignorierte die Speisekarte, die an der Messingtür angebracht war. Ich war nicht in der Stimmung, mich von einem patagonischen Lamm verführen zu lassen, das ich mir nicht leisten konnte. Warum, o warum hatte ich mich nur so in den Tango hineinziehen lassen? Ich hielt mir den Bauch und erinnerte mich an Joaquíns Prophezeiung aus unserer ersten Unterrichtsstunde, dass wir immer an dem Ort landeten, den wir am meisten fürchteten. Tatsächlich: Ich hatte mich zur *milonga* gezwungen – um der Verzweiflung zu entgehen –, und es hatte mein Elend nur verschlimmert.

Mein Hintern schmerzte, und ich war bis auf die Haut durchnässt. Ein Taxi hielt an einer Ampel ein paar Blocks entfernt. Das LIBRE-Schild leuchtete, der rote Schein durchbrach den grauen Nachmittag. *Sieh mich*, dachte ich, hob die Hand und wischte mir den Regen von der Stirn. *Sieh mich.* Doch der Fahrer war zu weit weg. Ich stellte mich auf die Zehenspitzen und winkte energisch. Die Scheinwerfer des Taxis flackerten. Die Ampel wurde grün.

Manische Freude durchzuckte mich, als ich erkannte, dass der Wagen sich durch vier dicht befahrene Spuren kämpfte, um mich aufzunehmen.

Und irgendwo in dieser manischen Freude, als ich den Taxista in seinem schwarz-gelben Fiat sah, hatte ich einen Einfall – etwas, für dessen Umsetzung ich bisher noch nicht mutig genug gewesen war. Eine verrückte Idee, vom Hunger befeuert und dem Gefühl, dass ich nichts zu verlieren hatte.

Ich suchte in meiner Tasche nach meinem Fake-Ehering, einem papierdünnen Goldreif, der meiner Großmutter gehört hatte und den ich ab und zu trug, um Männer abzuschrecken. Meine Hand zitterte, als ich ihn auf den Finger schob. Das Taxi hielt an, ich öffnete die Tür, warf meine Tangoschuhe auf den Rücksitz und stieg ein. »*Buenas tardes*«, sagte ich und wünschte, ich hätte meine Haare ausgewrungen, als das Wasser auf meinen Rücken und den Sitz tropfte.

Der Taxista drehte sich um. Seine braunen Augen waren beinahe mandelförmig, umrahmt von feinen Fältchen und mit Gold gesprenkelt. »*Buenas tardes.*« Er lächelte mit offenem Mund, als wolle er gleich in Gelächter ausbrechen. »Wohin soll es denn gehen?«

Ich drehte Grandmas Ring mit dem Daumen. »Ich habe eine etwas seltsame Bitte.« Ich versuchte, ihn ebenso auf die Frage vorzubereiten wie mich.

»Ja?«

Ich sah auf die Uhr am Armaturenbrett: Es war schon nach drei Uhr nachmittags, die Mittagessenszeit war fast vorbei.

»*Señorita*«, sagte der Taxista immer noch lächelnd, »wohin möchten Sie?«

Ich beugte mich zwischen die Vordersitze, verlagerte das Gewicht auf die nicht schmerzende Seite meines Hinterns und sagte: »Könnten Sie mich zu Ihrem Lieblingslokal bringen?«

Der Taxista bremste mitten auf der Straße. Autos hupten und fuhren um uns herum, doch es schien ihn nicht zu kümmern. Er schaltete den CB-Funk aus und drehte sich verwirrt zu mir um.

»Ich bin hungrig«, sagte ich rasch, »und ich habe nicht viel Geld, und ich hatte gehofft, dass Sie vielleicht ein gutes Lokal in der Nähe wüssten.«

»Hä?« Er zog die Augenbrauen zusammen, was die Falte in der Mitte seiner Stirn vertiefte. Er hatte das Taxameter noch nicht wieder eingeschaltet.

»Vielleicht etwas, wohin Sie mit Ihrer Familie gehen?«, fuhr ich fort. »Zum Beispiel.«

»Was für Essen suchen Sie denn?« Er nahm den Fuß von der Bremse.

»Nichts Aufwendiges.« Ich drückte die Handflächen gegen meinen ausgehungerten Bauch. »Sie wissen schon, typische Sachen wie Empanadas, Steak …«

»Steak?« Er lächelte. »Wie wäre es mit dem Siga la Vaca?«

»Siga la Vaca?« Ich hatte den Namen schon einmal gehört. »Gehen da nicht viele Touristen hin?«

Er fuhr an den Straßenrand und sagte: »Sie haben recht. Das kennt jeder. Lassen Sie mich nachdenken …« Das Taxameter lief weiterhin nicht. »Ein gutes Steak, ein gutes Steak …«

Ich fragte mich allmählich, ob es eine so gute Idee gewesen

war. Wie oft hatte Liliana mich vor den Taxifahrern in Buenos Aires gewarnt. »Du siehst argentinisch aus und sprichst die Sprache, aber du hast einen Akzent, und nach zwei Sätzen werden sie wissen, dass du nicht von hier bist. Und wenn sie das kapiert haben, werden sie dich im Kreis herumfahren.«

Doch das hatten die Taxistas, soweit ich weiß, noch nie bei mir getan. Ich dachte an all die Fahrten zur und von der *milonga* und die frühmorgendlichen Touren von Joaquín zu mir. Wie ich überrascht ausstieg (über einen Taxista, der mir erzählt hatte, keine Theorie sei größer als die Praxis) oder klüger (nachdem mir der Fahrer den Text zu »Cambalache« erklärt hatte, der Tango, der gegen Argentiniens »schändliches Jahrzehnt« in den dreißiger Jahren Position bezog) oder ernsthaft gewarnt (nach der Fahrt mit Pablo. »Manchmal muss man für den Tango leiden« – wie recht er gehabt hatte!). Die Taxistas von Buenos Aires hatten dezidierte Meinungen über alles, von Maradona und Gott zu Liebe und Schlaglöchern. War es da so weit hergeholt zu glauben, dass sie einem vielleicht ein gutes Restaurant empfehlen konnten?

»Ah!«, sagte der Taxista. »Da gibt es was, etwa fünfzehn Blocks von hier, ich weiß den Namen nicht mehr. Aber es ist eines der besten Steakhäuser in der Stadt, *segúndo me.*«

»Wirklich?«

»Sie werden es mögen«, sagte er und schaltete das Taxameter wieder ein.

Mein Magen knurrte laut hörbar. »*Bueno.*« Ich lächelte ihm im Rückspiegel zu. »*Vamos.*«

»Nehmen Sie mich mit?«

Ich drehte meinen falschen Ehering, während meine Wangen zu glühen begannen. »Natürlich.« Was sollte ich schon sagen?

Der Taxista grinste über mein rotes Gesicht. Einige Blocks

später klingelte sein Handy. Ich lehnte mich zurück und gab vor, nicht zuzuhören.

»*Hola, mi amor.* Kann ich dich in fünf Minuten zurückrufen? Ich bin gerade beschäftigt …« Bedächtig bog er nach rechts ab. »*Sí, ya sé,* aber ich fahre gerade … *Bueno, ya sé.* In fünf Minuten, okay? *Beso. Chau, mi amor. Chau, chau.*«

Der Regen ließ langsam nach und prasselte nicht mehr in apokalyptischen Sturzbächen herab. Wir überquerten die Avenida Córdoba und fuhren nach Süden. »Ich weiß, dass es hier irgendwo ist«, sagte der Taxista und richtete sich auf seinem mit einem Perlenüberzug bedeckten Sitz auf. »Aha!« Er deutete durch die regenverschmierte Windschutzscheibe auf eine Fassade hinter zwei Ahornbäumen. »Das ist es!«

Ich sah aus dem Fenster. Männer in Anzügen drängten sich unter der tropfenden Markise und rauchten. Es war nicht klar, ob sie gerade gingen oder kamen.

»Es scheint beliebt zu sein«, sagte ich.

»Sehen Sie? Ich würde Sie nicht in die Irre führen. Hier, meine Karte.« Er griff in seine hintere Hosentasche und holte ein zerknittertes Stück Papier hervor, auf dem TAXI ENRIQUE stand.

»Da ist meine Handynummer. Rufen Sie mich an, wenn Sie etwas brauchen. Das meine ich ernst! Viel Glück!«

Ich nahm meine Tangoschuhe und stieg aus dem Taxi. Oh, war ich hungrig, und oh, wie sehr mir das Restaurant gefiel: eine bescheidene Glas- und Metallfassade mit einem blauen und weißen Schild, das hinter den Bäumen kaum zu sehen war. Ich winkte Enrique zum Abschied, steckte seine Karte in meine Tasche, ging an den Männern in Anzügen vorbei und betrat das Parrilla Peña.

Als Erstes sah ich den Grill – voll beladen mit Fleischstücken und Rippchen, ganzen Hühnern, geschwärzten Paprikastücken,

Würsten und Kalbsbries. Über allem lag der Geruch nach Rauch und Steak. Mir lief das Wasser im Mund zusammen. Mein Magen knurrte. Ich wollte alles.

Köpfe drehten sich, als ich meine durchweichten Kleider von der Haut wegzog und den Speiseraum nach einem freien Platz absuchte. Männer in Anzughemden und dunklen Pullovern strichen Blutwurst auf Weizenbrötchen und zerschnitten Steaks, die ihre Teller winzig aussehen ließen. Weinflaschen ruhten in an der Wand montierten Regalen. Ganze Schinken hingen von der Decke. Ein Oberkellner in einem weißen Jackett näherte sich. »Macht es Ihnen etwas aus, sich zu den Herren dazuzusetzen?«, fragte er und deutete an einen Vierertisch, an dem zwei Männer weit jenseits der fünfzig sich gegenübersaßen und über Tellern gestikulierten, auf denen sich Knochen türmten.

»Überhaupt nicht.«

Die Männer verstummten, strichen sich ihre Pullover über den Bäuchen glatt und musterten mich von oben bis unten, durchnässt und zerzaust, wie ich war, während ich mich auf einem Stuhl neben ihnen niederließ. Ich ignorierte die Speisekarte auf dem Tisch und fragte die beiden nach ihren Empfehlungen. Die Rippchen seien die besten in Buenos Aires, bekam ich zur Antwort. Außerdem sei der gegrillte Provolone ganz hervorragend.

Der Oberkellner kam, um meine Bestellung aufzunehmen. »Sie essen allein?«

Ich nickte.

»Hm.« Er verschränkte die Arme und fixierte einen Punkt an der Decke. »Sie könnten ein halbes Tenderloin probieren, eine Portion Rippchen, Kronfleisch …«

»Ein halbes Tenderloin«, sagte der Mann im V-Pullover. »Das ist es.«

»Gut, dann ein halbes Tenderloin«, erklärte ich. »Und dazu eine Portion gegrillten Provolone.«

»Das ist zu viel für eine Person«, erwiderte der Kellner.

»Vielleicht kann ich den Rest mit nach Hause nehmen, wenn es zu viel ist?«

»Natürlich, sie kann es mit nach Hause nehmen«, bestätigte der Mann.

Der Kellner nickte knapp und zog sich zurück. Meine Tischgenossen nahmen ihr Gespräch wieder auf – etwas über ein Apartment in Palermo, das einer von ihnen verkaufen wollte. Ich blätterte durch die Speisekarte. Es gab jede Art Fleisch und Innereien, die man sich nur vorstellen konnte, von T-Bone-Steaks, Sirloin-Steaks und Crosscut Ribs zu *chorizo criollo*, Gekröse und Kutteln. Es gab hausgemachte Pasta, Platten mit regionalem Käse und gebratenes Gemüse, Salate, *milanesas* (paniertes Kalbskotelett), Empanadas. Kein Gericht kostete mehr als vierzig Pesos (dreizehn bis vierzehn Dollar).

Ich schloss die Karte, als der Kellner den Provolone brachte. Dampf stieg von den Grillrillen auf, Olivenöl glänzte auf der Oberfläche. Die zwei Männer beobachteten mich, wie ich den ersten Bissen nahm. Käse, Barbecue-Rauch und Oregano vermischten sich. Ich schloss die Augen. Ich hatte das Gefühl, einen Hunger zu befriedigen, der seit sehr langer Zeit ungestillt gewesen war.

»Sie essen die beste *provoleta* in der Stadt«, sagte der Mann mit dem Pullover. Ich nickte so stürmisch, dass eine meiner Haarklammern auf den Tisch fiel. Er und sein Freund lachten und setzten ihr Gespräch über Immobilien fort.

Ein paar Minuten später brachte der Kellner ein Stück Fleisch, das halb so groß wie mein Kopf war. Ich schob den Provolone zur Seite und schnitt ein dampfendes Stück Fleisch ab. Ich hatte ihm nicht gesagt, wie ich es zubereitet haben wollte. Offensichtlich war das auch nicht nötig: Der *asadero* hatte das Fleisch medium-rare und rosig gebraten, die Fleischsäfte verteilten sich bis an den Tellerrand. Ein wenig Salz war das einzige Gewürz, und mehr brauchte das Steak auch nicht. Beinahe hätte ich meinen peinlichen Sturz im La Ideal vergessen.

Meine Tischgenossen bezahlten ihre Rechnung und beobachteten mit hochgezogenen Augenbrauen, wie ich mich durch das Steak arbeitete. »Da Sie ja jetzt versorgt sind, macht es Ihnen sicher nichts aus, wenn wir nun gehen, oder?«

»Aber natürlich nicht.«

»Hier, ich gebe Ihnen meine Nummer«, sagte der Mann im V-Pullover. Ich zog mein Notizbuch hervor. »Rufen Sie mich an, wenn Sie etwas brauchen«, erklärte er.

Der Kellner räumte den Tisch ab und deckte ihn neu. Ein glatzköpfiger Mann in einem schieferfarbenen Anzug kam in den Speiseraum, warf einen Blick auf meinen falschen Ehering und quetschte sich auf den Stuhl neben meinem. Als ich gerade nach der Rechnung fragen wollte, brachte ihm der Kellner einen Teller mit gebratenen grünen Pfannkuchen.

»Was ist das?«, fragte ich.

»Spinatkuchen«, erklärte der Glatzköpfige. Seine braunen Augen waren fast schwarz, und sein Lächeln war freundlich und ein wenig verloren. Ich schätzte ihn auf Ende vierzig. »Die machen sie nur am Freitag. Wollen Sie probieren?«

»Oh, nein danke, schon gut.«

»Nein, nein, ich bestehe darauf.« Er schnitt einen halben Spinatkuchen ab und legte ihn an den Rand meines leeren Steaktellers. Ich bot ihm im Gegenzug etwas *provoleta* an.

»Ohne dieses Restaurant würde ich verhungern«, erzählte er mir. »Ich bin Junggeselle und kann nicht kochen, weshalb ich jeden Tag hierherkomme.«

Er rief den Kellner und bat ihn, die argentinische Weise zu

erklären, wie man ein Steak schnitt. Er erzählte mir von seinen Lieblingsgerichten (Kronfleisch, Nieren, Kutteln) und den Tagesspezialitäten (Hamburger am Donnerstag, Fisch am Freitag). Er bestellte Tiramisu für uns beide, das das beste in ganz Buenos Aires war. »Sie machen es mit echter Mascarpone«, sagte er. »Nicht mit Philadelphia!«

Er deutete auf den rundgesichtigen Mann hinter der Kasse, während wir auf die Nachspeise warteten.

»Das ist einer der Besitzer, ein wirklich guter Kerl. Im Gegensatz zu den meisten Argentiniern sind ihm guter Service und gute Qualität zu einem vernünftigen Preis wichtig. Für mich ist er ein wahrer Patriot. Die meisten Menschen in diesem Land sind nur darauf aus, einen auszunehmen, aber er nicht.«

»Ist er immer hier?«, fragte ich.

»Jeden Tag.«

Der Kellner brachte unser Tiramisu. Ich wartete, dass der Junggeselle den ersten Bissen nahm, dann kostete ich davon. »*Maravilloso*«, sagte ich und übertrieb damit nicht – Kakao, Kaffee und Löffelbiskuit waren sorgfältig komponiert und vermischten sich harmonisch zu einer wahren Geschmacksexplosion.

Mein Tischgenosse strahlte. Dann bat er um die Rechnung, stand auf, knöpfte sein Sakko zu und reichte mir seine Karte. Er sei Anwalt, sagte er, und seine Kanzlei nur wenige Blocks entfernt. »Bitte rufen Sie mich an, wenn Sie irgendetwas brauchen. Es war mir eine Freude, Sie kennenzulernen.«

Wir tauschten den traditionellen Kuss auf die rechte Wange, dann verabschiedete er sich auf dem Weg nach draußen von dem Besitzer und dem *asadero*. Ich bestellte drei Empanadas zum Mitnehmen. Als ich an der Kasse dafür zahlen wollte, reichte mir der Besitzer die Tüte und sagte: »Die gehen aufs

Haus.« Er lächelte. »Hoffentlich dürfen wie Sie wieder bei uns begrüßen.«

»Definitiv«, erwiderte ich und rieb mir den Bauch, als ich nach draußen auf die Rodriguez-Peña-Straße ging, meine Empanadas und die Tangoschuhe in der Hand, mit dem Gefühl, mich in einem wunderbaren Traum zu befinden, in dem ich nicht in einem legendären Tangotanzsaal auf den Hintern gefallen war, in dem ich nicht auf den Anruf eines unbeständigen *milonguero* wartete. In diesem Traum hatte mich ein Fremder zu einem Steak gebracht, das ich niemals vergessen würde, der Zufall war etwas Wunderschönes – viel schöner als alles, was ich organisieren konnte.

Ich holte aus meiner Tasche Enriques Karte und hielt sie wie einen Glücksbringer fest, als ich in den letzten Ausläufern des Regens durch das Barrio Norte spazierte, über Risse im Gehsteig und gelbe Ahornblätter, unter tropfenden Balkonen entlang, an Regenschirmverkäufern vorbei.

7

»*Sos una loca suelta.* Du bist doch vollkommen verrückt«, sagte Liliana, als ich ihr von meiner Fahrt mit Taxista Enrique und dem perfekten Steak im Parrilla Peña erzählte, während wir unsere *cafés con leche* im Café la Paz schlürften und aus dem Fenster auf die Männer schauten, die Lotterietickets, Feuerzeuge und *garrapiñada*, mit Kakao überzogene Erdnüsse, auf der Avenida Corrientes verkauften. Ein Mann in einer Fleecejacke ging vorüber und knabberte an einem Alfajor-Keks in lavendelfarbenem Papier, während er uns durch das Fenster auf die unverblümte, besitzergreifende Art der Männer in Buenos Aires musterte.

Liliana stand auf, den Mann in der Fleecejacke ignorierend, und warf sich das Ende ihres mit Quasten besetzten Schals über die Schulter. Sie hatte es eilig, zur *milonga* zu kommen, und sie war nicht gerade erfreut, dass ich sie nicht begleitete. Mariano hatte ihr von meinem Sturz im La Ideal erzählt, den sie zwar gesehen, aber nicht hatte glauben können. Weder meinen Sturz noch die Implosion der Dinge mit Joaquín waren für sie ausreichende Gründe, mit dem Tangotanzen aufzuhören.

»Ich werde auch nicht aufhören«, hatte ich ihr gesagt. »Aber ich brauche gerade eine Pause.« Nach meinem Ausflug ins Parrilla Peña, während ich an meinen geschenkten Empanadas kaute, fühlte ich mich, als wäre ich über etwas Ungewöhnliches gestolpert, als ob die Stadt sich mir ganz neu vorstellte und sich mir Möglichkeiten eröffneten, von denen ich keine Ahnung gehabt hatte. Was, wenn ich einmal die Woche in ein Taxi stieg und den Fahrer bat, mich zu seinem Lieblingsrestaurant zu bringen? Ich fragte Liliana, was sie von der Idee hielt. Sie riss das Ende eines *medialuna* ab und schwenkte es vor meinem Gesicht. »Weißt du noch, was ich dir gesagt habe? Die Taxifahrer sind die größten Betrüger in Buenos Aires …«

»Was ist mit Enrique? Ich weiß nicht, wie lange ich gebraucht hätte, um das *parrilla* auf eigene Faust zu entdecken …«

Liliana wedelte noch immer mit dem *medialuna*-Stück. »Sie werden dich im Kreis herumfahren oder dich ausrauben oder vergewaltigen …« Sie schüttelte den Kopf, ließ das Gebäck fallen, nahm Schuhe und Handtasche und eilte aus dem Café, die blonden Haare wehten wie ein Kometenschwanz hinter ihr her. Ich beobachtete, wie sie in der Menge auf der Avenida Corrientes verschwand, und wollte ihr nicht glauben.

Ein paar Tage später startete ich das zweite Taxiabenteuer, gegen Lilianas Einwände, die ich aber auch nicht ganz vergessen konnte. Ich hatte genug Zeit gehabt, mir vorzustellen, was alles schiefgehen könnte – die von ihr genannten Szenarien waren nicht unrealistisch –, und jetzt hatte ich Angst. Als ich ein Taxi an der Plaza Salguero anhielt und den Fahrer bat, *por favor*, mich zu seinem Lieblingsrestaurant zu bringen, verdrehte dieser nur die Augen und sah mich an, als wolle er sagen: »Also manche von uns müssen sich ihren Lebensunterhalt erst verdienen.«

»Ich bin ein Taxifahrer«, sagte er laut, um das Gebrabbel des Fußballkommentators im Radio zu übertönen. »Ich esse immer daheim. Wenn Sie mir eine Adresse nennen, fahre ich Sie überallhin.«

»Nein, *señor.*« Ich beugte mich zwischen die Vordersitze, wobei ich den Boca-Juniors-Wimpel an seinem Rückspiegel bemerkte. Die Boca Juniors waren in Argentinien das Fußballäquivalent zu den New York Yankees. Sie hatten am Tag zuvor hoch gegen ihre ärgsten Rivalen, die River Plate, verloren, und die Boca-Fans trauerten nun kollektiv. »Ich möchte *Ihr* Lieblingsrestaurant besuchen«, sagte ich dem Taxista, »wenn Sie denn eines haben.«

Er seufzte und fuhr rechts unter den Palisanderbäumen an den Gehsteig, gegenüber den schicken Geschäften und teuren Apartments, die den Platz säumten. »Ich habe keine Ahnung, was es hier in der Gegend für Restaurants gibt.«

Er griff unter den Fahrersitz und holte eine Mappe heraus, legte sie aufs Lenkrad und blätterte durch die verknitterten Folien, bis er eine Liste mit Restaurants fand. Ich sah ihm über die Schulter und erkannte, dass jede Adresse im Ausländerghetto um Puerto Madero lag, wo die einzigen Einheimischen nur Geschäftsleute waren, wo überteuerte Steaks an Besucher mit texanischem Akzent verfüttert wurden.

»Was wollen Sie?«, fragte der Taxista. »Ein nettes Restaurant?«

»Nicht zu nett …«

»Büfett? *All you can eat*?«

»Nein, ich glaube nicht.«

»Nun, was denn dann?«

Ich biss mir auf die Lippe. Das führte zu nichts.

»Wissen Sie was? Tut mir leid, dass ich Ihnen Zeit gestohlen habe. Vielleicht sollte ich lieber selbst nach etwas suchen? Ich …«

Der Taxifahrer klappte die Mappe zu. »Okay.«

Ich stieg aus dem Wagen und ging die Avenida Las Heras entlang, bemühte mich nach Kräften, das Gebäck im Schaufenster der französischen Bäckerei zu ignorieren, das wahrscheinlich besser aussah, als es schmeckte, und strengte mich an, den Gedanken zu ignorieren, dass mein Vorhaben fehlschlagen könnte. Die Atmosphäre im Taxi war seltsam gewesen, und das nicht nur, weil der Taxista wegen der Boca Juniors trauerte.

Vielleicht war es eine vermessene Idee. Ich hatte irgendwo gelesen, dass es in Buenos Aires Taxifahrer gab, die sich nicht einmal einen Hotdog leisten konnten. Vielleicht hatte Liliana recht. Vielleicht war die Fahrt mit Enrique ein Zufallstreffer gewesen. Unabhängig davon war ich hungrig. Ich ging zur *subte* hinunter. Vielleicht fand ich in einem etwas bodenständigeren Viertel ein Taxi. Ich war auf der Suche nach gutem Essen, das aber nicht zu teuer sein sollte und »demokratisch«: für jeden erschwinglich, in vielen Fällen zum Mitnehmen geeignet (wie Tacos und Empanadas), wohlschmeckend genug, um Menschen aus allen sozialen Schichten anzuziehen, aber kein Kettenrestaurant. Soweit ich es beurteilen konnte, war die Plaza Salguero kein Ort für demokratisches Essen.

Etwa zwanzig Minuten später stand ich auf der Avenida 9 de Julio, inhalierte die mittäglichen Abgase, als die Busse an mir vorbeirasten und Mopeds sich Rennen mit Fiats und Renaults lieferten. Ich hob zögernd die Hand, während ich auf das lauter und eindringlicher werdende Trommeln der *piqueteros* auf der Diagonal Norte lauschte, als plötzlich ein Taxi vor mir hielt, durch dessen geschlossene Fenster laute Technomusik drang. Ich öffnete die Tür und stieg ein, fühlte den Bass in meinen Sandalen vibrieren und musterte das Profil des Fahrers. Seine Wimpern waren so lang, dass sie gegen seine Sonnenbrillengläser stießen. Römische Nase, markante Wangenknochen, Grübchen im Kinn. Er war vielleicht der schönste Mann, den ich in einer Stadt voller schöner Männer je gesehen hatte.

Er drehte die Technomusik leiser und lächelte – er hatte eine schmale Lücke zwischen den Vorderzähnen, und selbst das trug nur zu seinem guten Aussehen bei, wie bei einem Model, das eine kleine körperliche Schwäche zu seinem Erkennungszeichen gemacht hat – und fragte mich nach meinem Ziel. Ich unterdrückte sämtliche Empfindungen. Auf keinen Fall wollte ich ein weiteres Abenteuer mit noch einem Argentinier.

»Wenn Sie Buenos Aires morgen verlassen müssten«, sagte ich und suchte in meiner Handtasche nach meinem Notizbuch, während er anfuhr, »wo würden Sie dann heute essen?«

Er grinste mir im Rückspiegel zu. »Laden Sie mich dann zum Essen ein?«

»Wie bitte?«

»Laden Sie mich dann zum Essen ein?«

Nun errötete ich, auch wenn ich es nicht sehen konnte, aber ich fühlte es. »Klar … wir könnten Mittag essen …«

»Keine Küsse?« Er grinste immer noch und ließ das Taxi im fließenden Verkehr zurückfallen. Ein Bus überholte uns und hustete eine dunkle Dieselwolke aus.

»Keine Küsse.«

»Nicht einmal ein Kuss auf die Wange?«

»*Mira*«, sagte ich und überlegte, dass es wohl kaum etwas Gefährlicheres auf der Welt gab als einen Mann, der wusste, wie gut er aussah, außer vielleicht einem Argentinier, der genau wusste, wie gut er aussah. »So wird es ablaufen. Sie bringen mich zu Ihrem Lieblingsrestaurant, wir essen zusammen Mittag, ich nehme den Bus nach Hause. Sie fahren in Ihrem Taxi weiter. Das ist alles.«

»Es muss also nach Ihren Bedingungen sein?«

»Ja.«

»Dann akzeptiere ich nicht.«

Ich lachte, überrascht und geschmeichelt und verwirrt von der Vorstellung, dass der Taxista mit dem perfekten Gesicht mich wollte, selbst als ich mir in Erinnerung rief, dass das Flirten zum Leben in Buenos Aires dazugehörte. Wenn ich meinen

Fehler mit Joaquín auch in Zukunft nicht wiederholen wollte, musste ich mit dem Spiel der Verführung so umgehen wie Liliana mit den süßen Worten ihrer Tanzpartner bei der *milonga*: »Belüge mich«, pflegte sie zu sagen, »ich mag das.«

Wir waren jetzt auf der Avenida Córdoba. Mein Magen meldete sich lautstark. Der Taxista ignorierte die roten Ampeln, hupte, um unsere Ankunft anzukündigen, während wir über die Kreuzungen brausten.

»*¿Sabes qué?*«, sagte er. »Einmal habe ich eine Rothaarige in der Nähe des Kasinos mitgenommen. Sie war um die vierzig, eine Schönheit. Wir kamen ins Gespräch, ich habe sie zu einem Kaffee eingeladen. Schließlich sind wir in meinem Haus gelandet, in der Dusche, und erst zum Abendessen am nächsten Tag gingen wir wieder nach draußen. Ich habe sie mit ins La Taberna de Roberto genommen …«

»Oh, ja«, erwiderte ich, »ich kenne es. Das Essen ist sehr gut!«

Doch er wollte nicht übers Essen sprechen: Er schaltete das Radio aus und erzählte mir während der Fahrt von seinen anderen Eroberungen. Die meisten seiner Freundinnen – und die Freundinnen anderer Männer – hatte er in seinem Taxi kennengelernt. Je deftiger die Geschichten wurden, desto hungriger wurde ich, und als die Minuten vergingen und mein Magen immer beharrlicher knurrte, wünschte ich, er würde versuchen, mich auf andere Weise zu verführen. *Belüg mich,* dachte ich, *ich brauche es.*

Wir überquerten die Avenida Rivadavia – die Straße, die laut Borges Buenos Aires in Norden und Süden unterteilte – und wussten immer noch nicht, wohin wir fuhren. Der Asphalt endete, und das Taxi holperte über Kopfsteinpflaster.

Der Schwindel, den ich in diesem Moment empfand, ähnelte demjenigen zu Beginn eines Tangos: Ich wusste nicht, wohin ich ging oder wie ich dorthin kam, und ich überließ alles einem Fremden.

»Hatten Sie schon mal einen One-Night-Stand?«, fragte der Taxista.

»Das werde ich Ihnen nicht erzählen.«

»Ach, kommen Sie schon! Das ist nicht fair.«

»Sie hatten dann wohl schon ein paar?«

»Natürlich.«

»Ihr Taxi ist also ganz wortwörtlich *tu vehículo al amor*, Ihr Liebesfahrzeug.«

»Liebe?« Er runzelte die Stirn. »Nein, nein, nein. Leidenschaft vielleicht. Aber nicht Liebe.«

Wir befanden uns mittlerweile in Boedo, am Südende von Buenos Aires, wo die Stadt älter war, wo Jahrhundertwendehäuser dem Verfall preisgegeben waren. Es war gerade Siesta, Metalljalousien waren heruntergelassen, Vorhänge geschlossen. *Wohin fuhren wir nur?* Meine Hände begannen zu zittern – eine Unterzuckerung war gefährlich nah und ich kurz vor dem Verzweifeln –, und ich dachte an Joaquín: *Wenn du auf die Musik achtest, sagt sie dir, wo du hinmusst …*

»Mögen Sie Pizza?«, fragte der Taxista.

»Ja, doch, ich liebe Pizza.«

Endlich hielt er an der Ecke Avenida Boedo und Juan de Garay. Neben einem Lederwarengroßhandel, im Erdgeschoss eines modernen, weiß getünchten, dreistöckigen Apartmenthauses befand sich die Pizzeria San Antonio. Die Fensterrahmen waren im Blau der argentinischen Flagge gestrichen. Auf den Glastüren klebten Bilder dickbäuchiger Heiliger, die eine Pizza in der Hand hielten und mich an Pater Tuck erinnerten.

»Sind Sie sicher, dass ich nicht mitkommen soll?«, fragte der Taxista.

Ich war mir ganz und gar nicht sicher.

»Dann möchte ich dich wenigstens küssen.« Er nahm seine Sonnenbrille ab. Seine Augen waren haselnussbraun, etwas heller als Joaquíns. »Ich bin übrigens Hernán.«

Und wenn ich ihn küsste? Ich hörte schon im Geiste, wie er mich seiner nächsten Eroberung beschrieb. »Einmal habe ich diese verrückte Gringa aufgesammelt. Sie glauben nicht, was sie alles gegessen hat …!«) Außerdem würde ich erst wer weiß wie viel später San Antonios Pizza probieren können, und ich konnte wirklich nicht länger warten. Ich war mittlerweile so hungrig, dass ich bald in Tränen ausbrechen oder ohnmächtig werden würde oder beides auf einmal.

»Du willst mich nicht küssen«, erklärte ich Hernán. »Ich wäre zu anstrengend für dich.« Ich reichte ihm zehn Pesos und stieg aus dem Taxi.

»Warte!«, rief er. »Kann ich deine Telefonnummer haben?«

Ich schüttelte den Kopf und musterte ihn, wie er sich aus dem Beifahrerfenster lehnte, und bemühte mich nach Kräften, mir sein Gesicht einzuprägen, bevor ich mich umdrehte und rasch die Pizzeria betrat, in der es nach gebratenen Zwiebeln und aufgehendem Teig roch.

Ich setzte mich auf den einzigen freien Platz – es schien, als sei das ganze Viertel hier und ich der einzige Gast, der allein aß. Ich studierte die schiefen weißen Buchstaben auf der schwarzen Tafel über der Bar, an der zwei Männer standen und aßen.

Ein Kellner in einem dünnen weißen Anzughemd scherzte mit den Rentnern, die ein Bier am Nebentisch tranken. Er warf mir einen Blick zu, erkannte den Hunger in meinem Gesicht, nahm meine Bestellung auf, ohne sie niederzuschreiben, und kam ein paar Minuten später mit einem Stück *fugazzetta* zurück – geschmolzener Mozzarella mit Zwiebeln auf einer zentimeterdicken Kruste – und einem Stück *fainá*, einer Art Pfannkuchen. Jedes für sich genommen war nichts Besonderes. Doch zusammen bildeten die *fugazzetta* (ein Grundnahrungsmittel in Buenos Aires, das im späten neunzehnten Jahrhundert erfunden wurde, als die einheimischen Pizzabäcker Mozzarella auf die Focaccia legten, die die Genueser Vorfahren über den Atlantik gebracht hatten) und die *fainá* (Kichererbsenmehl und Olivenöl wurden zu einer festen Scheibe gebacken) eine ideale Stärke-auf-Stärke-Kombination. Kichererbsen hielten den üppigen Käse in Schach. Zwiebeln, hauchdünn gebraten, fügten eine scharfe, Oregano-gewürzte Süße hinzu.

Die Nachbarschaft kam und ging, während ich aß. Die Rentner nippten an ihrem Bier, studierten die Fußballergebnisse im *Clarín* und gaben vor, mich nicht zu bemerken. Junge Paare fütterten Säuglinge, die nicht stillsitzen konnten. Teenager in den Uniformen der katholischen Schulen schleppten stapelweise bindfadenumwickelte Pizzaschachteln zum Mitnehmen aus der Pizzeria. Ein Pizzaiolo mit einer Papiermütze holte ein gusseisernes Backblech aus dem Ofen, ließ es mit einem Knall auf die geflieste Arbeitsfläche fallen und schnitt eine frische Ladung *fugazzetta* in Rechtecke. Ich bemerkte eine Plakette zwischen zwei durstigen Philodendren, laut derer es die Pizzeria bereits seit über sechzig Jahren gab.

Ich war fast fertig, als der Kellner in dem weißen Anzughemd zu mir herüberkam.

»Und? Hat Ihnen die *fugazzetta* geschmeckt?«

»Sie ist perfekt«, sagte ich lächelnd und war froh, dass noch ein paar Bissen Mozzarella und Zwiebeln auf dem Teller lagen.

8

»*¿De qué te reís?* Warum lachen Sie?«, fragte der Mann mit dem Gehstock – er hatte einen Messingknauf –, der an der Straße an mir vorbeiging, als ich von der Pizzeria San Antonio in die Richtung Avenida Santa Fe ging und mir eifrig Notizen machte. »*De tantas cosas*«, wollte ich ihm antworten. Aus vielen Gründen. Da war Hernán, der Kellner in dem dünnen weißen Anzughemd, der an meinem Tisch stand, bis ich meine *fugazzetta* aufgegessen hatte, das Eiscremeposter am *kiosco* an der Ecke, das fast schon Softporno war. Doch vor allem lachte ich, weil ich überglücklich war – ich konnte es nicht anders ausdrücken –, dass ich wieder Appetit hatte.

Ich hatte jetzt einen Blog: *Taxi Gourmet*, in dem ich meine Taxiabenteuer dokumentierte – für mich, für meine Familie und meine Freunde. Es sollte eine Hommage an die spezielle Magie von Buenos Aires sein. *In welcher anderen Stadt hätte das Taxiabenteuer das Licht der Welt erblicken können?*, dachte ich und sah mich nach dem Mann mit dem Gehstock um, der mich anlächelte, als ob er nicht wüsste, dass ich verrückt sei oder etwas ausheckte. Über die Taxistas und ihr Essen zu schreiben, erinnerte mich an den Grund meines Hierseins in dieser Stadt. Der Blog strukturierte meine Notizen: Auch wenn meine Leserschaft klein und virtuell war, war es immer noch eine Leserschaft, und ich stellte mir vor, dass sie mindestens eine Geschichte pro Woche erwartete.

Ich schrieb über die Fahrt zum Parrilla Peña mit Taxista Enrique, über Hernán und das San Antonio und wurde bei jedem Abenteuer ein wenig selbstbewusster. Da war die Fahrt ins Barrio Norte mit dem Taxista Abel, an dessen Windschutzscheibe eine Postkarte der Jungfrau von Luján klebte, und der mich bei dem Pasta-Lokal Pippo absetzte und (klugerweise) empfahl, ich solle Vermicelli mit Olivenöl und Marinarasoße bestellen. Dann war da die Fahrt nach Las Cañitas mit Juan Pablo, dem rothaarigen Taxifahrer, der mich zur Panadería Santa Teresita brachte, wo Abuela Beatríz *struffoli* (honigüberzogenes Schmalzgebäck mit Anisgeschmack) mit der Hand machte. Und ich würde nie die Fahrt nach Montserrat vergessen, zusammen mit einem ehemaligen Wäscheverkäufer als Fahrer, der mich an einem Tankstellencafé absetzte, wo eine Frau, Marta, panierten Seehecht und Süßkartoffelbrei servierte, die mich praktisch willenlos vor Dankbarkeit machten.

Schon bald kommentierten auch Unbekannte meine Posts. Und nachdem ich die Geschichte von dem Taxifahrer veröffentlicht hatte, der mich bei dem Steakhouse Chiquilín abgesetzt hatte – benannt nach dem Tango »Chiquilín de Bachín«, der von einem obdachlosen Jungen handelte, der Blumen im Theaterviertel verkaufte –, bekam ich eine E-Mail von einem Musiker namens Hugo, einem *bandoneón*-Studenten in Vermont, der sich als einen »heimatlosen Argentinier« bezeichnete: »Mir hat dein wunderbarer Bericht über ›Chiquilín de Bachín‹ sehr gut gefallen«, schrieb er, »und ich nehme äußerst dankbar deine Sympathie für Buenos Aires zur Kenntnis.« Er war auch dankbar, sagte er, dass er meinen Post mit Musikerfreunden teilen konnte. »Jetzt kann ich ihnen die Perspektive einer Gringa *(lo digo con cariño!)* zeigen, die direkter mit ihnen sprechen kann …«

Immer wieder las ich Hugos Nachricht, bewegt und ein wenig ungläubig, dass ein Argentinier – und noch dazu ein Tangomusiker – meine Berichte mochte. Ich hatte das Gefühl, einen Rhythmus gefunden zu haben, einen Sinn, eine Inspiration für meine Essensabenteuer, zudem beflügelte mich das Wissen, dass ich über sie schreiben und dass da draußen Fremde im Cyberspace die Geschichten lesen würden.

Doch das Glück ist den Mutigen und den Idealisten nicht ewig hold: Ein paar Tage nach Hugos Nachricht stieg ich zu einem Taxifahrer ins Auto, der keinen Sinn für mein Anliegen hatte. »Geben Sie mir einfach eine Adresse«, rief er über den lauten Reggaeton, der die Fensterscheiben seines neu wirkenden Fiats zum Erzittern brachte. »Ich fahre Sie dann hin.«

Quiero sacu-dir-te co-mo terremo-to … Ich will dich wie ein Erdbeben erschüttern …

»Nun«, sagte ich und gab mir Mühe, keine Miene zu verziehen, »dann würde ich gern an einen Ort fahren, an dem Sie gern essen.«

»Bueno.« Der Fahrer schaltete das Taxameter ein, eher gleichgültig als verwundert, und drehte die Musik noch lauter. Auf meine Fragen antwortete er einsilbig, während wir über die Schlaglöcher auf der Avenida San Martín holperten, auf die unachtsamen Fußgänger auf der Avenida Nazca zurasten und sie zu hektischen Sprints auf die andere Straßenseite veranlassten. Nach einer Weile hegte ich den Verdacht, dass wir im Kreis fuhren – *sind wir an diesem Koreaner nicht schon vorbeigekommen?* –, bis schließlich der Taxista an der Plaza Flores hielt, vor einer Cafeteria, die einen halben Block umfasste.

Ich spähte vom Taxi aus hinüber. Ein dünnhaariger Mann in einem Flanellhemd saß allein über seinen Teller gebeugt hinter dem verschmierten Fenster zur Plaza.

»Das hier ist Ihr Lieblingsrestaurant?«, brüllte ich über die Musik hinweg, die immer mehr wie eine Einladung zu einer Sadomaso-Party klang (*»Pantera atrapame … Acorralame y luego matame«*, »Fessel mich, Pantherin … Pferch mich ein und töte mich«). Auf dem Weg hierher hatte ich nur aus dem

Taxi fliehen wollen. Jetzt, beim Restaurante Pueyrredón angekommen, wollte ich trotz der Musik nicht aussteigen.

»Letzte Woche war ich hier«, sagte der Taxista. Wieder drehte er die Stereoanlage auf. Die Fenster vibrierten gefährlich in ihren Rahmen.

Ich öffnete die Tür des Fiats, die so leicht wie Karton war, stieg über einen Haufen Plastikflaschen im Rinnstein und reichte dem Fahrer durchs Beifahrerfenster zwanzig Pesos, etwa das Doppelte, was ich bisher bei meinen Taxiabenteuern gezahlt hatte. »Was essen Sie gern hier?«, fragte ich. »Haben Sie ein Lieblingsgericht?«

»Es gibt ein Büfett«, erklärte er. »*Tenedor libre.*«

Der Kellner im Restaurante Pueyrredón war ein großer Mann mit kupferfarbener Haut, der sich mit übertriebener Effizienz bewegte. »Sie wissen, wie das hier funktioniert?«, fragte er und reichte mir eine Speisekarte, die eher wie ein Notizblock aussah – spiralgebunden mit vielen laminierten Seiten.

»Nein.«

»Wir haben *All you can eat*«, erklärte er in einem Tonfall, der nahelegte, ich solle für mein Glück dankbar sein, »für dreiunddreißig Pesos. Sie sagen mir, was Sie möchten, und ich bringe Ihnen so viele Gerichte, wie Sie wollen. Und ein Getränk.«

Ich blätterte durch die Speisekarte, meine Ohren klingelten noch von dem dröhnenden Reggaeton, und suchte nach dem am wenigsten gefährlichen Gericht unter zehn Steak-Varianten, sieben Varianten von *milanesas*, Schinkenröllchen mit Eiern und Oliven sowie Pasta mit Vierkäse-, Béchamel- oder Rosa Soße. Schließlich entschied ich mich für *revuelto gramajo*: einen öligen Matsch aus Pommes frites, Schinkenstreifen, Tiefkühlerbsen, gehackten Tomaten und Rührei, der besser schmeckte als erwartet, auch wenn ich nur die Hälfte schaffte. Der kupferhäutige Kellner erschien an meinem Tisch, sobald ich die Gabel niederlegte, und betrachtete stirnrunzelnd das Essen auf meinem Teller.

»Die Portion war riesig«, sagte ich und schob mit meinem Löffel einige verirrte Pommes frites in das restliche Essen, in dem Versuch, den Haufen etwas kleiner erscheinen zu lassen. »Ich kann nicht mehr.«

Der Kellner ließ den Blick durch den Speiseraum schweifen bis zu einem Tisch mit älteren Damen in Pastellfarben, die gerade ihren Nachtisch verzehrten. »Sie sind nicht aus der Gegend, nicht wahr?«, sagte er.

»Nein.« Ich lachte.

»Woher kommen Sie dann? Kalifornien?« Er lächelte, was in seinem ausgezehrten Gesicht fehl am Platz wirkte. »Ah, Kalifornien muss wunderschön sein«, meinte er. »Wissen Sie, Argentinien könnte es genauso gut gehen, wenn da nicht die Korruption wäre.« Er wurde ernst. »Schauen Sie sich doch um. Man muss in diesem Land nur einen Samen auswerfen, und er schlägt Wurzeln. Aber wir brauchen strengere Gesetze. Wir sollten wie die Vereinigten Staaten werden – wir brauchen die Todesstrafe, damit die Menschen einsehen, dass sie das Gesetz nicht brechen dürfen.«

Bevor ich seine Logik auf den Prüfstand stellen konnte, eilte er zu den Damen in den Pastellfarben und ersetzte einen Löffel, den eine von ihnen hatte fallen lassen. Dann kehrte er mit der Dessertkarte zu mir zurück.

»Als das Militär noch an der Macht war, war alles besser«, fuhr er fort und präsentierte mir die aufgeschlagene Dessertkarte, als wäre sie ein Vertrag, den ich unterzeichnen sollte.

»¿Cómo?«

»Achtzig Prozent dessen, was die Militärs taten, war gut«, sagte er. »Wenn sie keine Gesetze erlassen hätten, wäre es bei uns jetzt wie in Kolumbien.«

Vielleicht verstand ich ihn auch nicht richtig.

»Zwanzig Prozent dessen, was sie während der Diktatur taten, war schlecht«, fuhr er fort. »Und die Menschen wollen ihnen für diese zwanzig Prozent nicht vergeben.«

Schweigend suchte ich nach einer Antwort, die mein Missfallen ausdrückte. All meine argentinischen Freunde, Joaquín eingeschlossen, der damals noch ein Säugling war, kannten jemanden oder kannten jemanden, der jemanden kannte, der während des Schmutzigen Krieges (1976–1983) »verschwunden« war, als die Militärjunta über dreißigtausend vermeintliche Rebellen ermordete – doch niemand sprach darüber. Ich wusste nicht allzu viel über die Diktatur, aber ich hatte brutale Dinge gelesen – unter anderem von den *vuelos de la muerte*, den Todesflügen, auf denen Dissidenten ruhiggestellt, nackt ausgezogen und aus Helikoptern in den Río de la Plata geworfen wurden, in dem sie ertranken.

»Schärfere Gesetze ändern nicht immer das Verhalten der Menschen«, sagte ich. Das *revuelto gramajo* bildete langsam einen unangenehmen Klumpen in meinem Magen.

»*Señorita*«, erwiderte er kopfschüttelnd, »Sie wissen nicht, wovon Sie sprechen.« Er entriss mir die Dessertkarte – die Damen in Pastell wollten mehr Tee – und brachte mir kurz darauf wortlos die Rechnung und mied meinen Blick. Ich hatte von Menschen gehört, die sich nach der illusorischen Stabilität der Diktatur zurücksehnten, doch ich hatte bislang nie jemanden getroffen, der diese Sehnsucht auch aussprach. Ich verließ das Restaurant, erschüttert und mit leichter Übelkeit wegen der Absurdität des ganzen Essens und der vorangegangenen Taxifahrt. Noch Tage nach dem Ausflug ins Restaurante Pueyrredón spazierte ich die Avenida Santa Fe entlang, hob meine Hand und senkte sie dann wieder, bevor ein Taxi mich sehen konnte.

9

Ich wusste nicht, was ich über den Ausflug ins Restaurante Pueyrredón schreiben sollte. Ob ich überhaupt darüber schreiben sollte. Bis jetzt hatte jedes Taxiabenteuer zumindest eine gute Seite gehabt – wenn nicht das Essen, dann die Unterhaltung mit dem Taxista –, doch an diesem speziellen Abenteuer war überhaupt nichts Gutes, es hatte nur einen finsteren Beigeschmack hinterlassen.

Eine Woche später, als ich mit der *subte* zur Satellitenfirma fuhr, hatte ich immer noch nichts Neues gepostet und auch kein weiteres Taxiabenteuer gewagt. Gab es denn keine einfacheren, vernünftigeren Wege, etwas Gutes zu essen zu finden? Ich drückte meine Handtasche an die Brust und schloss die Augen, wünschte, ich könnte das morgendliche Telefonat mit einem unglücklichen Kunden in Südafrika ausfallen lassen, der mit einem Downgrade seiner Bandbreite drohte.

Ich öffnete die Augen, als ein kleines Mädchen in einem limonengrünen Kleid mir sowie allen anderen Passagieren in dem Waggon eine Packung mit Glitzerstiften in den Schoß legte. »*Dos pesos*«, sagte sie und hängte sich eine schwarze Plastiktüte vom einen Handgelenk ans andere. »*A sólo dos pesos.*« Zwei Pesos waren etwa fünfundsechzig Cents. Manche ignorierten die Stifte und ließen sie einfach auf ihrem Schoß liegen. Andere drehten sie in den Händen und musterten sie, als wären sie Schmuckstücke. Einige gaben die Stifte zurück, ohne das Mädchen anzusehen, dessen Blick starr auf den Boden gerichtet war. Ich öffnete meine Handtasche. Sofort stand das

Mädchen vor mir, breitbeinig in seinen Plastikschuhen, um das Gleichgewicht zu wahren. Ich sah in mein Portemonnaie – leider hatte ich nur einen Fünfzig-Peso-Schein, den sie garantiert nicht würde wechseln können. (Wie viele Menschen in der Stadt musste sie ihrem Geschäft nachgehen trotz des großen Münzmangels in Buenos Aires, der laut Liliana von einer Wechselgeldmafia ins Leben gerufen worden war, die Münzen und kleine Scheine sammelte und sie an der Retiro-Busstation gegen eine Gebühr verkaufte. Das Ergebnis? Niemand gab gern sein Kleingeld her, vor allem nicht an Gringas, die mit großen Scheinen herumliefen.) »*Lo siento*«, sagte ich zu dem kleinen Mädchen und schloss meine Handtasche wieder. Es tut mir leid. Sie schnappte sich die Stifte von meinem Schoß, sammelte die restlichen Päckchen ein und schlüpfte durch die Doppeltür der *subte*, sobald diese sich öffnete.

Am Abend hatte ich meinen Fünfzig-Peso-Schein immer noch nicht angebrochen, und ich beschloss, ganz offen zu sein – *erzähl die Geschichte einfach!* – zu allen, die meinen Blog noch lasen: Endlich schrieb ich über die Fahrt mit dem Reggaeton-vernarrten Taxista, der mich im Kreis gefahren hatte, und den Kellner im Restaurante Pueyrredón, der sich nach der Diktatur zurücksehnte. Niemand hinterließ einen Kommentar.

»Wie lange willst du denn noch da unten bleiben, Kleines?«, fragte Dad, als wir am Sonntag telefonierten.

»Ich weiß es nicht.« Ich begann mich allmählich zu fragen, ob ich wirklich nach Buenos Aires gehörte oder ob es zumindest noch sinnvoll war, viel länger hier zu bleiben: Die Dirección Nacional de Migraciones hatte meinen Antrag auf eine unbefristete Aufenthaltsgenehmigung abgelehnt. (Für Freiberufler gab es in Argentinien keine offizielle Kategorie, geschweige denn für freiberufliche Journalisten, und in der Satellitenfirma war ich nur als Beraterin angestellt und wollte sie nicht in meine Einwanderungsprobleme mit hineinziehen.) Liliana hatte angeboten, mich zu adoptieren, damit ich bleiben konnte – so gerührt ich von ihrem Angebot auch war, konnte ich das nicht von ihr verlangen. Stattdessen war ich alle drei Monate ausgereist – nach Uruguay, Chile, Brasilien –, um mein Touristenvisum zu erneuern, und hatte so viele Stempel in meinem Reisepass angesammelt, dass ich auf der Botschaft um zusätzliche Seiten bitten musste. Sah ich jetzt nach oben in den Himmel zu den Flugzeugen auf dem Weg in den Norden, fragte ich mich, wann ich wohl in einem von ihnen sitzen würde.

»Wie lange bist du schon da unten?«, fragte meine Mutter.

»Zwei Jahre.« Fast drei. Was hatte ich die ganze Zeit getan? Tango gelernt – passabel, auch wenn ich schon seit Monaten nicht mehr bei der *milonga* gewesen war. Hatte eine Affäre – war das das richtige Wort? – mit Joaquín gehabt, von dem ich seither nur durch Rundmails über seine Tangoworkshops oder Auftritte hörte. Hatte mich mit einem Gitarristen aus Patagonien getroffen, der noch nie in seinem Leben eine Orange gegessen hatte, und einem Australier, der Schriftsteller werden wollte und der mich mit dem großartigen William Trevor und mit Richard Yates bekannt machte. Hatte eine Handvoll Food-Artikel veröffentlicht. Die Installationen von Satellitenschüsseln in Ländern organisiert, die ich wahrscheinlich niemals besuchen würde. Hatte einen Blog gestartet sowie eine Reihe von Taxiabenteuern, von denen ich nicht wusste, ob ich sie fortsetzen sollte. (Nach dem Pech mit dem Restaurante Pueyrredón hatte ich mich schließlich noch zu einem weiteren Abenteuer durchgerungen – und war in der *parrilla* gegenüber dem einzigen Kasino der Stadt gelandet, in der die *chinchulines*, das Gekröse, schmeckten wie ranziges Fett gemischt mit Zigarettenasche.)

»Soll ich dir dein Horoskop vorlesen?«, fragte Mom.

»Klar.« So endete unser wöchentliches Telefonat immer.

»Wo habe ich es nur hingelegt?«

»Ich weiß es nicht, Liebling«, sagte Dad.

»Ich weiß, dass du es nicht weißt.« Ich sah sie vor mir, wie sie den Stapel von Zeitungsausschnitten neben dem Telefon in der Küche durchwühlte. »Ich weiß, ich habe es hierhin … ah, da ist es!« Sie las mit der Stimmlage eines Nachrichtensprechers: »Die Mondfinsternis in Ihrem Sternzeichen bringt Sie in Zugzwang …«

»Mondfinsternis?«, fragte ich.

»Kannst du sie von da unten sehen, Kleines?«, meinte Dad.

»Ich glaube nicht.« Ich spähte aus dem Fenster. Zwischen den Apartmenthäusern war der nächtliche Himmel bedeckt.

Mom räusperte sich und begann von vorn zu lesen: »Die Mondfinsternis in Ihrem Sternzeichen bringt Sie in Zugzwang. Sie durchleben eine intensive und unbekannte Phase. Es hat etwas mit der Erkenntnis zu tun, dass Ihr Leben in Veränderung begriffen ist. Es ist verlockend, davor zurückzuschrecken und sein Leben wie bisher weiterzuführen …«

»Mhm«, sagte ich.

»Tief in Ihrem *Innern* wissen Sie aber, dass Sie das nicht können. Eine Ära«, sie unterbrach sich, »ist zu Ende gegangen. Ein neuer Abschnitt der Zukunft *muss* einfach anfangen.« Sie sprach mit ihrer eigenen Stimme weiter. »Wie gefällt dir das, Liebes?«

10

Ich dachte nicht an mein Horoskop, als ich am Bordstein auf der Avenida Gallardo stand, meine Augen gegen die Mittagssonne abschirmte, die Hüfte herausstreckte und meine Hand hob, meine Version einer selbstbewussten *porteña.*

»Ich kann Sie nirgendwohin fahren«, sagte der Taxista, der vor mir anhielt. Sein Haar war silbergrau, sein Bart-Simpson-T-Shirt zu weit an den Schultern.

»Oh«, erwiderte ich. »Okay.« Ich trat vom Beifahrerfenster zurück auf den Bordstein, ein wenig unsicher auf meinen Plateausandalen.

»Nein, *señorita* …« Der Taxifahrer schüttelte den Kopf. »Warten Sie«, sagte er. »Ich kann Sie nirgendwohin fahren, weil mein Lieblingsrestaurant da drüben ist.«

Er deutete über die Kreuzung auf ein Schild, das von drei lachenden, lebensgroßen Plastikschweinen gekrönt wurde. Los Chanchitos stand darauf. Die kleinen Schweinchen.

»Steigen Sie ein«, sagte er grinsend. »Ich fahre Sie hin.«

Ich hätte problemlos laufen können. Der Taxista würde sich durch den wahnsinnigen Mittagsverkehr quälen müssen, doch ich stieg trotzdem ein, und als er in den ersten Gang schaltete, bemerkte ich ein Paar himmelblauer Babyschühchen am Rückspiegel. »Wir Argentinier müssen dafür sorgen, dass sich Ausländer bei uns willkommen fühlen«, sagte er, machte eine Kehrtwende und bremste schließlich vor dem Restaurant. »Gehen Sie«, sagte er und winkte ab, als ich ihn bezahlen wollte. »Und genießen Sie Ihr Mittagessen.«

Ich wünschte, Liliana wäre hier. Vielleicht hätte sie gesagt, ich hätte einfach nur Glück. (Sie war nicht überrascht, als ich ihr vom Restaurante Pueyrredón erzählte.) Doch als der silberhaarige Taxista mein Geld ablehnte und mich aus seinem Taxi zu den drei kleinen Schweinchen scheuchte, wo das mit Pancetta umwickelte Pfeffersteak so zart war, dass ich es mit einem Buttermesser hätte schneiden können, kam es mir wie mehr als nur Glück vor.

* * *

Ich beschloss, meinen Vollzeitjob für die Satellitenfirma aufzugeben. Ich sei nach Buenos Aires gekommen, um zu schreiben, erklärte ich meinem Chef kurz nach der Fahrt zu den drei kleinen Schweinchen, und ich hätte endlich herausgefunden, worüber ich schreiben wolle. »Und was ist das?«, fragte er. Essen? Ja. Doch vor allem sei es die Frage nach einem Restaurant, also der Einstieg in ein Gespräch mit den Taxifahrern. Mein Chef sah mich an, als hätte ich ihm gerade erzählt, ich wolle nach Uruguay schwimmen. Dann bot er mir einen Heimarbeitsplatz in der Kundenbetreuung an, bei dem ich einmal im Quartal die Firmenkunden in Europa, Afrika und auf den Philippinen anrufen sollte, um ihre Zufriedenheit und/oder ihre Beschwerden aufzunehmen und diese dann an den CEO zu berichten. Ich nahm den Job an, um meine Rechnungen bezahlen zu können und weil er flexibel war: Jetzt konnte ich die offizielle Arbeit so arrangieren, dass sie nicht mehr meinen Taxiabenteuern und meinem Blog in die Quere kam.

Die Freiheit wog den geringeren Lohn auf. Ich hatte keine Ahnung, wer meine Leser waren – ich hielt mich bewusst von Internetanalysen, Absprungraten, Klicks und Seitenaufrufen fern –, doch immer mehr unbekannte Menschen schrieben mir: Emigranten wie Hugo, die meinen Gringa-Blick auf Buenos Aires mochten, *porteños*, die mir erklärten, dass sie von vielen Restaurants, die ich vorstellte, noch nie gehört hatten (und sie ausprobieren wollten), amerikanische Studenten, denen man eingebleut hatte, während ihrer Auslandssemester äußerste Vorsicht bei den Taxistas walten zu lassen. Ich antwortete allen, genoss das Gefühl, nicht für mich allein im stillen Kämmerchen zu schreiben, und schon nach kurzer Zeit fragten mich vollkommen Fremde, ob sie mich auf meinen Abenteuern begleiten dürften.

»Hast du auch mal Angst?«, fragte mich Sandra, eine hübsche, kurzhaarige Journalistik-Studentin aus Texas, die mir vor ein paar Tagen eine E-Mail geschrieben hatte, als wir uns einem unter den Ahornbäumen an der Plaza del Congreso geparkten Taxi näherten. Sie war meine erste Begleitung bei einem Taxiabenteuer. Auch wenn ich mir noch nicht sicher war, ob die Chemie zwischen uns stimmte, war es schön, meine Erlebnisse direkt mit jemandem zu teilen. Außerdem wollte ich meinen Lesern vermitteln, dass ich mir meine Geschichten nicht ausdachte.

»Ich habe immer etwas Angst«, sagte ich und musterte den Taxista durch die Windschutzscheibe. Er hatte eine Glatze, sah jedoch jung aus, etwa so alt wie Sandra. »Ich habe immer Zweifel und bin nervös. Aber ich bilde mir ein, dass ich den Unterschied zwischen Instinkt und Angst mittlerweile besser erkenne.«

Der Taxista studierte den Mittagsverkehr auf der Avenida Rivadavia wie ein Bauer den Himmel. Er erzählte uns, dass er Bildhauer sei. Ich fragte ihn, ob Kunst und Taxifahren schwierig zu vereinbaren wären. »Ein reicher Mann ist nicht der mit dem meisten Besitz«, antwortete er, während die Sonne durch die Windschutzscheibe auf seine olivfarbene Haut schien, die so glatt poliert aussah wie ein Stein in einem Bergfluss. »Er ist derjenige, der am wenigsten braucht.« Er fuhr, als sei er immun gegen die hektischen Manöver der anderen Autos auf der Straße, und setzte uns an einer Cantina in Balvanera ab, deren Tür schwarz gestrichen war und wo es roch, als würde hier ständig gegrillt werden. Vor dem Gebäude parkte eine Reihe von Taxis, und Männer drängten sich vor einem offenen Fenster, wo ein Mann in einer roten Schürze Sandwiches verteilte.

»Ich war gestern hier«, erzählte der Taxista und rieb sich den Bauch. »Ich hatte ein *sanduche de vacío …*« Er schluckte. »Sehen Sie? Mir läuft schon bei dem Gedanken das Wasser im Mund zusammen. Aber ich kann heute nicht hier essen.«

»Warum nicht?«, fragte Sandra.

»Ich bin auf Diät.«

»Diät?«

»Schauen Sie sich doch meinen Bauch an.«

Ich beugte mich zwischen die Vordersitze. Der Taxista nahm die Hand vom Bauch, damit ich einen Blick auf seine Körpermitte werfen konnte. »Ich sehe keinen Bauch.«

»Nun, er ist aber da. Und der Sommer steht vor der Tür. Ich esse dann später einen Joghurt.«

»Haben Sie keinen Hunger?«, fragte ich.

»Nein.« Er strich mit der Hand über die Seidenblumengirlande, die über den Rückspiegel drapiert war. »Ich denke einfach an etwas anderes.«

Als wir uns von ihm verabschiedeten, war ich noch nicht bereit dazu. Ich fühlte mich, wie wenn die Musik nach einem besonders guten Tango aufhörte. *Tangos sind wie kleine, dreiminütige Wesen.* Ich erinnerte mich an Joaquíns Worte, als wir dem davonfahrenden Taxista nachblickten.

Köpfe drehten sich nach uns um, als Sandra und ich das El

Litoral betraten, in dem nur männliche Gäste an mit grünem Vinyl bedeckten Tischen saßen oder an der Bar standen. Die war vollgestellt mit Zitronenscheiben, Chimichurri-Soße und *salsa criolla* in Tupperware-Boxen. Als wir Bissen eines *sanduche de vacío*, eines Sandwichs mit einem wundervoll durchwachsenen Flankensteak, das eine knusprige Außenseite und ein weiches Inneres hatte, austauschten, fragte ich mich, wie der Taxista nicht an ein solches Sandwich hatte denken können. Und während wir genüsslich *queso y dulce* (Weichkäse mit Süßkartoffelpaste) aßen, fragte ich mich weiter, warum sich die Verbindung im Taxi so sehr wie ein Tango angefühlt hatte. Weil sie so vergänglich gewesen war?

Nach dem Essen versprachen Sandra und ich uns, in Kontakt zu bleiben. Ich ging mit dem Notizbuch zurück zu meiner Wohnung auf der Avenida Santa Fe und legte mir im Kopf bereits Sätze zurecht, wie ich diese neueste Steakinkarnation beschreiben sollte. Alle paar Meter blieb ich auf dem Gehsteig stehen und machte mir Notizen. Wie immer konnte ich gar nicht schnell genug schreiben.

Ebenfalls wie immer kam ich schließlich an den Punkt, an dem ich meine Notizen in einen Artikel für meinen Blog verwandeln musste, und ich kämpfte stundenlang damit, die Geschichte zu finden, die Augenblicke, die sich so wundervoll angefühlt hatten, zu formulieren, ohne zu kitschig oder übertrieben zu klingen. Trotz aller Kämpfe blieb ich allerdings an der Oberfläche, als ich so neutral wie möglich von dem Bildhauer und den Höhepunkten unseres Gesprächs im Taxi erzählte, das El Litoral lobte sowie das *sanduche de vacío*.

Doch unter der spielerischen Oberfläche des Projekts geschah etwas mit mir. In einem Taxi konnte ich mich öffnen. Fließen – mehr als irgendwo anders. Selbst wenn ich Angst hatte, selbst wenn ich mich in der Umgebung eines Fremden befand, selbst wenn ich nicht wusste, wohin wir fuhren. Und selbst wenn der Weg oft zu einem seltsamen Ort zu führen schien, oder auch gar keinem, und ich nervös wurde, so war ich nicht länger gelähmt wie einst so oft bei der *milonga*. Im Taxi begann ich mich wie die Tangotänzerin zu fühlen, die ich nie werden konnte.

11

Es war kurz vor zwölf Uhr mittags, und ich war immer noch im Pyjama, während im Radio leise der Tangokanal lief – La 2X4, 92.7 FM, von der Stadt gefördert, und vierundzwanzig Stunden am Tag, sieben Tage die Woche sendete er Tango und Tangokommentare. Ich saß am Küchentisch, der auch als mein Schreibtisch diente, und überarbeitete den vierten oder fünften Entwurf meiner Fahrt ins El Litoral. Das war das Problem mit einem eigenen Blog, entschied ich, während ich in ein Hörnchen biss, diese »Freiheit«, jeden Eintrag bis ins Unendliche umzuschreiben und zu aktualisieren. Was für ein süßer Fluch für einen Perfektionisten wie mich! Dann meldete mein Computer, dass ich neue E-Mails bekommen hatte. Ich wischte mir die Krümel von den Fingern und öffnete meine Inbox. Als ich den Betreff sah, hob ich die Augenbrauen: *Washington Post*.

Hallo Ms. Mosler,
ich bin Reporter bei der Post, lebe in Rio de Janeiro, bin aber die nächsten Tage in Buenos Aires ... Mir gefällt Ihr Blog, und ich denke, dass die Suche nach gutem Essen mit dem Taxi Stoff für eine klasse Story bietet ... Vielleicht könnte ich mich an Ihre nächste Fahrt dranhängen?

Dranhängen? Ich schloss die E-Mail. Öffnete sie wieder, rieb mir die Augen. Die *Washington Post!* Ich schaltete das Radio aus und las die Nachricht noch einmal, dieses Mal laut. Wie hatte er mich gefunden? *Natürlich können Sie sich dranhän-*

gen … Wann sollte ich ihm antworten? Ich begann mit einer Antwort, schrieb Sätze, die ich wieder löschte, wog jedes Wort ab. Ich zwang mich, zehn Minuten zu warten, bevor ich meine Nachricht abschickte: »Es wäre mir eine große Freude, wenn Sie mich bei meinem nächsten Abenteuer begleiten«, schrieb ich. Das klang hoffentlich offen und interessiert, aber nicht zu eifrig. »Vielleicht könnten wir uns im Las Violetas treffen, an der Ecke Rivadavia und Medrano?«

Für das Las Violetas, ein Café im Stadtviertel Almagro, entschied ich mich wegen seiner Vergangenheit – und der Geschichte seiner Wiedergeburt. Liliana hatte mir erzählt, dass das Café in den späten Neunzigern schloss, nachdem es über ein Jahrhundert der Anker des Viertels gewesen war, und 2001 dank der Anwohner wieder öffnete, da sie Investoren davon überzeugt hatten, es vor dem Verfall zu bewahren. Im Las Violetas pflegte Osvaldo Pugliese, mein Lieblingstangokomponist, Kuchen zu essen. Hier hatten sich auch die Großmütter von der Plaza de Mayo unter dem Deckmantel von Geburtstagsfeiern getroffen, um zu besprechen, wie sie ihre vermissten Enkel finden konnten, die Söhne und Töchter der »Subversiven«, die während des Schmutzigen Krieges »verschwunden« waren. Fast ein Jahrzehnt nach der großen Neueröffnung – nachdem der italienische Marmor, die Jugendstilfenster und die Blattgolddecken restauriert worden waren – lag dort immer noch ein triumphierendes Vibrieren in der Luft. Ich wusste keinen besseren Ort für den Beginn eines Taxiabenteuers, vor allem dieses speziellen.

Ich war früh im Las Violetas, mehr als eine halbe Stunde vor der mit dem Reporter vereinbarten Uhrzeit, und trank ein Glas Orangensaft, in der Hoffnung, dass meine Hände nur wegen meines niedrigen Blutzuckers zitterten. In den achtundvierzig

Stunden zwischen seiner E-Mail und dem Moment, in dem er das Café betrat, war ein riesiger Pickel neben meiner Nase erblüht, und ich hatte mir alle möglichen Horrorszenarien vorgestellt: Was, wenn der Taxista nur einsilbig antwortete? Was, wenn er uns im Kreis herumfuhr, wie damals bei der Fahrt zum Restaurante Pueyrredón? Was, wenn er darauf bestand, uns zum Siga la Vaca zu fahren? Was, wenn er nur daheim aß? Was, wenn das ganze Abenteuer sterbenslangweilig wurde? Ich hatte allerdings nicht bedacht, dass ich mich auf den ersten Blick in Joshua verknallte, der wie eine entspannte Rio-de-Janeiro-Version von Clark Kent aussah, mit windzerzaustem, aschbraunem Haar, einem Bartschatten und einer schwarzen Kastenbrille. Er hatte eine Armeeumhängetasche dabei und trug seine Kleidung, als hätte er Besseres zu tun, als seine Ärmel gleichmäßig hochzukrempeln.

Es war Sommer. Der Abend war heiß und feucht – laut dem Wetterbericht des Tangokanals hatte es dreißig Grad, die gefühlte Temperatur lag ein paar Grad höher. Selbst der Asphalt der Avenida Rivadavia glänzte, als ob er schwitzte. Ich schwitzte auf alle Fälle in meinem ärmellosen Top, als ich versuchte, so zu tun, als sei das Anhalten eines Taxis in Gesellschaft eines gutaussehenden Auslandskorrespondenten etwas vollkommen Alltägliches. Er sah bewusst beiläufig auf seine Uhr; wahrscheinlich war er sich seiner Wirkung auf mich nur zu gut bewusst.

»Machen Sie einfach, was Sie sonst auch immer tun«, sagte er und trat einen Schritt zurück, so dass ich den Blick über die Straße schweifen lassen konnte.

Ich sah auf die Uhr meines Handys – es war beinahe zehn. Essenszeit in Buenos Aires. Ich stellte mich näher an den Bordstein, schloss die Augen und hob die Hand. Ein paar Sekunden später hielt ein Taxi vor mir. Warte, dachte ich, ich bin noch nicht bereit! Ich hatte das Gefühl, als ob mich jemand auf die Bühne schubste, bevor ich meinen Text gelernt hatte.

»Nach Ihnen«, sagte ich, als ich die Taxitür mit gespielter Zuversicht öffnete, nach Joshua auf den Rücksitz kletterte und mich bemühte, den Vulkan auf meinem Gesicht zu vergessen und mich auf den Taxista zu konzentrieren. Als Erstes bemerkte ich seinen Schnauzbart – grau und buschig und wie bei Einstein gerade nach unten über die Oberlippe gebürstet.

»Ich habe eine etwas seltsame Bitte«, sagte ich und hielt es für ein gutes Zeichen, dass der Bauch des Fahrers unter dessen kurzärmeligem Hemd das Lenkrad berührte. »Könnten Sie uns zu einem guten Restaurant oder Imbiss bringen?« Ich hielt inne und sah dem Fahrer im Rückspiegel in seine schläfrigen Augen. »Irgendwo, wo Sie mit Ihrer Familie oder Ihren Freunden essen würden?«

Der Taxista schürzte die Lippen unter dem Schnauzbart. »Ich kenne solche Orte, aber muss es in der Nähe sein? Oder wo?«

Ich wollte ihm nicht zu viele Vorgaben machen. »Es kann in der Nähe sein, muss aber nicht.« Ich versuchte, aufgeweckt zu sein, cool zu bleiben, auch wenn sich mein Herzschlag beschleunigte, auch wenn ich nervös wurde, weil der Taxista im Gegensatz zu den Fahrern bei meinen letzten Abenteuern keine Ahnung zu haben schien, wohin er fahren sollte. *Bailar la pausa,* dachte ich und rutschte an den Rand des Rücksitzes. *Tanz die Pause.* Eine der letzten Lektionen, die Joaquín mir beigebracht hatte, eine Lektion, die irgendwie mehr Sinn im Taxi ergab als bei der *milonga: Sei offen, zwischen den Bewegungen,* erinnerte ich mich an seine Worte. *Besonders zwischen den Bewegungen …*

Ein Bus raste an uns vorbei, als wir anfuhren. Wir rollten die Avenida im Dunklen entlang und wurden in ein Gespräch verwickelt, das nichts mit Essen zu tun hatte. Der Taxista erzählte uns, seine Familie sei 1952 vor der Franco-Diktatur aus Spanien nach Argentinien geflohen. Siebenundfünfzig seiner neunundfünfzig Lebensjahre habe er in Buenos Aires verbracht, doch geboren sei er in Galizien, an der Nordwestküste von Spanien, und wir sollten wissen, dass er als Spanier sterben würde.

Ich warf Joshua einen Blick zu. Sein Ausdruck war höflich und neutral – das Pokerface eines Reporters –, als er mikroskopisch kleine Worte auf seinem Notizblock notierte.

»Argentinien unterscheidet sich von jedem anderen lateinamerikanischen Land«, fuhr der Taxista fort. »Wussten Sie, dass es als einziges Land in Südamerika drei naturwissenschaftliche Nobelpreisträger hat?« Er hob drei Finger in den Rückspiegel. »Wenn man hier hart arbeitet, kann man es schaffen. Und ein Galizier wie ich kann nur hart arbeiten.«

Ich lachte und warf Joshua wieder einen Blick zu, der erneut auf die Uhr sah.

Je aufgeregter der Taxista wurde, desto langsamer fuhr er. Als wir an Saverio vorbeifuhren, einer hundert Jahre alten Eisdiele, die mir ein anderer Taxifahrer vor ein paar Monaten gezeigt hatte, erkannte ich, dass wir uns in Caballito befanden, einem Mittelklasseviertel im geografischen Zentrum von Buenos Aires. Mir lief das Wasser im Mund zusammen bei der Erinnerung an Saverios *ristretto granizado* (Espressoeis mit dunklen Schokostückchen). Joshua kratzte sich mit seinem Stift am Kopf.

Der Taxista holte ein Foto aus seiner Brieftasche. »Schaut sie euch an!«, sagte er und hielt den zerknitterten Schnappschuss eines kleinen Mädchens mit kastanienbraunen Locken hoch, das etwa drei Jahre alt war. »Das ist Lola«, erzählte er. »Meine Enkelin.« Er reichte mir das Bild, damit ich es genauer bewundern konnte. Doch bevor ich etwas dazu sagen konnte, begann er eine Geschichte über den Niedergang seiner Garagentorfabrik in den achtziger Jahren. »Inflation«, sagte er traurig. »Was will man machen?« Damals fing er auch mit dem Taxifahren an, und mit dem Verdienst hätte er drei Töchter durch die Universität gebracht. Alle drei seien sehr, sehr erfolgreich.

»Sie müssen sehr stolz sein.« Ich lächelte; ich hielt immer noch Lolas Bild. »Sie ist bezaubernd.«

Ich zeigte Joshua das Foto, der kühl und höflich nickte. Wenn Lola, die wirklich unglaublich niedlich war, ihn nicht aus der Reserve lockte, dann konnte das wahrscheinlich gar nichts. Ich gab dem Taxista das Bild zurück, der es inbrünstig küsste.

»Ich bin stolz«, sagte er. »Aber wissen Sie, worauf ich am meisten stolz bin? Dass sie alle gute Menschen sind.«

Joshua ließ seinen Notizblock sinken und sah wieder auf die Uhr. Ich war mir nicht sicher, wie viel Zeit vergangen war, seit wir das Taxi an der Ecke Rivadavia und Medrano angehalten hatten. Auf jeden Fall löste sich alles, was ich an Anmut, Leichtigkeit und Zuversicht ins Schicksal im Laufe der Taxiabenteuer aufgebaut hatte, in Anwesenheit des Reporters in Luft auf. Wäre ich allein gewesen, hätte ich mir – bildete ich mir zumindest ein – weniger Sorgen darüber gemacht, wohin wir eigentlich fuhren oder wie hungrig ich war.

Schließlich bremste der Taxista an der Ecke Avenida Pedro Goyena und Avenida Moreno, gegenüber dem Restaurant Tía Margarita, vor dem etwa ein Dutzend Menschen unter dem türkisfarbenen Neonschild stand.

»Warum es gut ist?«, sagte der Taxista und nickte aus dem Fenster, während er mit dem Daumen über seinen Schnauzbart strich. »Weil so viele Menschen davor warten.« Ich vertraute ihm. Und sein Charme hatte mich derart eingewickelt, dass ich ihm keine der Fragen stellte, die ich nach mittlerweile beinahe zwei Jahren Jagd auf Essensempfehlungen von Taxifahrern normalerweise ins Gespräch einfließen ließ. Ich fragte ihn nicht, wie er auf dieses Restaurant gekommen war, oder nach seinem letzten Besuch hier.

Joshua machte ein paar Fotos und bat den Taxista, seinen Namen zu buchstabieren, lächelte beinahe, als wir uns mit einem *gracias*, alles Gute und auf Wiedersehen verabschiedeten und ins Restaurant gingen.

Ich ignorierte die weißen Tischdecken – normalerweise setzten mich Taxistas nicht vor solchen Restaurants ab, und ich hoffte, dass das kein schlechtes Omen war. Ich warf einen Blick auf die jungen Pärchen, die sich an den Händen hielten, die alten Ehepaare, die sich anschwiegen, auf einen schwarzhaarigen Säugling, der Kartoffelbrei in den winzigen Fäustchen zerquetschte, doch alle ihre Gesichter gaben mir keinen Hinweis, was sie über Tía Susanitas Essen dachten. Ich bemerkte einen Kellner mit Fliege, der einen Salat mit frischem Basilikum servierte. Ein gutes Zeichen, erklärte ich Joshua: Frische Kräuter sah man nicht oft in Buenos Aires. In dieser Stadt setzten sich die Menschen noch Tage später im Bus von mir weg, wenn ich auch nur eine einzige Knoblauchzehe gegessen hatte. Als ich die ledergebundene Speisekarte öffnete, konnte ich geräucherte Forelle und Austern auf ihr finden – und realisierte, dass ich den Taxista auch nicht nach seinem Lieblingsgericht in diesem Lokal gefragt hatte.

»Es sieht vielversprechend aus«, meinte ich, studierte weiter die Karte und versuchte, mich bei dem Geruch von gebratenen Calamari zu entspannen, der durch den Speiseraum wehte. Ich bemühte mich, Joshua nicht merken zu lassen, wie unangenehm es mir war, ihm gegenüberzusitzen, mit einem gigantischen Pickel, den ich mit meinen Händen verdeckte.

Er legte seine Karte auf den Tisch, strich sich die Ponyfransen hinter der Brille zurück und sagte, ich solle für uns beide bestellen.

»Gibt es irgendetwas, das Sie nicht essen?«

»Bestellen Sie, was Sie für das Beste halten.«

Oje.

Die Speisekarte bestand hauptsächlich aus Meeresfrüchten. Doch Buenos Aires war keine Meeresfrüchtestadt, wie ich bei früheren Versuchen, guten (und überteuerten) Fisch zu bekommen, gelernt hatte. Die Stadt grenzte zwar an den Río de la Plata, den riesigen Meeresarm, der zur Grenze zwischen Argentinien und Uruguay gehört, doch Fischliebhaber wussten, dass man in Uruguay besseren Fisch aus dem Río bekam, weil das Wasser dort sauberer war.

Ich hoffte um meines Magens willen und um Joshuas – er musste mittlerweile genauso hungrig sein wie ich –, dass Tía Susanita Buenos Aires' Ausnahme darstellte und die Meeresfrüchte hier genießbar waren.

»Sie hat gebratene Calamari bestellt«, schrieb er in dem Artikel, der ein paar Tage später veröffentlicht wurde, »außerdem eine Vorspeise aus sautierten Pilzen mit Schinken und Eiern, die sie mit den Worten kommentierte: ›Ich würde es nicht noch einmal bestellen.‹ Weder das Essen noch die Einrichtung aus seltsamen Ölgemälden von Schiffen und Geigen waren besonders beeindruckend ...«

»Wie konnte ich nur so einen Anfängerfehler machen? Warum habe ich nicht dafür gesorgt, dass wir irgendwo essen, wo der Taxista schon einmal war? Ich bin so ein Idiot.«

»Aber du bist auf der Titelseite!«, freute sich Mom. Ich zog die Kopfhörer von den Ohren – sie hatte eine Stimme, die ins Theater oder auf eine Kanzel gehörte, besonders wenn sie aufgeregt war.

»Nicht ich bin auf der Titelseite, Mom, ich werde da nur erwähnt …«

»Aber deine Zitate sind großartig. Sind sie nicht großartig, Leroy?«

»Toll, Kleines!«, rief Dad.

»Und das Foto ist gar nicht schlecht. Er hat dir einen *riesigen* Gefallen getan. Er war süß, hast du gesagt?«

»Ja, Mom, sehr süß. Aber er ist nicht an mir interessiert.«

»Woher willst du das wissen?«

»Ich weiß es einfach.« Joshua war höflich gewesen, aber sonst nichts, als er meine E-Mail beantwortete, in der ich mich für seine Gesellschaft bei dem Taxiabenteuer bedankt hatte. »Außerdem wird er vielleicht nach Afghanistan versetzt.«

»Oh!«, sagte Mom. »Nun ja. Aber was war das noch mal mit New York?«

Joshua hatte mich überrumpelt, als er mich gefragt hatte, wohin es mit *Taxi Gourmet* in der Zukunft gehen sollte. Ich wusste nicht, wohin die Abenteuer führten, doch ein Teil von mir hoffte, weg vom Steak: Allmählich gingen mir die Adjektive für die *bifes* aus, die ich dem Willen der Taxistas nach beinahe immer probieren sollte. Ganz zu schweigen davon, dass ich mittlerweile siebzehn »Tourista 90 días«-Stempel in meinem Reisepass angesammelt hatte – schon bald würde mir die Dirección Nacional de Migraciones vielleicht nicht mehr glauben, dass ich eine Touristin war, und mir die Einreise nach dem nächsten Besuch in Uruguay verweigern.

New York fiel mir als Erstes ein, als ich über mein nächstes Ziel nachdachte. Zum einen sprach ich die Sprache, zum anderen gab es ausreichend Taxis – und ich kannte keine andere Stadt, nicht einmal London, in der Taxis so sehr Teil menschlichen Selbstverständnisses waren. Ich begann, ernsthafter darüber nachzudenken, als mir ein Leser einen *National Geogra-*

phic Traveler-Artikel schickte über eine Gruppe von nepalesischen Sherpas, die in New York Taxi fuhren. (»Die Fahrer sagen, die Berge und der Verkehr, beide erfordern eine Zen-artige Geduld, weshalb die Umstellung nicht allzu groß gewesen sei.«) Nach ein paar Bissen Pilze, die schmeckten, als hätte man sie in altem Öl sautiert, erzählte ich Joshua im Tía Susanita von den in New York Taxi fahrenden Sherpas und wie ich mir vorstellte, sie zu finden und nach ihren Lieblingsrestaurants für Momos zu fragen, gefüllte Teigtaschen, die man in Nepal und Tibet aß. Als man uns den Hauptgang servierte – ein trockenes Stück Forelle unter einem Haufen mehliger Muscheln –, hatte ich zugegeben, dass ich meine Taxiabenteuer in New York fortführen wolle, viel lieber als in Hongkong oder Rom oder Mexico City (trotz der Tacos auf den Straßen).

»Die Taxifahrer stammen von überall«, erklärte ich Mom und Dad und fasste damit zusammen, was Joshua in seinem Artikel geschrieben hatte. »New York hat wahrscheinlich die bestentwickelte Taxikultur der Welt. Und erst das Essen! Das wird unglaublich sein.«

»Was ist mit Tango?«, fragte Mom. »Gibt es den in New York auch?«

»Natürlich.« Das Bild einer *milonga* irgendwo im Central Park formte sich vor meinen Augen. »Aber es ist wahrscheinlich nicht dasselbe.«

12

Die Katzen im Jardín Botánico stoben davon, als Liliana und ich an Farnen und Bromelien vorbeigingen. Ich erzählte ihr von der Frau, die am Tag zuvor neben mir in der *subte* gesessen hatte.

»Als ich mein Buch herausholte«, sagte ich, »fragte sie mich, was ich gerade las. Es war *Das Buch vom Lachen und Vergessen* …«

Liliana zog ihren Schal enger um die Schultern.

»Sie fragte mich, ob ich Kundera mögen würde«, fuhr ich fort. »Und als ich das bestätigte, meinte sie, ich solle *Der Scherz* lesen, seinen ersten Roman, und *Die Langsamkeit*. Und dann stieg sie einfach aus. ›Entschuldigung! Ich muss hier raus‹, sagte sie. ›Ich muss Linseneintopf kochen!‹ Kannst du das glauben?«

Liliana zuckte mit den Schultern. »Es gibt bessere Schriftsteller. Kundera schreibt immer wieder dasselbe.«

»*Bueno*«, erwiderte ich, »*puede ser.* Vielleicht. Aber ich kann's immer noch nicht fassen, wie viele Menschen hier leidenschaftlich lesen. Ich denke, ich habe von Argentiniern mehr über Literatur gelernt als in der Schule.«

»Mag sein.« Sie zuckte wieder mit den Schultern. »Aber wir können immer noch keine Bücher aus der Bibliothek ausleihen. Weißt du, warum? Weil niemand sie zurückbringt.«

Sie warf einem Kapokbaum einen Blick zu, dessen Äste mit schlammfarbenen Stacheln bedeckt waren, und ging zu einer Holzbank, über dessen Armlehne der Espectáculos-Teil von *La*

Nacíon lag. Wir setzten uns, und ich sprach weiter, um die Spannung in unserem Schweigen zu vertreiben.

Ich erzählte ihr von den Taxistas, die ich seit der Fahrt mit dem *Post*-Reporter kennengelernt hatte. »Der letzte, Jorge, hatte einen Schlumpf an der Windschutzscheibe. Sein Lieblingsgericht ist Schinken-Paprika-Pizza im La Continental«, berichtete ich. »Und davor habe ich Esteban getroffen, er trägt Strassohrringe.« Ich zupfte an meinem Ohrläppchen. Liliana lächelte und gab sich Mühe, ebenso enthusiastisch zu sein wie ich. »Das wird dir gefallen«, sagte ich. »Er wollte eine Therapie anfangen, hat sich dann aber fürs Gärtnern entschieden. Er sagt, Gärtnern funktioniert genauso gut wie eine Therapie, ist jedoch billiger. Ist das nicht großartig? Außerdem hat er mir noch von den guten Empanadas bei Punto y Banca erzählt. Ich habe sie probiert – tatsächlich sind nur die gebratenen gut ...«

»*Entonces te vas de Buenos Aires*«, unterbrach sie mich. »Du verlässt also Buenos Aires.« Mein Magen verkrampfte sich. Liliana zupfte an den Enden ihres Schals. »Bist du dir sicher, dass du gehen willst?«

Ich verschränkte die Arme vor dem Bauch, lauschte auf das Rauschen des Verkehrs hinter den Bäumen. Tauben landeten in unserer Nähe und pickten an den Resten eines *medialuna.*

»Wirst du es Joaquín sagen?«

Ich stützte die Ellbogen auf den Knien ab und beobachtete die Tauben. Joaquín war laut eines Rundmails, das ich vor zwei Wochen bekommen hatte, in Australien auf Tour mit seiner neuen Tanzpartnerin. Liliana wusste, dass ich immer noch an ihn dachte.

Doch nach einer gewissen Zeit, nachdem ich die Taxiabenteuer begonnen hatte, veränderten sich meine Gefühle für ihn. Er war weniger ein ewiger *milonguero* als vielmehr eine alte Seele und ein begabter Lehrer. Und ich erkannte, auch wenn es manchmal weh tat, dass ich seine Ratschläge auf mein Projekt übertragen hatte: Tanz die Pause, reite die Musik, was ist so schlimm daran, nicht zu wissen, wohin du gehst? Dank ihm und all dieser Nachmittage in der Tango Escuela Carlos Copello und all dieser Nächte und frühen Morgen bei der *milonga* kam ich irgendwie mit der Unsicherheit zurecht, ein Taxi anzuhalten und mein Ziel jemandem zu überlassen, den ich noch nie zuvor getroffen hatte.

Dennoch würde ich ihm nicht sagen, dass ich wegziehen wollte.

An diesem Abend schleppte ich mich um drei Uhr morgens ins La Viruta, um Tango zu tanzen, halb hoffend, halb fürchtend, Joaquín zu treffen, auch wenn ich wusste, dass er auf einem anderen Kontinent war. Während ich meine Tangoschuhe anzog, dachte ich an Liliana. »Du kannst in jeder Stadt dieser Welt Tango tanzen«, hatte sie gesagt, als wir den Jardín Botánico verließen. »Aber so etwas wie die *milongas* in Buenos Aires wirst du nirgendwo finden. Die Menschen in New York tanzen La Última Curda – den dunkelsten aller dunklen Tangos, eine Ode an Alkohol, Tod und Vergessen – mit einem Lächeln auf dem Gesicht!« Liliana hatte noch nie in New York Tango getanzt, doch das war egal. Ich fürchtete, sie hatte recht.

Joaquín war nicht im La Viruta, jedoch ein Mann in den Vierzigern mit einem Korkenzieherpferdeschwanz und einer ledernen Hüfttasche. Als ich mit ihm auf die Tanzfläche ging, hielt er mich so fest, dass ich meine Beine kaum bewegen konnte, und als er spürte, dass ich seine Führung nicht finden konnte – man merkte, dass ich seit Monaten keinen Tango mehr getanzt hatte –, sagte er mir, was ich tun sollte: »Keine Hektik. Mach eine Acht. Ja! Jetzt eine Drehung.«

Nach einem Lied zog er sein Handy aus der Hüfttasche. »Ich

muss mal telefonieren«, sagte er und verließ die Tanzfläche. Ich war am Boden zerstört. Es war Tradition bei der *milonga*, eine *tanda* bis zum Ende zu tanzen, unabhängig davon, wie der Tanzpartner aussah oder roch. »Eine *tanda* unterbricht man nur«, hatte mir Liliana beigebracht, »unter wirklich schlimmen Umständen. Wenn der andere betrunken ist oder einen Herzinfarkt hat.«

Danach verließ ich das La Viruta, auch wenn ich es mir zur Regel gemacht hatte, eine *milonga* nie nach einer schlechten *tanda* zu beenden. Erst nachdem ich in ein Taxi gesprungen war, fiel mir ein, dass ich nur einen Fünfzig-Peso-Schein hatte. Als wir bei meiner Wohnung waren, konnte der Fahrer nicht wechseln.

Ich bot ihm die drei Pesos an, die ich am Boden meiner Handtasche fand, doch die Fahrt kostete sechs Pesos, und er lehnte ab. Wir mussten etwas suchen, wo ich Geld wechseln konnte. Ich hätte ihm von Anfang an sagen sollen, dass ich nur einen Fünfzig-Peso-Schein hatte.

Es war fast fünf Uhr morgens. Wo sollten wir jetzt Geld wechseln? »Das ist *Ihre* Angelegenheit«, sagte ich. Ich hatte keine Geduld mehr mit der Münzknappheit in Buenos Aires. »Es ist *Ihr* Job, Wechselgeld bereitzuhalten.«

»Sie sind in *meinem* Land«, erwiderte der Taxista, die vollen Lippen plötzlich zusammengepresst vor Wut. »Sie müssen die Regeln meines Geschäfts respektieren. Nicht Ihre Regeln – *meine*.«

Mein Gesicht brannte. Ich wusste, dass ich kurz davorstand, etwas Unerhörtes zu tun. Ich stieg aus dem Taxi, schlug die Tür zu, biss mir auf die Wange, bis ich Metall schmeckte, warf die drei Pesos auf den Beifahrersitz und stolzierte davon.

»*¡Estafadora!*«, brüllte der Taxista mir nach. Betrügerin! »*¡Estafadora de mierda!*«

Ich schüttelte den Kopf und dachte: *Eine Stadt sagt einem, wenn es Zeit ist zu gehen.*

Ein paar Tage später startete ich noch ein weiteres Taxiabenteuer. Die *milonga* konnte ich nach einer schlechten *tanda* verlassen, aber nicht Buenos Aires nach einer unerfreulichen Taxifahrt. Als ich auf der Calle Arenales in ein Taxi stieg, bemerkte ich als Erstes, dass der Fahrer vollkommen grau war – graues Sweatshirt, graue verwaschene Jeans, kurzes, dickes, welliges graues Haar. Als Zweites bemerkte ich, nachdem wir bereits zwei Blocks gefahren waren, dass eine Frau hinter dem Lenkrad saß.

»Die Leute bevorzugen weibliche Fahrer«, sagte sie in einem gelangweilten, kühlen Tonfall, bei dem ich mir die Frage stellte, wie oft sie schon die Verwunderung ihrer Fahrgäste ertragen hatte müssen. »Wir beschweren uns nicht wie die Männer, und wir sind sehr viel ruhiger.«

Seit Beginn meiner Taxiabenteuer vor zwei Jahren hatte ich gehofft, eine Frau am Steuer anzutreffen, doch in all der Zeit war mir keine einzige Fahrerin begegnet, weshalb ich die Hoffnung irgendwann aufgegeben hatte. Weibliche Taxistas waren ein Mythos für mich geworden, ein unwahrscheinliches Phänomen in einer Stadt, die bekannt für ihre Machos war. Ja, Argentinien hatte 2007 eine Frau zur Präsidentin gewählt, aber Cristina Fernández de Kirchners Einzug ins Amt hatte wenig dazu beigetragen, die Einstellung der Menschen zur Rolle der Frau zu ändern. Ja, Argentinien war eine matriarchale Gesellschaft – wo sonst in der Welt gab es in den Supermärkten Kassen für Schwangere? –, aber hier lernten die Mädchen immer noch Ballett, und die Jungen spielten Fußball. Das Taxifahren in Buenos Aires war an sich schon mutig, aber als Frau in dieser Stadt Taxi zu fahren, war heroisch.

»Männer steigen ein und sagen zwar nichts«, erzählte die Taxista, »doch ich sehe, wie sie meine Füße beobachten. Sie wollen genau beobachten, wie ich fahre. Aber das macht mir wenig aus. Frauen können da nerviger sein. Einmal stieg eine Frau ein und sagte anklagend: ›Haben Sie Kinder? Wie können Sie Taxi fahren, wenn daheim Ihre Kinder auf Sie warten?‹« Sie verdrehte die Augen. »Ich habe ihr gesagt, sie solle besser ein anderes Taxi nehmen.«

Wir rollten auf eine rote Ampel auf der Calle Paraguay zu, und ein Junge mit hohlen Wangen und einem schmutzigen Fensterabzieher näherte sich dem Wagen, fixierte die Taxista, wog ab, ob sie ihm wohl etwas für seine Fensterputzdienste geben würde. Sie nickte, und er säuberte, auf den Zehenspitzen stehend, die Windschutzscheibe mit raschen, ungleichmäßigen Bewegungen. Als die Ampel umschaltete, kurbelte sie das Fenster herunter und gab ihm einen Zwei-Peso-Schein. Schmutziges Wasser strömte über die Windschutzscheibe, als der Wagen beschleunigte. »Entweder liebt man das Taxifahren, oder man hasst es«, erzählte sie. »Dazwischen gibt es nichts.«

»*¿Y usted?*«, fragte ich. »Lieben Sie es, oder hassen Sie es?«

»Säße ich dann hier, wenn ich es hassen würde?«

Sie war wild, was mir gefiel, mich allerdings auch ein wenig nervös machte, und ich fragte mich, ob sie von Natur aus so war oder ob das Taxifahren sie erst hart werden ließ: Nahezu jeder Taxista in Buenos Aires, der mir begegnet war, war schon mindestens einmal ausgeraubt oder mit einer Waffe bedroht worden.

»Wohin wollen Sie?«, wollte sie wissen.

»Ähm.« Ich räusperte mich. »Entschuldigung. Es wäre toll, wenn Sie mich zu Ihrem Lieblingsrestaurant oder Ähnlichem bringen könnten.«

»Was?«

Sie bremste hinter einem langsamen Bus.

»Vielleicht dort, wo Sie mit Ihrer Familie gern zum Essen gehen.«

Sie griff in die Tasche an der Fahrertür und zog ein Päckchen Lucky Strikes hervor. »Macht es Ihnen was aus, wenn ich rauche?«

»Nein, nur zu.«

Ich folgte ihrem Blick zu einer Frau, die neben einer Bushaltestelle im Schneidersitz auf dem Gehsteig saß, umgeben von Handyhüllen mit Tiermustern. *Wie viele sie wohl an einem Tag verkauft?*, fragte ich mich. Wir überquerten die Avenida Córdoba.

»Spiagge di Napoli«, sagte die Taxista, eine unangezündete Zigarette zwischen den Lippen.

»*¿Cómo?*«

»Spiagge di Napoli. Ich gehe manchmal mit meiner Enkelin dorthin.«

»Oh, ich habe schon davon gehört!«

»Natürlich haben Sie das«, erwiderte sie. »Es ist gut!« Sie sah in den Seitenspiegel. Ein anderes Taxi war gerade in ihrem toten Winkel. »Schon mit meiner Tochter war ich in diesem Lokal.«

»*¿Ah, sí?*« Ich wollte das Gespräch am Laufen halten, weshalb ich meine übliche Frage stellte, wenn mir die Leute von ihren Kindern erzählten. »Wie alt ist Ihre Tochter?«

Die Taxista nahm die Zigarette aus dem Mund. »Sie ist gestorben.«

Ich schloss die Augen. »Das tut mir so leid.«

»Vor fünf Jahren.«

»Ich …«

»Das konnten Sie ja nicht wissen.«

Ich verschränkte die Hände und senkte den Blick. Einige Blöcke lang schwiegen wir. Wir überquerten die Avenida Rivadavia. Der Verkehr versiegte, und Blätter von krank wirkenden Ahornbäumen verstopften die Rinnsteine.

»Manchmal nehme ich auch meine Urenkelin mit«, erzählte die Taxista. »Sie ist zwei.«

»Ins Spiagge di Napoli?«

»*Sí.*« Sie steckte die Zigarette hinters Ohr. »Sie macht mich wahnsinnig. Jazmín heißt sie.« Sie schüttelte mit gespielter Verzweiflung den Kopf. »Ich habe sogar zwei Enkelinnen. Teenager. Sie leben bei mir.«

Wir bremsten vor einer Coca-Cola-Markise, und die Taxista schaltete das Taxameter aus. Nachdem ich ihr meine Pesos gereicht hatte, betätigte sie den Warnblinker. »Übrigens«, sagte sie, »ich bin Mabel.« Als sie mit mir ausstieg, war ich überrascht.

»Komm«, sagte sie und winkte mich auf den Gehsteig. Sie war so winzig, dass ich sie mit zusammengekniffenen Augen für eine Grundschülerin gehalten hätte. »Ich stelle dich dem Geschäftsführer vor.«

Mabel hielt mir die mit Spitzenvorhängen geschmückte Eingangstür aus Glas des Spiagge di Napoli auf. Man starrte uns an, als wir den Speiseraum betraten. Das war das erste Mal, dass ein Taxista mich ins Restaurant begleitete. Ich folgte ihr, als ob sie mich über einen roten Teppich führte, und lächelte unbestimmt.

»Bitte, gib ihr einen schönen Tisch«, sagte Mabel zu einem Mann mit einer Speisekarte unter dem Arm, der unter einer von der Decke baumelnden Salami stand. »Und kümmere dich gut um sie.«

Der Mann begleitete uns zu einem Tisch in der Ecke unter einem Holzregal, das sich unter dem Gewicht vieler Weinflaschen bog. »Du solltest *rabas* bestellen«, sagte Mabel, »und *sorrentinos.* Meine Tochter hat das immer gern gegessen.«

Am liebsten hätte ich sie umarmt, doch stattdessen dankte ich ihr, auch wenn es nicht genug zu sein schien. »*Que la disfrutes*«, erwiderte sie. Genieß es. Mit den Händen in den Hosentaschen ging sie nach draußen, ohne sich noch einmal umzusehen.

***

Vier Generationen Familienfotos hingen an den Wänden des Spiagge di Napoli, zusammen mit einem Schild, auf dem stand: »*Salón para familias*«. Auf jedem Tisch lag eine rotkarierte Decke, und nahezu alle der etwa hundert Sitzplätze waren von Argentiniern zwischen geschätzt sieben und siebzig besetzt.

»Pasta ist unsere Spezialität«, erklärte ein Kellner in einer geknöpften Weste, als er mir die Speisekarte reichte. »Alles hausgemacht.« Laut des Deckblatts seit 1926.

Minuten, nachdem ich sie bestellt hatte, brachte der Kellner Mabels *rabas* (perfekt gebratene Tintenfischringe in einem leichten, tempuraartigen Teig) und *sorrentinos* (runde Pastakissen gefüllt mit Mozzarella und frischem Basilikum, garniert mit einer Puttanesca). Die Pasta war al dente und ertrank nicht in der Kapern-Knoblauch-Anchovis-Soße. Bereits beim Essen wünschte ich mir, ich hätte noch Zeit, hierher zurückzukommen, als eine Frau in einem bodenlangen schwarzen Pelzmantel und mit Sonnenbrille ins Restaurant humpelte. Das kastanienbraune Haar war zu einem Bienenkorb aufgetürmt und sah aus wie Zuckerwatte. Der Kellner mit der Weste eilte an ihre Seite, und sie hielt seinen Arm, als er sie zu einem Tisch neben dem Dessertkühlschrank führte.

Eine Stadt sagt einem, wann es Zeit ist zu gehen, dachte ich abermals, während ich beobachtete, wie die Frau bei ihrem großen Auftritt jeden Mitarbeiter mit Namen begrüßte – aber das hieß nicht, dass sie einen nicht daran erinnerte, warum man sich einmal in sie verliebt hatte.

Als Liliana und ich einige Stunden später zur *milonga* im Salón Canning eintrafen, bewegten sich bereits Paare in enger Umarmung – die Männer in dunklen Anzügen, die Frauen in glänzenden, rückenfreien Kleidern – gegen den Uhrzeigersinn über die Tanzfläche. Kellner eilten zwischen den Tischen hin und her, *champán*-Flaschen auf Tabletts balancierend, während die Diskokugel schwach im düsteren Licht funkelte. *Warum,* dachte ich, als ich mich umsah, *will ich von diesem wunderschönen Ort fortgehen?*

Ich wollte nicht tanzen. Lieber beobachtete ich, wie Liliana einen Tango nach dem anderen tanzte und sich zwischen den *tandas* kaum hinsetzte. Männer küssten ihre Hand, wenn sie sie zurück zu ihrem Stuhl brachten, doch kaum setzte die Musik ein, war sie schon wieder aufgesprungen. Ich kannte ihre Umarmungen, wenn wir uns begrüßten und verabschiedeten, und ich konnte verstehen, warum sie alle mit ihr tanzen wollten: Sie war blond und schön, aber sie war nicht die schönste, nicht die einzige Blondine. Sie war eine gute Tänzerin, aber nicht die beste. In ihren Armen fanden die Männer aber uneingeschränkte Wärme. Sie wollten mit ihr tanzen, weil sie, wie sie selbst es einmal erklärte, *una persona que es fiel a lo que se siente* war – ein Mensch, der seinen eigenen Gefühlen treu blieb.

»*¿Bailás?*«

Julio, der etwa Anfang siebzig war und zu jeder *milonga* in der Stadt denselben verblichenen dunkelblauen Anzug trug, beugte sich von hinten über meine Schulter und flüsterte mir ins Ohr. Er bat mich immer um einen Tanz, außer damals, als ich mit Joaquín zusammen gewesen war, und ich tanzte gern mit ihm, auch wenn seine Hände zitterten und wir eigentlich nur die Füße zur Musik bewegten. Er sei Architekt, sagte er bei unserem ersten – und seither jedem – Tanz, und er hätte sich von seiner Frau scheiden lassen, weil sie seine Tangoleidenschaft nicht akzeptieren wollte.

»*¿Y?*«, fragte Julio. »*Qué hace tu tanguero?*« Und? Was treibt dein Tangotänzer so? Es war egal, wie lange Joaquín und ich schon nicht mehr zusammen waren, Julio erkundigte sich immer nach ihm.

»Ich weiß es nicht.« Auch wenn ich es wusste. Es war Sonntag. Wäre er nicht auf Tour gewesen, hätte Joaquín Hof gehalten bei einer *milonga* namens Porteño y Bailarín.

Das erste Lied in einem Block aus Di-Sarli-Tangos, voller trauriger Geigen und zarter Pianoklänge, begann gerade. Julio nahm meine Hand, und ich legte meinen Kopf auf seine Schulter. Sein Anzug roch nach Staub und Sekt.

Ich schloss die Augen, während Julio und ich uns langsam in einem sanften Kreis über die Tanzfläche bewegten.

»Deine Haltung ist besser«, sagte er vor dem letzten Lied. »Ich erinnere mich, als ich dich das erste Mal sah. War es im La Ideal?« Ich nickte. »Deine Haltung! Schrecklich! Jetzt bist du aufrechter.« Er drückte seine Handfläche gegen meine Wirbelsäule. »*Más abierta.*« Viel offener. »*Pero mucho más abierta.*«

Er führte mich in die Mitte. »Das hier ist nicht nur für die Tanzfläche, Luisa Lane. Das hier ist für dein Leben.« Wir gingen wieder langsam, im Takt der Musik. »*¿Pero vos ya sabés eso, no cierto?*« Das weißt du aber schon, nicht wahr?

Nach dem Tango mit Julio verließ ich den Salón Canning. Liliana nickte mir von der Tanzfläche aus zu, sie verstand, ebenso wie der Taxista mit der Plastikfigur des heiligen Christoph – der Schutzpatron der Reisenden, den einzigen Schutzheiligen, den ich kannte – auf dem Armaturenbrett. Nachdem ich ihm meine Adresse gegeben hatte, schwiegen wir, was ungewöhnlich war, doch die Stille war nicht unangenehm – als ob wir uns gemeinsam für die Ruhe entschieden hätten. Und als wir die Nachtbusse auf der Avenida Santa Fe überholten und Cyndi Lauper hörten, wollte ich die ganze Nacht so weiterfahren und nicht an New York denken.

Teil II
New York City

Und jetzt, Joey, werde ich dir ein wenig mehr über
meine einsamen Nächte in New York erzählen,
wie ich den Broadway auf und ab lief, in die Seitenstraßen
hinein- und wieder hinausging, wie ich in Fenster und
Hauseingänge starrte und mich immer fragte,
wann das Wunder geschähe und ob es überhaupt einträfe.

Henry Miller,
Reise nach New York

13

Da haben Sie sich aber eine extreme Stadt ausgesucht«, sagte der Taxifahrer und sah mich mit zusammengekniffenen Augen im Rückspiegel an, während er jener Rennstrecke folgte, die vom Flughafen JFK zur Schnellstraße führte. Sein dunkelblondes Haar war mit Gel frisiert und schmierig, und sein T-Shirt war schweißfleckig. »Waren Sie schon mal in New York?«

»Nur für drei Tage«, antwortete ich. Ich öffnete das Fenster und hielt das Gesicht in den Wind. Es war Juni, und die Luft im Wagen war so klebrig wie Marmelade. »Aber einen davon habe ich mit einer Lebensmittelvergiftung im Bett verbracht.«

»Autsch!«

»Schlechte Muscheln in Little Italy«, erklärte ich und blickte auf den zerknitterten Zettel, auf dem ich meine neue Adresse notiert hatte.

»Was?«

»Schlechte Muscheln in Little Italy!« Ich beugte mich vor, schrie fast, damit er mich durch die Öffnung in der Plexiglasscheibe hören konnte, die den Vorder- vom Rücksitz abtrennte.

»Autsch!«, wiederholte er. »Nun, ich bin nicht überrascht. Es gibt einige richtig schlechte Restaurants in Little Italy, die man wirklich meiden sollte.« Er warf einen Blick über die Schulter und scherte auf die Überholspur aus. »Woher kommen Sie eigentlich?«

»Ursprünglich Kalifornien«, sagte ich, während ich die Zettelecken ein- und wieder ausrollte. »Aber ich habe zuletzt in Argentinien gelebt …«

»Argentinien!« Der Fahrer pfiff durch die Zähne. »Die Peronisten haben das Land ganz schön runtergewirtschaftet, nicht wahr?«

»Das sagen meine Freunde auch immer.« Ich hob eine Augenbraue. »Waren Sie schon mal in Argentinien?«

Er schüttelte den Kopf. »Ich bin aus New Orleans«, erklärte er. »Und ich lese gern.«

»Touché.« Ich lächelte. *Das ist hier New York*, dachte ich. Wenn es so mit dem Rest der Welt verwoben war, blieb mir vielleicht der Kulturschock der Rückkehr erspart. »Wieso haben Sie keinen Akzent mehr?«

»Ich lebe seit fünfundzwanzig Jahren in New York. Das vertreibt jeden Akzent.«

Er fuhr von der Schnellstraße ab. Die Sonne ging hinter dem Diner Neptune unter. Einige Türen weiter waren die Buchstaben in der Mitte des Neonschilds einer Vierundzwanzig-Stunden-Bodega durchgebrannt.

»Das ist das erste Mal, dass ich in New York ein Taxi nehme«, sagte ich, bemüht, den Zettel mit meiner neuen Adresse, die kaum noch zu lesen war, glatt zu streichen.

»Ha!«, meinte der Fahrer. »Dann mache ich hoffentlich einen guten Eindruck.«

Es war schon fast dunkel, als er mich vor einem dreistöckigen schmutzigen Backsteingebäude mit Flachdach absetzte, das sich von seinen Nachbarn nicht unterschied. Ich klingelte, danach spähte ich durch die vergitterte Glastür, während ich ruhiger zu atmen versuchte. Nichts war so verwirrend wie die Ankunft an einem neuen Ort – sämtliche Besitztümer auf einen Koffer und ein Handgepäckstück reduziert –, an dem das

Leben noch kein Muster, keinen Rhythmus, keine Wurzeln, keinen Bezug zu anderen Menschen hatte. Und es führte kein Weg an dieser Verwirrung vorbei – man konnte sie nicht überspringen oder an ihr vorbeihetzen. Da musste man durch.

Wieder klingelte ich, zugleich horchte ich auf das Verkehrsrauschen von der Triborough Bridge und wünschte, ich würde nicht so schwitzen. War ich hier richtig? Ich hatte das Zimmer in Astoria, Queens, unbesehen gemietet. Auf der anderen Seite des East River lag Manhattan. »Das Apartment verfügt über ein Wohnzimmer, Badezimmer, Küche und einen Flur mit zwei Abstellräumen«, lautete die Craigslist-Anzeige. Ich würde bei einem Jazzcellisten namens Jefferson wohnen, mit dem ich bisher nur per E-Mail Kontakt gehabt hatte. Warum öffnete er nicht? Wieder überprüfte ich den Zettel mit meiner neuen Adresse. Meine sechste innerhalb von vier Jahren. *Wie peinlich, so ruhelos zu sein*, dachte ich, während ich auf das Gras schaute, das sich unter meinem Koffer durch den Beton arbeitete. *Immer noch suchst du nach dem roten Faden im Labyrinth.*

Vielleicht war der Faden ja hier. Ich erinnerte mich an meine erste Reise nach New York, während des furchtbaren Semesters in New Jersey: Wie überwältigt ich trotz der schlechten Muscheln gewesen war, als ich Mangos an einem Stand auf dem Broadway gekauft, den Trommlern auf dem Times Square zugehört und über das Schild eines Lederwarengeschäfts auf der Canal Street gelacht hatte (»Behalt die Hosen an: $ 3«). Es war eine großartige Stadt, riesig, überwältigend, stolz auf seine Ausmaße, wie ein hochgewachsener Mensch mit perfekter Haltung. In den Straßen war eine fieberhafte Energie zu spüren. Selbst die Gerüche – Hot Dogs, Urin, Kebab, Kreuzkümmel, teures und billiges Parfum – schienen wie wild durcheinanderzuwirbeln. Die unterschwellige Botschaft aller New

Yorker, mit denen ich sprach, war: Hier zu leben ist eine Errungenschaft, ein Recht, das man sich verdienen muss.

»Unwiderstehlich«, so beschrieb ich damals Mom und Dad meinen Eindruck von der Stadt, und schwor, eines Tages zurückzukehren.

Ich hätte mir nie vorstellen können, wie unglaublich allein (ich hatte keine Freunde in New York), unterbeschäftigt (ein Online-Job als Redakteurin, den ich noch gefunden hatte, sowie der Kundenbetreuungsjob für die argentinische Satellitenfirma warfen kaum genug für die Rechnungen ab) und unwohl ich mich fühlen würde, als ich endlich hier war und in Queens auf einen Fremden wartete, der mir die Tür öffnen sollte.

»Die meisten Taxifahrer leben in Queens«, hatte ein New Yorker Paar gesagt, das ich in Buenos Aires kennengelernt und das mich über meinen Blog kontaktiert hatte. Sie war eine Cartoonistin für den *New Yorker* mit Botticelli-Haut, er Drehbuchautor. Sie hatten zehn Jahre in Greenpoint, Brooklyn, gelebt. »Queens hat immer noch diese kleinen Ecken mit ausländischen Gerichten, die es in Manhattan nicht mehr gibt«, erinnerte ich mich an ihre Worte. »Du solltest also in Queens wohnen.«

Vor Erleichterung brach ich beinahe in Tränen aus, als Jefferson, ein Mann von mindestens einem Meter neunzig mit Bauch und beginnender Glatze, in einem Leinenkaftan endlich die Tür öffnete. »Layne?« Ich wusste nicht, ob es mein oder sein Schweiß war, als wir uns die Hände schüttelten. Er nahm meinen Koffer und trug ihn drei Stockwerke durch das schmutzige Treppenhaus nach oben. Schweigend setzten wir unsere Füße in die Vertiefungen in der Mitte der Stufen. Je höher wir kamen, desto düsterer wurde das Neonlicht. Als er die Tür zu unserem Apartment öffnete, drang mir heiße Luft entgegen, außerdem roch sie nach Zwiebeln, und als er mich in mein

Zimmer führte – Risse und Wasserflecke überzogen die Decke, ein IKEA-Schreibtisch sowie ein Futonbett mit einer dünnen, fleckigen Matratze nahmen den meisten Platz auf dem unebenen Holzboden ein –, wurde mir angst und bange.

»Also«, sagte Jefferson. »Das ist es.« Dann ging er in sein Zimmer und schloss die Tür.

Als ich am nächsten Morgen aufstand, war Jefferson bereits unterwegs. »Na super«, war alles, was ich herausbrachte, als ich mir das Apartment bei Tageslicht besah. Das Wohnzimmer, in dem nur ein gelbkariertes Sofa und ein ehemals schwarzer, mittlerweile grauer Ledersessel standen, war mit einer klebrigen Staubschicht überzogen. Von der Badezimmerdecke blätterte die Farbe ab wie Haut nach einem Sonnenbrand. Efeupflanzen standen in Schalen mit ranzigem Wasser auf dem Küchenfensterbrett. Herd und Dunstabzugshaube waren mit dicken Schichten Fett und Öl bedeckt. In allen Ecken der Wohnung standen Kakerlakenfallen.

»Na super«, wiederholte ich, als ich niesend Staub wischte und auspackte. Ich zog *Here is New York*, E. B. Whites Ode an New York aus dem Jahr 1949, aus meinem Gepäck heraus, die er in einem »drückend heißen Hotelzimmer in Midtown, halb in einem Lüftungsschacht« geschrieben hatte. Seine Bedingungen klangen etwas schlechter, rief ich mir in Erinnerung, oder zumindest weitaus klaustrophobischer als meine. Ich klammerte mich an seine Worte:

Grob gesagt, gibt es drei New Yorks. Zum einen das New York des Mannes oder der Frau, die hier geboren wurden, die die Stadt für selbstverständlich erachten, ihre Größe akzeptieren und ihre Lebendigkeit als natürlich und unausweichlich ansehen. Zum anderen gibt es das New York der Pendler – die Stadt, die jeden Tag von Heuschrecken verschlungen und abends ausgespuckt wird. Zum Dritten gibt es das New York derjenigen, die an einem anderen Ort geboren wurden und auf der Suche nach etwas in die Stadt kamen. Von diesen drei bebenden Städten ist die letzte die großartigste.

Ich packte schließlich fertig aus und schrieb mit knurrendem Magen einen düsteren Bericht für die argentinische Satellitenfirma über unseren größten Kunden in Rom: *Die Zufriedenheit ist so niedrig wie nie zuvor. Das Treffen mit dem CEO im März hat nicht die erhofften Resultate erzielt in Hinsicht auf die Verteilung der Ersatzteile und …* Ich starrte auf den blinkenden Cursor und dachte an Ruth Reichls Beschreibungen von chinesischem Essen in Flushing, die mich in den Wahnsinn getrieben hatten, als ich sie noch in Buenos Aires las, wo es nicht einmal annähernd so etwas wie geräucherten Fisch mit Sternanis gegeben hatte oder betrunkene Krabben oder Steckrübenkuchen oder hausgemachte Shanghai-Suppenteigtaschen. Und jetzt war das alles in Reichweite. Ich klappte den Laptop zu und packte *Here is New York*, mein Notizbuch und eine kleine Tüte Mandeln aus dem Flugzeug in meine Handtasche.

In der Subway bemühte ich mich, optimistisch zu bleiben, in Fantasien von chinesischem Essen zu schwelgen, während der Zug der Linie 7 sich von den glänzenden Versprechen Manhattans entfernte und tiefer in die sich ausbreitende Eintönigkeit der horizontalen Stadt fuhr. (Hatte nicht Kerouac gesagt, dass mit dem Osten etwas Braunes und Heiliges verbunden war?) Jedes Mal, wenn wir an einer Station anhielten, riss mich das schreckliche Kreischen der Bremsen aus meinen Träumen. Ebenso wie die Gesichtsausdrücke meiner Mitreisenden. Ein Regisseur, den ich in Buenos Aires getroffen hatte, hatte mir einmal erzählt, dass man einen Eindruck von einer Stadt, ihrer

Wahrhaftigkeit und ihrem Gefühlszustand bekam, wenn man die Menschen betrachtete, während sie sich unbeobachtet fühlten. Auf der Linie 7 waren in den Augen, die nicht geschlossen waren, Müdigkeit und Wut zu sehen, die Mundwinkel waren nach unten gezogen, Stirnen in grüblerische Falten gelegt.

Es nieselte, als ich in Flushing ausstieg, und der Wind trieb den Regen seitlich durch die Straßen. Ich hatte mich bei meiner Kleidung an der gestrigen Hitze orientiert, meine Arme waren nackt, und ich bereute, dass ich meine Jacke daheim gelassen hatte, als ich ausgehungert an der Ecke Main Street und Roosevelt Avenue stand und auf die in Englisch und Mandarin (oder Koreanisch? Oder beides?) beschrifteten Schaufenster schaute und mich fragte, wohin ich gehen sollte.

Wo waren die ganzen Taxis? Ich wunderte mich und zog den Kopf im Nieselregen ein. Als ich zum ersten Mal in New York war, schien jedes zweite Auto ein Taxi zu sein – jetzt sah ich kein einziges. Ich spazierte etwa zwanzig Minuten herum, am Fancy Wave Salon vorbei und dem QQ Fruit and Flower Shop. Beim Geruch von Ingwer, Knoblauch und geschmortem Schweinefleisch lief mir das Wasser im Mund zusammen, während ich nach einem Taxi suchte und mich weigerte, einen Regenschirm zu kaufen. Gerade wollte ich aufgeben, als ich vier illegale Taxis vor der New World Mall in Reihe stehen sah.

Ich wollte kein illegales Taxi nehmen. Gypsy Cabs oder schwarze Taxis durften laut der *New-Yorker*-Cartoonistin mit der Botticelli-Haut eigentlich keine Passagiere auf der Straße aufnehmen, auch hatten sie keine Taxameter. »Man darf nur auf eigenes Risiko mit ihnen fahren«, hatte sie mir gesagt. »Für deine Pläne solltest du definitiv die offiziellen gelben Taxis, die Yellow Cabs, nehmen.«

Doch jetzt war nicht der Moment, wählerisch zu sein. Ich

ging zum ersten Wagen, einem schwarzen Buick mit einer Delle im vorderen Kotflügel. Der Fahrer kurbelte das Fenster herunter. Er stammte sichtlich aus dem südasiatischen Raum, wirkte verknittert und hatte einen Schnurrbart. »Mein Lieblingsrestaurant ist daheim«, antwortete er. »Und wenn ich dort nicht esse, dann bei McDonald's.«

Ich rang mich zu einem weiteren Versuch bei dem dahinterstehenden Auto durch, bereit, diese fließende, offene Haltung einzunehmen, die ich beim Tango gelernt hatte. Doch ich konnte den sauren Fischgeruch aus dem Rinnstein vor der New World Mall nicht ignorieren, die Frustration, hungrig und verloren in meinem eigenen Land zu sein. Der Fahrer des letzten Taxis hupte mich an, als ich an ihm vorbeiging. Er hatte sich buchstäblich auf die Hupe gelegt, und ich stolperte vor Schreck in die Einkaufstaschen zweier Frauen, die ihren Unmut lautstark in einer Sprache ausdrückten, die ich nicht erst lernen musste, um sie zu verstehen.

»Hey«, sagte mein Mitbewohner Jefferson, der in der Küche gerade Teigtaschen in einem Nudelkocher dämpfte, als ich zur Tür hereinkam. Jefferson, geboren in Trinidad und aufgewachsen in London, lebte seit zehn Jahren in New York. Er hatte sich die Stadt ausgesucht, um Musik zu studieren; jetzt war er ein professioneller Jazzcellist. Unterrichtete er nicht Jazztheorie am City College, spielte er in verschiedenen Bands und Klubs in der ganzen Stadt. Jeden Sommer ging er auf Tour. New York ist eine Traumstadt für einen Musiker, erzählte er mir. Er hatte gerade seine fünfte CD aufgenommen.

»Hey.« Ich winkte ihm halbherzig zu und lehnte mich an den Rahmen der Küchentür.

»Wie läuft es mit der Taxisache?« Er schaltete den Herd aus, hob den Korb aus dem Nudelkocher, schüttete die Teigtaschen in eine Edelstahlschüssel und würzte sie mit Bragg's Amino Acids, einer Alternative zu Soja- oder Tamarindensoße.

Ich unterdrückte einen Seufzer. Die Taxisache lief überhaupt nicht gut. Ich war seit neun Tagen in New York, hatte über siebzig Dollar für Taxifahrten ausgegeben, und mein einziger Restauranttipp bisher war McDonald's. Mom und Dad fragten, warum ich den Blog nicht aktualisierte. »Ich kann nicht über ein Lokal schreiben«, erklärte ich, »wenn es mir nicht ein Taxifahrer empfohlen hat.« Außerdem konnte ich es mir in New York nicht leisten, einfach nur so auswärts zu essen, alles Geld, das übrig war, floss in die Taxiabenteuer.

»Versuchst du es weiter?«, fragte Jefferson. Er öffnete den Kühlschrank und holte Kokoswasser heraus.

»Natürlich werde ich das«, antwortete ich und musste mich anstrengen, meinen Ärger zu unterdrücken.

»Das wird schon alles«, sagte er. Mit der Schüssel in der einen und dem Kokoswasser in der anderen Hand zog er sich in sein Zimmer zurück. Wie konnte er sich da so sicher sein? Ich ging ebenfalls in mein Zimmer. Ich wollte nicht über *Taxi Gourmet* nachdenken, sondern stattdessen einen weiteren (beunruhigenden) Bericht für die Satellitenfirma zusammenstellen – *das technische Equipment, das nach Kenia hätte gehen sollen, wurde nach Rom geschickt und wird noch immer vom Zoll festgehalten* –, doch schließlich ließ ich die Jalousien herunter und sah YouTube-Videos von Joaquín, wie er mit seiner neuen Partnerin tanzte. Sonya hatte sich aus dem professionellen Tanz zurückgezogen, nachdem sie von einem ihrer Schüler schwanger geworden war. Seine neue Partnerin, eine blasse Brünette mit einem runden Gesicht und steifem Lächeln, war jünger – sie stolzierte, wo Sonya schwebte. Doch Joaquín hielt sie – sie tanzten zu »Esta Noche La Luna« bei einem Tangofestival in Seoul –, als ob er sie nie wieder loslassen wolle.

»Warum wollen Sie wissen, wo ich esse?«, fragte der Taxifahrer und drehte sein unrasiertes Gesicht von der Plexiglasscheibe weg.

»Ich bin Journalistin«, antwortete ich und suchte in meiner Handtasche nach dem Notizbuch. »Und ich …« Der Zug der Linie N fuhr dröhnend auf den oberirdischen Gleisen über uns hinweg, doch der Fahrer hatte genug gehört.

»Nein, nein, nein.« Er wedelte mit der Hand in meine Richtung, als wolle er eine Fliege verscheuchen. »Keine Journalisten.«

»Nein …« Ich umklammerte das Notizbuch in meiner Tasche. »Warten Sie.« Die New Yorker Hitze war wieder tropisch geworden, und ich schwitzte auf dem Kunststoff des Rücksitzes in meiner Jeans. »So ist es nicht. Ich habe diesen Blog, und ich schreibe über Taxifahrer und wo sie gern essen.«

Der Fahrer schüttelte den Kopf. »Ich habe kein Lieblingsrestaurant.« Ich sah ihn im Rückspiegel. Seine Augenbrauen waren so buschig, dass sie wie zwei Schnurrbärte aussahen.

»Sind Sie sicher?« Ich rutschte näher an die Plexiglasscheibe heran. »Nicht einmal …«

»Lady«, erwiderte er ungehalten, »ich muss arbeiten.« Er wedelte mich wieder weg. »Wenn Sie nirgendwohin wollen, dann sollten Sie besser aussteigen.«

Das tat ich auch, und beinahe hätte ich meine Tasche in den Rinnstein fallen lassen. Ich hatte mich den ganzen Morgen auf das Taxiabenteuer vorbereitet wie für eine Expedition, hatte Eier gegen Hungerattacken hart gekocht, meine Tasche so gepackt, dass Notizbuch und Kamera schnell greifbar waren, und hatte alles unternommen, um nicht daran zu denken, dass ich seit Wochen den Blog nicht mehr aktualisiert hatte. Auch hatte ich mir vorgestellt, wie ich ein fesselndes Gespräch mit dem Taxifahrer führte, der mich in ein Untergeschoss in Sunnyside oder Jackson Heights gebracht hatte, wo Großmütter mit Lachfalten Pupusas brieten oder Chapati ausrollten.

In Wirklichkeit war ich die letzten anderthalb Stunden auf der Suche nach einem Taxi die Straßen von Astoria entlanggewandert und hatte gegen die Verzweiflung angekämpft, während ich meine Eier an niedrigen Ziegelmauern aufschlug und die Schalen in die schlammigen Beete unter den Bäumen auf dem Gehsteig warf. Der Mann mit den Schnurrbartaugenbrauen war der erste Fahrer eines Yellow Cabs, den ich am Nachmittag sah.

Was mache ich hier eigentlich?, fragte ich mich nicht zum ersten Mal, als ich im Schatten der Subway-Gleise über die 31st Street wanderte und einen leeren Dunkin'-Donuts-Becher auf die Straße kickte, während das Taxi davonfuhr. Ich erinnerte mich an die Massen von Taxis auf der Avenida 9 de Julio und die Fahrer, die sich immer gern mit mir zu unterhalten schienen, und ich fragte mich, ob ich gerade umsonst zehntausend Meilen gereist war.

Ein Mann mit einer Yankees-Baseballkappe grillte Souvlaki auf einem Wagen an der Ecke 31st Street und 31st Avenue, von den Huhn-und-Lamm-Spießen stieg oreganogewürzter Rauch in den Himmel auf. Jedes Mal, wenn ich das Apartment in Astoria verließ, schien irgendein großartiger Geruch in der Luft zu liegen – Falafel oder Čevapčići oder Focaccia –, doch kein Taxifahrer hatte mich bislang dorthin gebracht. Unbedingt wollte ich mich auch an meinen Projektvorgaben festhalten, doch jetzt verfluchte ich sie zum ersten Mal. Wie war es bloß möglich, derart unzufrieden zu sein in einer Stadt mit so viel köstlichem Essen? Ich nahm eine weitere Nase voll Souvlaki-Duft und blickte die 31st Street hinunter. Noch immer waren keine Taxis zu sehen.

»Wo sind in Queens die ganzen Taxifahrer?«, fragte ich Jefferson, als ich wieder daheim war. Wir standen in der Küche, wo ich gerade eine Dose Kichererbsen öffnete. Außer hartgekochten Eiern, Kichererbsen und Reis hatte ich in New York noch nichts gekocht – diese Sachen waren billig, schnell und sättigend, und ich konnte sie ohne allzu viel Kontakt mit schmutzigen Oberflächen und dem Herd zubereiten.

»Taxis in Queens?« Jefferson holte eine Packung Teigtaschen aus dem Gefrierfach und schüttete den Inhalt in den Nudelkocher. »Ich nehme hier nie ein Taxi. Nur in Manhattan.«

»Manhattan?« Ich goss die Kichererbsen in ein Sieb und spülte sie unter dem Wasserhahn ab, wobei ich mich abermals an die Worte der Cartoonistin mit der Botticelli-Haut erinnerte: *Die meisten Taxifahrer leben in Queens.* Doch das hieß ja nicht, dass sie auch in Queens fuhren. Ich drehte die Herdplatte, auf der der Topf mit Reis stand, herunter. Es war so offensichtlich, dass ich errötete.

Am nächsten Tag stieg ich in einen N-Zug nach Manhattan. Ich saß gegenüber einer Anzeige für ein Buch: *Unleash Your Inner Vixen: How to Find, Seduce and Keep the Man You Want*, zwischen Pessimismus und Angst schwankend. Ich atmete flach und unsicher, so wie ich es aus meiner Zeit im Vertiginеuse kannte. So wie ich es tat, wenn ich wusste, wie schlecht ich mich für das bald folgende Chaos eignete.

War das hier mein fünfter Versuch eines Taxiabenteuers in New York? Oder der sechste? Ich schloss die Augen, horchte auf den Singsang der Frauenstimme, die die Stationen ansagte – »Linie N Richtung Manhattan. Der nächste Halt ist …« –, wenn wir in den nächsten Bahnhof einfuhren. Ihr Tonfall hatte etwas Beifälliges an sich, als ob sie jedem Passagier dazu gratulierte, in der großen Stadt unterwegs zu sein.

Der Zug verlangsamte in einer Kurve, die Bremsen quietschten, danach folgte der Halt Queensboro Plaza. Ich öffnete die Augen. Trauben von Taxis auf den Straßen unter mir, sie stauten sich am Fuß der Queensboro Bridge, und da war auch die Skyline von Manhattan, die eher einschüchternd als inspirierend wirkte.

Als ich an der Station Union Square ausstieg, beobachtete ich, wie die Leute wie Ameisen in einer wohlorganisierten Kolonie auf die Drehkreuze zuströmten. Ich blieb stehen, um einem Mann in einem Alpakaponcho zuzuhören, der eine ziemliche gute Version von »My Heart Will Go On« auf einer Panflöte spielte. Ich ging von Ausgang zu Ausgang, blieb vor den Schildern stehen und überlegte, welcher wohl am ehesten zu einem Taxistand führte.

Am University Place drängten sich die Menschen um einen Straßenakrobaten in einer jadegrünen Spandex-Hose, der Rückwärtssaltos schlug, als ob er schwerelos wäre. Überall waren Yellow Cabs, rasten den Broadway hinunter, die Rücksitze leer, die Lichter an. *Hier bin ich richtig,* dachte ich, auch wenn es gerade anfing zu regnen.

Richtung Filene's Basement hielt ich ein Taxi an. Der Fahrer tippte gerade etwas in sein Handy, als ich einstieg. »Ich habe eine etwas seltsame Bitte«, sagte ich.

Er antwortete nicht.

Die Autos hinter uns begannen zu hupen. »Entschuldigung«, erwiderte er und schob das Handy in seine Hemdtasche. »Wo soll's denn hingehen?« Seine blauen Augen waren geschwollen und rot unterlaufen. Er trug eine Knicks-Kappe.

»Äh ...« Ich setzte mich in die Mitte des Rücksitzes, um durch die Öffnung in der Plexiglasscheibe sprechen zu können. Langsam begann ich sie wirklich zu hassen, die Taxis in Buenos Aires hatten so etwas nicht. »Ich frage mich ... Wenn

Sie noch vierundzwanzig Stunden in New York hätten …« Der Fahrer schaltete das Taxameter ein. »Wo würden Sie dann etwas essen wollen?«

Er rümpfte die Nase.

Ich lächelte seinem Profil zu, den Stoppeln an seinem Doppelkinn.

Er schaltete die Scheibenwischer ein. »Sie wollen zu einem Restaurant?«

»Ja.« Ich zog mein Notizbuch aus der Tasche.

»Okay. Wie wäre es mit dem Tavern on the Green?«

Ich ließ den Stift sinken. »Haben Sie da schon mal gegessen?«

Die Scheibenwischer zuckten hin und her.

»Nein, habe ich nicht.«

Das hörte ich nicht zum ersten Mal. In Buenos Aires waren manche Taxifahrer darauf aus gewesen, mich zu Touristentreffpunkten zu schleusen. »Ich bin gerade erst nach New York gezogen«, erklärte ich. »Und ich weiß bislang nicht viel über die hiesige Küche.« Ich steckte meine Nase durch die Öffnung in der Scheibe. »Ich würde wirklich gern irgendwo essen, wo Sie hingehen. Wo essen Sie denn während Ihrer Schicht?«

»Oh!«, sagte er. »Das ist einfach.«

Ich setzte mich aufrecht hin und schlug eine neue Seite im Notizbuch auf. Vielleicht brachte er mich zu seinem Lieblingsimbiss, wo es Huhn mit Reis gab. Vielleicht erwies er sich aber auch als Fan von Pizza oder Szechuan-Nudeln. Oder war er eher der Pastrami-Typ? Mir lief das Wasser im Mund zusammen.

»Ich esse bei Subway«, verkündete er und bremste ab, ein unachtsamer Fußgänger im Jogginganzug schlenderte langsam über die Straße. Er hupte. Der Fußgänger reagierte mit einer verärgerten Handbewegung. Der Fahrer ignorierte ihn. »Und manchmal esse ich bei McDonald's«, sagte er. »Die haben da jetzt auch Salat, wissen Sie.«

»Oh …«

»Ich habe einen hohen Cholesterinspiegel. Außerdem esse ich dort, wo ich parken und die Toilette benutzen kann.«

»Gehen Sie noch woandershin als zu Subway und McDonald's?«

Der Fahrer wich einem dampfenden Gulli aus. »Was passt Ihnen denn nicht an Subway und McDonald's?«

»Nichts.«

Er verengte die Augen.

»Nichts«, wiederholte ich. »Ich … ich suche nur …« Ja, wonach suchte ich? Demokratisches Essen wirkte auf einmal snobistisch. *Was ist denn falsch an Subway, wenn der Fahrer gern dort isst?*, überlegte ich. Nichts war daran falsch, außer dass ich nicht über ein Subway-Club-Sandwich schreiben konnte. Ich empfand keine Leidenschaft dafür, nicht nachdem ich tagelang von den köstlichen Gerüchen in Queens fantasiert hatte.

»Wissen Sie was?« Ich schloss mein Notizbuch. »Ich steige besser aus.«

»Wie Sie meinen«, erwiderte der Fahrer. Er fuhr an den Gehsteig und hielt das Taxameter an.

Rasch eilte ich unter eine Markise, um den Regen abzuwarten, und blätterte in meinem Notizbuch. Bei einem Eintrag, den ich vor ein paar Wochen, kurz vor meiner Abreise aus Buenos Aires, verfasst hatte, hielt ich inne:

New York macht mir unheimlich Angst. Riesig, unmöglich.

Wie soll ich dort überleben? Muss mich auf echte Anfangsschwierigkeiten einstellen …

Nein!

New York könnte mein Ithaka werden.

New York wird einfach nur magisch sein …

Ich sah von meinem Notizbuch auf. Der Regen ließ nach, doch der Fußweg war immer noch voller geöffneter Schirme.

Ich blätterte zu einem der allerletzten Einträge, die ich in Buenos Aires geschrieben hatte, nach meinem Tango mit dem Architekten Julio, der zur Musik eher ging als tanzte und der gesagt hatte: »*Los Angeles no tienen peso* – Engel haben kein Gewicht«, als ich ihm auf den Spann gestiegen war. An diesem Abend hatte ich notiert: »Keine Umarmung der Welt ist so warm wie die eines Argentiniers, zumindest die, die ich bisher erfahren habe …«

War es ein Fehler gewesen, Buenos Aires zu verlassen? Oder musste ich die Stadt aus der Distanz betrachten, um sie deutlich zu sehen? Nein, das war zu einfach. Ich dachte an Joaquín, an eine unserer letzten Tangostunden in dem spiegellosen, mit Postern geschmückten Raum in der Tango Escuela Carlos Copello.

Jeder Schritt ist anders, hatte er gesagt, als er in einer Drehung innegehalten hatte und die Musik, einen langsamen Osvaldo-Fresedo-Tango, weiterlaufen ließ. *Du weißt, dass große Sänger in jede Note ein anderes Gefühl legen? Tango ist genauso. Hinter jedem Schritt steckt ein anderes Gefühl, eine andere Absicht. Man kann das nicht automatisch machen! Man kann nicht denselben Schritt machen, selbst wenn man das Lied schon kennt …*

Das war es: Ich musste meine Schritte anpassen. Was so gut mit den freigeistigen Taxistas in Buenos Aires funktioniert hatte, war offensichtlich bei den humorlosen New Yorker Taxifahrern der falsche Weg. Ich musste mir einen neuen Ansatz überlegen. Als ich in den Nieselregen hinaustrat, hatte ich auch schon eine Idee.

14

Ich wartete auf dem Gehsteig gegenüber von Bloomingdale's und beobachtete, wie die Taxis anhielten und wieder anfuhren, während sie sich durch den Mittagsverkehr auf der Lexington Avenue kämpften. Ganz egal, ob die Taxiabenteuer in dieser Stadt funktionieren würden oder nicht, ein paar Dinge wurden mir auf jeden Fall klarer: 1. Ich musste dem Fahrer ein Ziel nennen, selbst wenn ich dorthin nicht wollte. 2. Ich durfte den Fahrer nicht gleich nach dem Einsteigen nach seinem Lieblingsessen fragen. 3. Jeder in New York, vom Hot-dog-Verkäufer bis zum Hedgefonds-Manager verfolgte ein Ziel – was sie von mir auch annahmen. Taxifahrer waren da keine Ausnahme.

Ich trat auf die Straße und hob halb die Hand. Der Taxifahrer, der anhielt, lächelte irritiert, als ich ihm bedeutete, das Beifahrerfenster herunterzukurbeln.

»Können Sie mich zum Union Square fahren?«, fragte ich, während ich mich mit den Unterarmen auf den Fensterrahmen lehnte und zwischen dem Taxi und parkenden Autos stand.

»Klar.« Er war ein schlanker Afrikaner von etwa Mitte dreißig mit rundem Gesicht, der ein Polohemd mit roten und dunkelblauen Streifen trug. Er nickte zum Rücksitz.

»Da wäre nur eine Sache«, sagte ich. Autos stauten sich hinter dem Taxi und hupten. »Ich bin Journalistin«, fuhr ich rasch fort, »und ich schreibe über Taxifahrer. Wäre es in Ordnung, wenn ich Ihnen während der Fahrt ein paar Fragen stelle?«

Er sah mich nun verwirrt an. Das Hupen hinter uns wurde lauter. Der Fahrer winkte die anderen Autos mit aus dem Fenster gestreckter Hand vorbei. »Klar können Sie mich was fragen«, erwiderte er endlich. »Steigen Sie ein.«

»Super.« Ich setzte mich auf den Rücksitz. Im Radio lief klassische Klaviermusik, die der Fahrer sogleich leiser drehte. Ich suchte mit leicht zitternden Händen in meiner Tasche nach dem Notizbuch. Ich war etwas zögerlich: Noch immer waren die New Yorker Taxis feindliches Territorium. Ich versuchte, den Namen auf der Lizenz an der Plexiglastrennscheibe hinter dem Kopf des Fahrers zu lesen. »Sie heißen Godfred?«

»Ja.«

»Wie lange fahren Sie schon Taxi?« Es war sicher gut, mit leichten Fragen zu beginnen, mit Fragen, die ihm wahrscheinlich jeden Tag gestellt wurden.

»Fünf Jahre.«

»Leben Sie schon immer in New York?«

Er fuhr um zwei in zweiter Reihe parkende Lieferwagen herum, eine Hand am Lenkrad. »Ich wohne seit acht Jahren hier. Geboren wurde ich in Ghana, dann habe ich einige Jahre in Deutschland gelebt, schließlich lernte ich Französisch.« Er hatte einen leichten britischen Akzent und machte Pausen zwischen den Wörtern, als ob er sie sorgfältig auswählte.

»Wie viele Sprachen sprechen Sie?«

»Außer Englisch?« Er fuhr sich mit der Hand über den Kopf. Sein Haar war so kurz rasiert, dass ich die Haut unter den krausen Locken sehen konnte. »Französisch, ein wenig Deutsch, außerdem Aschanti, eine Sprache in Ghana.«

»Fünf Sprachen?«

Er nickte und ging vom Gas, als wir am Grand Central Terminal vorbeikamen, dann legte er den Kopf in den Nacken und schaute zum Chrysler Building empor.

»Die Wolkenkratzer«, sagte er. »Ich liebe sie.«

Ich blickte durch die Heckscheibe, bis das Chrysler Building außer Sicht geriet. Ich liebte die Wolkenkratzer auch – als ich das erste Mal in New York war. Seitdem ich aber Kichererbsen zum Frühstück aß, zum Rattern und Rauschen der Autos und Trucks auf der Triborough Bridge einschlief, mir ein schäbiges Apartment im dritten Stock ohne Aufzug in Queens mit Jefferson teilte – der sich aus mir unbekannten Gründen zunehmend zurückgezogener verhielt –, schienen New York und seine wunderbaren Wolkenkratzer weiter entfernt und fremder, als Buenos Aires je war.

»Würden Sie sagen, dass diese Stadt Ihr Zuhause ist?«

»Von New York träumt jeder.« Er lächelte, als ob er eine frohe Botschaft verkündete. »Mein Leben ist hier.« Er bog am Gramercy Park rechts ab, wo die Lexington Avenue endete. »Hin und wieder reise ich nach Ghana, aber nur zu Besuch«, sagte er. »Es hat keinen Sinn, dorthin zurückzugehen.«

Er bog nach links auf die Park Avenue ab. Mein Magen begann zu knurren.

Ich hatte ihn noch nicht nach seinem Lieblingsessen gefragt, wartete auf den richtigen Zeitpunkt. Doch wann war der? Wir waren fast am Union Square, wo er mich absetzen sollte, und plötzlich erinnerte ich mich an etwas, das Joaquín in einem Taxi gesagt hatte – war es auf unserer letzten gemeinsamen Fahrt? –, auf dem Weg ins La Viruta: *Ich sage dir die Wahrheit* – er sah nach vorne, sprach mehr zu sich als zu mir –, *ich bin mehr ich selbst, wenn ich bei der* milonga *improvisiere, als wenn ich auf der Bühne tanze …* Vielleicht war auch ich mehr ich selbst, wenn ich in einem Taxi improvisierte.

»Hm«, antwortete Godfred. »Ich kenne keine Restaurants am Union Square.«

»Das ist okay. Es muss nicht beim Union Square sein.«

»Hmmm.« Er fuhr an den Straßenrand und hielt an. Ich ließ eine Hand in meine Tasche gleiten und tastete nach einem hartgekochten Ei.

»Nun … ich kenne da etwas in Harlem.«

»Wirklich? Was gibt es dort?«

»Mögen Sie senegalesisches Essen?«

»Ich weiß es nicht.« Ich lächelte. »Aber ich würde es gern einmal probieren.«

»La Marmite«, sagte er. »So heißt es. Es gibt dort gutes Essen aus ganz Westafrika. Es liegt am Adam Clayton Powell Jr. Boulevard, glaube ich. Ich war schon lange nicht mehr dort.« Er streckte die Hand nach dem Taxameter aus, wollte es ausschalten.

»Warten Sie.« Ich beugte mich vor und zog meine Hand aus der Tasche. »Können Sie mich dahin fahren?«

»Jetzt?« Er warf einen Blick aufs Taxameter, das elf Dollar anzeigte, und drehte sich dann zu mir um.

»Ja.« Ich konnte mir keine unendliche Taxifahrt leisten, aber ich konnte mir ebenso wenig die lang ersehnte Chance auf etwas Gutes, vielleicht sogar Köstliches entgehen lassen. Und ich wollte mich weiter mit Godfred unterhalten.

Er lächelte, und ich wusste nicht, ob er verwundert oder erfreut war. »Ooo-kay«, sagte er, bog zweimal rechts ab und fuhr dann auf der Sixth Avenue Richtung Norden. Der Verkehr in Midtown war brutal, und wir kamen nur langsam voran. Mein Magen, der spürte, dass sich etwas Großes anbahnte, knurrte drängender.

»Wie gefällt Ihnen das Taxifahren in New York?«, fragte ich, als wir an den Pferdekutschen vorbeifuhren, die an der Südseite des Central Park aufgereiht standen.

»Seitdem ich mein *eigenes* Taxi fahre, auf jeden Fall besser.«

»Das Taxi gehört Ihnen?«

»Mein Taxi. Meine Lizenz.« Er strahlte und deutete durch die Windschutzscheibe auf eine blau-weiße Plakette auf der Motorhaube. »Ich habe es gerade erst gekauft. Für vierhundertfünfzigtausend Dollar.«

»Vierhundertfünfzigtausend … wow, das ist viel Geld.« Ich pfiff leise.

»Ja«, erwiderte er. »Es ist wie bei einem Haus. Man macht die erste Anzahlung, dann zahlt man ab. Ich musste fünf Jahre für das Geld sparen.« Wir bogen auf den Broadway ein. Alle Yellow Cabs in der Stadt, erklärte Godfred, seien lizenzierte Taxis mit der *medallion* genannten Plakette. Doch der Preis einer solchen Lizenz mache es den meisten Fahrern unmöglich, ihren eigenen Wagen zu fahren, weshalb die das Fahrzeug für den Tag oder die Woche mieten. Da könne man das Geld aber gleich in der Toilette herunterspülen. Von dem Moment an, wo er seine Taxilizenz bekam, wusste er, dass er seinen eigenen Wagen fahren wollte. »Manchmal habe ich achtzehn, zwanzig Stunden am Tag gearbeitet.«

»Zwanzig Stunden?«

Er nickte. »Jetzt muss ich fünfundzwanzig Jahre lang alles abbezahlen. Und wissen Sie was? Seit ich es gekauft habe, sind die Preise noch mal um hundertdreißigtausend Dollar gestiegen. 2020 wird es eine Million wert sein!«

»Im Ernst?«

Er nickte wieder. »Die Yellow-Cab-Plakette hat nur zweimal im Lauf der Geschichte an Wert verloren. Das erste Mal während des Koreakrieges. Das zweite Mal nach dem elften September.« Er schwieg. »Ich sage Ihnen was …«, er sah im Rückspiegel zu mir, »New York ist eine großartige Stadt. Jeder, der es verdient, erhält hier eine Chance. Egal, woher man kommt. Aber man muss sehr hart arbeiten.«

Wir überquerten die 110th Street und waren jetzt in Harlem. Je weiter wir nach Norden fuhren, desto weniger Taxis gab es. Godfred steuerte um ein teichgroßes Schlagloch herum und hielt am Adam Clayton Powell Jr. Boulevard vor dem Restaurant La Marmite an. Die Fenster unter der Markise waren dunkel, die Jalousien heruntergezogen. Niedergeschlagen las ich das Schild im Fenster: »Leider geschlossen!«

»Es tut mir so leid«, sagte Godfred. »Das wusste ich nicht.«

Ich versuchte zu lächeln. »Das ist doch nicht Ihre Schuld.« Es tat ihm wirklich leid – die Enttäuschung in seinen Augen war echt –, aber ohne Essen in Reichweite verwandelte sich mein Hunger in nackte Panik.

Er trommelte mit den Fingern aufs Lenkrad und betrachtete durch die Windschutzscheibe den Verkehr Richtung Norden. »Wollen Sie vielleicht in die Bronx fahren?«

»Kennen Sie da ein gutes Restaurant?«

»Ja«, antwortete er. »Dort wohne ich.«

»Ich fahre überallhin, wo das Essen gut ist.«

Noch nie war ich in der Bronx gewesen. Mein beschränktes Wissen stammte von Sorina, einer Fotografin, die in diesem Stadtteil geboren und aufgewachsen war. Ihre Eltern waren einst vor der Ceauşescu-Diktatur in Rumänien geflohen. Sorina bewohnte im Studentenwohnheim das Zimmer gegenüber und hasste Kalifornien mit aller Ostküsteninbrunst: Selbst bei hochsommerlichen Temperaturen trug sie einen knöchellangen schwarzen Trenchcoat und hatte immer ein zwölf Zentimeter langes Schnappmesser bei sich. Sie machte große, aggressive Schritte, die die Botschaft aussendeten: »Denk nicht mal dran, mir blöd zu kommen.« Einmal meinte sie: »Versprich mir, dass du niemals in die Bronx fährst.« Das hatte sie gesagt, als ich auf Rollerblades an ihrer Tür im Wohnheim vorbeirollte.

»Wollen Sie wirklich in die Bronx?«, fragte mich Godfred

noch einmal und warf einen Blick aufs Taxameter, das mittlerweile 34 Dollar anzeigte.

»Klar«, erwiderte ich. Ich würde schon einen Weg finden, wie ich es mir leisten konnte.

Er fuhr an, und wir folgten einem Bus über den Harlem River, dann bog Godfred auf den Grand Concourse – eine achtspurige Straße, die mich ein wenig an die Avenida 9 de Julio in Buenos Aires erinnerte. Doch statt Dreisternehotels, heruntergekommener Bürogebäude und dem Obelisken in der Mitte säumten den Grand Concourse Filialen von Kentucky Fried Chicken, 99-Cent-Läden und Pornoschuppen.

»Die Bronx ist cool«, sagte Godfred und nickte in Richtung einer Gruppe Afrikaner, die im Park gegenüber vom Yankee-Stadion Fußball spielten, T-Shirts gegen nackte Oberkörper. »Hier macht man keinen Scheiß. Die Polizei hat die Kontrolle übernommen. Jetzt leben sogar Weiße in diesem Viertel.«

Wir fuhren an Wohnhäusern vorbei, die ganze Blocks umfassten. In der Architektur lag eine Art Schwere, eine Niedergeschlagenheit, die Gebäude wirkten nach vielen Ostküstenwintern müde und erschöpft. Godfred bremste an einer roten Ampel neben dem Kosmetiksalon Faith Unisex, und ich beobachtete ein Mädchentrio, das in hautengen T-Shirts den Gehsteig hinunterschlenderte, die Gesichter unbewegt wie bei Models auf dem Laufsteg. Eine sah meinen Blick und verengte die Augen.

Godfred lachte. »Sehen Sie? Die Bronx ist cool.«

Ich lachte ebenfalls, doch vor lauter Hunger konnte ich nicht mehr klar denken. Wieder tastete ich in meiner Tasche nach dem Ei, aber ich ließ es liegen, da ich in Godfreds Taxi keine Schale hinterlassen wollte, nicht einmal ein Stückchen. Endlich, nach über einer Stunde Fahrt seit unserem Start an der Lexington Avenue, hielten wir an der 184th Street und parkten in zweiter Reihe vor einem Fenster mit getönten Scheiben und einer burgunderroten Markise, auf der in Großbuchstaben stand: »Papaye Restaurant. Wir servieren afrikanisches und karibisches Essen.« Ich bezahlte zweiundfünfzig Dollar, was etwas schmerzte, auch wenn der Betrag angesichts der zurückgelegten Strecke keine Überraschung war.

»In Manhattan findet man kaum afrikanische Restaurants«, sagte Godfred, während er seinen Sicherheitsgurt löste. »Man muss in die Bronx kommen, wenn man afrikanisches Essen will.« Er stieg aus und deutete die 184th Straße nach Osten, auf ein sechsstöckiges, helles Backsteingebäude. »Dort wohne ich.«

»Dann essen Sie hier bestimmt oft.«

»Ein paarmal die Woche«, antwortete er und ging mit mir zum Eingang.

Will er etwa mit mir essen? Ich wunderte mich über mein Glück, bis ich mir die getönten Fenster genauer ansah. Sie waren pechschwarz. *O nein.* Verzweiflung packte mich. Hatte das Papaye etwa auch geschlossen?

Godfred öffnete die Tür, und ich hätte am liebsten dankbar die Hände zum Himmel erhoben.

Als wir eintraten, verstummten alle Gespräche, nur die Afropop-Musik lief weiter. Alle Augen richteten sich auf uns: Frauen mit bunten Turbanen unterbrachen ihre Unterhaltungen, und Männer rissen ihren Blick von einem riesigen Flachbildschirm los und starrten uns an – mich, genauer gesagt.

Godfred ging mit mir zum Tresen und grüßte dabei alle, an denen wir vorbeikamen. Die Männer schlugen ihm auf den Rücken, als wäre er ein verlorener Sohn. Die Frauen sahen auf die Tische oder den Boden. Ich bemerkte, wie makellos sauber alles war – kein Fleck an den Wänden oder auf dem Boden, alles war mit weißen Fliesen versehen, die glänzten, als ob sie mehrmals am Tag gewischt wurden.

Godfred nickte den zwei Frauen hinter dem Tresen zu, die orangefarbene Haarnetze trugen und die Ränder der Edelstahlbehälter im Warmhaltetisch abwischten. Ich lächelte ihnen zu, was jedoch nicht erwidert wurde.

Dann musterte ich die Bilder der einundzwanzig Gerichte auf der Speisekarte an der Wand hinter dem Tresen. Was war Banku? Oder Fufu? Konnte man Okraeintopf und Ziege bekommen? Währenddessen sprach Godfred mit den Frauen hinter dem Tresen in einem, wie ich vermutete, ghanaischen Dialekt.

»Ich habe für Sie bestellt«, sagte er. »Das war hoffentlich okay.«

»Natürlich. Großartig, vielen Dank.«

Die Frauen holten zwei altmodische CorningWare-Teller hervor und arrangierten das Essen darauf sehr sorgfältig, wahrscheinlich hatten sie es selbst gekocht. Auf dem ersten Teller landeten frische Tomaten- und Zwiebelscheiben, abwechselnd auf einem ganzen Fisch mit geschwärzter Haut drapiert. »Tilapia«, erklärte Godfred. »Gegrillt.« Auf den zweiten Teller löffelten sie rötlichen Reis und drückten eine Vertiefung in die Mitte für eine dicke, dunkle Chilisoße. »Jollofreis«, erläuterte Godfred. »Wir essen das in ganz Westafrika.«

»Das ist alles für mich?«, fragte ich, als mir die Frauen das Essen auf einem Tablett reichten, dessen Plastikoberfläche unter den Tellern mit Fisch und Reis verschwand.

Sie nickten und zogen sich in die Küche zurück. Godfred nahm mein Tablett und setzte es auf einem Tisch mit gutem Blick zum Bildschirm ab, auf dem zwei italienische Fußballmannschaften stumm gegeneinander spielten.

»Sie essen nichts?«, fragte ich.

»Ich habe keine Zeit«, sagte er und zog seine Autoschlüssel hervor. »Ich muss wieder an die Arbeit. Kommen Sie zurecht?«

»O ja!« Ich bewunderte die Essensberge vor mir, die wie Ambrosia aussahen und rochen, nachdem ich zweihundert Blocks über mein hartgekochtes Ei nachgedacht hatte. »Danke, dass Sie mich hierhergebracht haben«, sagte ich. »Allein hätte ich das Restaurant nie gefunden.«

»Ich hoffe, es schmeckt Ihnen«, erwiderte Godfred und nickte in Richtung meines Tabletts. Wieder schüttelte er ein paar Freunden die Hand auf dem Weg zur Tür.

Ich aß langsam, ignorierte das Fußballspiel und beobachtete, wie die anderen Gäste mit den Händen aßen – daher auch das Waschbecken in der Ecke des Speiseraums –, softballgroße Klumpen von etwas, das wie roher Teig aussah, und die sie in familiengroße Schüsseln mit Eintopf tunkten. Ich fühlte mich wie ein Idiot mit meiner Plastikgabel, aber ich wusste, dass es mir nicht gelingen würde, sauber mit den Fingern zu essen. Außerdem wäre noch sehr viel mehr nötig, um hier drin nicht aufzufallen.

Der Fisch, leicht von den Gräten zu lösen, schmeckte nach Salzwasser. Die rauchige Chiliwürze erhob den Jollofreis – voller Palmöl, Tomaten und Cayennepfeffer – auf ein ganz anderes Level. Andere Gewürze konnte ich nicht benennen. Schließlich hatte ich mich mit tränenden Augen, laufender Nase und brennenden Lippen zum Grund meines Zwölf-Dollar-Essensbergs vorgekämpft. Wie lange war es her, dass ich etwas so vollkommen Neues gegessen hatte? Am liebsten hätte ich laut aufgelacht und all meinen nicht vorhandenen New Yorker Freunden von Godfred und dem Papaye erzählt. Ich wusste nicht, wie ich zurück nach Queens kommen sollte. Egal. Ich legte meine Plastikgabel auf den Tisch und lächelte.

15

Isabel, meine erste New Yorker Freundin, lernte ich mittels der Zufallsmagie des Internets kennen:

Hi Layne, wie geht's? Ich habe gerade einen Kommentar zu einem deiner Posts auf Taxi Gourmet *hinterlassen. Ich liebe dein Projekt! Ich habe auch einen Blog, in dem es vor allem um mein Leben in NYC geht:* Lateral Window. *Ich bin aus Brasilien und lebe seit beinahe fünf Jahren in den Vereinigten Staaten …*

Isabel und ich trafen uns auf einen Drink in Astoria, in einem Laden namens Brick Café. Sie wohnte etwa zehn Blocks von mir entfernt, in einer Zweizimmerwohnung, die sie mit einer Stripperin teilte.

»Ganz gleich, wie lange ich schon in New York bin, ich werde mich immer wie eine Touristin benehmen«, sagte Isabel, die in São João del Rei geboren war, einer Kleinstadt im Bundesstaat Minas Gerais, wo der meiste und beste *cachaça* (Zuckerrohrschnaps) produziert wurde. Ihre winzige Nase war voller Sommersprossen, und sie besaß die längsten Wimpern, die ich je gesehen hatte. »Ich liebe den Times Square«, sagte sie zwischen damenhaften kleinen Schlucken Limonade. »Ich liebe das Empire State Building. Ich liebe die ganzen kleinen Details der Stadt.«

Ich musste bei ihr an Anaïs Nin denken, als sie 1934 nach New York kam: »Ich habe mich in New York verliebt«, schrieb sie an Henry Miller. »Wenn man seine eigenen Reichtümer mitbringt, ist es, als trinke man aus venezianischem Glas.« Nach zwei Monaten in der Stadt hielt ich es eher mit Henry Miller: »Die funkelnde babylonische Beschreibung, die Du gibst, lasse ich außer Acht – erste Eindrücke«, schrieb er zurück an Anaïs. »Schüttle sie ab. Was bleibt?«

Für mich der Kampf ums Überleben. Die freie Mitarbeit als Kundenbetreuerin für die argentinische Firma war zu einem Trauerspiel geworden, das aus Konversationen wie der folgenden bestand:

Kunde in Genf: Wir brauchen mehr proaktive Beteiligung von Ihnen.

Ich: Könnten Sie das genauer ausführen?

Kunde in Genf: Wir haben ein Bandbreiten-Upgrade an zehn Orten bis zum Jahresende bestellt. Planen Sie, diese Orte zu besuchen?

Ich: Das kann ich nicht direkt beantworten …

Kunde in Genf: Haben Sie kein spezielles Team für Upgrades?

Ich: Wie gesagt, das kann ich nicht direkt beantworten. Aber ich verstehe Ihre Bedenken und werde sie an Emilio weitergeben …

Emilio, den ich den tasmanischen Teufel aus Kolumbien nannte, war der CEO der Firma. Ich mochte ihn, doch seine Leute nahmen ihn oder seine windigen Kundenversprechen nicht immer ernst.

Kunde in Genf: (seufzt)

Ich (bemüht, fröhlich zu klingen): Wenn Sie in den nächsten vierundzwanzig Stunden nichts von Emilio hören, geben Sie mir bitte Bescheid. Gibt es noch etwas, das er wissen sollte?

So sinnlos der Job war, in Buenos Aires hatte er die Rechnungen abgedeckt, doch hier in New York lebte ich von der Hand in den Mund. Die Fahrt mit Godfred in die Bronx hatte mir einen Eindruck verschafft, wie großartig die Taxiabenteuer in New York sein könnten. Doch Taxis waren hier teurer – wie alles andere auch –, weshalb ich viele Linsen und Kichererbsen aß und mich bemühte, Jefferson aus dem Weg zu gehen. Er hatte mit seiner Freundin Schluss gemacht, einer Immobilienmaklerin und Performancekünstlerin, die in Park Slope wohnte. Die Atmosphäre in der Wohnung wandelte sich danach von unsozial zu richtiggehend feindlich. Wenn Jefferson und ich zufällig gleichzeitig »daheim« sein sollten, nahm er sein Kokoswasser, die Teigtaschen und Bragg's Amino Acids mit in sein Zimmer und schloss die Tür.

Isabel hatte es allerdings sehr viel schwerer: Sie war immer noch dabei, ihre Scheidung von einem Peruaner abzuschließen, der Geld aus dem Coffeeshop in Astoria, den sie zusammen eröffnet hatten, unterschlagen hatte. Jetzt arbeitete sie unter der Hand als Mädchen für alles für einen mächtigen Immobilienbesitzer in Harlem – sie kontrollierte seine Häuser, organisierte Straßenfeste und korrespondierte mit widerspenstigen Mietern. Bis sie ihre Greencard bekam, konnte sie die Vereinigten Staaten nicht verlassen. Und ihre Familie konnte sie hier auch nicht besuchen: Die US-Botschaft hatte ihrer Mutter bereits zum vierten Mal ein Touristenvisum verweigert.

»Aber ich kann nichts tun«, erzählte sie. »Ich habe schon geweint. Wenn ich mich jedes Mal, wenn mir etwas Schlechtes passiert, hinsetzen und mein Leben anhalten würde, wäre ich nicht mehr hier. Die Wahrheit ist …«, sie hielt ihr Limonadenglas in beiden (makellos manikürten) Händen, »wenn man zehn Stunden Flugzeit von seiner Familie entfernt lebt, wenn man beschließt, dass man sich in einem fremden Land etwas aufbauen will, in einer Sprache, die man kaum spricht, unter Menschen, die man nicht versteht, dann ist das schon hart. Aber es ist eine Wahl, und es ist meine Wahl.« Sie lächelte, ihre Augen leuchteten unter ihren geschwungenen Wimpern. »Ich könnte ewig in New York leben.«

Ich nickte und fragte mich, ob Isabel die Stadt liebte, weil diese es ihr so schwergemacht hatte, sie zu lieben. Oder hatte sie von Anfang an gewusst, dass New York ihr Zuhause war?

»Wenn du mal Hilfe brauchst«, sagte sie und schwenkte die Eiswürfel am Boden ihres Glases, »gib mir Bescheid.«

Ohne Isabel hätte ich vielleicht Nidia nicht kennengelernt, meine zweite Freundin in New York.

Ich hatte gerade im Internet für einen Artikel über Taxifahrer in New York recherchiert, den ich anbieten wollte, als ich in der *Village Voice* diesen Text fand: »Wenn Sie eine Fahrerin suchen, die auch eine Superheldin in einem Comic sein könnte, dann müssen Sie Nidia anrufen. Sie ist eine der sehr wenigen weiblichen Taxifahrer in New York, und sie hat ihre Nische gefunden, in der sie Frauen sicher durch die Stadt bringt … Außerdem wird sie mit Ihnen über Ihren Abend lästern und Ihnen Süßigkeiten geben.« Anfang 2000 hatte die *Voice* Nidia zur besten Taxifahrerin New Yorks gewählt.

Isabel schaltete sich ein, sobald ich ihr von Nidia erzählte, setzte ihren ganzen Charme ein – und detektivische Fähigkeiten, von deren Existenz sie bislang gar nichts gewusst hatte –, um die Frau aufzutreiben. Als sie im Internet nichts fand, sah sie im Telefonbuch nach und stieß auf eine Frau mit Nidias Nachnamen, die in Astoria wohnte. Sie stellte sich als Nidias Tochter heraus, die Isabel gern die Nummer ihrer Mutter gab.

»Klar! Wann?«, sagte Nidia, als ich sie anrief und um ein Interview bat. Zwei Tage später tranken wir griechische Frappés im Athens Café in Astoria, gegenüber dem Obst- und Gemüsestand auf der 30th Avenue.

»Ich bin New Yorkeranerin«, sagte Nidia und rührte einen Löffel Zucker in ihren Frappé. »Also eine Puerto-Ricanerin in New York. Doch mein Nachname ist pakistanisch, weil mein Mann aus Pakistan kommt.«

Sie war Anfang vierzig, mit milchkaffeebrauner Haut und kräftigem Bizeps, der sich wölbte, wenn sie die Arme beugte.

»Mann, ist das aber *heiß* heute!«, sagte sie. Nidia hatte eine heisere Stimme, und beim Sprechen sprang sie von einem Wort zum nächsten, als hätte sie keine Zeit, die letzte Silbe auszusprechen. »Normalerweise schlafe ich um die Zeit.«

»O nein, das habe ich vergessen. Du fährst ja nachts …«

»Ja.« Sie winkte ab, als sei das nicht wichtig, und ich bemerkte den Ring an ihrem Mittelfinger, der mit fünf dünnen Ketten an einem Silberarmband um ihr Handgelenk befestigt war. Ein Schlag mit diesem Ring würde ernsthafte Verletzungen nach sich ziehen.

»Ich habe in einer Fabrik gearbeitet, bevor ich mit dem Taxifahren angefangen habe«, erzählte sie, während sie ihren Frappé durch den Strohhalm sog. »Mmm, lecker!« Sie lächelte. »Dann habe ich Puppen angezogen. Was für ein dämlicher Job. Meine Hände sind viel zu groß!« Sie stellte ihr Glas ab und hielt ihre Handflächen hoch, bewegte ihre dicken Finger. »Danach habe ich einen Abschleppwagen gefahren und einen Sattelzug.«

1999 begann sie mit dem Fahren eines Gypsy Cabs für den Northside Car Service, für den sie immer noch arbeitete, als eine von zwei Fahrerinnen in der vierzigköpfigen Flotte. Sie hatte etwa sechzig Stammkunden, die meisten Frauen. Sie riefen sie an, wenn sie nachts unterwegs waren oder wenn ein reguläres Taxi sich weigerte, in ihre Gegend zu fahren.

Nidia wischte sich den Schweiß aus der Ellenbeuge. »Ich gehöre ins Taxi«, sagte sie. Sie wuchs in Williamsburg auf, als der Stadtteil noch gefährlich war und voller Drogen. Sie wusste, wie sie auf den Straßen zurechtkam. Sie mochte es, nachts zu fahren. Manche wurden high in ihrem Taxi oder zogen sich aus oder hatten Sex auf der Rückbank – manchmal alles gleichzeitig. Die Menschen erzählten ihr von ihren One-Night-Stands, ihren neuen Partnern, ihren Trennungen. Nachdem die *Voice* sie zur besten Taxifahrerin New Yorks gewählt hatte, wurde sie Fahrerin in *Taxicab Confessions*, der HBO-Serie, die nachts Fahrgäste filmte, wie sie Storys aus ihrem Leben preisgaben. Doch nach einer Weile hörte sie damit auf. »Die Leute wussten nicht, was sie sagten. Meistens waren sie betrunken. Viele waren Stammkunden. Es war zu peinlich für sie.«

Sie zeigte mir ihre Narben. An ihrem Oberschenkel hatte sie Ein- und Austrittswunden von Kugeln. »Nicht aus dem Taxi«, sagte sie. »Von einem Drogendeal. Ich hatte nichts damit zu tun.« Eine größere Narbe verlief über ihren Bauch, von einer Stichwunde, die sie sich eingehandelt hatte, als sie einmal aus ihrem Taxi sprang, um einen Mann davon abzuhalten, eine Frau auf einer Straße in Midtown Manhattan zu verprügeln.

»Ich ertrage es nicht, wenn Männer Frauen schlagen.« Sie schüttelte den Kopf. »Ich *ertrage* es einfach nicht.«

Sie hob ihre Hand, lächelte der Bedienung zu, deutete auf unsere leeren Gläser und hielt zwei Finger in die Höhe. Die Kellnerin brachte uns zwei neue Frappés. Nidia wartete, bis sie außer Hörweite war, bevor sie weitersprach.

»Mit dreizehn wurde ich vergewaltigt«, erzählte sie. »Und dann wurde ich schwanger, und mein Dad hat mich aus dem Haus geworfen.«

Ich legte meinen Stift auf den Tisch.

»Nein, schreib ruhig darüber, ist okay. Mein Dad hat mich

manchmal geschlagen. Aber er war nicht immer übel. Manchmal sind wir sogar zum Angeln gefahren. Aber als er mich aus dem Haus warf, musste ich in der Subway schlafen. Du kennst diese Kärtchen, die taube Menschen in der U-Bahn verteilen?«

Ich nickte.

»So habe ich die Zeichensprache gelernt.«

Ich legte die Fingerspitzen an meine Schläfen und sah ihr in die Augen – sie waren, was man in Argentinien *ojos de miel* nennen würde, honigfarben –, auf der Suche nach Anzeichen von Schmerz.

»Du kannst gern darüber schreiben, wenn du magst«, wiederholte sie.

»Bist du sicher?«

»Klar.«

»Darf ich dich etwas fragen?«

»Natürlich.«

»Vielleicht ist es eine dumme Frage. Du musst nicht darauf antworten«, sagte ich. »Aber ich glaube, nicht viele Menschen würden über so etwas hinwegkommen. Wie hast du es geschafft? Wie kannst du so stark und nicht gebrochen sein?«

»Ich weiß es nicht.« Nidia zuckte mit den Schultern und sah zur Zimmerdecke. »Aber wenn ich aufhören würde, Taxi zu fahren, würde ich wahrscheinlich sterben.«

Ich ging die Taxiabenteuer mit neuer Hoffnung an. Manche Fahrer gaben mir zwar schlechte Empfehlungen: verbrannte Frühlingszwiebelpfannkuchen in einem Asia-Restaurant auf der 49th Street, das sich auf seinem Ruhm ausgeruht hatte, sowie gebratene Kochbananen, die Styropor ähnelten, bei einem Haitianer in Hell's Kitchen. Doch da war auch die Fahrt zu Sofrito, Nidias Lieblings-Puerto-Ricaner, wo das Mofongo überirdisch gut schmeckte, ein afro-puerto-ricanischer Brei aus Schweinefleisch und Kochbananen mit süßen Garnelen und einer leichten Tomatensoße.

Ein Hauch von Gnade lag auch bei Isabels und meinem ersten gemeinsamen Taxiabenteuer in der Luft: Wir hielten einen newyorkerikanischen Film-Cutter an, der das Taxi seines Vaters zwei Nächte die Woche fuhr. Viele Blocks schwärmte er uns von der Herrlichkeit von Speck vor und setzte uns beim Ramen Setagaya im East Village ab, wo die Köche die Nudeln von Hand zogen. »In welcher anderen Stadt«, sagte Isabel, »kannst du zu einem newyorkerikanischen Fahrer ins Taxi steigen und in einem Ramen-Laden landen?«

Und dann gab es noch die Taxifahrer, die mich mit Sachen bekannt machten wie mandschurisches Chow mein mit Thai-Chili im Tangra Masala (angeblich das erste indisch-chinesische Restaurant der Stadt, in dem hundertacht von hundertneunundfünfzig Gerichten mit Chilischoten auf der Speisekarte gekennzeichnet waren) oder Agedashi Tofu in einer federleichten Panko-Panade mit einem Soja-Essig-Frühlingszwiebel-Dip, das ich im Tokyo II Japanese Kitchen aß, gegenüber einer Taxigarage in Long Island City. Geschmäcker wurden zur verführerischsten Seite von New York. Je mehr mir die Fahrer zeigten, desto mehr wollte ich kosten.

»Aah!«, sagte Mom. »Ich werde wahnsinnig, wenn ich deinen Blog lese. Ich will dieses Tofu, sofort!«

Ich lachte und drehte die Lautstärke an meinem Headset herunter. »Ich wünschte, du könntest es mal probieren …«

»Hallo, Kleines«, sagte Dad. Das Tofu war ihm egal. Seine Leidenschaft war Schmorbraten. »Wie geht es deinem Mitbewohner?«

»Nun …« Ich hörte Jefferson durch die Wand, wie er irgendetwas Schweres über den Boden zog. Vielleicht stellte er seine

Möbel um. Ich hatte den Überblick verloren, wann wir zum letzten Mal miteinander gesprochen hatten. »Ich kann dazu nichts sagen.«

»Wie ist deine finanzielle Situation?«

»Super! Mach dir keine Sorgen.«

Meine finanzielle Situation war nie schlechter gewesen. Aber irgendwie kratzte ich genug zusammen für die Taxifahrten bis in die Randgebiete von Queens, Brooklyn und der Bronx, wo die Fahrer mich immer wieder mit Gerichten überraschten wie Masala Dosas (Kichererbsenmehlcrêpes gefüllt mit Kartoffel- und Erbsencurry) im Ganapati Canteen, im Untergeschoss eines Hindu-Tempels in Flushing. Oder Lachssuppe mit frischem Dill im Cherry Hill Gourmet Market in Sheepshead Bay, die keine Ähnlichkeit mit den jämmerlichen, öligen Suppen hatte, die ich bei zwei Reisen nach Russland gegessen hatte. Oder Käsekuchen im De Lillo Pastry Shop, einer fünfundachtzig Jahre alten Bäckerei auf der Arthur Avenue, wo Mohamed, ein politischer Flüchtling aus Mauretanien, der jetzt Taxi fuhr, gern sein Gebäck kaufte.

»Ich glaube, ich brauche einen anderen Job«, erklärte ich Isabel.

»Was willst du machen?«

»Ich weiß es nicht.«

Immerhin wusste ich, dass eine neue Beschäftigung auf keinen Fall die Taxiabenteuer behindern durfte.

16

Ich hatte fünfzehn Dollar im Geldbeutel, als die kleine Taxifahrerin mit dem lilafarbenen Fedora mich in der Nähe der Queens-Einfahrt zur Triborough Bridge aufsammelte. Ich war ein wenig erstaunt, als ich sie auf dem Vordersitz sah – sie war außer Nidia die einzige Fahrerin, die ich in fünf Monaten in New York gesehen hatte.

Ich bat sie, mich zur Station Queensboro Plaza zu bringen. Dieses Taxiabenteuer musste kurz und billig bleiben.

»Kein Problem, Süße«, sagte sie, schaltete das Taxameter ein und warf mir ein Schönheitsköniginnenlächeln zu. Sie trug einen auberginefarbenen Pullover, der zu ihrem Fedora passte. Sie schien Anfang dreißig zu sein. »Sie können mich alles fragen.«

Sie überholte einen Van, der an der grünen Ampel links abbiegen wollte. Ich las den Namen auf der Taxilizenz an der Plexiglastrennscheibe hinter ihrem Kopf: Mary Jo Barnes. Sie fahre seit zwei Jahren, erzählte sie mir, und sei geborene New Yorkerin. Ihre Eltern waren 1964 aus Jamaika in der Karibik nach Jamaica, Queens, gekommen.

»Wann waren Sie das letzte Mal auf Jamaika?«, fragte ich sie, als wir unter den Subway-Gleisen auf der 31st Street entlangfuhren.

»Vor zwölf Jahren«, antwortete sie, dann beschleunigte sie, bis sie nur noch Zentimeter von dem Audi vor uns entfernt war. »Aber ich kann mir Reisen erst wieder leisten, wenn ich schuldenfrei bin. Rechnungen sind sooo unsexy!«

»Da haben Sie recht«, antwortete ich. »Rechnungen sind wirklich überhaupt nicht sexy.«

Sie lächelte und blieb dicht hinter dem Audi, bis dieser nach rechts abbog.

»Wie oft fahren Sie Taxi?«

»Nur untertags. Abends und am Wochenende gehe ich zur Schule. Macht mein Sozialleben kaputt.« Sie trat hinter einem Fresh-Direct-Truck auf die Bremse. Ich stützte mich mit den Armen an der Abtrennung ab, warf einen Blick auf den Sicherheitsgurt und fragte mich, ob sie es wohl persönlich nahm, wenn ich mich anschnallte. Normalerweise tat ich das in einem Taxi nicht. »Ich will OP-Schwester werden«, sagte Mary Jo. »Das Taxi ist eine gute Vorbereitung darauf, wissen Sie.«

»Warum?«

»Die Menschen haben Schmerzen«, erklärte sie. »Überall.« Mit quietschenden Reifen bog sie seelenruhig auf die 30th Avenue ein. »Aber ich urteile nicht über meine Fahrgäste, nein, nein, nein«, fuhr sie fort. »Ich bete allerdings für sie. Jeder hat seine Probleme. Aber ich muss mich um mich selbst kümmern. Ich bin eine Typ-A-Persönlichkeit.«

»Ich auch«, sagte ich und klammerte mich an den Rand der Öffnung in der Plexiglasscheibe, als der Wagen an der 21st Street schlitternd zum Stehen kam.

»Einmal habe ich einen Typen aus dem Gefängnis abgeholt. Und ich dachte: Sollte ich jetzt Angst haben?«

»Hatten Sie Angst?«

»Wenn man mit Gott geht, sollte man keine Furcht verspüren.« Die Ampel wurde grün, und Mary Jo bog nach links ab, schoss diagonal über die Kreuzung, bevor eines der entgegenkommenden Autos reagieren konnte. »Diesen Job macht man nicht wegen des Geldes«, sagte sie. »Sondern wegen viel, viel mehr.«

Ich spähte aus dem Fenster, als wir an Autowerkstätten und Baumärkten vorbeikamen, an verlassenen Fabriken mit eingeschlagenen Scheiben. Wir waren jetzt in Long Island City. Der Themenwechsel war zwar unlogisch, aber wenn ich wissen wollte, wo Mary Jo gern aß, musste ich sie jetzt fragen, bevor sie mich an der Station Queensboro Plaza absetzte.

»Oh, Süße, ich liebe Essen!« Sie warf mir wieder ihr Starlächeln zu. »Ich mache einen Kartoffelsalat, der einen umhaut.«

»Wirklich?« Ich lachte. »Wie lautet das Rezept?«

»Vidalia-Zwiebeln, Adobo, rote und grüne Paprika, Eier, Senf, Würzsoße, Ketchup – nur ein Schuss, das ist die geheime Zutat –, koscheres Salz und koscheren Pfeffer, Kartoffeln, Hellmann's-Mayonnaise und Cayennepfeffer. Meine Familie«, sagte Mary Jo, während sie einen Bus schnitt und den Fahrer ignorierte, der die Faust in ihre Richtung schüttelte, »hatte kein Geld, aber wir hatten immer zu essen. ›Mit dem Essen spielt man nicht. Iss auf, du wächst noch‹, haben sie immer gesagt. ›In Afrika verhungern die Kinder!‹ Ich weiß, wie es ist, wenn man Hunger hat. Aber ich bin anämisch und muss vernünftig essen. Wissen Sie«, sie rückte ihren Fedora zurecht, »neunzig Prozent des Essens in New York ist gut. Aber ich gehe gern in Läden, wo ich mich frisch machen und gesund essen kann. Wenn es eine Toilette gibt und das Essen gut ist, bin ich ständig da. Lassen Sie mich mal überlegen …«

Sie trat aufs Gas, und wir flogen an einem Diner mit chromglänzenden Wänden vorbei. »Bel Aire Diner!« Sie deutete aus dem Fenster. »Das Western-Omelett ist richtig gut. Und bei Brown Cup kann man *jedes* Omelett bestellen. Ah, jetzt weiß ich was. Mögen Sie indisches Essen?«

»O ja!«

»Dann kosten Sie mal das Sapphire Indian auf der Upper West Side. Ich esse dort immer Shrimp-Curry und trinke Mango-Lassi. Haben Sie schon mal den Pilz-Burger im Shake Shack getestet?«

»Noch nicht.« Mir lief das Wasser im Mund zusammen.

»Gefährlich. Und Elmo's – auf der Seventh Avenue? Dort haben sie meine Lieblingspommes. Auch gefährlich. Cafeteria, ebenfalls auf der Seventh Avenue – Sie *müssen* die Krabbenpuffer dort probieren. Mirandy's an der Ecke Seventh und Waverly hat guten Brunch. Ich fange dort immer mit Zuckerdonuts an. Aber meistens versuche ich, vernünftig zu essen. Zu McDonald's gehe ich nur aus einem einzigen Grund – der Toilette.«

»Wow«, sagte ich. »Haben Sie schon immer versucht, vernünftig zu essen?«

»Farbige Menschen sind oft dick.« Sie deutete mit beiden Händen einen Bauch um ihre winzige Taille an. »Vor vier Jahren kam unser Pastor mit einer Diät an. Vierzig Tage lang mussten wir nur Ordentliches essen. Viel Salat. Keine Chips.«

»Hat es funktioniert?«

»Ja und nein.« Sie legte die Hände wieder ans Steuerrad. »Danach wusste ich, dass ich nie vegan leben könnte«, sagte sie. »Schuld ist daran das Ziegencurry.«

Am liebsten aß Mary Jo Ziegencurry in dem jamaikanischen Restaurant Door, in der Nähe des Flughafens JFK, in einem Viertel, in dem sie aufgewachsen war. »Die sind echt verrückt mit ihrem Essen«, sagte sie. »Und sie wissen, wie man eine Ziege behandelt.«

»Echt verrückt« – mehr brauchte Isabel nicht zu wissen, als ich ihr von Mary Jo und den Ziegen erzählte. Drei Tage nach der todesmutigen Fahrt zur Queensboro-Plaza-Station unternahmen Isabel und ich die lange Fahrt mit der Linie E und die kurze mit dem Q111-Bus, um zum Sonntagsbrunch im Door aufzutauchen.

Da ich mir die Taxifahrten von Manhattan in die äußeren Stadtteile nicht mehr leisten konnte – wo die meisten Fahrer lebten und wo sich ein Großteil ihrer Lieblingsrestaurants zu befinden schien –, bat ich die Fahrer nur um Empfehlungen und fuhr später mit der Subway und/oder dem Bus dorthin. Ich unternahm lange Fahrten nach Queens, Brooklyn und die Bronx, die wie kleine Weltreisen waren – ins Little Odessa in Brighton Beach, ins Naples auf der Arthur Avenue, ins Bogotá in Jackson Heights, ins Bukhara in Rego Park oder ins Calcutta in Sunnyside –, bei denen ich mich fühlte, als sei ich auf einer Art kulinarischer Schnitzeljagd. Wie ein Gedicht, das bei jedem Lesen mehr von sich preisgab, fand ich in den Randgebieten immer mehr verführerische Köstlichkeiten.

Ich hegte daher große Erwartungen hinsichtlich des Doors. Als Isabel und ich es betraten, war es voll besetzt mit Kirchgängern. Angesichts der Sonntagsanzüge und der schicken Hüte fühlte ich mich viel zu schlicht angezogen in meinem Flohmarktpullover und der drei Jahre alten Jeans. Die Vorhänge zum Speiseraum hatten goldene Quasten, auf den Tischen lagen blau-grüne Tischdecken.

Ein Kellner in einer Satinweste brachte uns an einen Tisch mit gutem Blick auf das *All-you-can-eat*-Büfett, und wir sogen tief die vielversprechenden Gerüche nach geschmortem Huhn und Curry ein, als wir uns über einen Korb mit frisch gebackenem Maisbrot hermachten. »Können wir etwas von der Speisekarte nehmen?«, fragte ich den Kellner.

»Oh«, sagte er, »natürlich.«

Er wirkte zufrieden, als er nickend unsere Bestellung aufnahm. Ich zeigte Isabel das Foto, das ich von Mary Jo auf dem Fahrersitz gemacht hatte.

»Dieses Lächeln!«, sagte Isabel. »Sie ist wunderhübsch. Sie fährt Teilzeit?«

»Ja«, antwortete ich. »Nebenher macht sie eine Ausbildung zur Krankenschwester.« Isabel gab mir die Kamera zurück. Der Kellner brachte unsere Suppe: Hühnchen und Gemüse für mich, Fisch und frischer Thymian für Isabel. Die Brühe schmeckte nach Geduld und langem Köcheln.

»Das hier«, sagte Isabel und schloss die Augen, »ist großartig.«

Ich sah mir noch einmal das Bild von Mary Jo an, bevor ich die Kamera wieder in meiner Tasche verstaute. Sie war winzig, strahlte aber pure Kraft aus.

Ich dachte an mein letztes Gespräch mit Nidia im Brick Café zurück, bei dem sie mich gefragt hatte, nachdem ich ihr den Artikel über sie in meinem Blog gezeigt hatte, ob ich schon einmal selbst ans Taxifahren gedacht hätte. »Ich?« Ich konnte mir nicht vorstellen, das zu tun, was Nidia tat. »Nein, nein.« Ich schüttelte so energisch den Kopf, dass sich meine Frisur auflöste. »Auf keinen Fall.«

Doch nach der Fahrt mit Mary Jo dachte ich noch einmal darüber nach. Ich war nicht gläubig wie sie, und ich war auch keine gebürtige New Yorkerin, die die Straßen so gut kannte wie sie, aber der Gedanke verfolgte mich: Wenn jemand wie sie ein Taxi fahren konnte, dann konnte ich das auch.

Das Ziegencurry wurde serviert. Und Isabels Ochsenschwanzeintopf. Und gebratene Kochbananen und Reis und Erbsen. (An der Westküste würden wir sie Bohnen nennen. In der Karibik hießen sie Erbsen.)

»Was, wenn …« Ich reichte Isabel ein Stück Ziege, das hauchzart gekocht war und in einer Senf-Curry-Paste gezogen hatte. »… ich Taxi fahren würde?«

»Was sagst du?« Isabel ignorierte die Ziege und riss die Augen so weit auf, dass ihre Wimpern die Augenbrauen berührten.

»Was, wenn ich Taxi fahren würde?« Ich legte das Fleischstück auf ihrem Tellerrand ab. »Du weißt, dass ich einen anderen Job brauche.«

Sie klammerte sich mit beiden Händen an der Tischplatte fest. »Großartig!« Sie grinste und versetzte mir einen Klaps aufs Handgelenk. »Lady, du bist mutig!«

»Wir werden sehen.« Ich atmete tief durch. »Ich weiß es doch auch nicht.«

Der Kellner kam und fragte: »Schmeckt es Ihnen?«

»O ja!«, antworteten wir beide.

Er brachte uns noch einen Korb mit Maisbrot.

»Du kannst das.« Isabel reichte mir ein Stück Ochsenschwanz, der schmeckte, als wäre er stundenlang in Tomaten, Knoblauch und Tabasco gekocht worden. »Aber wie willst du es anfangen?«

»Ich habe keine Ahnung.«

An diesem Abend schrieb ich Mary Jo eine E-Mail, bedankte mich für die Fahrt, den Tipp mit dem Door und erzählte ihr, dass ich ernsthaft darüber nachdachte, eine Taxilizenz zu erwerben.

Am nächsten Morgen schrieb sie zurück: »Ich habe mir deine *Taxi-Gourmet*-Seite angesehen. Sie war so schön und entzückend, wie dich in meinem Taxi zu fahren. Ja, das Door ist gefährlich ;-) Ich freue mich, dass du und deine Freundin das Ziegencurry probiert habt. Ich sag dir was – Ziegencurry und Lay's Kartoffelchips bringen mich noch ins Grab. Hahaha. Danke für meine fünf Minuten Berühmtheit. Gib mir Bescheid, wenn du dich für die Lizenz entschieden hast, dann sprechen wir weiter.«

Ich dachte weitere achtundvierzig Stunden darüber nach. Ich brauchte einen anderen Job, und was noch viel wichtiger war – ich kannte die Grenzen dessen, was ich vom Rücksitz aus registrieren konnte. Ich neigte dazu, Taxifahrer zu idealisieren und das Taxifahren zu romantisieren, aber der Job musste auch dunkle Seiten haben. Wie konnte ich erwarten, als Fahrgast etwas darüber zu lernen, welche das waren? Und als Taxifahrer würde ich die Stadt und ihre Geheimnisse kennenlernen und die Menschen, die sich in den Straßen bewegten. Und was, wenn ich als Taxifahrerin eigene Restauranterkundungen unternahm? Mir gefiel die Vorstellung, die Straße mit Nidia und Mary Jo zu teilen. Der pure Wahnsinn, als würde ein Verrückter eine Nervenheilanstalt übernehmen. Aber es fühlte sich richtig an.

17

Für alle Nichteingeweihten repräsentieren Sie New York!«, sagte der Mann mit der schiefen Fliege zu dem Taxifahrer, der ihm im Rückspiegel einen bösen Blick zuwarf. Die zwei saßen in einem Papp-Taxi und fuhren in dieser Eröffnungsszene von »Ich bin New York: Wie man ein professioneller Taxifahrer wird« nirgendwohin. Meine Taxiausbildungskameraden und ich legten die Hand auf den Mund, um nicht laut loszulachen: Dieser Film, der vor dreißig Jahren im Hinterhof der *Sesamstraße* gedreht worden sein konnte, stand im Fokus des Abschnitts »Fahrer-Fahrgast-Verhältnis« im offiziellen Lehrplan des New York City Taxi and For-Hire Vehicle Institute.

»Drehen Sie sich um, schauen Sie den Fahrgast an«, sagte der Mann mit der Fliege zum Fahrer, der eher verstopft als interessiert wirkte. »Fragen Sie nach seinem Fahrtziel. Wiederholen Sie es.« *Wenn das Verhältnis zum Fahrgast doch das Einzige wäre, was wir lernen müssen,* dachte ich, als der Mann mit der Fliege weitersprach: »Wenn es für Sie angenehm ist, dann ist es das auch für andere. Ihr Verhalten beeinflusst, ob der Kunde nett oder unverschämt ist!« Volodya, der Mann aus St. Petersburg, der im Unterricht immer hinter mir saß und sich nie die Haare kämmte, achtete nicht auf »Ich bin New York«. Wie immer blätterte er durch seinen *New York City 5-Borough Street Atlas* und murmelte Straßennamen vor sich hin, als wären sie eine Zauberformel und seine Bemühungen ein Versuch, die Geografie der Stadt in sein Gedächtnis zu beschwören.

»Ich will nicht nur den Taxi-Test bestehen!«, sagte Volodya

nach dem Unterricht, seine blauen Augen leuchteten vor Angespanntheit. »Ich will mich auch nicht verfahren!«

Das will ich ebenso wenig, dachte ich, als ich den Queens Boulevard überquerte und zur Subway ging. Volodyas Angst war auch meine, und als ich in den Zug der Linie *7* Richtung Manhattan stieg, holte ich meinen *New York City 5-Borough Street Atlas* aus der Tasche und schlug die erste Seite auf. Abgesehen von der Nervosität, liebte ich diese Karte, wie ich alle Karten liebte, die für mich Kunstwerken gleichkamen.

»Kann ich Ihnen helfen?«, fragte mich der Mönch, der mir gegenübersaß, sein rasierter Kopf und die nackte Schulter glänzten im Nachmittagslicht. Er warf einen Blick auf den Atlas auf meinem Schoß und holte ein iPhone aus den Falten seines burgunderfarbenen Gewands. »Ich habe GPS«, sagte er lächelnd. »Sehen Sie?«

»Danke«, erwiderte ich freundlich, »aber ich brauche keine Hilfe.« Ich lächelte. »Ich muss die Straßen auswendig lernen.«

»Warum?«

Quietschend fuhr der Zug in die Station Queensboro Plaza ein.

»Ich versuche …« Ich fühlte mich albern, mich ihm zu erklären, aber niemand im Waggon achtete auf uns, alle Augen waren auf ein Kleinkind in einem fuchsiafarbenen Overall gerichtet, das mit einer leeren Wasserpistole auf einen Mann im Anzug zeigte, der auf seinem Laptop arbeitete. »Ich will Taxifahrerin werden«, sagte ich schließlich.

»Eine Taxifahrerin?« Der Mönch lachte. Die Bahn hielt an, er stand auf und verstaute das iPhone, dessen Hülle farblich zu seiner Robe passte, wieder in seinem Gewand. Er musterte mich noch einmal, bevor er, immer noch lachend, ausstieg.

Selbst ein Mönch fand es also lustig, dass ich Taxi fahren wollte. *Das ist es ja auch,* dachte ich, doch als ich den Atlas wieder aufschlug, kehrte die Angst zurück, die seit dem ersten Tag in der Taxischule, befeuert von Zweifeln, ständig gewachsen war. Ich hatte nämlich erkannt, was ich alles lernen musste, um die Prüfung zur offiziellen Taxifahrerin zu bestehen: New York City umfasst über sechstausend Meilen Straße, einunddreißig Brücken und Tunnel, hundertachtundachtzig Theater, unzählige Parks, rund fünfhundert Museen und Galerien und wer weiß wie viele Hotels und Krankenhäuser. Wollte ich die Prüfung bestehen – ein Multiple-Choice-Test aus achtzig Fragen »zu Geografie, Kartenlesen, Adressenidentifizierung, Routenplanung und den Vorschriften der Taxi & Limousine Commission« –, hatte ich weniger als zwei Monate, um alles zu verinnerlichen.

»Ist nicht wahr!«, sagte Nidia, als ich ihr von meinen Plänen erzählte.

»Supercool!«, meinte Mary Jo. »Wenn du Hilfe brauchst, gib Bescheid.«

»Warum willst du Taxi fahren?«, fragte Dad, als ich endlich den Mut aufbrachte, meinen Eltern bei unserem sonntäglichen Telefonat davon zu erzählen.

»Die besten Tangotänzer müssen wissen, wie sie führen *und* folgen«, erklärte ich. Joaquíns Worte, nicht meine. »Wenn ich jemals eine gute Tänzerin werden will, muss ich wissen, wie sich die andere Seite der Umarmung anfühlt.«

»Häh?«

»Bisher war ich immer nur Fahrgast, verstehst du?«, sagte ich, doch als ich es zum ersten Mal aussprach, fragte ich mich, ob ich die Metapher vielleicht zu weit ausdehnte. »Fahren wird sein, wie das Führen zu lernen.«

»Aber, Süße«, sagte Dad, »ist das nicht gefährlich?«

»Nun, ja und nein …« Zu diesem Zeitpunkt war meine

Angst, mich zu verirren – und ich wusste, dass das passieren würde –, viel größer als jede Furcht vor den tatsächlichen Gefahren des Taxifahrens.

»Du warst doch noch nie mit dem Auto in New York unterwegs«, sagte Mom. »Wie willst du dann Taxi fahren?«

Da hatte sie recht. Ich lebte erst knapp sechs Monate in der Stadt, und ich war als Letzte zu meiner Taxiausbildungsklasse gestoßen. Im Gegensatz zu den meisten meiner Kameraden hatte ich keine Ahnung von Schnellstraßen oder Tunnel oder Einbahnstraßen, weil ich überallhin mit der Subway fuhr oder zu Fuß lief – was auch bedeutete, dass ich keine Ahnung von Antworten auf Fragen wie die folgenden hatte:

1. Die direkteste Route vom Empire State Building in Manhattan nach Citi Field führt über den:
   a) Clearview Expressway
   b) Long Island Expressway
   c) Major Deegan Expressway
   d) Cross Island Parkway

2. Welche Straße in Brooklyn verläuft parallel zur Clinton Street?
   a) Atlantic Avenue
   b) Court Street
   c) Flushing Avenue
   d) Fulton Street

(Richtige Antworten: 1b, 2b)

Wenn ich nicht in der Taxischule war – ein Achtzig-Stunden-Kurs am La Guardia Community College, wo ich den Unterrichtsraum mit Volodya teilte, vier Männern aus Ägypten, fünf aus Bangladesch, einem DJ aus Togo, Sam, der mir erzählte, dass er gern Afrikanisch im Accra Restaurant in der Bronx aß, und einem einstigen Beduinen, der mir gutes Lamm im Hadramout, einem jemenitischen Restaurant auf der Atlantic Avenue in Brooklyn empfahl –, memorierte ich den Atlas oder ging die Straßen von Manhattan in dem kamelhaarfarbenen Mantel auf und ab, den ich von Mom geerbt hatte, und vier Paar Socken, die dem beißenden Wind, der durch die Straßenschluchten pfiff, und der Brutalität des New Yorker Winters kaum etwas entgegenzusetzen hatten.

Ich lief die Straßen jetzt ab, damit ich mich später nicht verirrte, strengte mich an, mir Brückenauffahrten und Tunneleinfahrten zu merken sowie die Straßen in Greenwich Village und durch den Central Park – alles zu Fuß, da ich ja kein Auto hatte. Ich stapfte durch den Schnee in Brooklyn und merkte mir die Straßenschilder auf den mit Buchstaben bezeichneten Avenues. Ich fuhr mit der Subway in die Bronx und tiefer nach Queens hinein, suchte nach der Logik hinter dem Aufbau der Boroughs. Staten Island ließ ich aus, nachdem einer meiner Taxilehrer, ein ehemaliger Computerprogrammierer aus Kanada, geflüchtet vor der Wall Street, uns erklärt hatte, dass er in zwanzig Jahren als Taxifahrer nur einmal nach Staten Island gefahren war.

Doch trotz meines festen Willens, die Stadt kennenzulernen, fühlte sich mein Wissen nur oberflächlich an, schlecht verdaut, wie ein Hamburger, den man im Gehen heruntergeschlungen hat. Ich verbrachte so wenig Zeit wie möglich in der Wohnung, trotz der beißenden Kälte im Freien – Jefferson war noch immer in einer schrecklichen Stimmung, ignorierte mich, wenn ich dort war, schloss sich in seinem Zimmer ein und spielte wieder und wieder dieselbe wehklagende Sonate auf seinem Cello. »Wahrscheinlich hasst er gerade alle Frauen«, sagte Isabel. Das war die einzige Erklärung, die Sinn für mich ergab, was das Leben mit ihm aber nicht leichter machte. Wenn ich daheim sein musste, hörte ich Tango. Weit weg von Buenos Aires ergaben Melancholie, Sehnsucht und Wahnsinn in der Musik noch viel mehr Sinn für mich.

Am Abend vor der Taxiprüfung rief ich Mary Jo an. »Ich erinnere mich gut an meinen ersten Fahrgast an meinem ersten Tag«, erzählte sie. »Mann, war das ein Chaos! Irgendwo an der Houston und Avenue Irgendwas habe ich diesen Gentleman aufgesammelt, der sagte, er wolle zu Straße Sowieso und Avenue Sowieso. Ich hatte keine Ahnung, wo das sein sollte.«

»O Mist.« Sofort sah ich mich in derselben Situation.

»Und wie sie es einem in der Taxischule beibringen«, fuhr Mary Jo fort, »›Frag den Fahrgast nach der besten Route‹, so hielt ich mich daran. Himmel, der wurde so wütend, er meinte: ›Kein Wunder, dass die Leute keine Taxifahrer mögen!‹ Dann ist er ausgestiegen und hat die Tür zugeschlagen. Der brauchte wirklich eine Beruhigungstablette. Was für ein erster Tag! Aber, Zuckerschnute, lass dich nicht entmutigen. Auf der Straße musst du *deine* Sache durchziehen.«

»Wie lange hat es gedauert, bis du das Gefühl hattest, zu wissen, was du da tust?«

»Jeden Tag lerne ich etwas Neues«, antwortete sie.

Es erinnerte mich an das, was Joaquín erwiderte, wenn Anfänger ihn fragten, wie lange es dauern würde, um Tango tanzen zu können: *Es dauert ein Leben lang.* »Im Taxi lernt man Sachen, die einem keine Schule beibringen kann«, sagte Mary Jo.

Ich nickte, was Mary Jo aber nicht sehen konnte, und machte mir Notizen.

»Bist du noch dran?«

»Ja, bin ich«, meinte ich. »Ich schreibe mir nur alles auf.«

»Dann schreib auch das hier, Zuckerschnute. Bereit?«

»Ja.«

»Danke Gott für seine Gnade«, sagte sie. »Denn die wirst du brauchen.«

Vielleicht war es Gnade, und eine Liebe zu Karten sowie viele Praxistests, die mich durch die Prüfung brachten. Für fünf Minuten nach ihrem Bestehen war ich glücklich, bis ich erkannte, dass bereits die nächste, die viel größere Hürde auf mich wartete.

»Die Prüfung zu bestehen, ist eine Sache«, erklärte mein Lehrer, als ich die Ergebnisse abholte, »jetzt müssen Sie jemanden finden, eine Garage, die Sie anstellt.«

Von allen Seiten hatte ich zu hören bekommen und nicht vergessen: »Es gibt mehr Fahrer als Taxis zum Fahren: achtundvierzigtausend Yellow-Cab-Fahrer, die täglich mehr werden, gegenüber dreizehntausend Yellow Cabs, die nicht mehr werden.«

»Wollen Sie dauerhaft arbeiten oder ab und zu?«, fragte mein Lehrer.

»Ab und zu.« In der Sprache der Taxifahrer bedeutete das Teilzeit. Im Gegensatz zu Vollzeitfahrern, die sechs oder sieben Tage die Woche fuhren, konnten sich die Teilzeitfahrer ihre Schichten einteilen.

»Die Garagen mögen Vollzeitfahrer lieber«, erklärte der Lehrer. »Teilzeit in diesen Zeiten? Keine Garantie, dass Sie ein Taxi bekommen. Sie müssen morgens um zwei, drei bei der Garage auftauchen, müssen die Erste sein.« Er schnalzte mit der Zunge. »Aber Sie haben viele Möglichkeiten, junge Dame! Warum leasen Sie nicht ein Taxi von einem Eigentümer?« Er deutete auf das Schwarze Brett, das mit »Fahrer gesucht«-Flyern übersät war. »Von einem Eigentümer können Sie bessere Konditionen bekommen. In einer Garage sind Sie nur Leibeigene!«

Ich betrachtete die Flyer: Ich konnte einen 2009 Ford Crown Victoria für siebenhundertfünfzig Dollar die Woche von Anwar leasen oder mir ein Taxi mit Lulo teilen und die Tagschicht in Teilzeit fahren, oder mit jemandem namens AFP, der nach einem Tagfahrer an den Wochenenden suchte. Oder ich konnte einfach 3479788023 anrufen und »am Mittwoch anfangen zu fahren«. Mein Magen verkrampfte sich. Irgendwie sah ich mich in keinem dieser Szenarios.

»Du wirst eine Garage finden«, sagte Isabel. »Das weiß ich. Zeig mir mal deine Lizenz!« Wir standen an der Ecke University Place und East 14th Street und hielten nach einem Taxi Ausschau.

Ich holte meine Taxilizenz hervor, die in Taxigelb gehalten war und auf der mein Name in Großbuchstaben stand, und reichte sie ihr. »Das Bild ist wirklich vollkommen misslungen«, sagte ich. Ich sah darauf aus wie eine Nase mit aufgebauschter Frisur.

»Es sieht dir überhaupt nicht ähnlich«, meinte Isabel und gab mir die Lizenz zurück.

Ich steckte sie wieder in meine Tasche und hob die Hand. Der Fahrer, der vor uns anhielt, stimmte sofort meiner Frage zu, ob wir ihn auf dem Weg zur 28th und Lex interviewen könnten. Er war jung – wahrscheinlich Ende zwanzig – und sah gut aus, mit aschblondem Haar und mandelförmigen blauen Augen.

»Ich sehe nicht türkisch aus«, sagte er, als er meinen Blick auf seine Lizenz bemerkte. Sein Name war Huseyin. »Aber das bin ich. Es gibt tatsächlich viele blonde Frauen und Männer in der Türkei.« Er steuerte den Wagen durch Massen von Fußgängern, die den Broadway überquerten. »Vor zwei Jahren kam ich aus Hatay nach New York. Das ist im Süden der Türkei. Früher war ich Verkäufer für Westco. Aber die Geschäfte liefen irgendwann so schlecht, dass ich mit dem Taxifahren angefangen habe.«

»Wann war das?«

»Vor zwei Monaten. Meiner Freundin gefällt es nicht. Aber es ist besser, als Baklava auszuliefern.«

»Baklava?« Ich rutschte näher an die Öffnung in der Plexiglasscheibe.

»Das beste Baklava in New York. Als ich hier ankam, sprach ich kein Wort Englisch. Deshalb habe ich in einer Baklava-Bäckerei gearbeitet. Dann habe ich Courtney kennengelernt. Sie ist aus Arizona. Und jetzt ...«, er lächelte, wobei tiefe Grübchen in seinen Wangen auftauchten, »... schulde ich ihr eine Sprache.«

Isabel und ich lachten. »Erzählen Sie uns mehr von diesem Baklava«, bat sie.

Ich zwinkerte ihr zu.

»Es heißt Güllüoğlu.«

»Guulluu...?«

»Gü-llü-oğ-lu. Es wird in Istanbul hergestellt und nach New York geflogen. Jeden Tag macht es der Bäcker dann frisch.«

»Ist das ein Witz?«, fragte ich.

»Können Sie uns zu ihm hinfahren?«, fragte Isabel.

»Ich dachte, Sie wollten zur 28th und Lex.«

»Wir haben Hunger.«

»Okay.« Er lachte. »Aber wenn ihr noch etwas anderes außer Baklava wollt, dann kenne ich da was ...«

An der Upper East Side befand sich sein Lieblingslokal. Dort sollten wir Adana-Kebab kosten. »Baklava könnt ihr als Nachtisch essen«, sagte er.

Während er die Third Avenue Richtung Norden entlangfuhr, unterhielt er sich völlig entspannt mit Isabel und mir, als befänden wir uns auf einem Sonntagsausflug. Zuerst wollte er mir nicht glauben, als ich meine gerade bestandene Taxiprüfung erwähnte.

»Ich kann Ihnen meine Lizenz zeigen, wenn Sie wollen.« Ich griff nach meiner Tasche.

»Nein, nein«, sagte er. »Ich glaube Ihnen.«

Ich erzählte ihm, dass ich auf der Suche nach einer Garage sei.

»Vielleicht nimmt Sie meine.«

Ich sah Isabel mit großen Augen an. Ich komme zwar aus Kalifornien, wo die Macht des positiven Denkens quasi eine inoffizielle Religion ist, aber so viel Glück war schwer zu begreifen.

»Ich gebe Ihnen die Adresse«, sagte Huseyin. »Sie ist in Brooklyn. Ist das in Ordnung?«

»Ich denke, ich kann nicht zu wählerisch sein.«

Isabel und ich waren überrascht, als er den Wagen in der Nähe des Lokals parkte, einem Laden namens Üsküdar auf der East 73rd Street, und mit uns ausstieg. Wir waren noch überraschter, als er uns hineinbrachte, dem Geschäftsführer vorstellte und uns erklärte, wie man auf Türkisch »Hallo« sagte (*merhaba*). Er hatte allerdings keine Zeit für Adana-Kebab. Doch bevor er zu seinem Wagen zurückkehrte, lud er uns ein, mit ihm und Courtney abends mal zum Essen im A Bay Ridge Shish Kebab zu gehen, wo es ein »unglaublich gutes Hühnergyros gibt«. Er schrieb mir auch die Adresse seiner Taxigarage auf.

»Ich bin mir sicher, dass sie dich einstellen«, sagte er.

Ich dankte ihm und hoffte, dass er recht hatte.

Einige Tage später fuhr ich mit der Subway zu Huseyins Garage.

»Sind Sie schon mal Taxi gefahren?«, fragte der Geschäftsführer. Er betrachtete meine Lizenz und gab sie mir zurück. Die Achselhöhlen seines weißen Hemds waren gelb vom Nikotin, ebenso wie seine Fingerspitzen.

»Nein«, antwortete ich. »Noch nicht.«

Sein Blick glitt über meine große, rote Handtasche und den kamelhaarfarbenen Mantel meiner Mutter, mein wärmstes Kleidungsstück. Maßgeschneidert und mit perfekt sitzender Taille sah er richtig schick aus. Doch erst in der Taxigarage begriff ich, dass der Mantel mich wahrscheinlich wie eine Zicke aussehen ließ. *Wenn der Typ doch nur das sich auflösende Futter sehen könnte!*

»Wie lange haben Sie schon Ihren New Yorker Führerschein?«, fragte er und verschränkte die Arme weit oben vor der Brust.

Ich sah zu den anderen beiden Männern im Büro, die an Metallschreibtischen saßen und auf ihre Zeitungen starrten, als würden sie nicht zuhören.

»Seit Oktober«, erklärte ich. »Drei Monate.« Ich schulterte meine Tasche auf die andere Seite. »Aber ich habe seit 1990 einen kalifornischen Führerschein.«

»Sie brauchen mindestens zwei Jahre Fahrpraxis in New York, bevor Sie für diese Garage fahren können«, verkündete der Geschäftsführer. »Unsere Versicherung akzeptiert Ihre kalifornischen Dokumente nicht.« Er deutete mit der Hand zur Tür und lächelte, als genösse er meinen Rauswurf. »Danke für Ihren Besuch.«

Ich presste die Lippen aufeinander und eilte nach draußen. Mein Atem bildete weiße Wölkchen in der Kälte, als ich über den Parkplatz marschierte. Ich war mir sicher, er hatte mich nicht wegen der Versicherung abgelehnt. Aber was konnte ich dagegen tun?

Ich hatte mich wieder etwas beruhigt, als ich zurück zur Fourth Avenue kam und etwas roch, das eine wunderbare Mischung aus Knoblauch, Kreuzkümmel und grünen Zwiebeln zu sein schien und wohl aus einem chinesischen Halal-Restaurant namens No Pork herüberwehte. Ich hatte es auf dem Weg zur Garage schon bemerkt. Der Geruch war verführerisch, doch ich ging weiter.

Es wäre auch zu einfach, zu schön gewesen, wenn ich einen Job in Huseyins Garage bekommen hätte!

Seine Essensempfehlungen waren aber großartig: Isabel und ich waren schon mehrmals ins Üsküdar zurückgekehrt, um Adana-Kebab mit Lammhack und gehackter Paprika zu essen sowie gefüllte Weinblätter und Tarator (hausgemachter Joghurt mit Walnüssen). Und dann gab es natürlich auch noch Güllüoğlus Baklava – sei es mit Pistazien, Maroni, Walnuss oder Sauerkirsche. Es war weit und breit das beste Gebäck, was ich je gegessen hatte, mit den frischesten Nüssen und einer perfekten Kruste aus Butter, Zucker und Blätterteigschichten, die wie Schneeflocken auf meiner Zunge schmolzen.

Doch der Gedanke an Baklava brachte keinen Trost, als ich mit der Subway zurück nach Queens fuhr.

Was, wenn mich keine Garage nahm? Was, wenn alle im Moment nur nach Vollzeitfahrern suchten? Ich dachte an die Zeit und das Geld, das ich in meine Taxilizenz investiert hatte, wie ich bürokratische Hürden überwunden, Stadtpläne auswendig gelernt hatte und die Straßen von vier Boroughs abgelaufen war. Außerdem fielen mir noch Ausgaben für die Taxischule, eine Augenuntersuchung, einen Drogentest, eine neue Sozialversicherungskarte und für den New Yorker Führerschein ein. Was, wenn das alles umsonst gewesen war? Ich brauchte einen anderen Job – aber hier ging es um mehr als um Geld. Ich wollte fahren.

»Sind Sie schon mal Taxi gefahren?«, fragte der Kassierer mit dem stacheligen grauen Haar in der Taxigarage Team Systems. Bei »Team!« – so meldeten sie sich am Telefon – hatte ich meinen Kurs im defensiven Fahren absolviert, der erste Schritt auf dem Weg zur Taxilizenz. Mein Taxilehrer hatte mir nach meiner Absage, die ich mir bei Huseyins Garage geholt hatte, empfohlen, es hier zu versuchen. »Sie haben eine der größten Flotten der Stadt«, sagte er. Dennoch hatte ich kaum Hoffnung: Große oder kleine Flotte, es gab zu viele Fahrer und zu wenig Taxis.

Der Team-Kassierer stand in der Tür zwischen Büro und Garage, hielt meine Lizenz in beiden Händen und musterte durch seine Bifokalbrille zuerst das schreckliche Foto, dann mich.

»Nein«, antwortete ich. »Ich bin noch nie Taxi gefahren.« Da wären wir also wieder. Niedergeschlagen streckte ich die Hand aus, um meine Lizenz entgegenzunehmen. »Aber ich habe sechsundneunzig Punkte in der Prüfung geschafft, falls das helfen könnte.«

»Da sind Sie sowieso schon überqualifiziert«, antwortete er und hielt meine Lizenz fest, seufzend, als wäre alles falsch mit der Welt. Er bedeutete mir, ihm ins Büro zu einem Tisch in der Ecke zu folgen, über dem ein Bademodenkalender aus dem Jahr 1999 hing sowie ein Stoßstangenaufkleber mit der Aufschrift »Fahr nie schneller, als dein Schutzengel fliegen kann«.

»Hier.« Er reichte mir einen Stapel Formulare. »Füllen Sie die aus, und zeigen Sie mir Ihren Führerschein. Hatten Sie schon mal einen Unfall?«

»Nein.«

»Ich muss Ihre Akte überprüfen.«

So gelassen wie möglich räumte ich eine Ecke auf dem mit Papieren übersäten Schreibtisch frei und füllte die Formulare aus: Sie wollten meinen Namen und meine Adresse wissen, die Telefonnummer und die Nummer der Taxilizenz, meine Führerscheinnummer, Geburtsdatum, Sozialversicherungsnummer und einen Notfallkontakt. Ich entschied mich für Isabel.

Ein paar Minuten später kam der Kassierer zurück. »Ihre Akte ist sauber«, sagte er. »Geben Sie her.« Ich reichte ihm die Formulare. »Ich bin übrigens Allen.«

Das war es? Ich war dabei? Keine Versicherungsprobleme? So einfach konnte es nicht sein. »Layne.«

»Wenn du einen Unfall hast, bring das Auto zurück zur Garage«, sagte Allen.

Ich war dabei! »Okay.« Ich nickte. »Ja, mache ich.« *Ich verspreche es,* dachte ich. *Alles, was du willst.*

»Wenn es nichts Ernstes ist, schicken wir dich wieder auf die Straße. Ansonsten musst du einen Unfallbericht bei den Ladys im Büro ausfüllen.«

»Okay.« Ich schaute mich um, sah aber keine Ladys. »Alles klar.«

»Die Tagschicht beginnt um fünf Uhr morgens, und um fünf Uhr nachmittags musst du den Wagen wieder zurückbringen.« Er tippte mit dem Finger auf sein Handgelenk. »Sonst musst du eine Überziehungsgebühr zahlen. Du weißt, dass wir gerade viele Fahrer haben. Wir können dir kein Auto garantieren.«

»Ist mir klar.« Ich nickte unaufhörlich. »Kein Problem.«

Allen führte mich aus dem Büro in die Werkstatt. Alles – Taxis, Taxiteile, Fenster und Wände – war mit Öl und Fett verschmiert. Zwei Mechaniker in blauen Overalls arbeiteten im Motorraum eines gelben Taxis.

Allen wandte sich an mich. »Weißt du, wie man das Taxameter bedient?«

»So einigermaßen …«

»Rabin!«

Rabin, ein Weltergewicht mit rasiertem Kopf und weit auseinanderstehenden schwarz-braunen Augen unterbrach sein Gespräch mit einem der Mechaniker und joggte zu uns. Seine Jeans hingen gefährlich niedrig auf seinen Hüftknochen. Er hustete wie ein Raucher, als er mich zum Parkplatz führte, zu einem der Taxis bei den Zapfsäulen.

»Setz dich auf den Fahrersitz«, sagte er. Ich stieg ein, strich mit den Händen über das Lenkrad und versuchte, das Gaspedal zu finden, das ich mit dem Fuß kaum erreichte.

Rabin setzte sich auf den Beifahrersitz. »Bist du schon mal gefahren?«

Ich schüttelte den Kopf. Mein Magen verkrampfte sich.

»Ich bin in der Ausbildung zum Radiologen«, erzählte er. »Das Taxifahren ist nur vorübergehend.« Er zeigte auf das Taxameter. »Das Gerät ist leicht zu bedienen.« Mit dem Finger wies er auf den unteren Knopf ganz links. »Du drückst die Eins für eine Fahrt in eines der fünf Boroughs. Damit startest und stoppst du auch das Taxameter. Der zweite Knopf ist für eine Fahrt zum Flughafen JFK – du weißt schon, die fünfundvierzig Dollar?« Ich nickte. Genauso hatten sie es uns in der Taxischule beigebracht. »Wenn du nach Newark fährst, drückst du den Knopf Nummer drei«, fuhr Rabin fort. »Wenn du die fünf Boroughs verlässt, drückst du die Vier. Das verdoppelt dann den Tarif. Wenn du einen Einheitstarif hast, du weißt schon, nach Connecticut oder so, dann drückst du die Fünf.«

»Okay.«

»Ganz einfach.« Rabin zuckte mit den Schultern. »Sollte kein Problem sein.«

»Okay«, sagte ich. »Vielen Dank.«

Ich folgte ihm zurück in die Garage. Es schien unkompliziert zu sein, aber ich ahnte, dass ich Probleme mit den Knöpfen bekommen würde. Maschinen und ich vertrugen sich nicht so gut.

Allen stand mit in die Hüften gestemmten Händen in der Garage, sein Bauch stand hervor, fest wie ein Muskel, und beobachtete einen der Mechaniker, wie er eine Birne an einem zersplitterten Rücklicht wechselte. »Weißt du«, sagte er und drehte sich zu mir, »der Taxifahrer ist in jeder Hinsicht eine Ausnahme.«

»Wie meinst du das?«

Er nahm seine Brille ab, hauchte auf die Gläser und polierte sie an seinem Hemdsaum. »Man muss eine besondere Persönlichkeit haben, um Taxi zu fahren«, sagte er. »Um in Manhattan zu fahren, muss man richtig gut sein. Man braucht viel Geduld. Und viel Durchsetzungskraft. Die meisten haben das nicht.« Er setzte seine Brille wieder auf. »Aber manche … manche sind die geborenen Taxifahrer.«

Dachte er, das traf auf mich zu? Ich wagte nicht zu fragen.

»Fahr vorsichtig«, sagte er, zog meine Lizenz aus der Tasche und reichte sie mir. »Und pass auf die Cops an der Thirty-seventh und Lex auf.«

Ich schob die Lizenz in das Fensterfach meiner Brieftasche. »Mache ich.«

18

Acht Stunden, bevor ich das Haus zu meiner ersten Taxischicht verließ, packte ich alles, von dem ich annahm, es unbedingt brauchen zu müssen, in meine große rote Tasche:

- Caramel Nips: für nette Fahrgäste, nach Nidias Vorbild
- *New York City 5-Borough Street Atlas*: Wir konnten einen Strafzettel von der Taxi & Limousine Commission (TLC) bekommen, wenn wir den Atlas nicht immer mit im Taxi führten.
- VanDam-Faltkarte von Manhattan: Mary Jos Tipp. Leichter handzuhaben als der Atlas und gut für rasche Überprüfungen von Einbahnstraßen und Straßen durch Greenwich Village.
- Quittungsblock: Das Taxameter druckte zwar Quittungen, aber die TLC verlangte von uns, Papierquittungen zur Sicherheit mitzuführen.
- Listen von Taxiständen, Krankenhäusern, Kaufhäusern, Touristenattraktionen, Bahnhöfen, Hotels, Parks, großen Museen, Straßen durch den Central Park und Einfahrten zu Wasserüberquerungen (das heißt: Brücken)
- Decoder für Manhattans Straßennummern, sollte ein Fahrgast nur eine Adresse haben (zum Beispiel 1405 Second Avenue)
- Notizbuch und viele Stifte
- Aufnahmegerät für den Fall, dass ich mir keine Notizen machen konnte
- Kamera

- Zwanzig Dollar in kleinen Scheinen plus Extrageld für Kaffee
- Pfefferspray, das ich hoffentlich nie würde benutzen müssen
- Papierhandtücher und Teebaumöl: Mein Taxi sollte gut riechen, zumindest bis jemand sich darin erbrach.
- Schweizer Taschenmesser
- Wasser
- Mix-CD zum Taxifahren: erster Track – die *Superman*-Melodie

Sosehr ich auch versuchte, an alles zu denken, wusste ich aber auch, dass weder Nips noch Karten noch Straßendecoder, weder Pfefferspray noch Taschenmesser gegen das Gefühl halfen, schlecht ausgerüstet und vollkommen unvorbereitet zu sein: Sechsundneunzig Punkte in der Prüfung waren bedeutungslos, wenn ein Fahrgast mir seinen Zielort nannte. Am Vorabend meiner ersten Schicht kamen zur Angst, mich zu verirren, außerdem noch ganz konkrete Befürchtungen: Was, wenn ich das Auto zu Schrott fuhr? Was, wenn ich jemanden anfuhr? Was, wenn ich einen verrückten Fahrgast mitnahm? »Fünfundachtzig Prozent der Menschen sind in Ordnung«, hatte einer unserer Taxilehrer gesagt. »Siebeneinhalb Prozent sind nicht okay, und siebeneinhalb Prozent sind … irgendwas dazwischen.«

Als meine Tasche fertig gepackt war, sagte ich ein Mantra auf: *Mir wird nichts passieren, meinen Passagieren wird nichts passieren, meinem Taxi wird nichts passieren, keinem, der sich mir nähert, wird etwas passieren …* Jedes Mal, wenn ich mir ein Horrorszenario im Taxi vorzustellen begann, sprach ich es mir vor.

»Alles wird gut«, sagte Sarah, meine neue Mitbewohnerin. Sie lehnte im Türrahmen, in der Hand einen Brokkoli, und sah mir zu, wie ich die Kleidung für morgen herauslegte. Nach Neujahr war ich aus Jeffersons Wohnung ausgezogen, auch wenn sie nur drei Stationen mit der N-Linie von der Team-Taxigarage entfernt war, aber die Atmosphäre dort war immer schlimmer geworden – Jefferson verließ sein Zimmer nur, wenn ich entweder nicht in der Wohnung oder meine Zimmertür geschlossen war. Das Schweigen zwischen uns war so abgrundtief, dass wir die Bedingungen meines Auszugs per E-Mail von Raum zu Raum diskutierten. Weniger als einen Tag, nachdem ich auf Facebook einen Aufruf gestartet hatte – »Kennt jemand jemanden in New York, der eine Mitbewohnerin sucht?« –, hatte ich ein billiges Zimmer bei Sarah in Ridgewood gefunden, einer Iyengar-Yoga-Lehrerin, die ich in Argentinien kennengelernt hatte, und ihrem Mann Romeo, einem Techno-DJ. Beide waren Vegetarier und hatten einen Chihuahua: Papichulo. Die Wohnung, an der Grenze zwischen Brooklyn und Queens, umgeben von 99-Cent-Läden und Western-Union-Filialen, lag neunzig Minuten Fahrt von Team entfernt.

»Ich wünsche dir alles Gute morgen«, schrieb mir Isabel, als die Sonne gerade unterging. »Ich weiß, dass du nervös bist, aber alles wird gut werden! Ich wünschte, ich hätte das Glück, dein erster Fahrgast sein zu dürfen! ☺ Hals- und Beinbruch, meine Liebe!«

An diesem Abend ging ich früh ins Bett, doch ich konnte nicht einschlafen. Ich warf mich so lange herum, bis ich schließlich aufgab und den Fehler machte, zum ersten Mal *Taxi Driver* anzusehen. Danach lag ich erst recht wach im Bett und hatte das Bild von Robert De Niro als Travis Bickle in seinem Taxi vor Augen, wie er sich nachts in New York um Dampflöcher herumschlängelte, perverse und korrupte Politiker aufsammelte und mit jeder Schicht wahnsinniger wurde. Ich fragte mich, ob das Taxifahren mich ebenso verändern würde wie ihn, ob es mich verrückt genug machen würde, dass ich mir einen Iro frisierte und Wonder Bread in Milch und Pfirsichbrandy eingeweicht aß.

Als der Wecker um halb drei Uhr morgens klingelte, hatte ich statt meines »Mir wird nichts passieren, meinen Passagieren wird nichts passieren«-Mantras Travis Bickles Worte im Kopf: »Wenn es dunkel wird, taucht das Gesindel auf. Huren, Betrüger, Amateurnutten, Sodomiten, Trinen, Schwuchteln, Drogensüchtige, Fixer, kaputte Syphkranke. Ich hoffe, eines Tages wird ein großer Regen diesen ganzen Abschaum einfach von der Straße spülen.«

Als ich Wasser für meinen Kaffee kochte und meine Snacks zusammensuchte (einen Fig Bar, ein Stück Ziegencheddar, einen Apfel, eine Banane und ein hartgekochtes Ei), dachte ich, dass ich lieber *Frauen am Rande des Nervenzusammenbruchs* hätte anschauen sollen. Der Fahrer in Almódovars Film – über dessen Windschutzscheibe sich im oberen Bereich eine Schnur zog, an der allerlei Anhänger befestigt waren und der in seinem Wagen Aspirin, Kleenex, Klatschmagazine, Augentropfen, Fanta und eine sorgfältig ausgewählte Mediathek lateinamerikanischer Musik für seine Fahrgäste bereithielt – war mein Vorbild, ohne die Sitzbezüge mit Leopardenmuster und die blondgefärbte Haartolle.

Die Wolken verdeckten den Mond, als ich um vier Uhr morgens in meiner Winteruniform durch den Schnee zur Subway stapfte – lange Unterwäsche, ein Pullover, Moms Mantel, vier Paar Socken, zwei Paar Handschuhe. Meine Finger brannten noch von der Kälte, als ich den Zug der Linie L bestieg, in dem ein Mann im Parka in der Bibel las und eine Frau, die alle Kleider zu tragen schien, die sie besaß, auf einer der blauen Bänke ausgestreckt lag und schlief, wobei sie eine Plastiktasche von

Century 21 fest umklammert hielt. Am anderen Ende des Waggons saß eine weitere Frau, vielleicht Mitte fünfzig, die Netzstrümpfe und schenkelhohe schwarze Lederstiefel trug. Mein Magen schmerzte, als ob man ihn aushöhlte, trotz des Fig Bars, den ich beim Warten auf den Zug heruntergewürgt hatte.

Jedes Mal, wenn der Zug hielt und die Türen sich öffneten, strömte die eiskalte Luft vom Bahnsteig in den Waggon, als ob sie jemanden bestrafen wolle. Ich zog die Schultern hoch und umarmte meine Tasche, als ob ich damit die Kälte abhalten wollte. An der Lorimer Street stieg ein Mann, der die Titelmelodie von *Familie Feuerstein* auf einem Miniakkordeon spielte, zusammen mit einer Gruppe betrunkener Mittzwanziger ein, die sich unter ihren langen Jacken befummelten, während sie über eine ausschweifende Party nach der Party diskutierten. Die Frau mit den schenkelhohen Stiefeln stieg aus und stopfte zusammengeknüllte Taschentücher in ihre Taschen. Die schlafende Frau hievte sich hoch. Der Mann mit der Bibel las noch intensiver.

Ich sah auf mein Handy. Es war Sonntag, fast vier Uhr morgens, oder Samstag, vier Uhr nachts. In Buenos Aires würden zu diesem Zeitpunkt die Lichter im La Viruta blau gedimmt, wenn die Touristen heimgegangen und die Lehrer und die professionellen Tänzer und die wirklich Besessenen die Tanzfläche übernahmen. Es war auch der Zeitpunkt, laut einiger Taxistas, die mich von der *milonga* nach Hause gefahren hatten, wenn der Schleier zwischen dieser und der angrenzenden Welt am dünnsten war.

Am Union Square stieg ich in die Linie N um, und als ich allein im Waggon saß, mir auf die aufgesprungenen Lippen biss, meine Tasche und meinen Essensbeutel auf dem Schoß, hoffte ich, der Zug würde stehen bleiben, irgendetwas unsere Ankunft verhindern, doch als er vor Queensboro Plaza an die

Oberfläche kam und auf den hochgelegten Gleisen an der 39th Avenue in Long Island City anhielt, gegenüber der Taxigarage, packte ich meine Sachen und stürzte durch die sich öffnenden Türen, als ob ich es eilig hätte. Vom Bahnsteig konnte ich im eisigen Wind hören, wie jemand über einen rauschenden Lautsprecher die Namen der Fahrer aufrief und sie aufforderte, mit der Tagschicht zu beginnen.

Bevor ich die Treppen hinunterging, machte ich ein Foto von der Garage. Reihen gelber Taxis warteten auf dem Parkplatz unter einer dichten Schneedecke. Neonlichter flackerten hinter den beschlagenen Fenstern des Büros. Ich beobachtete, wie die Nachtschichtfahrer eintrafen, ihre Bremslichter leuchteten in der kühlen Luft, als sie durch das Tor im Maschendrahtzaun fuhren, und ich erinnerte mich an Mabel, die erste und einzige Taxifahrerin, die ich in Buenos Aires kennengelernt hatte, wie sie sagte, entweder liebte oder hasste man das Taxifahren, dazwischen gab es nichts. Ich hätte mir damals nie vorstellen können, dass ich dies für mich einmal selbst herausfinden würde.

Ich ging auf den Parkplatz und spürte sofort die Neugier der Nachtschichtfahrer, die mich ansahen, als fragten sie sich, was ich hier tat, als sie ihre Wagen einer nach dem anderen zurückgaben. Ich versuchte, die Taxis auf dem Parkplatz zu ignorieren, deren Motorhaube abgerissen, deren Heck eingedrückt war oder deren Fahrertür.

Als ich die quietschende Tür zum Aufenthaltsraum aufzog, drehten sich die Köpfe vom Kickertisch und vom Fernseher, wo eine Wiederholung von *Footloose* lief, zu mir. Die Fahrer im Wartebereich starrten mich an, als ich zum Anmeldefenster ging, mich auf die Zehenspitzen stellte und meine Taxilizenz durch die Öffnung im kugelsicheren Glas schob. Es war kurz nach fünf Uhr morgens.

»Hallo.« Ich lächelte dem Zuteiler zu. »Bin ich zu spät für einen Wagen?«

Sein Haar war schwarz mit grauen Strähnen, sein Anzughemd kariert, und sein von Lachfalten umrahmtes Lächeln so ehrlich, dass ich einen Moment lang Travis Bickle vergaß und die Neugier auf den abgehärmten Gesichtern der Fahrer im Wartebereich, sowie die bösartige Kälte im Freien, die durch die einglasigen Fenster drang.

»Nein, du bist nicht zu spät«, erwiderte der Zuteiler und legte meine Lizenz auf den Tresen neben das Mikrofon. »Erster Tag?« Ich mochte seinen Brooklyn-Akzent.

»Ja.«

»Ich bin Mike«, sagte er. »Setz dich. Wir rufen dich gleich auf.«

Ich setzte mich auf eine der Bänke an der Ziegelwand. Das Loch in meinem Magen verkrampfte sich zu einem Knoten. Ich warf einen Blick in meinen Essensbeutel, doch ich konnte wohl nichts bei mir behalten, wenn ich jetzt etwas aß.

»Willst du spielen?«, fragte einer der Fahrer und deutete auf den Kickertisch. Weihnachten war vor drei Wochen gewesen, doch er trug einen Pullover mit roten und grünen Schneeflocken.

»O nein«, sagte ich, »ich bin total schlecht.«

»Wirklich total schlecht?«

Ich nickte.

Er zuckte mit den Schultern und setzte sich neben die anderen Fahrer, die darauf warteten, von Mike aufgerufen zu werden. Die meisten hatten die Augen geschlossen. Die anderen sahen sich das große Tanzfinale in *Footloose* an. Mike drehte die Heizung auf, und ein Schwall heiße Luft strömte aus der Öffnung eines rechteckigen Rohrs neben dem Fernseher in den Aufenthaltsraum. Beim Anblick von Kevin Bacons Rückwärtssaltos wollte ich mich auch bewegen. Ich war an dem Punkt angekommen, an dem das Verlangen, es hinter sich zu bringen, die Angst davor überlagerte.

»Du fährst Taxi?« erkundigte sich der Mann rechts von mir, der mir jetzt erst auffiel.

»Heute ist mein erster Tag.« Ich fragte ihn, wie lange er schon fuhr.

»Zu lang!«, antwortete er. Seine Nase war schief, als wäre sie schon ein- oder zweimal gebrochen gewesen. Er zog sich seine Strickmütze über die Ohren.

»José!« Selbst durch den rauschenden Lautsprecher konnte man das Lächeln in Mikes Stimme hören.

»Das bin ich«, sagte mein Sitznachbar. »Viel Glück da draußen. Schön, eine Frau hier drin zu sehen.«

»Danke.«

Ich wusste nicht, ob es mir gefiel, eine Ausnahme zu sein, aber ich konnte auch nicht viel daran ändern. Ich hatte nach weiblichen Taxifahrern recherchiert, als ich auf meine Prüfung gelernt hatte: Frauen hatten erstmals während des Zweiten Weltkriegs begonnen, in großer Zahl Taxi zu fahren, da es zu wenig männliche Fahrer gab. Doch in den Sechzigern und Siebzigern, als die Gewalt gegen New Yorker Taxifahrer Rekordhöhen erreicht hatte, fuhren nur noch sehr wenige Frauen. Die Stadt war jetzt bei weitem nicht mehr so gefährlich wie damals, doch von achtundvierzigtausend Taxifahrern waren ungefähr nur fünfhundert weiblich.

»Layne!«

Beim Klang meines Namens zuckte ich zusammen. Mike schob mir meine Lizenz und die Meilenstandquittung mit der Nummer des Taxis, das ich heute fahren sollte, durch den Schlitz im kugelsicheren Glas. »Der Wagen steht an der Zapfsäule«, sagte er.

Ein Mann mit einer Pelzmütze eilte zwischen den Taxis hin und her, die draußen an der Zapfsäule anstanden, füllte die leeren Tanks der Nachtschichtfahrer, bevor die Tagschicht die Wagen übernahm. Mein Taxi, oder das Taxi, das ich heute mietete, stand an zweiter Stelle der Schlange. Mein Herz hämmerte, als hätte ich vier Tassen Kaffee getrunken.

»Hey, kleine Lady!«, sagte der Mann auf dem Fahrersitz, der einen Pullover mit Regenbogenstreifen sowie eine dazu passende Wollmütze trug. »Fährst du heute meinen Wagen?«

Nun, es war nicht ganz *sein* Wagen – er war ein Vollzeitfahrer, erzählte er mir, und dieses Taxi fuhr er sechs Nächte die Woche.

»Ja!« Ich bemühte mich, genauso enthusiastisch wie er zu klingen. »Ist mein erster Tag!«

»Dein erster Tag? Du weißt, wie das Taxameter funktioniert?«

»Ich glaube schon …«

»Steig ein.«

Ich setzte mich auf den Beifahrersitz. Er zählte fünf Dollar ab, gab sie dem Mann mit der Pelzmütze, dann fuhr er an und parkte neben einem Taxi ohne Stoßstange.

»Ich bin Boris«, sagte er. »Wie Boris Jelzin!« Dann brach er in schallendes Gelächter aus, und ich musste ebenfalls lachen. Boris war schwarz und hatte einen Vollbart.

Er beschrieb mir die Funktion jedes Knopfes auf dem Taxameter. Ich sagte ihm nicht, dass Rabin mir das alles schon vor ein paar Tagen erklärt hatte, denn ich wollte es sowieso noch einmal prüfen. Dann gab er mir eine Plastikhülle. »Für deine Taxilizenz«, sagte er. »Die Halterung ist kaputt, siehst du?« Der Plexiglasschuber hinter dem Fahrersitz, in dem wir unsere Lizenz während der Fahrt aufbewahren sollten, war am unteren Rand abgebrochen. »Du willst deine Lizenz ja nicht verlieren!«, sagte er, als er ausstieg. »Achte gut auf mein Taxi«, er schlug die Hände zum Gebet zusammen, »bitte!«

Ich versprach es ihm und bot ihm ein Nip an, das er lachend ablehnte.

Ich roch meine eigene Angst, als ich das Lenkrad in der vorgeschriebenen Haltung umklammerte und das Taxi zum ersten Mal über die Queensboro Bridge lenkte. Ich starrte durch die Windschutzscheibe auf die halb beleuchtete Skyline, während ich den Atem gegen den sauren Geruch meines Schweißes anhielt und auf das Rauschen des Blutes in meinen Ohren lauschte. Hier, rief ich mir in Erinnerung, war Whitmans »Mannahatta« der Häuserspitzen und Masten. Doch ich konnte nur an das Labyrinth darunter denken, die Tausende Meilen Einbahnstraßen, Sackgassen, Linksabbiegen-verboten-Straßen, die ich zu beherrschen vorgeben musste.

Der Wagen hatten keinen CD-Player, weshalb ich meinen extra erstellten Mix nicht anhören konnte. Zerstört war mein Traum, zum ersten Mal nach Manhattan zum Klang der *Superman*-Melodie zu fahren. Stattdessen schaltete ich das Radio ein und hörte BBC, drehte es nach ein paar Sekunden allerdings wieder aus, weil mich die Stimmen zu sehr ablenkten und die Spuren auf der Brücke mir viel zu schmal für meinen breiten Crown Victoria erschienen. Ich reichte nur ans Gaspedal, wenn ich ganz aufrecht am äußersten Rand des Fahrersitzes saß, und jedes Mal, wenn mein Zeh das Gaspedal berührte, brüllte der Achtzylindermotor: »Jaaa!« So einen kräftigen Wagen war ich noch nie gefahren. Ich erinnerte mich an mein erstes Auto: einen Ford Courier Pick-up von 1983, den ich in einem Porsche-Lila lackieren ließ und der krampfhaft zuckte, wenn ich schneller als vierzig Meilen die Stunde fuhr. Der Crown Vic, für schnelle Verfolgungsjagden gebaut, war früher das offizielle

Fahrzeug des NYPD und im Vergleich dazu ein wildes Tier. Während der ersten dreißig Minuten hinter dem Lenkrad wagte ich nicht, schneller als knappe fünfzig zu fahren.

Hinter der Queensboro Bridge bog ich nach links in die Second Avenue ein. Ich war bestimmt an einem Dutzend potenzieller Fahrgäste vorbeigefahren, die erst hoffnungsvoll die Hand gehoben und dann verärgert zur Seite geschlagen hatten, als ich sie ignorierte. Ich hatte sie nicht rechtzeitig gesehen, sagte ich mir. Ich würde einen Unfall verursachen, wenn ich zu schnell Richtung Gehsteig zog. In Wahrheit hatte ich zu viel Angst, sie aufzusammeln: Was, wenn ich mich verirrte? Was, wenn sie betrunken waren und mir den Wagen vollkotzten?

Ich fuhr die Second Avenue hinunter und die First Avenue hinauf, die Lexington hinunter und die Park auf und ab, immer entlang dem Schachbrettmuster von Manhattan, hielt für niemanden an und nahm die Hände nicht vom Lenkrad. In der Dunkelheit und Stille im Wagen lag etwas Unheimliches. Ich warf einen Blick auf den Reserve-Fig-Bar auf der Konsole, und mein Magen knurrte protestierend. *Erste Regel,* hatte einer unserer Ausbilder uns eingebleut: *Esst niemals in eurem Taxi.* Diese Regel würde ich irgendwann brechen, das wusste ich.

Im Zickzack fuhr ich durch den Central Park, über alle Ost-West-Diagonalen, die ich in der Taxischule gelernt hatte. Ich sah auf die Uhr auf dem Armaturenbrett: Seit einer Stunde kurvte ich allein herum. *Komm schon,* redete ich mir zu, *finde einen Fahrgast.* Das musste ich auch, außer ich wollte der Garage hundertfünfzig Dollar für das Privileg bezahlen, zwölf Stunden allein in einem Taxi durch New York zu fahren.

Es war immer noch dunkel, als ich aus dem Central Park herausfuhr. Ich wiederholte mein Mantra – *Mir wird nichts passieren, meinen Passagieren wird nichts passieren, meinem Taxi wird nichts passieren, keinem, der sich meinem Taxi nähert, wird etwas passieren* – und bog nach links auf den Broadway, Richtung Times Square und das bläuliche Leuchten im Dunkeln, das ich aus einer halben Meile Entfernung sehen konnte. Am Times Square angekommen, war es hell wie zur Mittagszeit, und überall liefen Touristen unter der *Mamma-Mia!*-Laufschrift herum, betrachteten die Unterwäschewerbeplakate, ruhten sich auf den roten Glastribünen an der 47th Street aus und betrachteten den gefallenen New Years Eve Ball. Überall standen Einsatzwagen des NYPD herum. Ich sah, wie ein Taxi zwei gepiercte Teenager in Trenchcoats aufnahm, und inmitten dieser kitschigen Herrlichkeit fühlte ich mich nicht mehr ganz so allein.

Ich fuhr weiter Richtung Downtown, am Madison Square Garden vorbei, der Penn Station, Koreatown und dem Flatiron Building. Schließlich sah ich an der Ecke 21st und Broadway einen großen, dünnen Mann im dunklen Blazer mit schulterlangem zerzaustem schwarzem Haar. Er stand schwankend auf dem Gehsteig, die Hand hoch erhoben. Mein erster Gedanke war: *Er sieht furchteinflößend aus.* Mein zweiter war: *Das ist mein Passagier!* Ich trat fest auf die losen Bremsen, zog Richtung Gehsteig, entriegelte die Türen und drehte mich um, um ihn zu begrüßen.

»Haaalllоооо«, sagte er, riss die Tür auf, knöpfte seinen Blazer auf und ließ sich auf den Rücksitz sinken, als wäre dieser ein Lehnsessel. »Thirty-first un' Madison, bitte.«

»Thirty-first. Und Madison?«

»Thirty-first« – er hob den Kopf – »zwischen Madison un' Fifth.« Seine Augen waren halb geschlossen. Er war gar nicht furchteinflößend. Er war betrunken.

Ich drückte den ersten Knopf auf dem Taxameter. Es war eine einfache Fahrt in Manhattan – nur ein paar Blocks entfernt. Doch dann setzte der Mann, der etwa Mitte dreißig war, sich auf, steckte den Kopf durch die Öffnung in der Plexiglasabtrennung, bemerkte meinen Klammergriff um das Lenkrad und sagte: »Geht's Ihnen gut?« Er hatte einen Bartschatten und roch nach Whiskey. »Sie wirken ein wenig verwirrt.«

»Heute ist mein erster Tag.« Ich bog links ab, und dann wieder links und versuchte, mich zu erinnern, wo die Madison Avenue begann. »Und Sie sind mein allererster Fahrgast.«

»Wirklich?« Er grinste.

»Ja.«

Er steckte den Kopf weiter durch die Öffnung, betrachtete meine große rote Tasche und den kamelhaarfarbenen Mantel, der auf dem Beifahrersitz zusammengefaltet lag. »Ha, Sie haben ja nicht einmal einen richtigen Taxifahrermantel! Hahaha!« Er sank zurück auf den Rücksitz und hielt sich den Bauch vor Lachen.

Ich fand die Park Avenue und bog vorsichtig links ab. Ich wollte meinem Passagier auf jeden Fall eine sanfte Fahrt ermöglichen. Keine plötzlichen Beschleunigungen, keine Schlaglöcher, keine unerwarteten Stopps – dann würde er sich vielleicht auch nicht übergeben. Ich hielt an einer gelben Ampel. Er kicherte immer noch. Zum Glück war er betrunken.

Ich bremste so sanft wie möglich, als er mir sagte, ich solle vor einem Stahl- und Glashochhaus auf der East 31st Street anhalten. Bevor er ausstieg, bat ich ihn um ein Foto. Er posierte mit zum V gespreizten Fingern, dann gab er mir seine Visitenkarte – er hieß Iggy und war Portfoliomanager bei Credit Suisse – und einen Dollar Trinkgeld.

Ein Dollar Trinkgeld bei einem Betrag von fünf Dollar war nicht zu verachten. Ich steckte das Geld in meine Brieftasche, erleichtert, dass ich meinem ersten Fahrgast keinen Schaden zugefügt hatte oder irgendjemand anders auf unserem Weg.

Ich fuhr Richtung Fifth Avenue, wobei ich einen Blick auf

meinen Mantel warf – Iggy hatte recht, das war kein Taxifahrermantel –, und stieß einen zittrigen Seufzer aus. *Du hast es geschafft!*, dachte ich. *Du hast es geschafft!* Aber ich fühlte mich überhaupt nicht so. War ich jetzt eine Taxifahrerin? Ich wusste es nicht, aber ich fühlte mich ein wenig mutiger, und mir kam ein Gedanke: Wenn alle Betrunkenen so entspannt wie Iggy waren, war es vielleicht gar keine so schlechte Idee, sie mitzunehmen, und vielleicht machte es ihnen dann auch nicht so viel aus, wenn ich mich verirrte. Ich fuhr zurück ins West Village, wo wir laut unserer Taxilehrer vor schicken Nachtklubs nach Fahrgästen Ausschau halten sollten.

Als ich eine Reihe Yellow Cabs an der Ecke Varick und Spring parken sah, vor dem Klub Greenhouse, mit einem vertikalen Garten an einer zur Straße gerichteten Wand, stellte ich mich hinten an. Die Reihe bewegte sich rasch nach vorn, während die Türsteher wunderschöne Menschen auf wackligen Beinen zu den Taxis begleiteten, und bevor ich ausrechnen konnte, welcher der wartenden Passagiere meiner sein würde, stieg ein kindlich wirkender Mann mit dunkelblondem Haar und rosigen Wangen auf den Rücksitz und sagte: »Guten Aaabend. Ich möchte bitte zur East Fifth und Second Avenue.« Er sprach zu laut, mit einem Akzent, der mich an die Londoner Aristokraten aus der Serie *Masterpiece Theatre* erinnerte.

Ich scherte aus der Taxireihe aus, der Engländer stieß einen langen, nach Wodka riechenden Seufzer aus und sagte noch lauter: »Sie glauben nicht, mit wie vielen überaus dummen Frauen ich mich da drin unterhalten habe.« Da stürzte mein innerer Computer ab. Alles, was ich mir beim Lernen für die Prüfung eingeprägt hatte, beim monatelangen Betrachten von Stadtplänen – die Straßen durch ganz Manhattan, wo die Houston Street sich in Relation zur Canal befand –, war wie weggeblasen.

»Haben Sie eine Lieblingsroute?«, fragte ich. Ich schaltete das Taxameter noch nicht ein, während wir uns vom Greenhouse entfernten.

»Eine Lieblingsroute?« Er warf sich die Stirnfransen aus den Augen. »Oh! Also …« Er lächelte dümmlich. »Fahren Sie die First hoch und biegen dann links auf die Fifth ab.«

Ich schaltete das Taxameter ein. Ich hatte keine Ahnung, wie ich von hier zur First Avenue kommen sollte. Bis zur Second Avenue schaffte ich es, landete beim Roosevelt Park in einer Sackgasse und musste nach rechts fahren, Richtung Downtown, und damit in die falsche Richtung.

»Ihre Navigationskünste sind wirklich hundsmiserabel«, sagte der Engländer, lehnte sich vor und stützte sich mit verschränkten Armen in der Trennscheibenöffnung ab. Ich warf ihm einen Blick zu. Er sah nett aus, wie aus einer Boyband.

Als ich mich zur Straße zurückdrehte, sprang die Ampel von Gelb auf Rot, doch wir waren mitten auf der Kreuzung, und es war zu spät zu bremsen. Ich tat es trotzdem, sah mich nach Cops um, und als keine zu sehen waren, trat ich wieder aufs Gas.

»Warum machen Sie das eigentlich?«, fragte der Engländer.

»Ich bin Schriftstellerin.«

»Es tut mir sehr leid, eine Schriftstellerin zur Taxifahrerin reduziert zu sehen«, sagte er. »Ich unterstütze die Künste, und ich glaube wirklich, dass Sie etwas anderes tun sollten.«

»Vielleicht haben Sie recht.« Ich spähte aus dem Fenster und versuchte, die Straßenschilder im Dunkeln zu lesen.

»Warum gehen wir nicht frühstücken?«, fragte er.

»Wie bitte?«

»Wie wäre es mit Frühstück?«

»Ich kann nicht frühstücken gehen.«

Sind wir eben an der Delancey vorbeigefahren …?

»Warum nicht?«

»Meine Schicht hat gerade erst angefangen.«

»Und?«

Houston Street. Ich musste die Houston finden, dann war ich auch bald bei der First Avenue. Durfte ich von der Houston eigentlich nach links in die First abbiegen?

Der Engländer stieß einen weiteren wodkageschwängerten Seufzer aus und setzte sich zurück. Er sah aus dem Fenster und sagte geschäftsmäßig: »An der nächsten Ampel sollten Sie links abbiegen. Auf der East Fifth dann wieder links … hier … hervorragend … Es ist gleich da drüben … auf der rechten Seite. Sehr gut. Halten Sie hier.« Ich schaltete das Taxameter aus.

»Wie wäre es mit einem kleinen Kuss?«, fragte er und lehnte sich durch die Scheibenöffnung. »Immerhin habe ich Ihnen geholfen.«

Ich stellte den Steuerknüppel auf »Parken« und drehte mich zu dem Jungen um. Seine Augen waren rot und glasig vom Alkohol, und er war einige Jahre jünger als ich. Ein Teil von mir wollte ihn trotzdem küssen. Warum nicht? Er war ein Förderer der Künste.

»Ich würde Sie gern küssen«, hörte ich mich antworten, »aber ich muss arbeiten.«

»Oh.« Er hustete, um ein Lachen zu verbergen. »Na gut.« Er gab mir den Fahrpreis plus zwei Dollar Trinkgeld, was sehr großzügig war, denn es hatte ihn durch meine Irrfahrt sicher fünf Dollar mehr als normal gekostet. »Gute Nacht«, sagte er und klopfte zweimal auf den Rücksitz, bevor er die Tür öffnete. »Oder sollte ich besser ›Guten Morgen‹ sagen?«

19

Na, willst wohl noch mehr Strafe, hm?«, sagte Mike, der Wochenendfahrdienstleiter, lächelnd und trank aus seinem Kaffeebecher. Es war halb fünf morgens am Super-Bowl-Sonntag, minus zehn Grad, und ich versammelte mich gerade mit den anderen Teilzeitfahrern, um meine dritte Schicht anzutreten.

Ich versuchte, das Lächeln zu erwidern, als ich ihm meine Lizenz zuschob.

»Setz dich«, sagte Mike, legte meine Zulassung zu den anderen, die wie Spielkarten um das Mikrofon auf dem Tresen arrangiert waren.

Vier andere Fahrer hatten sich im Warteraum auf der Bank an der Wand gegenüber dem Fenster des Zuteilers niedergelassen. Einer von ihnen, ein großer Mann mit einem silbernen Afro, saß mit verschränkten Armen und geschlossenen Augen zurückgelehnt da und schnarchte leise. Die anderen drei schauten *Auf der Jagd nach dem grünen Diamanten* auf dem Fernseher, der auf einem nicht funktionierenden Automaten stand.

»Wenn du Geld verdienen willst, dann fahr nicht am Sonntag«, sagte einer der Fahrer und ließ den Bildschirm nicht aus den Augen, als er auf der Bank für mich zur Seite rutschte. Seine pockennarbigen Wangen waren unter seinem ergrauenden Bart eingesunken.

»Ja, ich weiß«, erwiderte ich. »Aber ich kann im Moment nur sonntags fahren.« Tatsächlich fühlte ich mich nur am Sonntag bereit dafür. Die ersten beiden Schichten waren holprig gewesen: Nach den ersten zwei betrunkenen Fahrgästen konnte ich mich kaum dazu überwinden, noch einen aufzunehmen. Und wenn ich für einen Fahrgast anhielt, verfuhr ich mich jedes Mal, wenn ich Manhattan verließ oder irgendwo in Greenwich Village unterwegs war. Außerdem nahm ich den Seitenspiegel eines in zweiter Reihe parkenden Audis in Midtown mit (dessen Besitzer glücklicherweise darüber hinwegsah), und am Ende meiner zweiten Schicht wäre ich beinahe einem Fahrgast über den Fuß gefahren. An Sonntagen dagegen waren die meisten Menschen nicht in Hektik wie wochentags, außerdem herrschten weniger Verkehr und weniger strenge Linksabbiegevorschriften. Bis ich mich in der Stadt auskannte und ein besseres Gefühl für den Crown Vic entwickelt hatte, sollten die Sonntage meine Trainingstage sein – das Äquivalent zum Tanzen bei den laut Liliana »zahnlosen *milongas*«, jenen uralten *tangueros*, die mir alle meine Fehltritte verziehen.

»Sie fährt Taxi?«, flüsterte der Mann neben dem Fahrer mit den pockennarbigen Wangen. Dieser nickte und ließ den Fernseher weiterhin nicht aus den Augen. Michael Douglas kämpfte mit einem Alligator, der gerade einen softballgroßen Smaragd verschlungen hatte.

»Hakeem!«, rief Mike.

Der Mann mit dem silbernen Afro rieb sich die Augen und stand mit eingezogenen Schultern auf, dann holte er sich die Wagenschlüssel und seine Lizenz von Mike. Ich blickte zu meinen restlichen Kollegen auf der Bank, die alle gleichermaßen erschöpft wirkten, wenn nicht geradezu elend, mit aschgrauer Haut, blutunterlaufenen Augen und ungleichmäßig wachsenden Bärten. Wie viele Morgen hatten sie schon so verbracht?

Der Fahrer mit den Pockennarben schloss die Augen. Ich holte mein Notizbuch heraus. *Wenn ich Taxifahrer idealisiert habe, bevor ich selbst mit dem Fahren begann …*

»Layne!«

Mein Magen schlug einen Purzelbaum – *Mist*, dachte ich. *Schon?* –, als ich meinen Namen über den Lautsprecher hörte.

»Dein Wagen steht an der Zapfsäule«, sagte Mike und zwinkerte mir zu, als er mir Lizenz und die Meilenstandquittung zuschob.

Ich ging durch die quietschende Tür nach draußen, musterte die Gesichter der aus der Samstagnachtschicht zurückkehrenden Fahrer. Die meisten hatten den triumphierenden, aber auch zerrütteten Ausdruck von Soldaten, die aus dem Kampf zurückkehrten. »Wenn du den Samstag überlebst«, erinnerte ich mich an Mary Jos Worte, »dann überlebst du alles, Zuckerschnute. Es ist ein Wunder, wenn dir keiner in den Wagen kotzt.«

»Hallo, Hübsche«, sagte der Mann mit der Pelzmütze, der die Autos betankte. Sein Atem bildete weiße Wolken in der frostigen Luft. »Welchen Wagen fährst du heute?«

Ich zeigte ihm die Meilenstandquittung, und er brachte mich zu dem Fahrzeug mit der dazugehörigen Nummer, worauf ich ans andere Ende des Parkplatzes fuhr, wo ich alle Prä-Schicht-Rituale durchführte, die ich in der Taxischule gelernt hatte: Innen- und Außenlichter checken, sämtliche Sitzgurte überprüfen, Scheibenwischer testen, die Spiegel einrichten, Kofferraum und Rücksitz auf eventuell von Fahrgästen zurückgelassene Gegenstände überprüfen. Dazu führte ich noch einige ganz persönliche Rituale aus: den Fahrersitz so weit wie möglich nach vorn stellen, das Lenkrad abwischen, meine CDs auf der Konsole ablegen, Kamera, Notizbuch, Taschentücher, Wasser und Gurken- und Käsescheiben in Reichweite plazieren. Ich verzichtete darauf, das Taxi mit Teebaumöl auszuwischen – ich hatte bereits fünfzehn Minuten meiner Schicht verstreichen lassen. *Mir wird nichts passieren, meinen*

Passagieren wird nichts passieren, meinem Taxi wird nichts passieren …

Es war noch dunkel, als ich vom Team-Parkplatz fuhr. Ich schaltete den CD-Player ein, dankbar, dass dieser Wagen einen hatte, und hörte die unheilverkündenden Klänge von Astor Piazzollas »Buenos Aires Zero Hour«. Der Tango passte perfekt zu der industriellen Trostlosigkeit von Long Island City vor der Morgendämmerung. Ich musste an Joaquín denken – er mochte Piazzolla nicht, das hatte er mir mehr als einmal erklärt. Vor ein paar Tagen hatte er mir eine E-Mail geschickt, am Donnerstag um 09:44:04 Uhr morgens, um genau zu sein. Keine der Rundmails, die er alle paar Monate schickte, um eine Tour oder einen Auftritt oder eine neue Unterrichtsreihe anzukündigen. »Du wirst es nicht glauben«, schrieb er, »aber ich vermisse dich wirklich. Ich habe dich auf dem Handy angerufen, aber: ›Kein Anschluss unter dieser Nummer‹. Ich würde gern wissen, ob du noch in Buenos Aires bist …« Warum jetzt? Ich speicherte seine Nachricht im Geist ab, antwortete aber nicht.

Ich schaltete die Musik aus und folgte den anderen Taxis die 31st Street hinunter. Ihre Rücklichter bluteten in die kristallklare Luft. Außer uns waren keine anderen Autos auf der Straße. Ich passte mich ihrem Fahrstil an, bremste ab und lenkte das Taxi über die achsenbrechenden Schlaglöcher zur Queensboro Bridge, versuchte, meinen Körper an den Crown Vic zu gewöhnen, was dem Einfühlen in einen neuen Tangotanzpartner ähnelte. Wie empfindlich waren die Bremsen? Wie schnell reagierte das Gaspedal? In welche Richtung driftete das Lenkrad? Wie weit sank ich in die Federn im Fahrersitz ein?

Anfangs hatte ich in den Tangosalons, selbst bei den zahnlosen *milongas*, nie den Blick gehoben, um eine Einladung zum Tanz zu riskieren, aus Angst, einen Fehler zu machen. »*¿Y vos?* Und du?«, sagte der Mann, der sich schließlich irgendwann meinem Tisch näherte und einen Blick auf meine Tangoschuhe warf. »*¿Bailás, no?* Tanzt du, oder tanzt du nicht?« Im Taxi hatte ich bei den ersten zwei Schichten genau dasselbe getan, war an vielen potenziellen Fahrgästen vorbeigefahren und hatte mich geweigert, bei jemandem zu halten, der auch nur ein bisschen unruhig zu sein schien. Als Neuling flößten mir die Fahrgäste am meisten Furcht ein, die in Eile waren.

Heute wird es anders sein, schwor ich mir, atmete die künstliche Süße des Wunderbaums am Rückspiegel ein, der gegen die Gerüche der Samstagnachtfahrgäste allerdings nicht ankam. Das Taxi saugte ihr Rasierwasser, den Alkohol, den Zigarettenqualm auf und vermischte ihn mit dem Schweiß des Fahrers vor mir sowie dem beißenden Gestank meiner Angst. *Hallo, Panik, hallo, Orientierungslosigkeit*, dachte ich und bog von der Queensboro Bridge nach links auf die Second Avenue. *Dann fahren wir mal.*

Die Schicht entwickelte sich wie eine Traumsequenz, jeder Teil unterschied sich komplett von dem anderen. Mein erster Passagier, ein Mann in einem magentafarbenen Blazer mit einem lockigen Bärtchen zwischen Unterlippe und Kinn, hielt mich bei Port Authority an und bat mich, ihn zu Co-op City in der Bronx zu bringen. »Wenn Sie mir den Weg sagen, bringe ich Sie hin«, antwortete ich. »Aber ich brauche ein paar Richtungsangaben.« Ich wollte nicht in die Bronx fahren. Seit Godfred mich mit dem großartigen ghanaischen Essen im Papaye bekannt gemacht hatte, war ich zwar bereits dreimal dort gewesen, doch ich kannte mich noch nicht gut genug in der Gegend aus, vor allem nicht um fünf Uhr morgens. Auf der anderen Seite erinnerte ich mich an das Versprechen, das ich mir, perverserweise von Travis Bickle inspiriert, gegeben hatte: »Fährst du auch in die Slums, South Bronx, Harlem?«, hatte der Geschäftsführer der Taxigarage ihn gefragt, als er nach einem Job fragte. »Ich fahre, wann und wohin Sie wollen«, hatte Travis Bickle mit kaltem, gleichgültigem Blick geantwortet. »Wann und wohin Sie wollen.«

Wann und wohin Sie wollen, dachte ich und hoffte, dass mein Fahrgast nicht meinen Schweiß roch, als ich vom West Side Highway auf die Cross Bronx abfuhr und die Fahrt auf den Abschnitten verlangsamte, auf denen die Straßenbeleuchtung kaputt oder durchgebrannt war. Es war immer noch dunkel – mittlerweile hasste ich Taxifahren bei Dunkelheit –, und mir kamen finstere Gedanken: Was, wenn das Taxi eine Panne hat? Was, wenn ich ausgeraubt werde? Oder zusammengeschlagen? Oder man mein Auto entführt? Die Ängste rührten von Dingen her, die ich nur gehört, jedoch nicht gesehen hatte. Aber das machte es nicht besser. In der Taxischule hatte ich gedacht, die Grenze zu kennen zwischen gewieft sein und offen für alles. Als ich in die Bronx fuhr und der Mann im magentafarbenen Blazer mich von der Schnellstraße zur 95er und schließlich zum Co-op City Boulevard und zur Bellamy Loop dirigierte, hatte ich keine Ahnung, wo sich diese Grenze befand.

Wir fuhren an einer Reihe von Apartmenthochhäusern vorbei, die so massiv waren, dass man sie sicher auch aus dem Weltall wahrnehmen konnte. »Sehen Sie?«, sagte er, als wir vor einem etwa dreißigstöckigen Gebäude anhielten, dessen Schlichtheit mich an die Plattenbauten erinnerten, die ich am Stadtrand von Moskau bemerkt hatte. »Sie haben es geschafft.« Er reichte mir das Fahrgeld sowie drei Dollar Trinkgeld und eine Telefonkarte. »Damit können Sie fünfzehn Minuten lang kostenlos ein Ferngespräch führen.«

»Danke.« Mein Gesicht brannte. Hatte er meine Gedanken erahnt?

»Sie können damit jederzeit überall in den USA anrufen.

Morgens, abends, am Wochenende. Auch in Alaska und Hawaii.«

»Cool.« Ich drehte die Karte in der Hand. »Vielen Dank.«

»Sie sind nicht aus New York, nicht wahr?«, fragte er und öffnete die Tür.

»Nein. Sie?«

»Geboren und aufgewachsen in der Bronx.« Er grinste und knöpfte seinen Blazer zu. »Ich könnte nirgendwo anders leben.« Ich sah ihm nach, wie er über den Rasen zum Hauseingang ging. »Hey«, sagte er und drehte sich noch einmal kurz um, »Sie wissen, wie Sie zurück nach Manhattan kommen?«

Kurz nach sieben ging die Sonne auf, und ein Mann in einem Kaschmirmantel setzte sich mit zwei Mädchen im Grundschulalter zu mir in den Wagen.

»Papa, eine Frau!«, sagte das ältere Kind, das rote Schleifen in seinen Rattenschwänzen trug.

»Papa, eine Fraaaau!«, jubelte das jüngere Kind, das gelbe Schleifen in seinen Zöpfen trug.

»Ja«, bestätigte Papa, während wir unter rosa- und lilafarbenen Wolken die Lafayette Street nach Norden fuhren, »und sie ist eine sehr gute Fahrerin.«

Papa forderte das Schicksal heraus. Ich hielt an jeder gelben Ampel zwischen Astor Place und Grand Central Terminal, vor lauter Angst, dass ich den wunderhübschen Kindern etwas antun könnte, bis wir endlich auf der 42nd Street waren, wo Papa und seine Töchter ausstiegen und ich einen erleichterten Seufzer ausstieß. In diesem Moment steckte eine Frau in den mittleren Jahren mit einem steif gesprühten Bob den Kopf in den Wagen.

»Könnten Sie bitte den Kofferraum öffnen, Sir?« Sie machte sich nicht die Mühe, ihren Fehler zu korrigieren, nicht, nachdem sie eingestiegen war, nicht während unserer schweigenden, achtminütigen Fahrt zum Javits Convention Center, wo sie mir das Fahrgeld bis auf den letzten Cent passend gab.

Etwa um neun fuhr ich Richtung Chinatown, ohne Fahrgast. Ich betrachtete die Bittermelonenverkäufer auf dem Gehsteig, fantasierte von hausgemachten Nudeln und erblickte Lotoswurzeln, bei denen ich an die Zauberin im Vertigineuse denken musste, die diese immer frittierte und als Garnitur für Foie gras mit Mangobutter verwendete.

Ich griff nach meinen Snacks und holte ein Stück Käse heraus. Bereits bei meiner ersten Schicht hatte ich erkannt, wie unrealistisch Restaurantabenteuer während der Arbeit waren. Zitternd vor Hunger und mit einer kurz vor dem Platzen stehenden Blase – die Mietgebühr für den Wagen hatte ich immer noch nicht verdient –, war ich zur BP-Tankstelle an der Ecke Tenth Avenue und 36th Street gefahren und hatte meine erste Mahlzeit als Taxifahrerin gekauft: Fladenbrot mit Spinat, Käse und Ei vom Dunkin' Donuts nebenan.

Um zehn war ich zurück in Midtown, immer noch auf der Suche nach einem Fahrgast. Ich merkte, dass New York entgegen allen Aussagen doch irgendwann schlief: sonntagmorgens, nach Schließung der Klubs und vor Beginn des Gottesdiensts.

Kurz nach elf konnte ich von der sanften Anhöhe auf der Madison Avenue fünf, zehn, fünfzehn Blocks weit sehen, und als die Ampel umschaltete, strömten von überall her Menschen auf die Straße, bewegten sich chaotisch durcheinander, als wären sie Teil eines Kaleidoskops.

»Es ist ein Wunder, dass New York überhaupt funktioniert«, hatte E. B. White gesagt, und es lag tatsächlich etwas Wunderbares darin, die Menschenmengen durch die Windschutzscheibe zu beobachten, den Crown Vic durch die beengten Straßen von Manhattan wie ein Schiff zu navigieren, über die Schlaglöcher zu brettern, ohne das Taxi vollends zu zerstören, todessehnsüchtigen Fahrradkurieren auszuweichen sowie Fußgängern, die bei Rot über die Straße liefen und mir böse Blicke zuwarfen oder mir den Stinkefinger zeigten, wenn ich sie anhupte.

Ein Yellow Cab hielt neben mir, und der Fahrer rollte das Fenster herunter. »Und, verdienst du was?«, fragte er.

»Hatte seit drei Stunden keinen Fahrgast!«

»Der Super Bowl.« Er schüttelte den Kopf. »Jeder ist heute zu Hause, um sich für das Spiel fertig zu machen. Nun ja.« Er zuckte mit den Schultern und fuhr davon, und es ging mir etwas besser. Den Super Bowl hatte ich vollkommen vergessen. Ich wusste nicht einmal, wer gegen wen spielte.

»Sagen Sie mir die Wahrheit«, bat die blonde Frau mit der Bananenfrisur, die mich vor dem Chelsea Market um ein Uhr mittags herum angehalten hatte, »haben Sie nicht manchmal Angst?«

»Die ganze Zeit.« Ich warf ihr einen raschen Blick im Rückspiegel zu. Ihre braunen Augen waren klar und rund, und sie hielt den Kopf mit der Eleganz einer Ballerina. »Jedes Mal, wenn mich jemand anhält, habe ich Angst, mich zu verfahren.«

Sie lachte. »Aber jetzt wissen Sie schon, wohin Sie mit mir fahren, oder?«

»Natürlich«, erwiderte ich. »Keine Sorge.«

Ich wusste, wo die Met sich befand, aber ich konnte mich nicht erinnern, wie die Einbahnstraßen um das Lincoln Center herum verliefen. Ich flehte die Ampeln im Stillen an, auf Rot umzuschalten, damit ich die Manhattan-Faltkarte konsultieren konnte. Meine Passagierin sollte nicht denken, dass ich sie in die Irre führte.

Als wir auf der West 65th Street eintrafen, herrschte Stau, und die blonde Frau bat mich, ein paar Blocks von der Met entfernt anzuhalten. Sie gab mir fünf Dollar Trinkgeld zum Fahrpreis von zehn Dollar. »Viel Glück«, sagte sie und richtete ihr Schultertuch, bevor sie ausstieg. »Schön, eine Frau hinter dem Steuer zu sehen.«

20

Sarah lächelte auf ihrer Yogamatte, als ich ins Wohnzimmer kam. »Hallo«, sagte sie und blieb im Lotossitz, während sie sich nach Papichulo streckte und seinen Rücken kraulte. »Wie war die Schicht?«

Ich ließ meinen Rucksack von der Schulter rutschen und beneidete meine Mitbewohnerin um ihre Ausstrahlung.

Sarah sprach immer mit einer sanften, ermutigenden Yoga-Lehrerinnenstimme, selbst mit Romeo, und ihre großen blauen Augen glänzten vor meditativer Erleuchtung, vor allem wenn sie Iyengar-Asanas in unserem Wohnzimmer praktizierte, was der Umgebung etwas sehr Entspannendes verliehen hätte, wenn da nicht der Chihuahua gewesen wäre, der wahrscheinlich spürte, dass er für mich kein richtiger Hund war und der mich immer anknurrte, wenn ich mich Sarah näherte. Jetzt bellte er mich von seinem Rückzugsort am Ende ihrer Yogamatte an, mit aller mäusehündischen Wildheit, die er aufbringen konnte.

»Chulo!«, schimpfte Sarah. »Hör auf.« Sie drohte ihm mit dem Finger. »Tut mir leid.« Sie wandte sich zu mir und verdrehte die Augen in Richtung des Hundes. »Also, wie war es?«

Nach elf ungewöhnlich brutalen Stunden im Taxi und einer jeweils neunzigminütigen Fahrt von der Garage fort und wieder zu ihr zurück, wollte ich nur noch vier Advil, eine glühend heiße Dusche, Gurkenscheiben auf den Augen, eine Tasse Hagebuttentee von Kalustyan's und mein altes Doppelbett. Doch Sarah war nett und ehrlich neugierig, weshalb ich mir Mühe gab, vollständige Sätze für sie zu formulieren und Papichulo zu ignorieren.

»Oh«, ich rieb mir die Schläfen, »es war okay.«

Ich hatte keine Energie, ihr zu erzählen, wie höllisch die Schicht gewesen war: Zwischen meinem ersten Schwarzfahrer – einem Mann mit zu viel blauem Kajal, der behauptete, er hätte nur fünfzehn Dollar, obwohl der Fahrpreis dreißig betrug, als ich ihn bei einem schäbigen, zitronengelben Doppelhaus in Kew Gardens absetzte –, meinem ersten Platten (und einer fünfundvierzigminütigen Fahrt zurück in die Garage, um ihn wechseln zu lassen) und einem NYPD-Officer, der mir befahl, ich solle nicht »wie ein Arschloch fahren«, als ich nach Port Authority raste und versuchte, rechtzeitig aufs Klo zu gelangen, bevor meine Blase platzte, hatte ich einen Gewinn von phänomenalen zweiunddreißig Dollar gemacht. Eine erniedrigende Summe.

Nach drei Monaten auf der Straße machte ich im Durchschnitt nur fünfzig oder sechzig Dollar pro Schicht, was ziemlich beschämend war. Doch es war meine eigene Schuld: Meistens brauchte ich die ersten sieben oder acht Stunden, um die hundertdreißig Dollar Miete fürs Taxi plus Benzin und Kreditkartengebühren zu verdienen. Der Verdienst der restlichen drei oder vier Stunden gehörte mir, doch da war ich meistens zu erschöpft, um nach Fahrgästen zu jagen. Es reichte mir, wenn ich mir meinen Lebensunterhalt sichern konnte. Nach etwa einem Monat hinter dem Steuer begann ich, nachdem ich eine Frau nach einem Blind Date am Union Square aufgesammelt hatte, die mir erzählte, das Beste an ihrem Rendezvous seien die Trüffelmakkaroni mit Käse im Dogmatic (die Dose nur drei Dollar!) gewesen, vom Fahrersitz Ausschau nach Restaurants zu halten, ergriff jede Gelegenheit, die Fahrgäste nach ihren Lieblingslokalen zu fragen, und gab mir alle Mühe, ihren

Empfehlungen zu folgen und darüber in meinem Blog zu schreiben.

Manchmal lagen die Tipps nicht in meiner Preisklasse, wie etwa Ente mit Mirabellen im La Mirabelle, einem traditionellen französischen Restaurant an der Upper West Side, das laut meinem Passagier, einem Geiger aus Toulouse, der zum Lincoln Center wollte, als einziges Lokal in der Stadt eine vernünftige Ente zubereiten konnte. Doch häufig konnte ich mir die Empfehlungen meiner Fahrgäste leisten, wie den Lamm-Burger mit Harissa und frischer Minze und eingelegten Zwiebeln bei Vareli, einem »mediterranen bistroartigen Laden in Morningside Heights«, das eine Frau mit verrückter Frisur mir empfohlen hatte, die mich auf der West 96th Street angehalten hatte, mit einem Kleinkind, einem zusammenklappbaren Buggy, einer »Bed, Bath & Beyond«-Tasche und einem Boogie Board im Schlepptau. Ich hatte ihren Wutausbruch nicht persönlich genommen, als das Kreditkartengerät im Auto plötzlich nicht mehr funktionierte. Seither hatte ich immer Hunger auf einen Lamm-Burger, wenn ich in der Nähe von Morningside Heights unterwegs war.

Papichulo steigerte sich in einen hysterischen Anfall hinein und schnappte zwischen jedem drohenden Kläffen nach meinen Knöcheln. Ich wusste nicht, ob ich lachen oder wegrennen sollte. »Chulo, das reicht!«, sagte Sarah, nahm ihn auf den Arm und streichelte seinen zitternden Rücken. »Das ist doch nur Layne. Sie ist deine Freundin.«

Ich flüchtete ins Badezimmer. Während ich mir den Dreck aus dem Taxi abwusch, bemerkte ich ein neues Buch auf der Toilettenspülung. (Wenn Romeo, Sarahs Ehemann – ein durchschnittlich hübscher Italo-Argentinier mit gebleichtem Haar und einem kleinen Bauchansatz –, nicht gerade Technosymphonien komponierte oder nach einem Job suchte, der ihm das Komponieren weiterhin ermöglichte, las er gern auf der Toilette. Sein Geschmack war breit gefächert: Kunstzeitschriften, ein Bildband über die Geschichte der Graffiti in der New Yorker Subway, *Der Herzausreißer* von Boris Vian, einem französischen Schriftsteller/Dichter/Musiker/Erfinder, den Romeo für ein Genie hielt.) Jetzt lag David Byrnes *Bicycle Diaries. Ein Fahrrad, neun Metropolen* auf dem Stapel. Ich trocknete mir die Hände ab und nahm das Buch. Unter dem Titel war eine einfache, fast verloren wirkende Silhouette eines großen, dünnen Mannes auf einem Fahrrad zu sehen, der auf einen unsichtbaren Horizont zuradelte. Das Inhaltsverzeichnis war eine Auflistung von Städten.

Während ich die Namen der Metropolen las – Berlin, Istanbul, Buenos Aires, Manila, Sydney, London, San Francisco, New York –, spürte ich dieselbe überwältigende Erregung wie damals, als Mom und Dad mich mit zum Flughafen in Los Angeles genommen hatten, um Grandma abzuholen (ich war acht). Wir waren aus Versehen im internationalen Terminal gelandet, und ich sah die Städte auf dem Abflugschirm: Paris, Rom, Rio de Janeiro, Tokio. »Mom!«, sagte ich und zupfte an ihrer Hand, um sie zum Anhalten zu bewegen. Ich deutete auf eine Reihe langbeiniger Stewardessen, die alle die gleichen Koffer trugen.

»Mom! Wann fliegen wir weg?«

»Nicht jetzt«, antwortete sie, als ein Mann atemlos über einen Lautsprecher so etwas verkündete wie: »Letzter Aufruf für Pan Am Flug 835 nach Shanghai.«

Ich bestrich mein Gesicht mit einer Tonmaske und nahm die *Bicycle Diaries* mit in mein Zimmer, wo ich mit dem Finger über die Städteliste fuhr und am liebsten alles auf einmal über die urbanen Orte gelesen hätte. »Ende der 80er Jahre«, schrieb David Byrne in seiner Einleitung, »entdeckte ich Klappfahrräder, und da mich meine Arbeit und Neugier in die verschiedensten Teile der Welt führten, nahm ich gewöhnlich eins mit.« Ich blätterte durch den ersten Teil mit den amerikanischen Städten und begann dann aufmerksam das Kapitel über Berlin zu lesen: »Es gibt sogar kleine Ampeln nur für Fahrradfahrer«, schrieb er staunend. »Und Signale zum Abbiegen! … Wie machen sie das nur?« Die meisten seiner Beobachtungen waren trocken, bodenständig, mit Seitenhieben gegen die Bush-Regierung und Ausschnitten aus Gesprächen mit Galeristen und Musikerkollegen. Beim Lesen spürte ich, dass er, im Gegensatz zu vielen anderen Reiseschriftstellern, weder von blauäugigem Eskapismus getrieben war noch von einer Sehnsucht (unbewusst oder nicht), die Annehmlichkeiten von zu Hause in einem anderen Kontext zu wiederholen, noch von einer Verpflichtung, etwas Nettes zu schreiben, um ein örtliches Tourismusbüro zufriedenzustellen. Byrne war neugierig, ehrlich und nie zu überschwenglich: »Im Sommer ist Berlin schön, und es gibt viel zu sehen«, schrieb er. »Das Essen ist großartig – nicht nur Schwein und Kartoffeln wie früher.«

Ich las die Zeilen noch einmal: »Im Sommer ist Berlin schön …«

Ich schaltete die Nachttischlampe aus und schloss die Augen, die nach dem langen Tag brannten. Byrnes Foto eines unberührten Fahrradwegs, gepflastert, von Bäumen gesäumt, wie er sich träge durch einen Berliner Park schlängelt, trieb durch meinen Geist. »Im Sommer ist Berlin schön …« Ich drehte mich auf den Rücken und legte die Hände auf den Bauch, wo sich die vertraute Unruhe bemerkbar machte.

21

Ich war mir nicht sicher, warum der Cop hinter mir plötzlich das Blaulicht einschaltete, als ich von der Park Avenue nach links auf die 72nd Street einbog, doch ich verlangsamte die Fahrt, während sich mein Puls beschleunigte, als ich mit dem Streifenwagen hinter mir rechts ranfuhr.

»Wir werden angehalten?«, fragte die Braut, die neben mir auf dem Beifahrersitz saß. Sie packte meinen Arm mit einer ihrer winzigen, manikürten Hände.

»Schon gut«, beruhigte ich sie, auch wenn mein Herz wie verrückt hämmerte und mein Magen nach zwei Bechern mit Kaffee und Huhn mit Reis und viel Harissa vom Famous-Halal-Guys-Wagen an der Ecke 53rd und Sixth brannte. »Schon gut.«

»Verdammt«, sagte sie und ließ meinen Arm los. »Mist, Mist, Mist!« Sie begann an einem ihrer langen, korallenroten Fingernägel zu kauen.

Ich parkte das Taxi und sah im Rückspiegel auf die Begleiter der Braut: zwei missmutig dreinschauende Brautjungfern in blau-grünem Satin sowie ein Mann in mittleren Jahren mit einer Orchidee am Aufschlag seines dunklen Anzugs, der eine riesige cyanblaue Schachtel auf seinem Schoß hielt, in dem sich wahrscheinlich das Kleid befand. Die drei waren ins Gespräch vertieft und überließen es mir, sich um ihr Mädchen zu kümmern, bis sie den Polizisten erblickten. Der Mann biss die Zähne aufeinander, und die Brautjungfern hoben ihre nachgemalten Augenbrauen, sahen einander an und formten lautlos das

Wort »Mist!« mit den Lippen, während sie verfolgten, wie der Polizist zum Fahrerfenster schlenderte.

»Wissen Sie, dass eines Ihrer Bremslichter kaputt ist?«, fragte er und verschränkte die Arme. Ich starrte auf seinen Bizeps, der aus den kurzen Ärmeln quoll, und wusste nicht, was ich sagen sollte. Ich hörte, wie die Braut neben mir hektisch atmete. Da kam mir ein Gedanke. Ich drehte mich zu ihr. Auch wenn sie gerade hyperventilierte, verstand sie, dass das ihr Stichwort war.

»Ich HEIRATE heute!«, jammerte sie panisch. »Ich sollte um HALB zwölf dort sein! BITTE, tun Sie uns das jetzt nicht an!«

Keiner von ihrer Entourage sagte etwas – die drei lehnten sich zurück, drängten sich an die Rücksitzlehne, um größtmöglichen Abstand zwischen sich und unser Gespräch zu bringen.

Ich warf dem Polizisten einen flehenden Blick zu.

Er beugte sich vor, um die Braut besser in Augenschein nehmen zu können, sah die mit Lack fixierten Locken, die Strasstiara, die makellose Schminke und die Panik in ihren großen grünen Augen. Ein Lächeln zuckte über sein Gesicht.

»Okay«, sagte er. »Fahren Sie weiter. Aber lassen Sie das Bremslicht so schnell wie möglich reparieren.«

Ich trat aufs Gas, bevor er seine Meinung ändern konnte. *Unglaublich*, dachte ich und sah dankbar zur Braut. Sie war vielleicht der panischste Passagier in fünf Monaten Taxifahren, aber sie hatte mich gerade vor einem weiteren Strafzettel bewahrt. Ohne sie hätte mich der Cop auf keinen Fall mit einem kaputten Bremslicht weiterfahren lassen. (Dem NYPD war anscheinend alles recht, Taxifahrern einen Strafzettel zu verpassen: Ich hatte bisher zwei, zu je hundertfünfzig Dollar, beide bekommen bei einem Versuch, die Toiletten am Grand Central Terminal zu benutzen, wo Streifenwagen des NYPD einen

Großteil der Taxistandplätze an der Ecke 41st und Lexington einnahmen.)

»O mein Gott, o mein Gott, o mein Gott, o mein Gott«, sagte die Braut und fächelte sich selbst mit der Hand Luft zu, als wir weiter nach Westen über die 72nd Street fuhren. »Es geht mir nicht gut.«

Auf ihrer Stirn standen Schweißperlen.

»Ich glaube, ich falle in Ohnmacht.«

O nein, das wirst du nicht. Ich drehte die Klimaanlage voll auf. »Haben Sie etwas gegessen?«, fragte ich.

»Ja.«

»Brauchen Sie eine Spucktüte?« Ich begann, in meiner großen roten Tasche zu wühlen, die unverschlossen auf dem Sitz zwischen uns beiden ruhte.

»Nein!«

Ich zog die Hand zurück und sah in den Rückspiegel, gab mir Mühe, den Blick eines ihrer Begleiter aufzufangen, doch die drei flüsterten miteinander und beachteten uns nicht.

»Okay«, sagte ich, »dann versuchen wir es noch einmal. Atmen Sie tief ein …«

»Ich *kann* nicht!«

»Doch, das können Sie.«

Wir hatten das von dem Moment an durchexerziert, als ich sie und ihre Begleiter am Waldorf Astoria aufgesammelt hatte.

»Ich kann nicht atmen!«, keuchte die Braut.

»Doch, das können Sie. Kommen Sie schon. Durch die Nase einatmen« – ich sog die Luft durch die Nasenlöcher, bis sie kleiner wurden – »und durch den Mund ausatmen.« Ich stieß einen langen, lauten Seufzer aus.

Sie schloss die Augen. »O mein Gott.« Sie schaffte nur einen kurzen, rauhen Atemzug.

»Sehr gut«, lobte ich sie. »Weiter so.«

Je näher wir der Fifth Avenue kamen, wo ich sie endlich absetzen konnte, desto schwerer atmete die Braut. Sie fächelte sich weiter Luft zu, rutschte unruhig auf ihrem Sitz hin und her, zog an dem Gurt, als wolle sie sich befreien, während wir uns der grünen Wand des Central Park näherten. Als ich das Taxameter ausschaltete und auf die Bremse trat, begann sie wieder zu hyperventilieren.

»Fahren Sie rein!«, verlangte sie angsterfüllt.

»Wie bitte?«

»Fahren Sie rein!«

»Das darf ich nicht.« Ich deutete auf die Absperrung und das Schild, auf dem stand: »Parkdurchfahrt geschlossen. Betreten verboten!« Ich schüttelte den Kopf. »Keine Autos.«

»Warten Sie!« Sie wühlte in ihrer Handtasche und zog ein zerknittertes, aber offiziell aussehendes Blatt Papier mit einem grünen Siegel hervor und wedelte damit vor meinem Gesicht herum. »Ich habe eine Genehmigung!« Sie schrie jetzt fast. »Bitte, bitte, fahren Sie hinein!« Sie deutete auf einen Mann auf einem Rennrad, der in den Park abbog und hinter den Bäumen verschwand. »Folgen Sie ihm! Sie bekommen keine Probleme! Ich bin viel zu spät. *Bitte!*«

Ich nahm den Fuß von der Bremse. Ich hatte weniger als fünf Sekunden, um zu entscheiden, was schlimmer war: der Zorn der Braut oder der Zorn des NYPD. Das Auto hinter mir hupte.

»*Bitte!*« Wieder packte sie meinen Arm. Die Adern an ihrem Hals traten hervor. Ich sah in den Rückspiegel. Der Mann und die Brautjungfern schwiegen. *Was jetzt?*, schienen ihre Augen zu fragen.

Das Auto hinter mir hupte noch immer, immer länger und lauter. Ach, verdammt, dachte ich und lenkte das Auto um die Absperrung in den Central Park. Ich hielt das Lenkrad fest mit beiden Händen gepackt, während ich auf den Fußgängerweg rollte und inständig hoffte, dass die Genehmigung echt war.

»Wissen Sie, wo das Boathouse ist?«

»Nicht direkt …«, antwortete ich.

»Fahren Sie einfach weiter!«, sagte sie angespannt, als eine Weggabelung vor uns auftauchte. »Weiter, weiter, weiter! Überfahren Sie jemanden, wenn es sein muss. Aber fahren Sie! Himmel, ich bin viel zu spät. Ich sage Ihnen, wohin Sie fahren müssen.«

Als wir an der Weggabelung ankamen, brachte sie allerdings nur ein »O mein Gott« zustande. Nirgendwo war ein Wegweiser zum Boathouse. Keiner aus ihrer Entourage kannte den Weg.

Ich entschied mich für die rechte Abzweigung, warum auch immer. Der Asphalt unter dem Wagen fühlte sich beängstigend glatt an, ohne die Schlaglöcher der Straßen in Manhattan, an die ich mich mittlerweile gewöhnt hatte, wo ich beinahe die Unebenheiten im Grundgestein spüren konnte. Auf der Parkstraße schien das Taxi geradezu zu schweben, als ob die Reifen kaum Halt auf der Straße hätten.

Bitte, lass es der richtige Weg sein, flehte ich still, während ich an Radfahrern und Rollerbladern in glänzender Sportkleidung vorbeirollte. Alle drehten sich um, als sie das Grollen des Crown-Vic-Motors hörten. Ein Mann auf einem Einrad zeigte mir den Mittelfinger. Ein Paar mit den gleichen gelben Mützenschirmen über den Augen schrie etwas, das ich durch die geschlossenen Fenster nicht hören konnte. Das musste ich auch nicht. Was zum Teufel machen *Sie* auf *unserer* Straße? Ich fuhr so langsam, wie die Braut es zuließ.

Das kann nicht stimmen, dachte ich, auf der Suche nach einem Schild oder dem Boathouse selbst, doch ich sah nur Bäume.

»Sie weiß nicht, wo es ist«, hörte ich eine der Brautjungfern flüstern.

Ich ließ eine Hand auf dem Lenkrad liegen und schob die andere in meine rote Tasche, tastete nach der Faltkarte von Manhattan, als ich unter hoch aufragenden Bäumen ein Holzgebäude mit Kupferdach erblickte.

»Da ist es!«, rief die Braut, lehnte sich zu mir und deutete mit dem Finger durch die Windschutzscheibe. »Das ist das Boathouse!«

Ich lächelte. »Ich sehe es«, antwortete ich und versuchte, um eine Gruppe Jogger herumzusteuern.

»Fahren Sie einfach durch sie hindurch!«

»Das werde ich nicht.« Ich wartete, bis die Jogger vorbeigelaufen waren, bevor ich neben einem der gebeugten Bäume anhielt.

»Fahren Sie mich zur Tür!«, befahl sie, wobei sie die kunstvoll getrimmten Hecken zwischen uns und dem Eingang nicht zu bemerken schien.

»Nein«, sagte ich. »Weiter kann ich Sie nicht fahren.«

»Na schön!« Sie sprang aus dem Wagen und stieß mit dem Kopf gegen einen Ast. Die lackbesprühten Locken bewegten sich keinen Millimeter. »Es geht mir gut«, sagte sie hastig und glättete ihr Haar.

Der Mann reichte mir wortlos das Fahrgeld durch die Scheibenöffnung plus zwei Dollar Trinkgeld. Die Braut öffnete die Rücksitztür und entriss ihrem Begleiter die blaue Schachtel.

»Hals- und Beinbruch!«, rief ich ihr hinterher, als sie auf das Boathouse zurannte.

»Tiffany!«, sagte der Mann laut. »Immer mit der Ruhe!«

Die Brautjungfern stiegen aus und ließen die Wagentüren offen. Ich brach hinter dem Lenkrad zusammen und legte den Kopf auf die Arme.

Ein paar Sekunden später ertönte ein unfreundliches Klopfen an meinem Fenster. *Was denn jetzt?* Ich hob den Kopf, wollte die Augen nicht öffnen. Kein Cop starrte mich an, sondern ein Jogger in voller Lycra-Montur. »Sie wissen schon«, sagte er, während ein Schweißtropfen an seiner Nasenspitze hing, »dass Sie hier nichts zu suchen haben, oder?«

»Ich weiß.« Ich hob die Handflächen in universeller »Ich bin unschuldig«-Geste. »Aber sie …« Ich deutete auf das Boathouse, doch die Braut war natürlich längst verschwunden. »Eine Braut hat mich gezwungen, sie hierherzufahren. Was hätte ich denn tun sollen?«

»Sie schalten besser den Warnblinker ein und fahren so langsam wie möglich«, sagte der Jogger eisig. »Ich weiß nicht, was die Cops mit Ihnen machen werden.«

»Aber ich habe …« Da bemerkte ich, dass die Braut sich mit ihrer Genehmigung davongemacht hatte. »Ich … oh, verdammt.«

Die Zeit verging quälend langsam, als ich auf der viel zu glatten Straße Richtung Parkausgang rollte, auf der Vorderkante des Fahrersitzes kauernd. Ich wünschte, ich hätte den sportlichen Menschen auf dem Weg meine Situation erklären können, die mich und das Taxi wütend anstarrten, als würden sie gleich auf mich losgehen wollen. Hinter jeder Kurve tauchten noch mehr verärgerte Sportler auf – wahrscheinlich hätten sie mich mit Eiern beworfen, wenn sie welche zur Hand gehabt hätten –, und ich bekam langsam das Gefühl, im Kreis zu fahren und niemals den Ausweg aus diesem verbotenen grünen Labyrinth zu finden.

Ich weiß nicht, wie viel Zeit vergangen war, bis ich eine Lücke zwischen den Bäumen erblickte. *Okay! Fast geschafft!* Ich beschleunigte das Tempo. *Bitte mach, dass da keine Cops sind. Bitte.* Ich trat stärker aufs Gas, stellte mir das Taxi als nicht zurückverfolgbaren gelben Streifen vor, während ich aus dem Park raste.

Als ich die letzte Biegung vor dem Ausgang in Angriff nahm, trat ich hart auf die Bremse. *Nein, nein, nein!* Ich blinzelte hektisch, hoffte, nur zu halluzinieren. Ich öffnete die Augen. Nein, das hier war real.

Ich sah nicht nur einen Cop. Nein, ich blickte auf einen ganzen Haufen von Streifenwagen, außerdem eine Reihe Polizeitransporter sowie etwa fünfzig uniformierte Beamte, die den Parkeingang bewachten.

Mir brach der Schweiß aus, und ich überlegte panisch. Eine Verfolgungsjagd? Doch das war keine Lösung: Ich fühlte mich immer noch unwohl, wenn ich schneller als mit fünfzig durch Manhattan fuhr.

Ich parkte das Taxi hinter den Streifenwagen. Was sollte ich tun, was sollte ich sagen? Ich stieg aus und betrachtete die Polizisten, konzentrierte mich schließlich auf den beleibtesten. Warum? Musste ich losrennen, würde er mich wahrscheinlich nicht einholen.

Das Handy des Officer klingelte, und er entfernte sich ein paar Schritte von seinen Kollegen, um den Anruf entgegenzunehmen.

Tief durchatmen, ermahnte ich mich und wartete, bis er das Gespräch beendet hatte. *Wird das denn nie aufhören?*

»Hallo, Officer«, sagte ich, als er sein Telefon zuklappte.

Er ignorierte mich, den Blick fest auf die, wie ich jetzt erkannte, Fifth Avenue gerichtet, die Daumen in den Pistolengürtel gehakt.

»Officer?« Ich verschränkte die Hände hinter dem Rücken, folgte seinem Blick in Richtung der Straßenarbeiter in orangefarbenen Sicherheitswesten, die Absperrungen auf dem Gehsteig errichteten. »Was ist denn hier los?«

»Israel Day!«, sagte er und deutete mit dem Kinn auf eine Flagge mit dem Davidstern an einer Straßenlampe. »Die Parade.«

»Oh!«, erwiderte ich verblüfft. »Israel Day! Äh …« Der Polizist musterte mich strafend wie die Herzkönigin aus *Alice im Wunderland*. »Officer, es tut mir wirklich leid, ich weiß, ich dürfte nicht hier sein, aber …«, ich deutete auf das Taxi hinter den Streifenwagen, »aber diese Braut, sie hat mich gezwungen …«

Er stemmte die Hände in die Hüften. »Sie hat Sie *gezwungen?*«

»Sie musste unbedingt zum Boathouse.« Seine Kollegen sahen mittlerweile zu uns herüber. »Sie war zu spät dran. Zu … zu ihrer Hochzeit.«

Der Polizist verlagerte sein Gewicht. Auf seinen fleischigen Zügen lag tiefe Verachtung, als er kopfschüttelnd zwischen mir und meinem Taxi hin- und herblickte.

Ich hielt den Atem an.

»Na gut«, sagte er schließlich. »Hauen Sie ab.«

»Wirklich?«, fragte ich atemlos. »Sind Sie sicher?«

»Was soll das heißen, ob ich sicher bin? Was wollen Sie sonst machen? Das Taxi den ganzen Tag hier stehenlassen? Na los, hauen Sie endlich ab!«

Als ich an diesem Abend nach meiner Schicht über Skype mit Mom und Dad sprach und ihnen von dem beleibtesten Polizisten erzählte – und wie ich ins Taxi gesprungen, den Zündschlüssel gedreht und mit allen acht Zylindern aus dem Park gebrettert war, während die anderen Cops auf mein Taxi deuteten und genauso ungläubig aussahen, wie ich mich fühlte, als ich über die Fifth Avenue raste –, erschien plötzlich eine Sprechblase auf meinem Bildschirm.

Du fährst jetzt also Taxi?! Joaquín.

»Oh!«, sagte ich überrascht. Mein Magen machte einen Satz.

»Was war das?«, fragte Mom.

»Nichts.« Ich ignorierte seine Nachricht erst einmal. »Was hast du gesagt?«

»Ich habe gesagt«, erwiderte Mom, »dass ich nicht glauben kann, dass dir diese Braut nur zwei Dollar Trinkgeld gegeben hat.«

»Das Mädchen war außer sich, Virginia«, schaltete sich Dad ein.

Sozusagen …, tippte ich in den Computer.

Ich hatte ihm einfach auf seine E-Mail antworten müssen. »Nein, ich bin nicht in Buenos Aires«, hatte ich nach einer selbst verordneten Wartezeit von einer Woche geschrieben.

»Aber Leroy, sie hat sie gezwungen, das Gesetz zu brechen!«

Wie läuft es mit dem Schreiben?, tippte Joaquín.

Das ist eine lange Geschichte …

»Was ist das für ein Geräusch?«, fragte Mom.

»Gibst du etwas auf der Tastatur ein?«, fragte Dad.

»Nein.« Ich versteckte meine Hände im Schoß, auch wenn sie mich nicht sehen konnten – Mom und Dad hatten keine Webkamera, ebenso wenig wie ich.

»Nun, ich verstehe die Bräute heutzutage einfach nicht. Sie denken, sie könnten sich wie Filmstars benehmen!« Mom seufzte ins Mikrofon. »Oh, wie spät ist es eigentlich? Halb zwölf? Oh, verdammt! Leroy, wir müssen uns fertig machen, und du hast dich noch nicht mal rasiert. Und ich muss noch die Lasagne zubereiten …«

»Lasagne?«, unterbrach ich sie. »Okay, ich muss auch los …« Wir verabschiedeten uns voneinander.

Bist du noch da????, fragte Joaquín.

Ja …

Ich hörte, wie die Wohnungstür geöffnet wurde und das Trippeln von Papichulos Krallen auf dem Holzboden in der Diele.

¿Y vos?, begann ich mit leicht zitternden Händen zu schreiben. *¿Qué tal? Bist du in Buenos Aires?*

Sí.

Papichulo knurrte vor meiner Zimmertür.

Ich vermisse unsere Gespräche, schrieb Joaquín.

Ich auch, tippte ich, löschte die beiden Worte aber gleich wieder.

Die Gespräche mit ihm vermisste ich sogar mehr, als mit ihm zu tanzen. Konnte ich ihm das sagen? Ich wollte ihm so viel erzählen: von New York und dem Taxi, dem Tango im Taxi, von den Büchern, die ich gelesen hatte, von Ginsberg und Kerouac, und wie sehr sie mich an ihn erinnerten. Während Kerouac auf der Suche nach ununterbrochenem Rausch gewesen war (»Warum sollte ich irgendwelche Kompromisse eingehen …?«), lehrte sich Ginsberg, die »Preisung des verschwindenden Moments« zu beobachten. Ginsberg hatte recht, dachte ich. Ebenso wie Joaquín, auf seine Art – wegen ihm, ob es ihm bewusst war oder nicht, lernte ich, Schritt für Schritt, den verschwindenden Moment zu preisen, die Schönheit der Dinge im Fluss zu schätzen.

Du bist ein großartiger Lehrer, schrieb ich schließlich und strengte mich an, mich nicht von Papichulos Scharren an meiner Tür ablenken zu lassen. *Weißt du das?*

»Chulo!«, rief Sarah, wahrscheinlich aus der Küche. »Hör auf!« Der Hund begann zu winseln.

Eine Minute verging. Zwei. »Chulo, Schätzchen, komm her!« Der Chihuahua knurrte und flitzte durch die Diele.

Ich stand auf und legte mich aufs Bett, drückte die Handflächen auf den Bauch. Als ich mit Mom und Dad sprach, hatte ich Hunger gehabt. Nun hörte ich die Tonfolge einer neuen Chat-Nachricht und stürzte zurück an den Computer.

Y vos sabes que te quiero. Und du weißt, dass ich dich liebe.

Wie bitte? Ich starrte auf den Bildschirm, den blinkenden Cursor. Nein, das wusste ich nicht. Ich hatte von Anfang an geglaubt, bis zum Ende, dass er mir mehr bedeutete als ich ihm.

Bist du noch da?, schrieb er.

Ich weiß es nicht.

»Joaquín A. tippt«, las ich im Chat-Fenster. Ich wartete, zupfte an meiner Unterlippe, beobachtete das kleine Bläschen, wie es verschwand und wieder auftauchte.

Du bist ein wunderbarer Mensch, schrieb er.

Und es tut mir leid.

Ich stand auf und streckte die Arme Richtung Decke. Warum jetzt? Spielte es eine Rolle? Ich ließ vier Minuten verstreichen, vielleicht fünf, wünschte, ich hätte Platz zum Umherlaufen. Ich ging zurück zum Computer. Neben Joaquíns Namen war das gelbe Wölkchen, das »bin nicht am Platz« anzeigte. *Sag mir einfach die Wahrheit.*

Ich setzte mich auf den Klappstuhl und ließ die Finger über der Tastatur schweben.

Te quiero también, schrieb ich.

Die gelbe Wolke verschwand nicht.

Es klopfte leise an der Tür. »Layne?« Sarah.

»Komm rein!«

»Möchtest du etwas Gemüsepfanne?«

Ich blickte auf den Laptop. Der Bildschirm wurde dunkler, würde sich bald in den Ruhezustand versetzen. Durch die offene Zimmertür drangen Knoblauch- und Ingwerschwaden.

»Gern.« Ich stand auf, schob den Stuhl zurück.

»Alles in Ordnung?«, fragte Sarah mit Blick auf den Computer.

»Ja, alles okay.« Ich drückte die Fingerknöchel gegen die Augenwinkel, um meine Tränen zurückzudrängen. Unsere *te quieros* waren platonisch, das wusste ich – auch wenn wir sie durch den Cyberspace geschickt hatten. Ich schloss den Laptop und folgte Sarah in die Küche.

22

Die Sonne ging gerade unter in Spanish Harlem, als Isabel und ich aus der Subway an der 110th und Lexington an die Oberfläche kamen.

»Wo müssen wir hin?«, fragte sie.

»Hier entlang«, sagte ich und führte sie am Oberarm.

»Woher weißt du das?«

»Durchs Taxifahren.« Seit ich mir eingebleut hatte, wie die Avenues verliefen, konnte ich bei nahezu jeder Station in Manhattan aussteigen und mich innerhalb von Sekunden orientieren. Noch würde ich mich nicht als gute Taxifahrerin bezeichnen – nach fünf Monaten hinter dem Steuer konnte ich mich in Greenwich Village immer noch verirren oder in Downtown Brooklyn –, aber zumindest hatte ich einen gewissen Orientierungssinn entwickelt.

»Wow«, sagte Isabel, die keine Karten lesen konnte und ihre Wohnung für gewöhnlich eine Stunde früher verließ, wenn sie sich mit jemandem in Manhattan verabredet hatte, um Zeit für einen ungeplanten Umweg zu haben.

Wir überquerten die Third Avenue. Ein gelbes Taxi hielt an der roten Ampel und bremste ein gutes Stück hinter den verblichenen weißen Linien des Fußgängerübergangs.

»Es ist frei«, sagte ich.

»Schaust du jedes Mal?«

»Ja.« Selbst wenn ich nicht fuhr, sah ich stets nach, ob ein Taxi einen Fahrgast beförderte. Es war ein neuer Reflex, einer von mehreren, wozu auch die Jagd auf Kamikaze-Fußgänger auf der Straße zählte oder ein Wutanfall über jedes in zweiter Reihe parkende Auto. Doch diese unangemessenen Reaktionen waren verstörend, und ich war mir nicht sicher, ob ich Isabel davon erzählen sollte.

Wir gingen die 110th Street nach Osten, an einem leeren Sportplatz vorbei, dessen Basketballkörbe keine Netze hatten. Die Straßenbeleuchtung wurde spärlicher. Wir liefen schneller. Als wir nach rechts auf die Second Avenue abbogen, sahen wir es, neben Devil's Ink Tattoo, eine Fensterfront, die mit ihrem hellgrünen Neonlicht den ganzen Block erhellte: WALKERS WOOD CARIBBEAN & AMERICAN RESTAURANT. Alex und Jilian, die letzten Fahrgäste meiner letzten Schicht, hatten es mir als ihr Lieblingsrestaurant mit jamaikanischer Küche in Spanish Harlem empfohlen. »Gehen Sie nicht am Sonntag hin«, sagte Jilian, bevor ich sie und ihre Tochter Miriam am Central Park Zoo absetzte. »An dem Tag ist Edward nicht da, und es gibt keinen Rumkuchen.«

Unsere Augen mussten sich erst an das Neonlicht im Walkers Wood gewöhnen, das an den Lichtersturm auf dem Times Square erinnerte. An der Wand neben der Eingangstür war ein Fernseher montiert, wie im Krankenhaus, auf dem *Jeopardy!* lief. Im hinteren Teil des Raums befand sich eine Theke hinter Plexiglas, an dem safrangelbe Blätter aus einer Speisekarte (»Willkommen! Probieren Sie den Geschmack der Karibik«) und ein Schild mit der Aufschrift »Rauchen verboten« mit gräulichem Tesafilm befestigt waren.

»Edward ist nicht da«, sagte der leicht beleibte Mann im burgunderroten T-Shirt hinter der Theke, der etwa in den mittleren Jahren war und ein Muttermal neben der Nase hatte. Er stellte sich als Fred vor.

Enttäuscht sah ich zu Isabel. »Gibt es trotzdem Rumkuchen?«, fragte ich.

Zwei Stücke waren noch übrig. Er wickelte sie für uns in Wachspapier, während wir die Speisekarte lasen: Hühnchen in einer Jerk-Würzmischung, Hühnercurry, geschmortes Steak, Ochsenschwänze …

»Ochsenschwänze?«, fragte Isabel.

Fred nahm eine Pieform aus Aluminium aus einem Regal unter der Theke und ging zu dem Warmhaltetisch am anderen Ende, wo alle Gerichte etwas farblos aussahen, als hätten sie zu lange gekocht. Er schaufelte Ochsenschwänze, Reis und Erbsen (rote Bohnen) sowie süße Kochbananen in die Form, bis sie beinahe überquoll.

»Bitte sehr«, sagte er und reichte uns die runde Form zusammen mit zwei Plastikgabeln. Er deutete auf die verstreut stehenden leeren Formica-Tische. »Freie Platzwahl.« Die letzte *Jeopardy!*-Runde begann gerade.

Isabel und ich strahlten uns an, als wir die ersten Bissen Ochsenschwanz nahmen. Das Fleisch schmolz geradezu von den Knochen und war vom eigenen Saft durchzogen.

Der Rest war genauso köstlich, wie Alex und Jilian es versprochen hatten: Die goldbraun gebratenen Kochbananen waren noch ein wenig fest, überhaupt nicht schmierig, und der Reis und die Bohnen schmeckten nach etwas, das ich nicht benennen konnte.

Ich stand auf und klopfte gegen die Scheibe. Fred bemerkte mich erst nach ein paar Sekunden – so sehr war er in die Fernsehsendung versunken. Ich drehte mich um und sah, wie die Teilnehmer ihre Fragen für die letzte *Jeopardy!*-Runde niederschrieben. Die Kategorie lautete »Autoren des neunzehnten Jahrhunderts«. Zur ersten Frage gab es einen Hinweis: »Unter dem Pseudonym A. M. Barnard hat sie einige weniger bekannte Romane geschrieben. Ihr berühmtester Roman basiert weitgehend auf ihren Kindheitserlebnissen.«

»Louisa May Alcott?«, sagte Fred, als die Melodie für die Zeit zum Nachdenken kaum eingesetzt hatte.

»Vermute ich auch.« Ich wartete, bis Alex Trebek die Werbepause ankündigte, dann fragte ich Fred: »Womit würzen Sie Ihren Reis?«

Er kicherte und sah auf seine Füße.

»Na los, sagen Sie es mir. Sie wissen doch, dass ich es nicht wie Sie nachkochen kann.«

Fred rieb sich den Nacken, sah zur Zimmerdecke, als ob er um Erlaubnis von einer höheren Macht bat. Schließlich flüsterte er verstohlen: »Kokosmilch.«

»Kokosmilch?«

»Mmmhmm.« Er nickte und gab mir zwei neue Plastikgabeln für den Rumkuchen, dann richtete er die Fernbedienung auf die Lücke in der Glasscheibe und stellte den Fernseher lauter. Die Werbepause war vorbei. »Fangen wir in der Mitte an«, sagte Alex Trebek. »Andrew McCluskey, er hat es gewusst. Es war Louisa May Alcott. Das ist richtig. Gut gemacht …«

»Gut gemacht«, sagte ich zu Fred.

Er grinste.

Isabel wickelte den Rumkuchen aus, der tiefdunkel wie Espresso war und praktisch nur aus Alkohol bestand. Er schmeckte wie karamellisiertes Zuckerrohr.

»Also, meine Liebe …« Sie wischte sich einen Krümel von der Lippe. Ihre Nägel waren mit einem Rot wie von einem kandierten Apfel lackiert. An den meisten Frauen hätte es billig ausgesehen, doch an ihren Händen wirkte der Nagellack königlich. »Wird es langsam leichter?«

»Was wird langsam leichter?« Ich wickelte das zweite Stück Rumkuchen aus und schob mir eine Gabel voll davon in den Mund.

»Taxifahren.«

»Oh.« Ich hörte einen Moment lang auf zu kauen. »Nun …« Nach außen hin wirkte es tatsächlich so, als würde ich mich verbessern. Ich dachte an die kleine Dame mit dem pflaumenfarbenen Lippenstift, die ich vor zwei Schichten morgens um 6:50 Uhr an der Bushaltestelle vor dem St. Luke's Hospital aufgesammelt hatte. Als sie mir sagte, sie sei spät dran, sie müsse zur Arbeit, hatte ich Glück und eine grüne Welle auf der Amsterdam Avenue. Im Geiste verwandelte ich mich in Mom, die in unserer Familie den Bleifuß hat und den Tempomaten ihres Minivans gern auf fünfundachtzig Meilen einstellt. »Sie sind eine verdammt gute Fahrerin, *mamita*«, sagte die Dame, als ich sie an der 149th Street um drei Minuten vor sieben absetzte. Vielleicht war ich mittlerweile tatsächlich eine bessere Taxifahrerin, aber die Stadt zermürbte mich allmählich, und ich fragte mich, ob ich im Begriff war, meine Menschlichkeit zu verlieren.

Wenn ich in der Nähe der 42nd Street war, hielt ich bei der Mid-Manhattan Public Library – die glanzlose Verwandte der großen Bibliothek am anderen Ende der Fifth Avenue mit den Marmorsäulen – und schlenderte länger zwischen den Bücherreihen hindurch, als ich eigentlich sollte. Ich fragte mich, was vom New York eines O. Henry, Joseph Mitchell und E. B. White noch übrig war – die Stadt also, die ich suchte, voller Exzentriker und Untergrundkneipen und neuer Musik und Kunst. Ich kam zu dem Schluss, dass man New York nicht verstehen konnte, vor allem nicht seine Schattenseiten, ohne hier zumindest einmal Taxi gefahren zu sein. Man musste hinter dem Steuer sitzen, um das volle Ausmaß des Rausches zu erfassen, die Verzweiflung jener, die Zeit in Millisekunden maßen und für gelbe Ampeln nur Verachtung übrighatten. Das Tempo verringern? Nicht in diesem Leben. Im Taxi hatte man das Gefühl, dass jeder auf der Insel um seine große Chance kämpfte. Im

Taxi sah man die Reißzähne der Stadt, und immer öfter zeigte ich auch meine.

Ein halbes Stück Rumkuchen war noch übrig. Ich schob es Isabel zu und legte meine Plastikgabel auf den Tisch. »Ich werde besser«, sagte ich und fuhr mit den Fingern über einen Kratzer in der Tischoberfläche, »aber ich werde auch mir selbst unheimlich.«

Sie schob den Kuchen zurück. »Wie meinst du das?«

»Willst du das wirklich wissen?«

Sie nickte.

»Okay.« Ich rutschte mit meinem Stuhl näher an den Tisch. »Am Sonntag wollte ich im Wellington Hotel aufs Klo gehen.« Ich senkte die Stimme, auch wenn Fred uns nicht zu beachten schien und wahrscheinlich durch das *Glücksrad* auch nichts hörte. »Du weißt, dass ich dort gern halte. Die Türsteher sind sehr nett und lassen mich immer die Toilette benutzen. Und manchmal, wenn ich Zeit habe, gönne ich mir einen Chocolate Chip Cookie bei Petrossian. Von den Cookies habe ich dir erzählt, nicht wahr? Mit den Pekannüssen? Hast du sie schon probiert?«

»Noch nicht.«

»Okay, nicht so wichtig. Nein, natürlich schon wichtig, denn du musst sie einfach probieren. O Mann …« Ich rieb mir den Bauch. »Jedenfalls«, ich wedelte mit der Hand vor meinem Gesicht, »habe ich am Sonntag dort angehalten … nein, ich habe es *versucht*, an dem Taxistand an der Ecke Fifty-sixth und Seventh zu parken, genau vor dem Wellington. Aber es gelang mir nicht. Und weißt du, warum? Weil dort ein SUV stand, der den letzten Platz besetzt hatte, genau unter dem Schild mit der Aufschrift ›Parken verboten: Taxistand‹.«

»Oh-oh.«

»Genau. Ich parke also in der zweiten Reihe, gehe zu dem

SUV und klopfe ans Fenster. Im Wagen sitzt ein Mann mit einem Yorkshireterrier auf dem Schoß. La, la, la, total in seiner eigenen Welt. Beide gehen fast durch die Decke, als ich an die Scheibe hämmere. Doch das ist mir egal. Ich schreie den Kerl an: ›Sie können hier nicht parken!‹« Ich zeigte Isabel, wie ich meine Faust geschüttelt hatte. »›Das hier ist ein TAXIstand!‹ Der Typ hatte wirklich Angst, das sah man. Dann schob er den Yorkie von seinem Schoß und fuhr so schnell wie möglich davon. Da habe ich sein Nummernschild aus Georgia bemerkt. Wahrscheinlich habe ich ihm jetzt lebenslange Angst vor den New Yorkern eingejagt.«

Isabel krümmte sich vor Lachen. »O nein!«

»O doch!«, sagte ich. »Und gestern Abend erst! Ich war in Midtown und sah, wie eine Frau bei Rot über die Straße ging. Sie hat nicht mal geschaut, ob ein Auto kommt. Und sie war ganz in Schwarz gekleidet.«

»Okay …«

»Ich bin ihr also nach, habe sie angehalten und ihr gesagt, dass sie sich gerade in Lebensgefahr bringt. ›Niemand sieht Sie, wenn Sie einfach so über die Straße spazieren!‹ Sie hat mich angesehen, als sei ich vollkommen verrückt. Dann hat sie nur geschnaubt und ist weitergegangen.«

Isabel kicherte immer noch. Doch sie hielt sich die Hand vor den Mund, als sie meinen ernsten Gesichtsausdruck sah.

»Ich sag's dir, ich übertreibe nicht. Die Menschen sind so gedankenlos!« Das war ich früher auch, bevor ich mit dem Taxifahren angefangen hatte. Ich musste an Orwell denken: »Es ist seltsam«, schrieb er, »wie man Dinge nicht bemerken kann.« Tatsächlich: Mir war nie aufgefallen, wie gefährlich es war, die Stadt aus dem Rhythmus zu bringen, wenn ich bei Rot über die Straße ging … bis ich die Welt vom Fahrersitz aus sah.

»Nun«, sagte Isabel, »also …« Sie gab sich wirklich Mühe,

Mitgefühl zu haben, doch so richtig gelang es ihr nicht. Etwas Romantisches lag in ihren Augen, das ich nur zu gut kannte, als ich die Taxifahrer noch vom Rücksitz aus verklärt hatte. Jetzt war eindeutig nicht der richtige Moment, um ihr von meiner Fahrt nach Downtown mit dem Mann im dunkelblauen Anzug zu erzählen.

Ich hatte ihn entdeckt, als ich gerade vom Taxistand an der 20th Street losfahren wollte: ein großer, dünner Mann mit der Bräune eines Wochenendseglers, der mit bewusst gestrafften Schultern lief und sich immer wieder mit einem suchenden, fast schon verletzlichen Gesichtsausdruck Richtung Straße drehte. Noch bevor er die Hand hob, fuhr ich rechts ran.

»Liberty und Broadway«, sagte er, als er sich auf den Rücksitz niederließ. Wie so viele Männer, die ich zur Wall Street fuhr, hatte er nichts dabei.

Ich legte den Gang ein. Er stützte den Ellbogen auf den Fensterrahmen und schwieg. Mittlerweile bildete ich mir gern ein, spüren zu können, wann sich ein Fahrgast unterhalten wollte oder lieber schwieg. Schweigen war mein Ausgangszustand im Taxi geworden, und ich unterschied mittlerweile verschiedene Formen des Schweigens: das ungeduldige Schweigen (wie die Dame in pinkfarbener Seide, die vor sich hin schnaubte, nachdem ich die ersten zwei grünen Ampeln auf dem Weg zu einer Wohnungsbesichtigung nicht mehr erwischt hatte), das betrunkene Schweigen (drei Collegestudenten in hautengen Jeans, die ich an der Ecke Varick und Spring aufsammelte und die auf der Fahrt nach Williamsburg einschliefen), das misstrauische Schweigen (als ich einmal versehentlich einen Banker über die Brooklyn Bridge fuhr auf dem Weg zum Financial District), das neugierige Schweigen (eine Gruppe japanischer Jungs, die mich heimlich auf dem Weg zu Macy's fotografierten) und das mitfühlende Schweigen (wie auf der

Fahrt mit der Ukrainerin mit dem goldenen Vorderzahn, der es nichts auszumachen schien, als ich mich auf dem Weg zu ihrer Schlammpackung im Oasis Health Center in Brighton Beach verfuhr).

Doch das melancholische Schweigen, gemischt mit verschiedenen Abstufungen existenzieller Sehnsucht, kam vielleicht am häufigsten bei meinen Fahrgästen vor, die wahrscheinlich wenig Gelegenheit zum Stillsitzen hatten. Der Mann in dem dunkelblauen Anzug strahlte es ebenfalls aus – bis wir hinter einem FedEx-Wagen steckenblieben, der den Verkehr nach Osten auf der 18th Street blockierte.

Eine Minute verging, zwei Minuten. Ich sah in den Rückspiegel: Eine lange Autoschlange bildete sich hinter uns. Mein Fahrgast seufzte und schlug immer wieder die Beine übereinander.

HUUUUP! HUUUUUP!

Wieder sah ich in den Rückspiegel. Die Autoschlange erstreckte sich bis zur Ninth Avenue. Das Hupen klang nicht mehr nur verärgert, sondern stinkwütend. Mein Passagier seufzte immer lauter. Das war das Schlimmste am Taxifahren in New York: Menschen kamen häufig genug völlig verzweifelt an ihr Ziel, und ich fühlte mich verantwortlich dafür, selbst bei einem Stau, den ich nicht beeinflussen konnte. Sosehr ich es auch versuchte, ich konnte mich nicht von dem Drängen hinter der Scheibe abgrenzen. Die Botschaft in den Augen des Mannes im blauen Anzug war deutlich: Bring das in Ordnung. Es ist dein Job.

HUUUUUUUUUUUUP! HUUUUP! HUUUUP! HUUUUP! HUUUUP!

Sitz nicht einfach nur so da!, dachte ich. *Mach was!* Ich schob den Schaltknüppel auf »Parken«, ließ den Motor laufen und rannte hinüber zu dem FedEx-Wagen.

»Hey!«, brüllte ich den Fahrer an, einen teigigen Mann mit einer Baseballkappe, der gerade ein Subway-Sandwich aß, gebeugt über das mit dem Einwickelpapier bedeckte Lenkrad. Er blickte auf, als er mich und meine wild fuchtelnden Arme sah, und schluckte angestrengt, als wäre der Bissen noch zu groß.

»Ich habe einen KUNDEN!«, brüllte ich noch lauter und deutete auf das Taxi. »Sie können doch nicht einfach so die Straße blockieren! Hören Sie den Lärm nicht?« Ich streckte die Hand in Richtung des Hupkonzerts aus und zeigte dann wütend auf den Gehsteig, wie ein Einweiser auf dem Flughafen. »Weg da!«

Der FedEx-Angestellte wies auf sein Sandwich. »Und wann soll ich mein Mittagessen essen?«

HUUUUUUUUUUUUUUUUUUUUUP! HUUUUUU-UUUUUP! HUUUUUUUUUUUP!

»Wollen Sie mich VERARSCHEN?«, schrie ich, ermutigt durch das Hupen hinter mir. Die wütenden New Yorker waren auf meiner Seite.

»FAHREN SIE WEG!«, brüllte ich, der Hysterie nahe, wenn nicht schon darüber hinaus. Wenn ich eines von der Braut gelernt hatte, dann, dass Hysterie einen weit auf New Yorks Straßen bringen konnte. Ein überrascht-erschrockener Ausdruck zeigte sich auf dem Gesicht des FedEx-Fahrers, und einen Moment lang fühlte ich mich schuldig: Er wirkte tatsächlich verängstigt. Aber ich hatte einen Fahrgast, was sollte ich denn sonst tun?

HUUUUUUUUUUUUUUUUUUUUUUUUUUUUUP! HUUUUUUUUUUUUUUUUUUUUP! HUUUUUUU-UUUUUUUUUUUUUUUUUUUUUUUUUUUUUUUP! HUUUUUUUUUUUUUUUUUP!

HUUUUUUUUUUUUUUP! HUUUUUUUUUUUU-UUUUUUP! HUUUUUUUUUUUUUUP!

Der Fahrer legte Einwickelpapier und Sandwich in den Schoß, packte den Ganghebel und manövrierte den Lieferwagen Richtung Randstein, gerade weit genug, um den anderen Autos die Durchfahrt zu ermöglichen.

Sofort war das Hupen gegen mich gerichtet. Die anderen hatten meine Verhandlungen mit dem FedEx-Fahrer nicht gesehen, oder es war ihnen egal. Jedenfalls blockierte ich jetzt den Verkehr. Ich rannte zurück zum Wagen.

»Puh«, sagte ich, ließ mich auf den Fahrersitz fallen und warf einen Blick in den Rückspiegel, während wir die West 18th Street entlangrasten. Hatte mein Kunde mich gesehen, wie ich wegen ihm gestikulierend auf der Straße gestanden hatte? Ich setzte mich aufrecht hin, bereit für seine Dankbarkeit, doch er starrte nur auf sein Handy. War es so selbstverständlich, dass ich mich so für ihn in die Schlacht stürzte? Dass ich einen Wutanfall bekam und einen armen FedEx-Fahrer beim Mittagessen störte, nur damit dieser Mann so schnell wie möglich sein Ziel erreichte? *Du hast das in Ordnung zu bringen. Das ist dein Job.* Ja, wahrscheinlich war es das.

»Ich weiß nicht«, sagte er, als er mit einem abwesenden Lächeln von seinem Handy aufblickte, »wie Sie in New York Auto fahren können.«

»Das weiß ich auch nicht«, erwiderte ich, als ein Mann in einem schwarzen Tutu bei Rot über die Fifth Avenue ging. Mein Kunde lachte. Er kicherte immer noch, als ich nach rechts auf den Broadway abbog, und als ich ihn an der Ecke Liberty und Broadway absetzte, gab er mir einen Dollar Trinkgeld und zeigte mir sein Telefon. Auf dem Display war ein Bild von mir zu sehen: ein kleines, dunkelhaariges Ding in Caprihosen, das mit blassen Armen wild neben dem FedEx-Wagen gestikuliert. Selbst im Profil war mein mörderischer Gesichtsausdruck zu erkennen.

»Lass uns gehen«, sagte ich zu Isabel, legte unsere Plastikgabeln in die leere Pieform und packte die Reste unseres Rumkuchens wieder ein.

»Wir kommen wieder!«, erklärte Isabel Fred.

»Meine Kunden kommen immer wieder«, entgegnete er.

Wir gingen zurück zur Subway, etwas blind im Dunkeln nach über einer Stunde im Neongeflimmer. Ich drehte mich zu Isabel, die die Arme eng vor der Brust verschränkt hatte. Wollte sie sich vor mir schützen oder vor der Nacht?

»Weißt du was?«, sagte ich, während wir an der Ampel an der Third Avenue auf Grün warteten. »Ich wünschte, jeder könnte mal nur für einen Tag Taxi fahren. Die Stadt wäre ein ganz anderer Ort.« *Aber selbst dann*, dachte ich, während ich ein weiteres unbesetztes Taxi vorbeifahren sah, *würde ich mich nicht unbedingt als New Yorker Bürgerin fühlen.*

23

Ich fuhr nach Westen auf der East 45th Street und stand im mittäglichen Stau, als meine Blase sich plötzlich meldete. Ich drehte das Radio lauter, um die Meldungen meines Körpers wenigstens zeitweilig zu vergessen: Celia Cruz' ansteckend fröhliche Stimme erklang: »*A-gar-ra-te fuer-TE … Y ya no te suel-TES …*« (»Halt mich fest … und lass mich noch nicht los …«) Ich richtete mich auf und versuchte, an dem US-Mail-Lieferwagen vor mir vorbeizusehen. Meine Blase protestierte wieder, energischer diesmal. *Nie wieder*, dachte ich, *werde ich einen Eiskaffee vom Café Grumpy unterschätzen.*

Gerade hatte ich einen weiteren Zusammenstoß mit einem Schwarzfahrer gehabt, einem Mann in Safarishorts und einer Red-Sox-Kappe, der mich den ganzen Weg bis zum Flughafen La Guardia fahren ließ, wo seine Kreditkarte dann schließlich zurückgewiesen wurde. »Haben Sie Bargeld?«, fragte ich ihn. Er zuckte halbherzig mit den Schultern und zeigte mir sein leeres Portemonnaie. »Was fällt Ihnen eigentlich ein, sich mit null Geld ins Taxi zu setzen?« Seine Antwort war ein weiteres gleichgültiges Schulterzucken, an dem ich erkannte, dass er high war. Ich kochte vor Wut, als er seinen Koffer aus dem Wagen zog und hinter den automatischen Türen zum Delta-Terminal verschwand. Aber was konnte ich dagegen tun? Nichts. »Fahr weiter, Zuckerschnute«, erinnerte ich mich an Mary Jos Worte. »Diesen Idioten nachzujagen ist gefährlich und Zeitverschwendung.«

Doch ich war immer noch wütend, als ich beim Café Grumpy ankam. Empfohlen hatte es mir ein Jurastudent, den ich vor ein paar Schichten gefahren hatte, und in dem der Kaffee so himmlisch wie der Name war. Ich bestellte einen großen Eiskaffee zum Mitnehmen, nach dem ich zweimal innerhalb von dreißig Minuten die Toiletten in Port Authority aufsuchen musste.

Und jetzt, an der Ecke 45th und Nähe Park, als meine Hände immer noch vom Koffein vibrierten, musste ich schon wieder aufs Klo. *O nein,* dachte ich, *das geht überhaupt nicht.* Meiner Blase war das egal. Ich betrachtete den Stau vor mir: Der US-Mail-Lieferwagen, der sich bis zu diesem Moment zumindest noch zentimeterweise vorwärtsbewegt hatte, blieb ganz stehen und schaltete den Warnblinker ein. Ich packte das Lenkrad fester.

»Lass niemanden sehen, wie du schwitzt«, hatte mir Mary Jo einmal geraten. Sie hatte meinen Blog gelesen, in dem ich all meine Unglücke hinter dem Lenkrad dokumentierte. Ich bemühte mich, in leichtem Ton zu schreiben und den eigentlichen Zweck, Restaurantempfehlungen von Fahrgästen, so oft wie möglich einfließen zu lassen. Doch Mary Jo spürte die Anspannung und die mangelnde Freude hinter meinen Worten. »Mach dir keine Gedanken darüber, dass deine Träume in die Brüche gehen«, sagte sie. »Du gewöhnst dich im Augenblick noch immer an den Job.«

Meine Blase wollte keine Ruhe geben, egal wie oft ich das Gewicht verlagerte. Ich sah mich um. Was hatte ich für Möglichkeiten? Auf keinen Fall konnte ich den Lieferwagen vor mir umfahren, selbst wenn ich einen brautwürdigen Wutanfall bekam und ihn zwang, zur Seite zu fahren: Die East 45th Street war zu schmal, ebenso die Gehsteige. Ich konnte den Warnblinker einschalten, das Taxi mitten auf der Straße stehenlassen und nach einer Toilette suchen. Aber was, wenn sich der

Verkehr genau dann wieder in Bewegung setzte? Ich erwog den leeren Kaffeebecher. Auf keinen Fall. Es musste eine andere Alternative geben.

Ich warf einen Blick auf den Postwagen, der mit blinkenden Warnlichtern wie festgewachsen vor mir stand. Ich schaltete Celia Cruz aus und spannte jeden Unterleibsmuskel an, doch es half nichts. Meine Nieren schmerzten, und ich wusste, was das bedeutete: Wenn ich in den nächsten sechzig Sekunden keine Toilette fand, würde ich in die Hose pinkeln.

Ich löste den Sicherheitsgurt. *Passierte das wirklich gerade?* Der Körper regierte über den Geist. Ich schob den Ganghebel auf »Parken«. Rutschte mit dem Sitz so weit nach hinten wie möglich. Nahm meinen *New York City 5-Borough Street Atlas*, der die Größe eines Grundschulbastelbogens hatte, und legte ihn mir über den Schoß. Dann zog ich meine Hose herunter. *Okay*, dachte ich und griff nach dem leeren Kaffeebecher in der Halterung. *Los geht's.*

Ich positionierte den Becher unter mir und ließ es laufen, zuerst vorsichtig, dann immer schneller, als ich sah, dass ich perfekt gezielt hatte. Ich hielt den Becher so ruhig wie möglich und entspannte mich, während er sich füllte und das Plastik sich in meinen Fingern erwärmte. Tränen der Erniedrigung und Erleichterung rollten mir über die Wangen, als ich fertig war. MacGyver-artiger Triumph erfüllte mich, als ich den Deckel wieder auf den Becher drückte.

Meine Hose hatte ich allerdings noch nicht wieder hochgezogen, als eine Frau in mittleren Jahren mit einem Pixie-Haarschnitt ans Fenster klopfte. »Sind Sie frei?«

»Nein!«, sagte ich und presste den Atlas auf meinen Schoß. Sie warf einen Blick auf meine nackten Knie – konnte sie die Hose um meine Knöchel sehen? – und hob die Augenbrauen. »Bitte«, sagte ich und winkte sie mit einer Hand weg, während die andere weiterhin den Atlas umklammerte. Sie eilte davon, rückte ihren Pashmina-Schal zurecht und schüttelte den Kopf, als ob sie zu vergessen versuchte, was sie gerade gesehen hatte.

Sobald ich mich aus dem Stau befreit hatte, fuhr ich an der 45th Street rechts ran, entsorgte den Inhalt des Kaffeebechers in den Rinnstein, warf den Becher in den Müll und rieb meine Hände mit Desinfektionsgel ein, bis sie brannten. Es war mir egal, dass ich während dieser Schicht bisher nur vierundzwanzig Dollar verdient hatte – ich fuhr ohne Umwege zur Mid-Manhattan Public Library und ignorierte die erhobenen Hände der potenziellen Kunden entlang der Fifth Avenue.

So tief war ich bisher noch nicht gesunken, dachte ich mit hängendem Kopf, als ich die Belletristik-Reihen ablief und jeglichen Augenkontakt mied. *Jetzt kann mich keiner mehr einen Poser nennen.* Blicklos starrte ich auf das Regal mit den New-York-Romanen.

Schließlich ging ich zur Reiseliteratur, wo ich meistens landete. Auf einem Rollwagen lag ein Stapel Bücher, und ich sah ihn durch. Ein *Lonely-Planet*-Reiseführer über Berlin war darunter, aus dem Jahr 2006. Ich zog ihn hervor und schlug den Eintrag über Taxis auf:

Es ist keine Übertreibung, dass der durchschnittliche Berliner Taxifahrer über alles reden kann, von der besten Wurst in der Stadt, über Nietzsches Gedankengänge …

Wurst und Nietzsche?, dachte ich. *Macht ihr Witze?* Ich blätterte zur Einleitung vor.

Seit der Wiedervereinigung hat sich Berlin grundlegend verändert … Verschwunden ist die Selbstauffassung als belagerte und schizoide Stadt im Schatten der unheilvollen Präsenz der Mauer …

Vielleicht war das nur schwärmerische Reiseliteratur, aber das war mir nicht wichtig: Ich wollte es glauben, genauso sehr, wie ich David Byrnes träumerischen Beschreibungen von Berlin in seinen *Bicycle Diaries* glauben wollte. Ich lieh mir den Reiseführer aus und ging entrückt zurück zum Taxi.

Ein glattrasierter blonder Mann in einem marineblauen Sakko hielt mich ein paar Minuten später auf der 42nd Street an.

»JFK«, sagte er und hievte eine Laptop- sowie eine Aktentasche zu sich auf den Rücksitz.

Es war 15:11 Uhr. Der Verkehr auf dem Long Island Expressway und dem Van Wyck würde fürchterlich sein. Auf keinen Fall konnte ich ihn zum Flughafen fahren und rechtzeitig das Auto in der Garage abgeben, aber ich brauchte dringend das Geld.

Ich schaltete das Taxameter ein, während mein Fahrgast eine Nummer auf seinem Handy wählte. »Ja, der Merger ist abgeschlossen. Aber Steve konnte es nicht glauben, als ich ihm meine Kündigung überreicht habe. Und du hättest Terrys Gesicht sehen sollen!« Er löste seine Krawatte und riss sie sich vom Hals, als wir in den Midtown Tunnel eintauchten. »Moment, die Verbindung bricht gerade ab«, sagte er, während wir tiefer in die Dunkelheit fuhren. »Kannst du mich hören? Ach, Mist.« Er legte auf.

»Wie geht es Ihnen?«, fragte er, als wir wieder ans Tageslicht kamen, ohne den geschäftsmäßigen Ton in seiner Stimme.

»Oh«, antwortete ich. »Gut.« Ich lächelte ihm im Rückspiegel zu, und er warf mir einen seltsamen Blick zu. Dann telefonierte er wieder.

»Ja«, sagte er, »ich habe eine Stunde und zwanzig Minuten für die Fahrt zum Flughafen eingeplant. Ja …« Er wand sich aus seinem Sakko. »Genug Zeit.«

Ich sah auf die Uhr. 15:35. Der Verkehr auf dem Long Island Expressway bewegte sich mit einer Durchschnittsgeschwindigkeit von zehn Meilen die Stunde.

»Nun, ein bisschen Verkehr herrscht schon«, sagte er und blickte zu dem Taxi neben uns, auf dessen Dach eine Guinness-Werbung montiert war. Der Slogan, in rauchigen, weißen Buchstaben auf einem schwarzen Bierhintergrund, lautete: »Dem Mutigen gehört die Welt.«

Und der Verkehr wird noch zunehmen, dachte ich.

Der Mann legte den Kopf zurück, stieß einen müden, aber glücklichen Seufzer aus und wählte eine weitere Nummer, während ich das Taxi auf den Van Wyck Expressway drängte, wo der Stau noch dichter wurde und wir noch langsamer vorankamen. Mehr als fünf Meilen in einer Stunde war unmöglich. Alle dreißig Sekunden blieben wir komplett stehen. Es war schlimmer, als ich befürchtet hatte. Ich knirschte mit den Zähnen.

Um 16:00 Uhr hatte mein Fahrgast sämtliche Telefonate beendet. Er beugte sich vor und steckte den Kopf durch die Öffnung in der Trennscheibe. »So langsam werde ich ein wenig nervös«, sagte er und musterte die vielen Bremslichter vor uns. »Schaffen wir es bis halb fünf?«

»Ja«, versicherte ich ihm, auch wenn ich nicht daran glaubte. Wir hatten noch nicht einmal die Jewel Avenue erreicht, die erste Ausfahrt vom Van Wyck.

»Scheiße! Ich darf diesen verdammten Flug nicht verpassen! So ein Mist!«

Warum nur habe ich diesen Typen mitgenommen? In sechs Monaten Taxifahren und sieben Fahrten zum Flughafen (vier nach La Guardia, drei zum JFK) hatte noch keiner seinen Flug verpasst. Auch ich hatte noch in keinem Taxi meinen Flug verpasst, obwohl es in Buenos Aires einmal knapp gewesen war, als wir im Stau auf der einzigen Autobahn zum Ezeiza-Flughafen feststeckten. Ich war ein wenig panisch geworden, aber ich hatte gewusst, dass mich der Taxista irgendwie rechtzeitig ans Ziel bringen würde. »*No te preocupes, muñeca*«, hatte er gesagt. »*Ya llegamos.*« Mach dir keine Sorgen, Süße. Wir sind fast da. Diese Zuversicht hatte ich jetzt nicht, als wir mit maximal fünf Meilen die Stunde auf dem Van Wyck dahinzockelten, der wie ein unendlich großer Parkplatz erschien. Ich konnte mir nicht vorstellen, wie wir bis halb fünf am JFK sein sollten.

Mein Fahrgast schob seine Tasche vom Sitz. »Können Sie keinen anderen Weg nehmen?«

»Zu dieser Tageszeit sind auch die Landstraßen nicht schneller«, erwiderte ich.

In Wahrheit wusste ich aber keinen anderen Weg zum Flughafen. Hätte ein Navigationsgerät geholfen? Keine Ahnung. Ich hatte keins. Unsere Ausbilder hatten uns erklärt, dass wir die Stadt mit einem Navi nie lernen würden, und außerdem war es illegal für Taxifahrer, ein solches zu benutzen. Ich schlug den Atlas auf, um nach einer Alternativroute zu suchen, fuhr dabei aber beinahe auf das Taxi vor uns auf. *Bleib hier,* dachte ich, *bleib einfach hier.* Fuhr ich irgendwo ab, verirrte ich mich ganz sicher.

»Fuck!«, fluchte mein Fahrgast, als ich schon wieder auf die Bremse trat.

Ich hängte mich an die Rücklichter der Autos vor mir, schlängelte mich auf die sich aktuell gerade am schnellsten bewegende Spur und nutzte jeden Zentimeter Vorwärtsbewegung aus, den ich finden konnte. *Ich bin ein Ruderer auf dem Fluss Styx …*

»Fuck!«, wiederholte mein Fahrgast und warf mir im Rückspiegel einen wütenden Blick zu.

Es war 16:14 Uhr und noch zwei Meilen bis zum Linden Boulevard, wo sich der Stau, zumindest laut den Angaben auf den elektronischen Anzeigetafeln, auflösen sollte.

»Fuck!«, schimpfte er abermals, als zwei große Sattelschlepper auf den Van Wyck einfädelten und den Verkehr noch dichter machten.

Ich hörte auf, im Rückspiegel nach hinten zu sehen, und konzentrierte mich stattdessen auf den Meilenzähler, auf dem die Zahl quälend langsam stieg. Ich versuchte, mir den Flughafen vorzustellen, besser gesagt meinen (rechtmäßig?) wütenden Passagier, den ich dort noch rechtzeitig absetzen konnte. *Bitte, lass es uns schaffen. Bitte.*

Um 16:21 Uhr waren wir am Linden Boulevard. Endlich konnten wir auf fünfundzwanzig Meilen die Stunde beschleunigen. Um 16:23 Uhr war die Straße völlig frei, und ich umklammerte das Lenkrad mit beiden Händen, holte alles aus dem Achtzylindermotor des Crown Vic heraus. Ich fuhr das Taxi, als hätte es ein Martinshorn, raste am Frachtgelände und den Parkplätzen für die Mietwagen und Taxis vorbei.

»Mit welcher Linie fliegen Sie, Sir?«

Um 16:29 Uhr trat ich vor dem Abflugterminal von American Airlines auf die Bremse. Mein Fahrgast warf einen Haufen Geldscheine durch die Öffnung in der Trennscheibe, packte Laptop und Aktentasche, kletterte aus dem Taxi und schlug die Tür zu, ohne auf seine Quittung zu warten. Ich zählte das Geld: Er hatte gerade mal zwei Dollar Trinkgeld gegeben. Ich ließ die zerknitterten Scheine auf den Atlas fallen und legte den Kopf gegen das Lenkrad. »Verdammte Scheiße!«, flüsterte ich. »Ich hasse diesen Job.«

»Fahren Sie weg, junge Frau!« Ich blickte auf. Ein x-beiniger

Cop in einer fluoreszierenden Weste patrouillierte vor dem Terminal und schwenkte sein Walkie-Talkie in meine Richtung. »Weg da!«

»Schon gut, schon gut!«, sagte ich, fuhr an, schnitt einen Super 8 Shuttlebus und rollte in Richtung der »Ausfahrt«-Schilder. »Bin ja schon weg.«

Als ich den Kurven der Straße vom Flughafen zur Schnellstraße folgte, erinnerte ich mich an die erste Taxifahrt vom JFK mit dem Fahrer aus New Orleans und wie unwohl ich mich damals gefühlt hatte, trotz seiner Liebenswürdigkeit. Seither war mir die Stadt kein bisschen mehr ans Herz gewachsen. Irgendwie hatte sie mir anscheinend schon bei der Ankunft gesagt, dass es an der Zeit war, sie zu verlassen.

Teil III
Berlin

Nicht viele wissen, dass Berlin auf einem
hohen Grundwasserspiegel liegt. Die Luft in dieser Metropole
ist ungewöhnlich sauber und frisch für eine so große Stadt.
Der Boden wird ständig vom unterirdischen Wasser befeuchtet
und die Luft dadurch gesäubert und gereinigt.
Darauf bezieht sich das alte Lied »Berliner Luft«.

Das ist die Berliner Luft, Luft, Luft,
so mit ihrem holden Duft, Duft, Duft,
wo nur selten was verpufft, pufft, pufft …

Wenn ich in Berlin ankomme und aus dem
Flughafengebäude trete, atme ich erst einmal tief ein.
Die Luft ist so anders und frisch.
Die Berliner Luft.

Alexander Frey, Musiker

24

Das wollen Sie aber nicht alles bis zur Landung lernen, oder?«, fragte der Mann in dem langen Filzmantel und einem Kleidersack über der Schulter, der im Gang der 737 stand und grinsend auf meinen Deutsch-Sprachführer herabschaute. Er wartete, dass eine Frau in einem roten Jogginganzug den Kampf mit ihrem Rollkoffer gewann, der zu groß für das Handgepäckfach war.

»Ha!«, sagte ich und überflog die »wichtigsten Ausdrücke« auf der Innenklappe – *Entschuldigung, Ich verstehe nicht, bitte sehr.* Dann sah ich hilflos zu dem Mann auf und lächelte unsicher.

»Sie wissen, was Mark Twain gesagt hat«, begann er. »Englisch lernt man in dreißig Stunden, Französisch in dreißig Tagen … und Deutsch in dreißig Jahren.« Er zwinkerte mir zu und drängte sich an der Frau vorbei.

Der Pilot unterbrach die Fahrstuhlmusik und bat knapp, aber fröhlich darum, die Damen und Herren mögen bitte ihr Gepäck verstauen und ihre Plätze einnehmen, damit wir rechtzeitig nach Bär-LIIIN starten könnten.

»Bär-LIIIN«, flüsterte ich, als das Flugzeug abhob und über Jamaica Bay kreiste. Ich blickte auf die flachen Dächer in Queens im Nebel, auf die gezackte Skyline von Manhattan, die wie ein EKG am Horizont auftauchte, und holte mein Notizbuch aus der Tasche, um einen Abschnitt aus »My Lost City« zu lesen, F. Scott Fitzgeralds traurigem Abschiedsbrief an New York, den ich mir notiert hatte:

»In seinem eitlen Stolz hatte der New Yorker diesen Turm erklommen und entsetzt erkannt, was er niemals vermutet hätte – dass die Stadt nicht wie erwartet eine endlose Abfolge von Schluchten war, sondern ihr Grenzen gesetzt waren … Einen Moment lang hatte ich das Gefühl, dass die Stadt und ich uns gegenseitig wenig zu bieten hatten … die Nerven lagen überall blank … Und so nehme ich Abschied von meiner verlorenen Stadt…«

So geht es mir auch, hatte ich beim ersten Lesen dieser Worte gedacht. Doch in diesem Moment hatten sie mich von meinen eigenen Zweifeln über meinen Abschied aus New York erlöst. Jetzt las ich die Zeilen ganz anders. Musste man etwas nicht besitzen, um es verlieren zu können? New York war nicht »meine« Stadt, würde es vielleicht nie werden. Lief ich schon weg, bevor ich es überhaupt herausgefunden hatte? Hatte ich von Anfang an etwas Unmögliches erwartet?

Machte ich jetzt den gleichen Fehler noch einmal und erwartete etwas Unmögliches von Berlin? Ich erinnerte mich an das Feuer, das ich in den letzten Wochen gespürt hatte, an den gleichsam wiedererwachten Appetit, als ich eine Kickstarter-Kampagne in Gang setzte, um eine Reihe von Taxiabenteuern in Deutschland finanzieren zu können. »Wie werden die Restaurantbesuche aussehen«, hatte ich bei der Erläuterung meines Vorhabens geschrieben, »in einer Stadt, die nicht gerade berühmt für ihre Gastronomie ist?«

Ich war überwältigt, als die Leute mehr spendeten, als ich erbeten hatte: »Es ist 12:54 Uhr«, schrieb ich an meine Unterstützer, als mein Finanzierungsziel erreicht war. »Ich muss in sechsundneunzig Minuten aufstehen, um zur Garage zu fahren, mein Taxi zu holen und mit meiner Schicht zu beginnen. Aber ich kann nicht schlafen. Weil ich gerade entdeckt habe, dass ihr durch eure Hilfe mein Berlin-Abenteuer möglich gemacht habt …«

Fieberhaft und voller Dankbarkeit organisierte ich meinen Aufenthalt in Berlin für Juli und August, spürte den Wind im Rücken, als ich ein billiges Flugticket erwarb, Stadtviertel recherchierte und Couchsurfing-Angebote durchforstete, während ich gleichzeitig so viel wie möglich vor meiner Abreise für meine Internetjobs erledigte und überlegte, was ich mit den Sachen, die nicht in meinen Koffer passten, machen sollte. Währenddessen las ich alles über Berlin, was ich in der Bibliothek finden konnte. (Christopher Isherwood war besonders interessant: »Es ist seltsam«, schrieb er, »wie die Menschen an Orte zu gehören scheinen – besonders solche, an denen sie nicht geboren sind.«) Ich bloggte mit neuer Leidenschaft, erstellte eine Liste mit fünfzehn meiner von Taxifahrern empfohlenen Lieblingsgerichte in New York City, die sich schnell verbreitete und schließlich sogar vom *Wall Street Journal* übernommen wurde.

Doch jetzt, an Bord von Flug 6438 mit Air Berlin, fragte ich mich, wie sehr meine Faszination für Berlin in der Verzweiflung über meine unglückliche Beziehung zu New York begründet lag. Umwerfendes, unnahbares, unerbittliches New York. Die Stadt der hoch hängenden Früchte und grauen Haare.

»Wonach suchst du eigentlich, Kleines?«, fragte Dad, als ich ihm von Berlin erzählte.

»Ich bin mir nicht sicher. Aber ich glaube, ich brauche eine Pause vom Taxifahren.«

»Ich auch«, sagte Mom.

Sie hatte die Geschichten über meine Zusammenstöße mit dem NYPD und dem FedEx-Mann im Blog gelesen, über das Missgeschick mit dem Kaffeebecher und die Fahrt zum JFK mit Mr. 16:29. Auch wenn ich sie unterhaltsam geschrieben hatte, hatte ich sie ganz und gar nicht so erlebt, und Mom wusste das natürlich. Sie wusste auch, dass ich die ganzen romantischen Vorstellungen vom Taxifahren verworfen hatte, darunter das Vorhaben, Taxifahren als Äquivalent zum Führen im Tango zu lernen. Auf dem Fahrersitz zu sitzen, hieß nicht automatisch, dass man sein Ziel kannte: Ich konnte genauso wenig beeinflussen, was auf einer Fahrt passierte, wie Joaquín seine Tangos bei der *milonga*. Taxi zu fahren, erzählte ich ihm bei unserem letzten Chat, ist nur eine neue Art des Folgens. Und das Führen, antwortete er, ist eine Illusion *al final*.

Ich blätterte in dem Sprachführer, während das Flugzeug in einer Kehre mit prächtigem Ausblick über die Hudson Bay flog. In der Realität sah es so aus: Ich sprach kein Wort Deutsch, und laut Mark Twain und dem Mann in dem langen Filzmantel würde ich das auch noch lange nicht tun. In nächster Zeit würde ich mich in dieser Sprache nicht verständigen können. Bisher hatte ich drei wenig beeindruckende Tage meines Lebens in Deutschland verbracht (zwei davon in Frankfurt, darunter eine eiskalte Nacht am Bahnhof auf dem Weg nach Prag, und einen Tag in München anlässlich eines neunstündigen Zwischenstopps, bei dem ich mir nur Brezen leisten konnte).

Die Reaktionen fielen skeptisch aus, wenn ich von meinem geplanten Sommer in Berlin erzählte. »Warum ausgerechnet Berlin?«, fragte ein Softwareentwickler aus Hoboken, der bei meiner letzten Schicht ein Gespräch mit mir begonnen hatte, als wir auf der 23rd Street in einen Stau gerieten. Ich erzählte ihm, dass die Taxifahrer in Berlin sich angeblich genauso gut über Nietzsche wie über Würste unterhalten konnten.

»Wen kümmern schon Würste?«, sagte er. »Warum gehen Sie nicht nach Rom? Oder Paris?«

***

Während des Anflugs auf den Flughafen Tegel beobachtete ich durch das Fenster die spinnennetzartige Stadt unter mir. Bär-LIIN. So verlockend alles in den Reiseberichten klang, die ich gelesen hatte, war mein Bild von Berlin immer noch eher impressionistisch, oder wie auch immer das visuelle Äquivalent zu »Kulturhauptstadt Europas« oder »Zentrum der Coolness« aussehen mochte.

Ich hatte Fotos vom Brandenburger Tor gesehen (wo die Menschen bei der Öffnung der Grenzen auf der Mauer gefeiert hatten) und dem Fernsehturm (eine Retrokonstruktion einer Weltraumzukunft, die Berlins Skyline so beherrschte wie das Empire State Building jene New Yorks) und von David Byrnes Fahrradwegen – doch ich konnte mir die Stadt nicht vorstellen, jedenfalls nicht so wie Buenos Aires oder New York, bevor ich dort war. Die Geräusche von Berlin waren leichter zu imaginieren: Die Menschen bewegten sich passend zur Musik von Kraftwerk (»Wir fahr'n, fahr'n, fahr'n, auf der Autobahn / Wir fahr'n, fahr'n, fahr'n auf der Autobahn ...«), genauso wie die Menschen in Buenos Aires in meiner früheren Fantasie Tango an jeder Straßenecke tanzten.

In ein Taxi am Flughafen Tegel zu steigen, war ein neuartiges und luxuriöses Gefühl. Der Fahrer entschuldigte sich für sein Englisch, als wir in seinem cremefarbenen Mercedes über die freie Straße rollten.

»Ihr Englisch ist besser als mein Deutsch«, beruhigte ich ihn. Nach dem Flug hatte ich nahezu nichts aus meinem Sprachführer behalten. Bei der Gepäckausgabe war ich vor lauter Erleichterung, als ich meinen Koffer erblickte (egal, wie oft ich flog, es war jedes Mal ein Wunder für mich, wenn mein Gepäck gleichzeitig mit mir ankam) und vom Band zog, mit einem Deutschen zusammengestoßen. Bis ich endlich so etwas wie

»Entschuldigung« herausgebracht hatte, war er schon längst mit seinen bestrumpften Füßen in Sandalen davonmarschiert.

Ich kurbelte das Fenster herunter. Im Flugzeug hatte ich nicht geschlafen, meine Augen waren rot und geschwollen, und ich wünschte, ich müsste nicht zu einem Fremden namens Steffen fahren, der mir den Schlüssel zu dem Apartment, das ich für zwei Monate gemietet hatte, übergeben würde. Doch die Sonne schien hinter schnell vorüberziehenden Wolken, und nach dem engen und überfüllten New York musste ich einfach lächeln.

Ich fühlte mich, als sei ich aus einem dunklen Keller in ein hell erleuchtetes Obergeschoss gekommen. Ich streckte die Hand durch das offene Fenster und spürte die satte und warme Luft auf meiner Haut. Wir fuhren an einem Kanal entlang, der von einem gesund aussehenden Rasen gesäumt war. Überall schien es so viel Raum zum Atmen zu geben. »Im Sommer ist Berlin schön …«, sagte ich leise und streckte die Hand noch weiter aus dem Fenster in das wässrige Licht des Nordens. O ja, das war es.

»Sie sind aus Kalifornien?«, fragte der Fahrer, der etwa in meinem Alter zu sein schien, auch wenn sein dunkles Haar bereits von Grau durchzogen war.

Ich nickte.

»Ich heiße Taza«, sagte er. »Ich bin aus Ankara.« Taza tippte Steffens Adresse in sein Navi und fuhr erst nach Süden, dann nach Osten, in eine Gegend, in der jeder zweite Laden ein Döner-Imbiss zu sein schien. Ich starrte auf die Fleischbrocken, die eher wie Sandsäcke auf Spießen aussahen. Das Wasser lief mir im Mund zusammen, als ich roch, wie das Fett ins Rindfleisch schmolz. Oder war es Lamm? Egal, ich wollte es.

»Sagen Sie«, meinte ich und sah im Rückspiegel zu Taza. »Haben Sie ein Lieblingsrestaurant in Berlin?«

Er dachte einen Moment nach. »Mmm«, sagte er und kratzte sich an der Schläfe, »ja.«

Juhu! Kaum angekommen, schon die erste Empfehlung. Ich wühlte in meiner Tasche und holte mein Notizbuch hervor. »Wie heißt es?«

»Äääàh …« Er drehte sich verwirrt um. »Türkisch schwestera?«

»Mmmhmmm.« Ich schlug eine leere Seite auf. »Ich mag türkisches Essen, aber es muss nicht unbedingt türkisch sein …«

»Ich bin eine Schwestera«, sagte Taza. »Sie ist dreißig Jahre alt.«

O nein. Was ist eine Schwestera?

»… Und ich bin Bruder … Er ist vierzig Jahre alt.«

»Oh …« Ich klappte das Notizbuch zu. Die Döner-Läden wurden allmählich durch sowjetisch aussehende Wohnblöcke ersetzt, die hoch im rechten Winkel zueinander aufragten. Das ist also der Osten … Ich hatte mir Berlin immer in der geografischen Mitte von Deutschland vorgestellt, mit der Mauer als Trennlinie zwischen West und Ost. Dann sah ich auf einer Landkarte, dass Berlin nur knapp sechzig Meilen oder rund hundert Kilometer von der polnischen Grenze entfernt lag. Nach dem Zweiten Weltkrieg war die Stadt in vier Sektoren aufgeteilt. Die Russen verwalteten den Sektor im Osten. Die Engländer, Franzosen und Amerikaner teilten sich die Verwaltung des westlichen Sektors, der laut der australischen Autorin Anna Funder »eine merkwürdige Insel aus demokratischer Verwaltung und Marktwirtschaft in einer kommunistischen Umgebung« wurde.

Ich schwieg, als wir an Fahrradfahrern vorbeikamen, die den Autos auf der Karl-Marx-Allee zahlenmäßig überlegen zu sein schienen. Keiner trug einen Helm. Ich sah eine junge Frau mit rasiertem Kopf und drehte mich zu ihr um, als wir an ihr vorbeigefahren waren: Am breiten Brustriemen ihrer Kuriertasche war ein rotes Licht befestigt. Wenn sie durch Schatten fuhr, flackerte das Licht wie ein Herz, das außerhalb ihres Körpers schlug.

»Irgendwo hier sind die Schlüssel«, meinte Steffen, während er Kissen mit Brandlöchern auf der senfgelben Couch hochhob. »Irgendwo ... ich glaube ... hier.«

Ich lehnte meinen Koffer gegen den Türrahmen, während Steffen nach den Schlüsseln zu dem Apartment suchte, in dem ich zur Untermiete wohnen würde.

Ich sah mich nach einer Sitzgelegenheit um. Ein auf den Kopf gestellter Plastikbalkonstuhl in der Ecke war der einzige Stuhl im Raum, und zwischen seinen Beinen stand ein hölzerner Lautsprecher. Ich balancierte mit dem Hintern auf dem Koffer, benommen und erschöpft nach einem Flug durch sechs Zeitzonen, als Steffen – ein pausbäckiger junger Mann mit blonden Locken und einer Kastenbrille, der aussah, als hätte er gerade das College abgeschlossen – die Sofakissen auf den Boden warf. Er liebe Berlin, erzählte er mir, als er mit der Hand den Sofarahmen abtastete, vom ersten Tag an, an dem er vor fünf Jahren aus einem Dorf in Mecklenburg im Norden Ostdeutschlands hierhergezogen war. Er konnte sich nicht vorstellen, die Stadt je wieder zu verlassen.

»Und was machst du dann jetzt in Berlin?«, fragte er, während er statt der Couch seinen Schreibtisch durchsuchte.

»Oh«, antwortete ich und sah aus dem Fenster, das zur Straße hinausging. Die Kunststoffjalousie war heruntergezogen, doch das Sonnenlicht drang an den Seiten herein, brach sich in einer leeren Bierflasche und färbte sie bernsteinfarben. »Ich betreibe so ein verrücktes Projekt, bei dem ich willkürlich ein

Taxi nehme und den Fahrer bitte, mich zu seinem Lieblingsrestaurant zu fahren ...«

Ich drehte mich um, als Steffens Mitbewohner hereinkam, seinen PlayStation-Controller in die linke Hand nahm und mir die rechte entgegenstreckte. »Ich heiße Ivo«, stellte er sich lächelnd vor. Moment – waren seine Zähne wirklich grün? Sein hellbraunes Haar war zu einem tiefen Pferdeschwanz gebunden, der ihm lang und dünn über den Rücken reichte. »Was machst du denn in Taxis?«

Ivos Augen leuchteten, als ich ihm von den Taxiabenteuern erzählte, von Buenos Aires und New York, von Nietzsche und Würsten. Ich versuchte, nicht auf seine Zähne zu starren.

»*Du* fährst Taxi?«, fragte Steffen ungläubig und musterte mich von oben bis unten.

»Du schreibst?«, meinte Ivo erfreut. »Ich auch!« Er legte den Controller auf seinen Bauch. »Science-Fiction. Und ich habe gerade ein Kinderbuch beendet.«

»Dein Kinderbuch ist ihr egal«, sagte Steffen und schob Ivo aus dem Weg, als er zum Schrank ging. »Wir sind in einer Punkband«, erzählte er. »Ich bin der Drummer, Ivo spielt Bass. Wir haben eine CD.«

»Frag nicht, woher wir das Geld dafür hatten«, sagte Ivo.

»Online-Poker ...«, Steffen grinste und riss die Schranktür auf, »... und medizinische Versuche.«

»Im Ernst?« Ich lachte.

Ivo nickte. »Gott sei Dank haben wir überlebt.«

»Natürlich haben wir überlebt«, sagte Steffen. Er zog einen Rucksack aus dem Schrank, in dem etwas klirrte. »Hey!«, rief er triumphierend und öffnete das oberste Fach. »Da sind sie ja!« Er holte die Schlüssel heraus, warf sie Richtung Decke und fing sie in der Luft wie ein Außenfeldspieler, bevor er sie mir gab.

»Danke, Steffen.«

Ivo beobachtete, wie ich die Schlüssel in meiner Hosentasche verstaute. »Was machst du«, fragte er und strich über seinen Ziegenbart, der ihm bis unters Kinn reichte, »wenn der Taxifahrer kein Englisch kann?«

»Hmmm …« Ich dachte an die Fahrt mit Taza, der nett gewesen war, mit dem ich mich aber kaum unterhalten konnte. »Ich weiß es nicht.«

»Gib mir mal ein Blatt Papier«, sagte Ivo.

Ich holte mein Notizbuch heraus, das er auf der ersten leeren Seite aufschlug. Auf Deutsch schrieb er den Satz: »Bitte bringen Sie mich zu Ihrem Lieblingsplatz für gutes Essen.«

Ich musterte die Worte. Ivos Handschrift, verschlungen, barock, nach links geneigt, schien aus einem anderen Jahrhundert zu stammen. »Was bedeutet das?«

Grinsend sagte er: »›Bitte bringen Sie mich zu Ihrem Lieblingsplatz für gutes Essen‹, auf Deutsch.«

Die Worte »STIRB YUPPIE ABSCHAUM« waren in Türkis auf die Wand meines neuen (vorübergehenden) Wohnhauses in der Dirschauer Straße gesprüht, ein paar Tramstationen von Ivos und Steffens Wohnung entfernt, in Friedrichshain, im früheren Ostberlin. Ich stieß die Glaseingangstür auf, rollte meinen Koffer in die lichtdurchflutete Eingangshalle, deren Decke bestimmt über vier Meter hoch war. Die blitzsauberen Wände und der Fliesenboden glänzten weiß. Eine Wendeltreppe mit hellem Holzgeländer führte nach oben. Das hier war viel schicker, als ich es mir vorgestellt hatte.

Über Friedrichshain wusste ich nach ein paar Tagen Internetrecherche nur Folgendes: Bis zum Fall der Mauer war es ein Arbeiterbezirk. Danach wurde es eines der wildesten Viertel in Berlin, wo junge Leute aus ganz Deutschland und Hausbesetzer aus Westberlin sich ihr Paradies errichteten, Kunst schufen und Partys in verlassenen Gebäuden feierten. Jeder war eingeladen. Auch wenn das Viertel immer normaler und mainstreamiger wurde, gab es in Friedrichshain, laut der Bloggerin An Englishman, immer noch Anarchisten, die Autos anzündeten, um gegen die Gentrifizierung und Polizeirazzias in ihren Unterschlüpfen zu protestieren. (Jemand hatte sogar eine Website ins Leben gerufen, bemerkte die Bloggerin, auf der er die Zahl der Luxusautos verzeichnete, die die Anarchisten jeden Tag in Brand setzten. Wenn die Karte von Google Maps auf www.brennende-autos.de korrekt war, dann war die höchste Konzentration brennender Autos in den letzten drei Jahren in Friedrichshain.)

Ich stellte meinen Koffer in der Eingangshalle ab und holte einen Zettel aus meiner hinteren Jeanstasche, darauf stand: »Karl Hoffmann, Dirschauer Str. 8, 10245 Berlin-Friedrichshain«. Karl Hoffmann war Journalist und verbrachte den Sommer in Weimar. Er war ein Freund von Ivo und Steffen, gefunden hatte ich ihn über Couchsurfing, und er hatte mir sein Apartment untervermietet. Karl Hoffmann hatte mir aber nur seine Adresse gegeben, nicht seine Wohnungsnummer.

Ich schleppte meinen Koffer nach oben. An den Klingeln standen keine Namen. Ich probierte den Schlüssel an allen Türen in allen vier Stockwerken. Hinter einer davon jaulte ein Hund. Der Schlüssel passte nirgends. Verschwitzt und frustriert schleppte ich meinen Koffer zurück in die Eingangshalle – die Zufriedenheit, die ich im Taxi mit Taza und bei Ivo und Steffen verspürt hatte, begann abzuklingen. War ich im richtigen Gebäude? Ich musterte die Metallbriefkästen an der Wand. Eine Postbotin mit sonnenverbrannten Wangen betrat in dem Moment die Eingangshalle, als ich Karl Hoffmanns Namen an einem Briefkasten in der untersten Reihe entdeckte.

»Sprechen Sie Englisch?«, fragte ich sie auf Deutsch.

»Nein.«

Ich rollte meinen Koffer aus dem Weg und wusste nicht, was ich tun sollte, während ich ihr zusah, wie sie rasch und geübt die Briefe auf die einzelnen Kästen verteilte. Als sie sich zum Gehen wandte, hielt ich sie auf.

»Warten Sie«, sagte ich und zeigte ihr den Zettel mit Karls Namen darauf. »Wissen Sie«, fragte ich sie langsam, »wo das ist?« Sie deutete auf das hintere Fenster der Eingangshalle in Richtung eines Gebäudes, das mir bisher nicht aufgefallen war, auf der anderen Seite eines mit Fahrrädern übersäten Innenhofs. »Hinterhaus«, sagte sie auf Deutsch. »Dahinten.«

»Ah!«, antwortete ich. »Danke schoon.« Ich rollte meinen Koffer durch die Hintertür. Drum-'n'-Bass-Musik hallte durch den Innenhof und übertönte beinahe das Kreischen einer Säge, die sich durch Zement arbeitete. Das Nachbarhaus wurde gerade renoviert.

Ich betrat das Treppenhaus des Hintergebäudes, das nichts mehr von der Yuppie-Abschaum-Eleganz des Vordergebäudes hatte: Der gelbbraune Teppich auf den Stufen war mit alten Flecken übersät und roch süßlich nach schalem Bier. Wieder probierte ich den Schlüssel an allen Türen aus, und endlich ließ er sich im dritten Stock drehen. An der gegenüberliegenden Tür hing eine schwarze Tafel, wie ich sie für mein Collegewohnheimzimmer gekauft hatte.

Ich öffnete die Tür und zog meinen Koffer in den Flur, der mit einem schrecklichen büroblauen Teppich ausgelegt war. Zur Linken befand sich das Bad, das beinahe so groß war wie mein Zimmer bei Romeo und Sarah. Ich musste mich auf die Zehenspitzen stellen, um mich in dem Spiegel über dem Waschbecken sehen zu können.

Der blaue Teppich setzte sich bis zum Schlafzimmer/Küche/

Wohnzimmer/Büro am Ende des Flurs fort. Die einzigen Hinweise auf Karl fanden sich auf den Bücherregalen, die die hintere Wand des Studios bedeckten. *Liebe in Zeiten der Cholera,* ein Führer über zeitgenössische Berliner Architektur, ein Buch mit ausgewählten Gedichten von Goethe auf Deutsch und Englisch, ein Stapel Landkarten aus Kroatien, außerdem eine rote Leselampe. Neben den Bücherregalen stand ein ungemachtes Futonbett, auf dem ein Stapel Bettwäsche lag mit einer Nachricht von Karl: »Wir sind SAUBER!« Ich öffnete die Tür zu dem bambuseingefassten Balkon, der auf den Innenhof und das Vordergebäude hinausging. Hier übertönte die Drum-'n'Bass-Musik, die aus der Wohnung meines Nachbarn über mir drang, definitiv den Baulärm.

Der Balkon war gerade groß genug für einen Plastiktisch und einen Stuhl. Ich holte beides nach drinnen (der Tisch war ein guter Schreibtischersatz) und stellte die Möbel an die Wand gegenüber von den Bücherregalen, in die Nähe des Küchenbereichs, in dem sich eine Spüle aus rostfreiem Stahl, eine dreißig Zentimeter breite Arbeitsfläche aus demselben Material, ein Herd mit zwei Kochplatten sowie ein Minikühlschrank befanden, der bis auf eine Flasche Beck's leer war.

Ich öffnete das Bier, ließ mich auf den Plastikstuhl sinken und sah mich in dem Raum um, in dem man einen konservativen Tango tanzen könnte, so groß war er. Der Minikühlschrank erzitterte und begann zu brummen. Ein Windstoß wehte durch die Balkontür und bauschte die dünnen Vorhänge. *Wonach suchst du eigentlich, Kleines?* Ich schloss die Augen und trank mein Bier, atmete tief und gierig nach jedem Schluck ein, weniger müde als vielmehr sehr hungrig.

25

Ich lehnte mich gegen die unechte Ziegelwand neben dem Geldautomaten an der Ecke Warschauer und Revaler Straße, gegenüber dem Supermarkt Kaiser's, ein paar Blocks von meiner Wohnung entfernt, und blätterte durch mein Notizbuch, auf der Suche nach der Seite, auf der Ivo den deutschen Satz für die Taxifahrer notiert hatte. *Bitte bringen Sie mich zu Ihrem Lieblingsplatz für gutes Essen.* Dabei versuchte ich, den Mut aufzubringen, ein Taxi anzuhalten, während ich gleichzeitig den intensiven Düften des Döner-Imbisses auf der anderen Straßenseite widerstand.

Ich hatte mich noch nie in ein Taxiabenteuer in einer Stadt gestürzt, deren Sprache ich nicht beherrschte. Bis zur Fahrt vom Flughafen mit Taza hatte ich den Gedanken daran verdrängt, welche Probleme das mit sich bringen könnte. Ich verstaute das Notizbuch und holte meinen Deutschsprachführer hervor, den ich auf der Seite mit der Überschrift »Sprachschwierigkeiten« aufschlug.

»Eek schprek-he kine Doytsch, eek schprek-he kine Doytsch«, murmelte ich immer wieder, den Blick auf die rautenförmigen Pflastersteine auf dem Gehweg gerichtet, als ein Gruppe Jungs in zerknitterten T-Shirts und mit Berliner Pilsner, das sie am Flaschenhals hielten, vorbeischlenderte, als wäre das Bier ein Accessoire oder ein Anhang. *Ich spreche kein Deutsch, ich spreche kein Deutsch.*

Auf wie viele Taxiabenteuer hatte ich mich schon begeben? Hundert? Zweihundert? Ich hatte den Überblick verloren.

Doch die Anzahl war egal, ebenso wie die Tatsache, dass die Fahrer jetzt meine Kollegen waren – in einer neuen Stadt, selbst in dieser neuen Stadt, in der die Luft seidenweich war, fühlte es sich wie das erste Mal an. Ein Teenager fuhr auf einem Fahrrad an mir vorbei, durch dessen Radspeichen Seidenblumen gewunden waren. Neben dem Mädchen lief eine Art Terrier ohne Leine. Ich blickte in beide Richtungen, bevor ich den Fahrradweg überquerte und auf die Warschauer Straße trat. »Eek sprek-he kine …« Mein Magen verkrampfte sich, wie wenn ein Ball auf dem Fußballplatz auf mich zugeschossen kam. »Eek sprek-he kine Doytsch.« Ich blinzelte in den Verkehr und hob die Hand.

Das helle Mittagslicht strahlte so stark auf die Windschutzscheibe, dass der Fahrer des viertürigen Mercedes-Taxis, das vor mir anhielt, beim besten Willen nicht zu erkennen war. Ich öffnete die Beifahrertür und nahm dabei den Daumen aus meinem Sprachführer. Der Fahrer war eine Frau. Sie war etwa Mitte fünfzig, trug eine königsblaue Sonnenbrille und dazu passende Gummibärchenohrringe. Auf ihren Wangen prangten kaugummifarbene Make-up-Flecken.

»Guten Tag!«, sagte ich auf Deutsch. »Eek sprek-he kine … äh …«

Die Taxifahrerin lächelte. Ihr kurzes blondes Haar mit grauen Strähnen stand in alle Richtungen ab. Die Sonne ließ einen ihrer blauen Gummibärchenohrringe durchsichtig erscheinen.

»Kann ich Ihnen helfen?«, antwortete sie auf Englisch, als ich hektisch in meinem Sprachführer nach der verlorenen Seite suchte.

»Sie sprechen Englisch?«

»Ja.«

»Halleluja.« Ich öffnete die Wagentür etwas weiter und deutete auf den Beifahrersitz. »Ist es in Ordnung, wenn ich mich hierhin setze?«

»Natürlich.« Sie nahm ihre Handtasche und legte sie auf den Boden vor den Rücksitzen. »Wohin wollen Sie denn?« Ihr Akzent war elegant: ein wenig Deutsch, ein wenig Britisch.

»Äh …« Ich stellte mir den Berliner Stadtplan vor, den ich am Abend zuvor studiert hatte, und versuchte, mich an Sehenswürdigkeiten zu erinnern, die nicht allzu weit entfernt waren. »Wie wäre es … mit dem Alexanderplatz?«

Ein warmer Wind strömte durch die offenen Fenster und zerzauste ihr Haar. »Wo am Alexanderplatz?«

»Ich weiß es nicht. Irgendwo dort in der Gegend. Ich suche nach einem Adapter.«

»Adapter?«

»Einen Stecker, hier sind die Steckdosen anders …«

»Oh!«, sagte sie. »Das müssten Sie bei Saturn finden.«

»Saturn?«

»Ja.« Sie schaltete das Taxameter ein. »Dort erhält man alle elektronischen Geräte.«

Wir fuhren die Warschauer Straße nach Süden. Ich betrachtete die Taxilizenz am Armaturenbrett. Neben einem Bild meiner Fahrerin mit volleren Wangen und rötlichem Haar stand in lilafarbener Schreibmaschinenschrift: »Waltraut Quoidbach.« Darüber hatte jemand mit einem schwarzen Stift in Großbuchstaben geschrieben: ZILLE.

»Mein richtiger Name ist Waltraut«, erzählte sie, »ein sehr deutscher Name, klingt sehr nach Wagner. Ich finde nicht, dass er besonders gut zu mir passt. Alle nennen mich Zille.« Sie deutete auf ihre Lizenz. »Mein Onkel hat mich zuerst so genannt. Er war mein Pate.« Sie lächelte. »Er hat gemeint, ich würde aussehen wie eine der Personen auf den Bildern eines Malers. Zille hat der geheißen, und Zille hat arme Menschen gemalt, die etwas füllig waren, immer lächelten und sich die ganze Zeit gegenseitig aufzogen. Ich war genauso. Ein sehr fröhliches Kind. Wie die, die er porträtiert hat.«

Ich folgte ihrem Blick nach Westen, als wir eine Brücke überquerten, unter der S-Bahn-Gleise zu sehen waren. Der Fernsehturm glitzerte wie eine Diskokugel in der Sonne. Ich mochte Zille. Sie erinnerte mich an Nidia. Nicht vom Äußeren her – Zille war kleiner, weicher. Doch ihre Offenheit wirkte echt, wie Nidias. Ich suchte in meiner Tasche nach meiner Taxilizenz, weil ich ihr sagen wollte, dass wir Kollegen seien, auf eine gewisse Weise Schwestern.

»Du fährst Taxi?« Zille krümmte sich vor Lachen über dem Lenkrad. »Ha! Oh! Das wäre mal was! New York ist … oje, das muss echt hart sein.«

»Ja.« Ich nickte. »Es ist hart.« Doch jetzt lagen viertausend Meilen zwischen mir und der Garage. »Ist es hier auch hart? Wie viele Fahrerinnen gibt es in Berlin?«

»Oh, nicht viele. Vielleicht zehn Prozent aller Taxifahrer sind Frauen.«

»Zehn Prozent?« In meinen Ohren klang das nach einer Menge. »In New York ist es nur ein Prozent.«

Sie schob ihre Sonnenbrille auf dem Nasenrücken nach oben. »Weil es ein Männerjob ist«, sagte sie. »Das war es schon immer, und das wird es auch bleiben.«

»Warum?«

»Vor allem, weil Männer der Meinung sind, sie seien die besseren Fahrer. Was überhaupt nicht stimmt! Wir Frauen müssen nur nicht die ganze Zeit zeigen, wie potent wir sind. Und manchmal«, sie räusperte sich, »ist eine Frau hinterm Steuer für Fahrgäste wirklich besser. Für Prostituierte zum Beispiel. Wenn die nach Hause wollen, mögen sie keinen Mann. Deshalb rufen sie mich an.«

»Nun, das ist verständlich …«

»Nicht wahr?«

Wieder sah ich auf ihre Lizenz. »Wie lange fährst du schon Taxi?«

»Siebenundzwanzig Jahre. Und seit dreißig Jahren bin ich Homöopathin.«

»Im Ernst?«

Sie nickte. »Meistens fahre ich aber Taxi, die Klienten betreue ich dazwischen.«

»Bist du auf etwas spezialisiert?«

»O nein … die Menschen kommen zu mir, und dann frage ich sie nach ihrem Hauptproblem … Du weißt schon … viele Menschen haben zum Beispiel Schlafprobleme.«

»Könnte ich einen Termin bei dir vereinbaren?«

»Ha!« Sie lächelte. »Klar kannst du das.«

Sie bog nach rechts in die Mühlenstraße ab, wo ich am Abend zuvor spazieren gegangen war, und wir fuhren an der East Side Gallery vorbei, die früher Teil der Berliner Mauer gewesen und jetzt ein längerer Abschnitt an der Spree war, ein Friedenssymbol, an dem die Menschen gern für Fotos posierten.

»Du bist also schon vor dem Mauerfall Taxi gefahren?«, fragte ich. »Richtig?«

»Ja.« Sie nickte und warf einen Blick auf die bemalten Mauerstücke, die sich bei unserer Geschwindigkeit in einen horizontalen Regenbogen verwandelten. »In Westberlin. Es war wie auf einer kleinen Insel.« Sie nahm ihre Sonnenbrille ab und legte sie in den Schoß. »Die jenseits der Mauer, die waren immer die Feinde. Also die Russen. Wir waren geteilt. Aber weißt du was? Selbst als wir eine Insel waren, hatten wir so viel Grün und Wasser, dass wir nicht glaubten, ersticken zu müssen.«

»Darf ich dich etwas fragen …«

»Frag ruhig.«

»Als die Mauer fiel … wie war das?«

»Im Taxi?«

»Im Taxi«, antwortete ich. »Und generell.«

»Hmmmm!« Sie setzte ihre Sonnenbrille wieder auf. »Wir Taxifahrer mussten von einem Tag auf den anderen die andere Hälfte der Stadt kennen, in der wir zuvor niemals gewesen waren. Wir haben viele Fehler gemacht.« Sie lachte freudlos. »O ja!«

»Ich kann es mir nicht vorstellen …«

»Es war aber auch sehr schwierig«, fuhr sie fort, »weil viele Straßen nach einem Jahr schon wieder umbenannt wurden. Und dann fuhr man dorthin, wie man es gelernt hatte, und alles war auf einmal komplett anders.«

Von diesem Phänomen hatte ich vor meiner Abreise nach Berlin gelesen. Nach dem Mauerfall wurde beispielsweise die Ho-Chi-Minh-Straße in Weißenseer Weg umbenannt, so wie die Straße auch ursprünglich hieß. Aus der Leninallee wurde die Landsberger Allee. Die Wilhelm-Pieck-Straße, die ihren Namen nach dem ersten Präsidenten der DDR erhalten hatte, heißt heute Torstraße.

»Es herrschte viel Bewegung, ständig gab es etwas Neues«, erzählte Zille weiter, »aber ich bin sehr dankbar, weil ich als Taxifahrerin wirklich jeden Teil der Stadt gesehen habe.«

Am Anfang weigerten sich viele ihrer Kollegen, in den Osten zu fahren, weil der ihnen fremd war. »Das war bei mir zuerst nicht anders, aber es war nur ein mentales Problem. Ich habe mir gesagt: ›Das ist Familie. Es sind Deutsche. Und Berliner.‹ Andererseits wusste ich, dass ich nicht jeden in meiner Familie zu mögen habe. Wenn ich jemanden vierzig Jahre lang nicht gesehen habe, wie soll ich ihn dann von einem Tag auf den anderen lieben?«

Wir kamen ans Ende der East Side Gallery. Ich weitete meinen Sicherheitsgurt und drehte mich noch einmal um, wobei mir die schmale, abgerundete Oberkante der Mauer auffiel. *Wie konnten die Menschen darauf tanzen?*, fragte ich mich, als ich mich an die Bilder vom Mauerfall in den Nachrichten im Jahr 1989 erinnerte, an Menschen, die auf die Mauer sprangen und wieder herunter. Ich war damals fünfzehn gewesen. Als Kind des Kalten Krieges war ich davon überzeugt, dass ich womöglich durch eine Atombombenexplosion sterben würde. Dieser fröhliche Ausgang, mit Tanz und Feuerwerk und Champagner, erschien mir vollkommen surreal.

»Erinnerst du dich, wo die Mauer früher war?«

»Ich erinnere mich jedes Mal daran, wenn ich über sie beziehungsweise über ihre Reste fahre«, erwiderte sie. »Jetzt sind es nur noch im Boden eingelassene Steine, die den Mauerverlauf anzeigen, eine Linie, die durch die Stadt verläuft.« Sie zeigte aus dem Fenster auf den Asphalt. »Jedes Mal, wenn ich über diese Steine rolle, bin ich glücklich. Ich weiß dann, dass nie wieder jemand sagen wird: ›Du darfst hier nicht durch, du musst hier anhalten.‹« Sie schüttelte den Kopf. »Dieses Gefühl können nur Menschen nachvollziehen, die hier gelebt haben.«

Ich hatte keine Ahnung, wie weit es noch bis zum Alexanderplatz war, doch mittlerweile musste ich den Kopf in den Nacken legen, um die rot-weiß gestreifte Spitze des Fernsehturms zu sehen, weshalb wir sicher bald da waren. Ich sah zu Zille. Die Sonne brach sich wieder in einem ihrer Ohrringe und warf einen blauen Gummibärchenschatten auf ihren Hals. Ich hatte Schwierigkeiten, nicht vollkommen von alldem hier fasziniert zu sein. Nein, das stimmte nicht. Es fiel mir nur schwer, gleichzeitig fasziniert zu sein und trotzdem weiterhin Beobachterin zu sein und nicht zu vergessen, Fragen zu stellen.

Doch auch das war nicht ganz richtig. Bevor ich darüber nachsann, wann ich sie nach ihrem Lieblingslokal fragen sollte, hatte ich mir die ganze Zeit über Gedanken gemacht, wie ich jemals Zilles außergewöhnliche Erscheinung erfassen sollte – und den nicht minder außergewöhnlichen Zufall, dass ich sie ausgerechnet bei meinem ersten wirklichen Taxiabenteuerversuch in Berlin getroffen hatte. Und sowenig ich dieses Erlebnis schon einordnen wollte, während ich mich noch mittendrin befand, konnte ich die Überlegung nicht unterdrücken, dass ich gerade eine gute Fee herbeigerufen hatte.

»Wolltest du schon mal fort aus Berlin?«, fragte ich.

»Ich habe in Paris studiert«, erzählte sie. »Aber ich bin zurückgekommen. Ich mag Berlin lieber als Paris.«

»Warum?« Wir hielten an einer roten Ampel. Ein Mann in einem Muskelshirt zog ein Sofa mit Hilfe seines Fahrrads über die Kreuzung.

»Paris ist wunderschön«, sagte sie, »aber die Menschen sind es nicht.

»Wie meinst du das?«

»Sie reden die ganze Zeit nur über Bäume oder übers Essen. Wie langweilig!« Es wurde grün. Der Mann mit dem Sofa war auf der anderen Straßenseite angelangt und winkte einer Touristengruppe zu, die ihn mit ihren Handys fotografierte. »Berlin ist preußisch, weißt du. Wir sagen: ›Wenn du mich in Ruhe lässt, lasse ich dich auch in Ruhe.‹ Die Franzosen nennen es *laissez faire, laissez aller,* und das kann man überall in Berlin wahrnehmen. Zum Beispiel in der Oper. Neben einer feinen Dame im Abendkleid und mit viel Schmuck sitzt ein Punk mit Löchern in den Hosen und gelben Haaren.« Zille fuhr sich mit den Händen durch ihre kurzen Strähnen. »Sie schauen sich an und lächeln und genießen die Musik. Und niemand kümmert sich darum. Nun, vielleicht doch ein bisschen. Aber wirklich nur ein bisschen! In München oder Düsseldorf, auch in Frankfurt sieht man so etwas nicht. Man würde den Punk rauswerfen oder gar nicht erst hineinlassen. Das mag ich hier.«

»Mir gefällt das auch, was du da sagst.«

Zille bog wieder nach rechts ab und deutete durch die Windschutzscheibe auf ein eindrucksvolles Backsteingebäude mit einem mittelalterlich wirkenden Turm. »Das ist unser Rathaus«, sagte sie. »Jetzt sind wir am Alexanderplatz.«

»Tatsächlich?« Ich holte mein Notizbuch. »Aber ich wollte dich noch fragen …«

»Ja?«

»Vielleicht eine etwas abseitige Frage«, meinte ich und suchte rasch nach einer leeren Seite im Notizbuch. »Wo ist dein Lieblings… – was isst du am liebsten in Berlin?«

»Was ich am liebsten in Berlin esse?« Zille wiegte den Kopf, als wolle sie ihr Gehirn aufwärmen.

»Ja.«

»Oh … äh … hm … nun …«

»Ja?«

»Das typische Berliner Essen ist nicht besonders gut, weißt du.«

»Oh?«

»Zum Beispiel isst niemand Eisbein in Berlin. Ich zumindest nicht.«

»Eisbein?«

»Es ist wie … wie soll ich es erklären? Wie ein großes Stück Schweinshaxe.«

»Oh.«

»Ja.«

»Und wenn man etwas Gutes essen möchte?«

»Nun …« Sie lachte, sah über die Schulter, fuhr an den Rand, neben einem riesigen Betonplatz, der von (zumindest vermutete ich es) Kaufhäusern aus der Sowjetzeit umgeben war. »Ich mag italienisches Essen!«

»Ah-ha!« Ich lächelte. »Und hast du ein Lieblingslokal?«

»Ähm, ja.« Sie schaltete das Taxameter aus. »Ein Familienbetrieb, weißt du. Und die Mutter kocht …«

»Oh!«

»Und auch weil meine Schwester in Italien lebt und ich oft dort bin, mag ich das Essen.«

»Ist es weit weg?«

»Nein, gar nicht.«

»Könntest du mich hinbringen?«

»Jetzt?« Sie lachte. »Was ist mit Saturn?«

»Das kann ich später noch machen.«

26

Die Tram M10 hielt an der Eberswalder Straße, bevor ich die Frau neben mir fragen konnte, ob ich ein Foto von dem Flammentattoo auf ihrem Schenkel machen durfte. Ich überlegte, bis zur nächsten Station zu fahren, doch ich war bereits spät dran, und ich wusste nicht, wie lange ich von der Eberswalder Straße bis zum Biergarten laufen musste, wo ich Julia treffen würde, eine Berlinerin, die mir kurz vor meiner Abreise aus New York aus heiterem Himmel eine E-Mail geschickt hatte. »Ich habe dein Bild im *Wall Street Journal* gesehen«, schrieb sie. »Du sitzt auf einer Taximotorhaube, mit Baklava in der Hand. Kommst du wirklich nach Berlin? Dann lass uns ein Bier trinken, wenn du hier bist.«

Ja!, dachte ich, als ich ausstieg und die Straße unter einer U-Bahn-Brücke überquerte. Während ich die Kastanienallee entlangeilte, warf ich einen Blick auf die Schlange vor einer Eisdiele. *Lass uns ein Bier trinken …*

»Julia?«, sagte ich zu der Frau mit dem platinblonden Haar und der Porzellanhaut, die am Eingang des Biergartens wartete. Sie hielt ein Mobiltelefon in der Hand und sah sich mit einem erwartungsvollen Lächeln um.

»Layne?«, fragte sie, und ihr Lächeln wurde breiter, als sie mich erkannte. »Ich freue mich so, dich kennenzulernen!« Sie nahm meine Hand und schüttelte sie mit beiden Händen.

»Tut mir leid, dass ich zu spät bin …«

»Sei nicht albern«, sagte sie und verstaute ihr Handy in ihrer Handtasche mit Zebramuster. »Hier lang.« Ich folgte ihr in den

Biergarten, an einem Schild mit der Aufschrift PRATER vorbei. Die Fahrradständer waren bis zum letzten Platz gefüllt, ebenso wie die Reihen taxigelber Picknicktische, an denen bestimmt zweihundert Menschen in der Nachmittagssonne saßen und Bier aus Halblitergläsern tranken. »Das ist Berlins ältester Biergarten«, erzählte Julia. An der Getränkeausgabe wechselte sie von ihrem singenden Englisch mit britischem Einschlag ins Deutsche und bestellte uns zwei Pils. »Bitte sehr«, sagte sie und reichte mir einen Krug mit überquellendem Schaum. »Suchen wir uns einen Platz.«

»Ist hier noch frei?«, fragte sie zwei Männer, die sich über Teller mit weißen Würsten und gelbbraunem Senf beugten. Sie nickten. »Weißwurst«, erklärte sie, als wir uns setzten. »Aus Bayern. Man isst sie mit süßem Senf. Köstlich! Selbst wenn es draußen heiß ist.« Die Deutschen lächelten ihr zu. Julia war eine atemberaubende Schönheit, doch sie war es auf eine ganz natürliche Weise. Sie hob ihren Krug. »Prost! Und willkommen!«

»Prost!« Ich hob meinen Krug mit beiden Händen und trank. Das Bier schmeckte leicht bitter und war nicht ganz kalt.

»Wie gefällt es dir bisher in Berlin?«, fragte Julia.

»Es ist ein Traum«, schwärmte ich. Ich hätte mir nie vorstellen können, als ich ihre E-Mail vor ein paar Wochen in dem kleinen Zimmer bei Sarah und Romeo las, dass ich tatsächlich irgendwann mit ihr hier sitzen würde, an diesem sonnenbeschienenen Tisch, unter diesen alten Kastanien, inmitten all dieser Menschen, die so glücklich und entspannt aussahen. »Aber ich bin auch erst seit einer Woche hier.« Ich versuchte, vorsichtig zu sein. Doch je mehr ich über Berlin erfuhr, desto besser gefiel es mir. Dabei legte die Stadt es nicht gerade darauf an, einen für sich einzunehmen. Die Stadt war einfach sie selbst, wie mir immer wieder bewusst wurde. Da war dieses

Antiquariat in der Niederbarnimstraße, nur ein paar Blocks von meiner Wohnung entfernt, in dem Bücher nach Gewicht an- und verkauft wurden, für 2,50 Euro das Kilo; die Bier trinkenden Menschen in der S-Bahn, als ob jeden Tag Mardi Gras wäre. Und ich liebte die kleinen Korkenmännchen in Yogaposen sowie die Tatsache, dass man einen Fahrradschlauch an einem Automaten auf dem Gehsteig kaufen konnte oder Bratwurst bei mobilen Verkäufern am Alexanderplatz mit Wurstbauchladen. Und natürlich war da die Taxifahrt zum Saturn mit Zille: »Ihr Lieblingsitaliener hat mittags nicht offen«, erzählte ich Julia, »weshalb wir letztlich doch nicht dort hingefahren sind. Aber ich habe die Adresse. Ich will das Lokal noch ausprobieren …«

»Ich komme mit«, sagte sie.

»Wirklich?«

»Klar.« Sie lächelte. »Ich mag italienisches Essen.« Sie setzte eine Jackie-O-Sonnenbrille auf. »Komm, ich möchte dir etwas zeigen.«

Wir tranken unser Bier aus und gingen zurück zur Kastanienallee, auf der ich jetzt, da ich nicht mehr in Eile war, eine überproportional große Menge hochgewachsener, schlanker, umwerfender Menschen sah, die umherschlenderten, rauchten, keine BHs trugen, ihre Tattoos zeigten (auch wenn keines an die Kunstfertigkeit der Flammen in der Tram herankam) und wahrscheinlich auf dem Weg zu einem der Cafés waren, die bis achtzehn Uhr Brunch servierten. Ich bemühte mich, einen Mann in knapper Badehose nicht anzustarren, der ein Handtuch um die im Sonnenlicht kupfern glänzenden Schultern geschlungen hatte. Der nächste Strand, wenn man die Strandbars an der Spree nicht mitrechnete, war zweihundert Kilometer entfernt. »Wolltest du mir das zeigen?«

Julia kicherte. »Man nennt diese Straße ›Castingallee‹«, sagte sie, »wegen der ganzen gutaussehenden Menschen, die hier herumlaufen.«

Ein paar Schritte weiter hörten wir etwas, das wie ein Wasserfall klang, und viele betrunkene Schreie.

»Was ist das?«

»Ich weiß es nicht. Schauen wir nach.«

Ich folgte ihr zur Kreuzung Oderberger Straße. »Ach du Schande!«, sagte ich, als wir um die Ecke bogen.

Jemand hatte einen Hydranten vor der Feuerwehr geöffnet, und das Wasser schoss mit der Kraft eines Geysirs in die Höhe, glitzerte in der Sonne und überflutete das Kopfsteinpflaster. Junge Männer mit nacktem Oberkörper hüpften durch die Fontäne, tranken Bier und zogen Mädchen in Sommerkleidern mit sich. Kleinkinder sprangen in die Pfützen und quietschten vor Freude, während sie ihre Eltern mit Wasser bespritzten. Eine barfüßige Frau mit blondgrauen Dreadlocks stand mitten auf der Straße, die Hände in die Hüften gestützt, den Kopf in den Nacken gelegt, und versuchte mit weit geöffnetem Mund die Wassertropfen aufzufangen. Eine Gruppe Feuerwehrmänner beobachtete lächelnd das Treiben von den Stufen vor der Feuerwache, als wollten sie sagen: »Vergnügt euch nur.«

»Sind alle deutschen Feuerwehrmänner so lässig?«, fragte ich Julia.

»Wir hatten einen langen Winter«, erwiderte sie und strahlte hinter ihrer Sonnenbrille.

»Ich lebe seit acht Jahren in Berlin«, erzählte Julia ein paar Tage später im Muntagnola, jenem Italiener, den Zille mir empfohlen hatte. »Und ich liebe es immer noch.«

Sie zupfte ein Stück Brot aus dem Korb und träufelte etwas Olivenöl darauf. Wir saßen an einem Tisch auf dem Gehsteig unter einer rot-weiß gestreiften Markise an einer dreispurigen

Straße in Schöneberg im früheren Westen. Julia sagte, sie hätte sich nie vorstellen können, acht Jahre am selben Ort zu bleiben. Sie kam in Hamburg zur Welt, wuchs aber auf den Philippinen und in Afrika auf und lebte danach in London, wo sie sich selbst das Programmieren beigebracht hatte; dann zog es sie nach Irland, von dort an den Main, nach Frankfurt. Ihre Leidenschaft waren Filme, vor allem die von Woody Allen, aber auch französische Produktionen. Tagsüber arbeitete sie als Software Quality Assurance Manager, nachts lernte sie, um Übersetzerin für Filmuntertitel zu werden. »Als ich nach Berlin kam«, sagte sie, »wollte ich nicht mehr weg.«

»Warum?« Ich nahm ebenfalls einen Bissen Brot – weich und fest, mit einer perfekten Kruste, auf der noch ein paar Aschereste aus dem Backsteinofen hafteten. Das Muntagnola war etwas edler als die meisten anderen von Taxifahrern empfohlenen Restaurants, in denen ich bisher gewesen war – Pastagerichte kosteten hier etwa dreizehn Euro, und die Weinkarte konnte einen verschwenderisch werden lassen. Doch wenn das Brot ein Vorbote dessen war, was da noch kommen würde, hatten wir keinen Grund, uns zu beschweren. »Was war es, warum du geblieben bist?«, fragte ich Julia, während ich die Speisekarte zuklappte.

»Ein Gefühl«, sagte sie und strahlte wie jemand, der über eine neue Liebe sprach. »Ich meine, Berlin ist nicht schön. Es ist nicht wie Paris, hat keine großartige Architektur. Es ist nicht groß und schnell wie New York. Es ist nicht anspruchsvoll wie London. Aber hier fühle ich mich frei.«

»Geht mir genauso«, stimmte ich ihr zu, und Julia lächelte, auch wenn es für mich wahrscheinlich eine voreilige und vermessene Aussage war, und auch wenn ich mir nach zehn Tagen in der Stadt nicht sicher war, wie viel von meiner Vorliebe für Berlin meiner Freude zuzuschreiben war, New York entkommen zu sein. Dennoch empfand ich jeden Tag aufs Neue, dass es richtig war, hierhergekommen zu sein. Alles in meiner unmittelbaren Umgebung, abgesehen von den Berichten für die argentinische Firma, entwickelte sich ständig weiter zum Positiven. Ich dachte an eine E-Mail, die ich am Tag zuvor von Heike erhalten hatte, einer Reporterin, die für den Fernsehsender RTL arbeitete: »Meine Kollegen und ich lieben Ihre Taxiabenteuer. Wäre es möglich, ein kurzes Interview mit Ihnen zu machen?« Ich wusste nicht, wie Heike mich gefunden hatte, ebenso wenig konnte ich ahnen, was ihre Nachricht alles nach sich ziehen würde.

Ich bestellte für uns beide: hausgemachte Pasta und zwei Gläser eines sizilianischen Weißweins, der laut Aussage unseres Kellners aus Trauben hergestellt wurde, die auf von einem Mafiaboss konfiszierten Land wuchsen.

»Du sprichst Italienisch?«, fragte mich Julia, nachdem der Kellner gegangen war.

»Ein wenig.«

»Ich kenne nur einen Satz auf Italienisch …«

»Und der wäre?«

»*Roma non fu fatta in un giorno*«, sagte sie mit französischem Akzent.

Ich lachte. »Rom wurde nicht an einem Tag erbaut.«

»Du glaubst aber gar nicht, wie nützlich der Satz ist.«

Der Kellner brachte unseren Wein. Wir stießen auf Berlin an.

»Weißt du, was ich gerade gelesen habe?«, sagte ich, und plötzlich fiel mir auf, dass Julia und ich uns wie alte Freunde unterhielten, auch wenn wir uns erst so kurz kannten. »Vor dem Ersten Weltkrieg nannte man Berlin ›Elektropolis‹.«

»Elektropolis?«

»Das hing mit der Industrialisierung zusammen«, erklärte

ich. Wir tranken noch einen Schluck Wein, der nach Aprikosen roch und angenehm trocken war. »Aber als ich das las, dachte ich, dass Berlin jetzt eine andere Art Elektropolis ist. Meinst du nicht?«

»Hm …« Sie dachte einen Moment nach. »Ich habe das bisher noch nie gehört …« Julia lächelte in ihr Glas. »Aber es gefällt mir.«

Unsere Pasta wurde gebracht: Tagliatelle mit Zucchiniblüten für mich und Strangolapreti (»Priesterwürger«) für Julia, runde, grüne Edelsteine in Salbeibutter, zubereitet mit Spinat und Ricotta und mit Pecorino bestreut – ähnlich wie Gnocchi, aber größer und mit Rosinen und Pinienkernen gespickt. Julia und ich waren uns einig, dass sie viel besser als Gnocchi schmeckten.

***

In dieser Nacht lag ich auf dem Futon, durchlebte das gemeinsame Essen mit Julia noch einmal im Kopf und wippte im Rhythmus zum Drum'-n'-Bass aus dem Obergeschoss mit den Füßen. Es war unmöglich, in Elektropolis zu schlafen – nicht nur wegen der Musik (die mir zwar nicht unbedingt gefiel, bei der ich mich aber irgendwie hip fühlte, als sei ich eine Nebenfigur in einem Film mit ultramodernem Soundtrack).

Etwa um zwei Uhr morgens fiel die Tür zum Vordergebäude krachend ins Schloss. Jemand parkte sein Fahrrad im Hof. Ich schaltete die rote Leselampe ein und holte mein Notizbuch hervor. Langsam hatte ich das Gefühl, dass der Kosmos Buße tat für die harte Zeit in New York, und mir ein verzaubertes, wenn auch nur vorübergehendes Leben in Berlin gestattete. Das Karma mit dem Breitengrad ändern? Ich tippte mit dem Stift gegen die Lippe. Nein, etwas anderes passierte hier. Wenn ich etwas gelernt hatte, dann, dass ein Ortswechsel allein nur eine Schönheitskorrektur war …

»Oooh, oooh, ooooh, OOOOOOH …« Irgendwo im Vordergebäude stöhnte eine Frau in die Nacht, gefolgt von den ekstatischen Ausrufen eines Mannes, die die Drum'-n'-Bass-Musik übertönten.

27

Der Taxifahrer lächelte, als ich meinen Kopf durch das Beifahrerfenster steckte. Sein Gesicht sah aus wie das eines Zauberers in einem Märchen: buschige Augenbrauen, die wie Flammen nach oben strebten, eine spitze, gebogene Nase mit einem Grübchen in der Spitze und ein langer, schwarzer Bart mit grauen Strähnen. Der Mann trug eine Melone auf dem Kopf und eine Kette mit Gebetsperlen um den Hals.

»Guten Tag!«, begrüßte er mich auf Deutsch. »Wo möchten Sie hin?«

Er nickte, als ich ihn fragte, ob er Englisch könne.

»*Mein* Lieblingslokal? Hmm …« Er kniff die Augen zusammen und strich mit dem Finger über die Falten unter seinen Augen. »Da muss ich nachdenken …«

Ich setzte mich auf den Beifahrersitz, wie ich es seit der Fahrt mit Zille immer tat. In Buenos Aires oder auch in New York wäre mir das zu aufdringlich vorgekommen, als ob ich im Haus eines Fremden einfach etwas aus dem Kühlschrank nehmen würde. Doch in Berlin fühlte es sich vollkommen normal an.

Ich bemerkte ein Bild, das der Fahrer an dem Taxameter befestigt hatte, eine Szene aus *City of God:* Die zwei Hauptfiguren, ein junger Fotograf aus den Slums und seine Traumfrau, sitzen dicht beieinander auf einer Bank in Rio de Janeiro, zu sehr ineinander verliebt, um sich zu küssen.

»Ich bin vor zwei Wochen aus Brasilien zurückgekehrt«, erklärte der Fahrer, der meinen Blick verfolgt hatte. »Ich verbringe den Winter dort, in einer kleinen Stadt an der Küste, etwa zweihundertfünfzig Kilometer nördlich von Rio.«

Er fuhr an, und ich entspannte mich auf dem Vordersitz, erinnerte mich daran, wie ich bei einem meiner Grenztrips das erste Mal in Rio landete, um mein argentinisches Touristenvisum zu erneuern. Sobald das Flugzeug die Rollbahn berührte, applaudierte ich gemeinsam mit der Brasilianerin neben mir, die in das durch unser Fenster strahlende Sonnenlicht lächelte und sagte: »Jeder sollte einmal im Leben nach Brasilien kommen.«

Über die Warschauer Straße und die Oberbaumbrücke fuhren wir nun an der Spree entlang. SIE BETRETEN JETZT DEN TOURISTENSEKTOR! Das Graffito entdeckte ich neben U-Bahn-Gleisen, nicht weit entfernt von der Stelle, wo früher zwischen Friedrichshain im Osten und Kreuzberg im Westen der Verlauf der Mauer war.

»Ich bin in der Türkei geboren«, sagte mein Fahrer, während wir den hochgelegten U-Bahn-Gleisen, die wie ein Reißverschluss in der Mitte der Straße verliefen, folgten. »1980 kam ich dann nach Berlin, nach Kreuzberg.« Er sei achtzehn gewesen, erzählte er mir, und die Zeiten verrückt. »In den Achtzigern konnte jeder nach Kreuzberg.« Er drehte seine Gebetsperlen zwischen Daumen und Zeigefinger. »Und ich bin Maler, also …«

»Was malen Sie denn gern?«

»Meistens arbeite ich mit Acrylfarben, aber ich fotografiere auch, und manchmal zeichne ich im Taxi.« Er hielt an einer roten Ampel am Kottbusser Tor. Frauen mit Kopftüchern wählten Tomaten aus an dem Obst- und Gemüsestand gegenüber einer U-Bahn-Station.

»Ist Taxifahren ein guter Job für einen Künstler?«

»Nein.« Es wurde grün. Er fädelte sich in den Kreisverkehr

ein und gewährte den Radfahrern Vorfahrt. »Auch wenn man ab und zu interessante Leute fährt und gute Unterhaltungen führt. Doch manchmal«, sagte er und streckte die Arme am Lenkrad durch, »vergessen die Menschen, menschlich zu sein.«

»Das stimmt.« Ich nickte und erinnerte mich an den Mann, der mich auf der Eight Avenue vor dem Ritz-Carlton angehalten hatte, er befand sich auf dem Weg zur Arbeit. »Na los«, hatte er gesagt und gegen die Trennscheibe geschlagen, als ich abbremste, weil ich einen Polizisten gesehen hatte. »Fahren Sie schon! Ist doch alles grün!« Und nie würde ich die Frau ohne Augenbrauen vergessen, die in der Nähe des Union Square einstieg, auf dem Weg zum Friseur. »Ich habe ein Taxi statt der Subway genommen«, hatte sie in ihr Handy gekeift, nachdem ich eine Ampel auf der Park Avenue nicht mehr erwischt hatte, »aber leider mit dem falschen Fahrer.«

»Ich finde, ein Künstler sollte Menschen lieben«, sagte der Türke. Wir fuhren immer noch parallel zu den U-Bahn-Gleisen, und die Architektur wandelte sich von warm zu kalt. Jugendstil wurde von Betonblöcken aus den Siebzigern verdrängt.

»Und was ist mit einem Taxifahrer?«

Er legte den Kopf in den Nacken und lachte auf, während er seinen Hut festhielt. »Ich fahre seit fünfundzwanzig Jahren Taxi«, sagte er. »Ohne Mitgefühl ist dieser Job unmöglich.«

Er brachte mich zum Sen Viet, seinem Lieblingsvietnamesen in Kreuzberg.

»Während des Krieges dort kamen eine Menge Vietnamesen nach Berlin«, sagte er. »Darum gibt es in der Stadt auch so viele vietnamesische Lokale.« (Später erfuhr ich, dass die vietnamesische Diaspora ein Spiegel des Kalten Krieges war: Während die DDR in den Fünfzigern begann, Gastarbeiter aus Nordvietnam einzuladen, nahm Westdeutschland nach dem Fall von Saigon Tausende Asylsuchende aus Südvietnam auf. Jahre nach dem Mauerfall war die Trennung zwischen der nord- und der südvietnamesischen Gemeinde immer noch spürbar.)

Der Taxifahrer parkte in zweiter Reihe und begleitete mich in das Restaurant, was mich ein wenig überraschte, wohingegen er es für selbstverständlich hielt. Der Geschäftsführer begrüßte ihn wie seinen Lieblingscousin, klopfte ihm erfreut auf den Rücken, während er ihm die Hand schüttelte. In dem kleinen, vollbesetzten Restaurant roch es nach Knoblauch und Minze.

»Sie sollten das rote Curry mit Huhn und Erdnüssen probieren«, sagte mein Fahrer und deutete auf die Spezialitätenkarte an der Wand. »Ich würde auch gern etwas essen, aber …« Er nickte zu seinem Taxi, bei dem die Warnblinkanlage eingeschaltet war. »Ich hoffe, Ihnen schmeckt das Curry.« Er winkte dem Geschäftsführer zu, gab mir seine Karte, tippte sich an den Hut und verließ das Lokal.

Das Curry war zwar nicht scharf genug, schmeckte aber intensiv nach Koriander und Zitronengras und verfügte über genug süße, saure und salzige Geschmacksschichten, um den Mangel an Chilis aufzuwiegen.

Als ich ein paar Stunden später in die Wohnung zurückkam, sah ich auf der Website des Fahrers dessen Bilder an. Seine Gemälde gefielen mir. Die Körper und Gesichter der Menschen wirkten lichtdurchflutet, als ob er sie auf Glas gemalt hätte.

»Die Botschaft meiner Bilder ist folgende sehr einfache, aber von Herzen kommende«, schrieb er unter »Philosophie«. »Weniger technische Sterilität, weniger Computermenschen, mehr Menschlichkeit und Zärtlichkeit.«

Ich klickte auf das Foto eines seiner Gemälde, das »Kuss 1«

hieß und einen Mann und eine Frau darstellte, die sich vor einem sich auflösenden Hintergrund umarmten. »Sie werden weiche Formen und warme Farben sehen«, schrieb er dazu. »Blau steht für Hoffnung. Rot und Lila sind die Farben von Liebe und Gefahr.«

In dieser Nacht lag ich noch lange wach, was ja nichts Ungewöhnliches war, und hörte dem Drum'-n'-Bass meines Nachbarn zu sowie den entfernten Techno- und Ska-Klängen aus den Klubs an der Revaler Straße, während ich im Internet surfte und Karls Berlin-Bücher durchblätterte: »Ich … möchte einen Dank an den unbekannten ostdeutschen Grenzsoldaten in seinem Wachturm aussprechen«, schrieb Duane Phillips in einem Führer über zeitgenössische Architektur der Stadt, »der 1980 um Mitternacht mit den Fingern auf seinem Maschinengewehr zur Musik von David Bowie trommelte, während einer Zirkusperformance von Transvestiten im Tempodrom auf dem Potsdamer Platz. In diesem surrealen Moment habe ich mich in Berlin verliebt …«

Meine Schlaflosigkeit – weswegen ich Zille einmal in ihrer Praxis aufsuchte – lag sicher daran, in Elektropolis zu sein, in dieser aufregenden Metropole, aber auch an dem, was nach meinem Interview mit Heike für RTL geschah: Alle paar Tage bekam ich jetzt E-Mails von Journalisten, die mit mir über *Taxi Gourmet* sprechen wollten. Ich feierte jede dieser Nachrichten und sah sie als weiteres Zeichen, dass ich genau an dem Ort war, an dem ich sein sollte, auch wenn ich mich durch so wenig Schlaf – ich vergaß oft, die beruhigenden Kräuter zu nehmen, die Zille mir mitgegeben hatte – in einer Art Stupor in Bezug auf die Jobs befand, die die Miete einbrachten. Immer schwerer konnte ich mich auf sie konzentrieren. Einmal hätte ich fast mitten im Gespräch mit einem unzufriedenen Kunden in Südafrika aufgelegt, der mich dreimal in zwei Stunden angerufen hatte, um sich über einen Stromausfall zu beschweren, der offensichtlich von Sonnenflecken verursacht worden war.

Am nächsten Morgen, ich kochte mir gerade eine dritte Tasse Kaffee, riss ich mich zusammen und legte meine ganze Aufmerksamkeit in den Kundenzufriedenheitsbericht: »Alle Systeme laufen reibungslos, einzig die Verbindung in Gabun bleibt weiterhin instabil«, schrieb ich. »Der Kunde fordert eine genaue Beobachtung, um den Grund für die Unbeständigkeit herauszufinden.« Meine Finger zitterten vom Koffein, während ich alles noch einmal durchlas. Danach machte ich mich auf den Weg zu einem Treffen mit Julia.

Ich verstand nicht recht, warum ich unbedingt zum Prenzlauer Berg kommen sollte, um mit ihr dort Karaoke anzusehen. »Wenn man in Berlin ist, sollte man es sich wenigstens einmal ansehen«, sagte sie. Da ich gern Zeit mit ihr verbrachte, freute ich mich, als ich sie am oberen Rand des Amphitheaters im Mauerpark sitzen sah, das Bearpit genannt wurde. Ich drängte mich durch die Massen und quetschte mich auf den Platz, den sie mir freigehalten hatte. Dann sah ich mich um und versuchte mir vorzustellen, dass dieser Ort einmal Teil der Mauer, Teil des »Todesstreifens« war – hier hatten DDR-Grenzsoldaten Menschen erschossen, die in den Westen fliehen wollten –, doch es gelang mir nicht.

Nach dem Mauerfall, erklärte Julia, beanspruchten die Berliner das Grenzgebiet für sich. Als würde man eine Militärbasis in so etwas wie das Haight-Ashbury aus den Sechzigern verwandeln. Im Mauerpark wurden jetzt jedenfalls Picknicks und Jamsessions abgehalten, es gab dort aber auch Krawalle. Jeden Sonntag fand in der Anlage ein Flohmarkt statt und ebenjene berühmte Karaoke-Show, die von Joe, einem irischen Fahrradkurier, moderiert wurde. Ich betrachtete die Menschen um mich herum – Hipster, Straßenkünstler und storchenbeinige Musiker, die Instrumente auf dem Rücken trugen, Jongleure, Basketballspieler und Frauen in Bikinioberteilen –, und ich fragte mich, welche andere Stadt eine solche Metamorphose geschafft hätte.

»Wie läuft es mit den Taxiabenteuern?«, fragte Julia, als ein Mann in Goldleggins mit einer Falafel in der Hand sich an uns vorbei zu einem der letzten freien Plätze in unserer Reihe begab.

Ich beschrieb ihr den Taxifahrer, der wie ein Zauberer aussah und in Brasilien überwinterte, seine Gemälde und das rote Curry im Sen Viet – ebenso die Fahrt mit Ivo und Steffen, die sich mir an einem ihrer probenfreien Tage zu einem Abenteuer angeschlossen hatten. Wir landeten im Hasir, in der Adalbertstraße in Kreuzberg, dem Restaurant, in dem der Döner erfunden wurde, zumindest behauptete das unser Kellner. Später fand ich allerdings einen Artikel im *Daily Telegraph*, der diese Geschichte widerlegte: Am 2. März 1971 beobachtete Mehmet Aygün, der mit sechzehn als Gastarbeiter aus der Türkei nach Berlin gekommen war, die ganzen Betrunkenen, die nachts an seinem Kebablokal vorbeistolperten – und hatte eine Idee. Was, wenn sie ihr Essen mitnehmen könnten? Er beschloss, dass die Zukunft in einem mit Fleischstücken gefüllten Fladenbrot lag. Vierzig Jahre später hatte sein Sandwich angeblich Bratwurst als beliebtesten Imbiss in Deutschland abgelöst.

»Man braucht so wenig, um hier glücklich zu sein«, sagte ich zu Julia, als ein Mann mit schwarzem Hut einen Handwagen mit einem Schirm in Regenbogenfarben gegenüber vom Amphitheater aufstellte und Drinks zu mixen begann (»Mojito/Caipirinha/Sex on the Park, 3 Euro«). Zugegeben, ich war noch keine zwei Monate in Berlin, und die einzigen entmutigenden

Momente, wenn sie überhaupt entmutigend waren, hatten mit der Sprachbarriere zu tun: Am Alexanderplatz war ich von zahlreichen Fahrern abgewiesen worden, die behaupteten, kein Englisch zu sprechen, und oft hatte ich keine so tiefgründigen Gespräche mit den Fahrern führen können, wie ich es gern getan hätte. Bei einer Fahrt konnte ich mich sogar nur mit Gesten verständigen, und schließlich landete ich im Gel Gör, einem Vierundzwanzig-Stunden-Köfte-Laden, in dem das Kalbfleisch selbst geschlachtet wurde. Ich brachte es nicht übers Herz, dem Fahrer zu sagen, dass ich den Imbiss schon von einem seiner Kollegen kannte. Dennoch hatte mir das Schreiben über meine Taxiabenteuer nie mehr Spaß gemacht als in Berlin. Fragten mich Leute auf der Straße nach dem Weg – sah ich so aus, als würde ich mich auskennen? –, schüttelte ich den Kopf und sagte: »Tut mir leid, ich bin nicht von hier.« Und es tat mir tatsächlich leid – nicht nur, weil ich den Leuten nicht helfen konnte, sondern weil das hier nicht meine Stadt war. Julia gegenüber ergänzte ich: »Aber vielleicht kommt das, weil ich hier nicht lebe.«

»Mag sein«, sagte Julia und setzte ihre Jackie-O-Sonnenbrille auf. »Muss aber nicht stimmen.«

Der Song »Stray Cat Strut« ertönte, und Joe nahm das Mikrofon zur Hand und trat in die Mitte des Steinkreises, der jetzt als Karaokebühne diente. *»Heeey! Is that too loud at the front? It's okay? What? What do we call this? The what pit? The BEAR-pit!«* Das Amphitheater war voll besetzt. Die Ersten setzten sich schon auf den Rasen hinter der Bühne. »Oh!«, sagte Joe und wirkte ein wenig verwirrt, als könne er nicht fassen, dass wir alle da waren. »It's so lovely to see everybody this afternoon. Es ist so schön, euch alle heute Nachmittag zu sehen.«

Alle wurden bejubelt, die zu singen wagten. Eine Stunde später waren Julia und ich heiser, weil wir jeden anfeuerten, der die Bühne betrat (vor allem aber zwei Typen aus England, die ihre Version des Elvis-Songs »Blue Suede Shoes« mit Koboldsprüngen aufpeppten, sowie ein Mädchen in einem Rüschenrock, das zu einem Lied von Kate Bush Spreizsprünge vollführte und trotzdem den Takt hielt.) Ich konnte mich nicht erinnern, wann ich zum letzten Mal Teil eines Publikums wie diesem gewesen war. Der Enthusiasmus um mich herum war absolut ehrlich.

»Nur in Berlin gibt es so was«, sagte Julia zwischen zwei Darbietungen.

»Vielleicht sollte ich länger bleiben.«

»Ich finde schon.«

Ein Mann mit einer Fernsehkamera filmte das Publikum, zoomte auf eine junge Frau in einem Hula-Grasrock, die in der ersten Reihe einen Reifen um die Taille wirbeln ließ.

»Schau!«, sagte Julia und zupfte mich am Ärmel, während sie an dem Hula-Mädchen vorbeideutete: Die Menge teilte sich und machte den Weg für einen älteren Mann mit krausem grauem Bart frei, der den Gesichtsausdruck eines ungeliebten Propheten hatte und sich so langsam zur Bühne bewegte, als hätte er nicht genug Kraft, um seine Kleidung zu tragen.

»Das ist er!«, sagte Julia und klatschte in die Hände.

»Wer?«

Joe nahm dem Mann die Plastiktüte vom KaDeWe ab, die er dabeihatte, und reichte ihm das Mikrofon, das dieser dicht an der Brust hielt.

»Wer ist das?«, fragte ich wieder, als die ersten Klänge von »My Way« aus den Lautsprechern erklangen.

»Hör zu«, sagte Julia.

»Und jetzt naht das Ende …«, sang der Mann den Sinatra-Song auf Deutsch, und wir sahen, wie er sich mit jeder Note von jemand Zurückgewiesenem zu einem voll erblühten Menschen verwandelte, den Rücken straffte, die Brust herausstreckte, den Blick ins Publikum richtete. Ein strahlendes Lächeln überzog sein Gesicht, als ob ihn die Schönheit seines Baritons selbst überraschte. Alle, Julia und ich eingeschlossen, brüllten vor Begeisterung.

»… Und vor miiir liegt der letzte Vorhang …«

Der alte Mann sang, als hätte es Sinatra nie gegeben, als wäre es *sein* Lied und das hier seine einzige Chance, ihm seine Stimme zu leihen. Je länger der Song dauerte, desto mehr zog er die Noten in die Länge und hob einen Arm gen Himmel.

»Ich habe geliiiiiebt … habe gelacht … habe geweint …«

Julia und ich standen mit dem restlichen Publikum auf, nachdem er die letzte Zeile gesungen hatte, und jubelten frenetisch. Als er das Mikrofon senkte, hallte der Beifall weit über den Bearpit hinaus. Von unserem Platz aus sahen wir, wie sich Menschen zum Mauerpark und dem Lärm umdrehten. Der alte Mann verbeugte sich mit geschlossenen Augen in alle Richtungen und badete im Beifall der Menge.

»Ist er nicht großartig?«, sagte Julia.

»Wer ist er?«

»Er kommt jede Woche«, sagte sie. »Entweder singt er ›My Way‹ oder etwas von Céline Dion. Ich glaube, er ist obdachlos. Er trägt immer denselben Anzug, egal wie warm es ist, und immer hat er die Plastiktüte vom KaDeWe dabei.« KaDeWe war Berlins edelstes Kaufhaus – Zille hatte mir erzählt, dass sie nach der Wende viele Ostberliner als Erstes dorthin gefahren hätte.

Der alte Mann nahm seine Tüte, ging von der Bühne, drängte sich lächelnd und nickend wie in Trance durch die Leute, die ihm begeistert auf den Rücken klopften.

Als Julia und ich ihn einholten, hatte er bereits die Hälfte des Mauerparks durchquert. Ich tippte ihm auf die Schulter. Er drehte sich steif um, als sei er eingefroren, ein Zauber gebrochen.

»Ich … ich wollte Ihnen nur sagen«, stotterte ich, die Hände gegen die Brust gedrückt, »wie großartig Sie waren.«

Er lächelte schwach, verstand mich offensichtlich nicht. Julia übersetzte. »Danke«, sagte er auf Deutsch und blickte zu Boden.

Ich wühlte in meiner Tasche nach einem Stück Papier, doch stattdessen zog ich meinen Sprachführer heraus und öffnete ihn auf der Titelseite.

»Würden Sie das vielleicht signieren?«, fragte ich und reichte ihm einen blauen Kugelschreiber. Ich hatte bisher erst einmal jemanden um ein Autogramm gebeten, David Boreanaz, als er Angel in *Buffy – Im Bann der Dämonen* spielte –, per Post. Ich hatte ihn damals so toll gefunden. Doch das hier war etwas anderes – das hier war viel mehr als ein alter, obdachloser Mann, der »My Way« sang. Hier war jemand, dem Technik und Virtuosität egal waren, der sang, was er erlebt hatte – er sang nicht, weil er hoffte, dass die Menschen es hören wollten.

»Autogramm?«, sagte der Mann mit gerunzelter Stirn.

Julia nickte.

Ich reichte ihm den geöffneten Sprachführer. Er schrieb seinen Vornamen, und nur ihn, in ungeübter Grundschulschreibschrift.

»Detlef.« Laut las ich den Namen am unteren Seitenrand vor. »Danke«, sagte ich auf Deutsch.

Er strahlte und gab mir den Kugelschreiber zurück.

Zurück in der Dirschauer Straße, mailte ich Karl und fragte, ob ich noch einen Monat länger in seinem Apartment bleiben könne. »Es scheint dir also zu gefallen«, antwortete er innerhalb von Minuten. »Die Wohnung ist bis Oktober frei.« Zwanzig Minuten später hatte ich alles mit Air Berlin geklärt: Für siebzig Euro konnte ich einen zusätzlichen Monat in Elektropolis bleiben. Ich spielte ein Lied von Celia Cruz und tanzte durch den Raum. *Ein ganzer weiterer Monat in Bär-LIIN!* Ich drehte mich, bis ich erschöpft auf meinen Schreibtischstuhl sank und außer Atem den Sprachführer auf der ersten Seite öffnete. *Ein weiterer Monat,* dachte ich, und betrachtete die Unterschrift, *in der Stadt, in der Detlef lebt.*

28

Du bist wegen eines alten Mannes in Berlin geblieben, der Karaoke singt?« Das würde mich sicher jemand verwundert fragen, würde ich meine Entscheidung für meine Berlin-Verlängerung so erzählen. Aus dem Kontext gerissen, klang es auch verrückt. Ich saß in der Tramlinie M13 und schaute blicklos aus dem Fenster, als die Straßenbahn anhielt und dann weiter von Friedrichshain nach Weißensee fuhr. Ich überlegte, wie ich meinen Entschluss einem zukünftigen Fahrgast in New York erklären könnte: »Detlef personifiziert etwas von Berlin …« Zu abstrakt? »Detlef ist die Inkarnation der Stadt …« Zu allgemein? »Detlef singt für die Kunst-um-der-Kunst-willen-Seite der Stadt …« Zu abgedreht? Natürlich, würde ich hinzufügen, wäre Detlef nicht der einzige Grund, warum ich länger bleiben wollte. *Aber er ist die ungewöhnlichste Perle einer langen Kette,* dachte ich, während die Tram nach Norden abbog, die Strecke entlang, die ich gestern mit Verena im Taxi gefahren war, der hübschen, grünäugigen Reporterin vom *Tagesspiegel.*

Es nieselte, als ich am Antonplatz ausstieg, und ich spähte in die Wagen am Taxistand, erkannte aber keinen der Fahrer. Ich ging weiter, bog in die Langhansstraße ab, als die ersten Lichter hinter den Fenstern der Wohnblöcke aufleuchteten und den abweisenden Fassaden ein wenig Wärme verliehen. Ich freute mich auf ein weiteres Treffen mit Verena und auf den zweiten Teil unseres Taxiabenteuers. Wir trafen uns im Restaurant La Bandida zur »Crazy Hour« (ALLE LONGDRINKS & COCK-

TAILS 3,90!, wie die Aufschrift zwischen den Neon-Pepsi-Schildern im Fenster verkündete, »von 18.00 – ??? Uhr«).

Ich zählte sechs weitere Gäste außer Verena im Restaurant, das wie die Quentin-Tarantino-Version eines mexikanischen Saloons aussah: Über der Bar hingen Sombreros mit silbernen Pailletten und die Wände waren mit einem Ziegelsteinmuster bemalt sowie einem dreiarmigen Kaktus, der das Jose-Cuervo-Label hochhielt. Wir wählten einen Tisch in der Nähe des Eingangs unter einer Werbung für Desperados-Bier.

Ein Kellner in einem Rüschenhemd überreichte uns die Speisekarten, auf deren Deckel der Goldumriss einer langhaarigen Frau zu sehen war, die Flamenco tanzte. Verena beobachtete, wie ich mit dem Finger die aufgelisteten Speisen abfuhr. »Fajitas, Nachos, Spaghetti … oje.«

»Wären wir hier, wenn uns der Taxifahrer den Laden nicht empfohlen hätte?«

»Nun …« Ich dachte an Thomas, den Fahrer, der uns gestern zur Mittagessenszeit hierhergebracht hatte, wo das Lokal aber geschlossen war. Zuerst hatte er behauptet, nie auswärts zu essen, doch nach ein paar Schmeicheleien von Verena hatte er sein Buch zugeklappt – einen Roman von Ken Follett mit einem explodierenden U-Boot auf dem Cover – und gesagt: »Nun, es gibt da ein gutes argentinisches Steakhaus …« Thomas hatte 1987 mit dem Taxifahren begonnen, war in Friedrichshain geboren und aufgewachsen, und ja, er wäre auch schon während der Wende Taxi gefahren. An einem einzigen Tag hatte er den Westen, die andere Hälfte der Stadt, mit seinen Straßen auswendig gelernt.

»Sprechen Sie Spanisch?«, fragte ich den Kellner auf Deutsch, als er unsere Bestellung aufnahm.

»Nein«, erwiderte er lachend. »Deutsch oder Türkisch!«

Ich beobachtete, wie der Barkeeper einem Paar im mittleren

Alter im Vokuhila-Partnerlook, das händchenhaltend in einer Ecke saß, zwei regenbogenfarbene Cocktails brachte.

Verena bestellte, was Thomas gerne im La Bandida aß: hundertachtzig Gramm Entrecôte mit einer Ofenkartoffel und Speck-Kidneybohnen.

»Das«, sagte Thomas, als wir am Tag zuvor vor dem Lokal standen und er auf den Crazy-Hour-Aufkleber deutete, »ist unser Restaurant.« Er parkte das Taxi, löste den Sicherheitsgurt und zündete sich eine Zigarette an. »Meine Frau ist von Beruf Köchin«, erzählte er und brachte uns zum Eingang. »Sie steht den ganzen Tag am Herd, weshalb ich zu Hause koche. Am Wochenende grille ich gern. Und wenn ich nicht kochen mag, kommen wir hierher.« Er wollte die Tür öffnen. »O nein!« Es war geschlossen. »Das tut mir wirklich leid.« Er warf die Zigarettenkippe auf den Gehsteig. Verena und ich erklärten, er solle sich keine Gedanken machen, wir würden zur Crazy Hour zurückkommen.

»Ist es so, wie du es aus Argentinien kennst?«, fragte Verena, als ich einen Bissen Entrecôte nahm.

»Nicht ganz.« Das Steak war gut – in einer Pfeffersoße mariniert, zart und saftig wie nach einer Getreidefütterung –, doch nicht wie die *bifes* in Buenos Aires, die nach Gras und Erde schmeckten. »In Argentinien ist es ein Sakrileg, das Steak mit Soße zu würzen. Dort benutzt man nur Salz. Und ich glaube nicht …« – ich kreiste mit der Gabel über die Kidneybohnen, den Speck mit den karamellisierten Zwiebeln und den Jalapeños –, »dass ich in Argentinien jemals in einem Steakhaus eine Bohne auf der Speisekarte gesehen habe. Doch das hier …« Ich wartete, bis Verena einen Bissen gegessen hatte. »Das ist fantastisch, nicht wahr?«

»Mmm!« Sie nickte und warf einen Blick auf ihre Uhr. Es war acht. Der Barkeeper wechselte musikalisch vom Buena

Vista Social Club zu Whitney Houston, was mich jetzt wirklich an Buenos Aires erinnerte, wo ich die bislang besten *bifes* in meinem Leben zu Rod Stewart und Britney Spears gegessen hatte. Nur die Touristenlokale spielten Tangomusik.

»Von 2003 bis 2004«, hatte Thomas uns erzählt, ein paar Blocks vom La Bandida entfernt, »habe ich Parlamentsabgeordnete gefahren. Das war keine Arbeit für mich. Ich hatte einen Boss, der sehr streng war. Und die Fahrgäste waren anstrengend. Sie redeten immer darüber, wie toll es doch in Deutschland sei.« Er massierte seinen Nasenrücken unter den Brillengläsern. »Und ich kämpfte ums Überleben mit meinem Einkommen. Nur Taxi zu fahren reichte nicht, wisst ihr? Früher reparierte ich Fernseher, doch nach dem Mauerfall war das Geschäft kaputt. Ich musste also eine andere Arbeit finden.«

»Was hast du dann gemacht?«, fragte ich ihn.

»Bin Lastwagen gefahren. Nach Italien, Portugal und Spanien, nebenher noch Taxi. Doch nach einer gewissen Zeit bekam ich meinen eigenen Wagen, mein eigenes Taxi. Jetzt«, sagte er, die Augen leuchtend blau in dem sonnenverbrannten Gesicht, »bin ich mein eigener Chef.«

»Unser Taxifahrer«, sagte Verena. »Thomas.« Sie legte ihre Gabel ab. »Auf Deutsch gibt es ein Wort für Menschen wie ihn.«

»Wie lautet es?«, fragte ich, während ich die letzten Reste Steak, Bohnen und Speck auf meiner Gabel arrangierte.

»Ich glaube, auf Englisch gibt es das nicht.«

Der Kellner mit dem Rüschenhemd räumte unsere Teller ab.

»Das Wort«, fuhr Verena fort, während der Kellner sich hinter die Bar zurückzog und sie ihm nachblickte, »heißt Lebenskünstler.«

»Was bedeutet es?«

»Direkt übersetzt so etwas wie *life artist.* Aber es ist mehr als das.« Sie sah zur Decke und strich die Quasten ihres Schals glatt. »Es ist ein Wort für Menschen, die eine Kunst daraus machen, erfinderisch zu leben und sich auf vielfältige Weise durchzuschlagen.«

»Lebenskunstler«, wiederholte ich auf Deutsch, als sich Whitney Houston durch den Refrain von »I'm Every Woman« schmetterte und der Kellner uns die Rechnung brachte. Ich notierte mir das Wort in meinem Notizbuch und zeigte es Verena: »Stimmt das so?« Sie lächelte, nahm meinen Stift und setzte noch zwei Pünktchen über das U.

Vom La Bandida eilte ich zurück in meine Wohnung, warf die Handtasche auf den Futon, streifte die Sandalen von den Füßen, klappte den Laptop auf und wartete ungeduldig, bis er hochgefahren war, damit ich das Wort recherchieren konnte. Verena hatte recht: Im Englischen gab es keine Entsprechung für »Lebenskünstler«.

Die Klubs auf der Revaler Straße wärmten sich gerade für die Nacht auf, während ich, die Uhrzeit ignorierend, mich durch alle Definitionen für »Lebenskünstler« klickte, die ich finden konnte, als ob ich die Lösung eines Rätsels suchte, dessen Existenz ich gerade erst realisiert hatte.

Die meisten Erklärungen schienen Verenas Beschreibung nicht Genüge zu tun. Ein »Lebenskünstler«, so eine Übersetzung einer Deutsch-Englisch-Seite, sei ein »entspannter Typ«. Eine britische Literatur- und Kulturwissenschaftlerin, Kelly Sear Smith, fügte das Wort einer Liste von »Zusammensetzungen und Kuriositäten im Deutschen« zu. Ein »Lebenskünstler« war nach ihrer Vorstellung ein »Mensch, der sich seinen Lebensunterhalt auf exzentrische Weise verdient … etwa wie Cosmo Kramer in der Sitcom *Seinfeld*«.

Nach Mitternacht – ich sah auf die Uhr, als von unten

House-Musik durch das ganze Haus dröhnte und die Wände meiner Wohnung vibrierten – fand ich endlich eine Definition, die auf Thomas zuzutreffen schien: »Oscar Wilde sagte angeblich einmal, ›Ich habe mein Talent in meine Arbeit gesteckt, aber mein Genie in mein Leben‹.« Andrew Hammel schrieb das auf seiner Website *German Word of the Week.* »Für mich ist das eine passende Einleitung zum Post der Woche: Lebenskünstler. Eine wörtliche Übersetzung wäre ›life artist‹. Jemand ist ein Lebenskünstler. Und dieser Jemand verdient sich seinen Lebensunterhalt mit verschiedenen Aktivitäten, wobei der gesamte Verdienst gerade zum Überleben reicht. Ein Lebenskünstler hat kein Büro, keinen Anzug, keinen Chef, er kennt keine Regeln …«

Ja. Ich las den Satz noch einmal: *Ein Lebenskünstler hat kein Büro, keinen Anzug, keinen Chef, kennt keine Regeln.* Ein einfaches deutsches Wort fasste Thomas' freigeistige Lebensauffassung zusammen. *Ein Wort*, dachte ich, während ich mir die Definition notierte, das vermittelt, *dass nichts Falsches daran ist, Sicherheit gegen Freiheit einzutauschen, aus dem Büroalltag auszubrechen, Taxi zu fahren und für eine verrückte argentinische Firma zu arbeiten. Und dass auch nichts Falsches daran ist, die Taxiabenteuer fortzuführen, selbst wenn das eine Menge Kichererbsen als finanziellen Ausgleich bedeutet.* Ich fühlte mich, als hätte ich die letzten fünf Jahre mit einer Krankheit verbracht, die niemand diagnostiziert hatte. Und jetzt sagte mir plötzlich jemand: »Nein, du bist überhaupt nicht krank. Hier in Berlin gibt es ein Wort für deinen Zustand – der übrigens vollkommen normal ist. Du bist eine Lebenskünstlerin.«

29

Ein Tag verging, zwei, schließlich drei nach der Fahrt mit Thomas. Es war September, und der Tag meiner Abreise rückte immer näher, eine düstere Wolke am gar nicht so weit entfernten Horizont, und ich wusste immer noch nicht, wie ich über Thomas schreiben sollte. Lebenskünstler war das richtige Thema, doch es fühlte sich irgendwie falsch an, es in einen Blog, in einen Sechshundert-Worte-Beitrag zu zwängen. Noch einmal sah ich meine Notizen durch, erinnerte mich an Ausschnitte unseres Gesprächs. »Woher wusstest du, wie du dich in der unbekannten Hälfte der Stadt zurechtfinden konntest?«, hatte ich ihn gefragt, als er Verena und mir erzählte, wie er zum ersten Mal nach Westberlin gefahren war. War der Westen nicht ein weißer Fleck auf den Karten in Ostdeutschland gewesen? Nachdem er den Weg zum KaDeWe gefunden hätte, berichtete er, sei es nicht mehr so schlimm gewesen. Ich dachte an Zille. Ich stellte mir vor, wie sie und Thomas in den Tagen nach dem Mauerfall aus entgegengesetzten Richtungen kamen – sie aus dem Westen, auf dem Weg in den Osten, er umgekehrt – und zum ersten Mal in der anderen Hälfte ihrer Stadt fuhren, die ihnen vollkommen fremd war. Jedes Mal, wenn ich ihre Grenzüberfahrten beschreiben wollte, wurde es platt.

Ich machte einen Spaziergang, das Notizbuch in der Tasche meiner Hose, und hoffte, dass mir unterwegs ein guter Einleitungssatz einfiel. VERGISS NICHT, HEIMZUGEHEN!, stand auf einem der Poster vor den Klubs auf der Revaler Straße. *Aber ich bin doch zu Hause,* dachte ich – was für ein seltsamer, befremdlicher Gedanke. Zwei Monate in Berlin waren eindeutig nicht genug. Ebenso wenig drei.

Jede Stadt hat ihre Fehler. Was waren Berlins Nachteile? Was war mit: Berlin ist »eine Stadt, immerfort dazu verdammt zu werden und niemals zu sein«? Vielleicht hatte Karl Scheffler recht: In den vergangenen hundert Jahren hatte sich Berlin von einer dekadenten Metropole zum Hauptquartier des Dritten Reichs gewandelt, dann zur Stadt mit der Mauer. Jetzt war es die wiedervereinigte Hauptstadt, in der alles möglich schien. *Immerfort dazu verdammt zu werden* – zweifellos stimmte das. Doch in meinen Augen war das kein Nachteil. Wie sonst sollte die Stadt ihrer Geschichte trotzen? Ich ging um die Überreste eines Fernsehers herum, den jemand aus dem Fenster geworfen hatte. Für mich lag Berlins Großartigkeit in seiner Ruhelosigkeit.

»Du bist jetzt also berühmt, oder?«, sagte Dad bei unserem sonntäglichen Telefonat, als ich ihm und Mom von der Taxifahrt mit Verena erzählte und der E-Mail, die ich von dem *Spiegel*-Journalisten David erhalten hatte.

»Wie haben die dich gefunden?«

»Ich weiß es nicht genau.« Aber ich vermutete, dass mein erster Fernsehbeitrag mit Heike der Auslöser gewesen war.

»Diese ganzen Pressesachen sind ja wie ein zweiter Job!«, meinte Mom.

»Macht euch keine Sorgen! Sie haben die Geschichte bestimmt bald über. Und außerdem …« – ich unterdrückte einen Seufzer – »verlasse ich die Stadt ja sowieso in absehbarer Zeit.«

David übersetzte für mich, als wir ein paar Tage später an einem Taxistand in der Nähe des Brandenburger Tors in einen Wagen stiegen, zu dem schüchternen, aber sehr freundlichen

Fahrer Eren, der gerade wegen des Ramadans fastete, uns aber gern zu einem türkischen Restaurant in der Nähe des Kottbussser Tors namens Konyali brachte, wo man im Ziegelofen gebackenes *konya etli ekmek* (Fladenbrot mit Rindfleisch, Sumach und Petersilie) bekam. David war einfühlsam und aufmerksam – und Vegetarier. Er bestellte daher die Käsevariante. Außerdem war er sehr an meinen Erzählungen über Thomas, Zille und die anderen Taxifahrer, die ich in Berlin bisher kennengelernt hatte, interessiert. Er wollte die Botschaft hinter meinem Projekt verstehen. »Wir sind so darauf konzentriert, woher wir kommen und wohin wir gehen«, erklärte ich, »dass wir es von A nach B schaffen. Meistens achten wir jedoch nicht darauf, was in der Zwischenzeit geschieht. Bei einem Taxiabenteuer *muss* ich aber darauf achten. Es geht um das, was dazwischen passiert, zwischen dem Weg von A nach B.«

Nach der Veröffentlichung von Davids Artikel gab es eine kleine Explosion: Innerhalb von sechs Stunden besuchten mehr Leute meinen Blog als sonst in sechs Monaten. Doch die Aufregung hielt nicht lange an, nach zwei Tagen hatte sich meine Webstatistik wieder auf Normalniveau eingependelt. Alles war wie vorher, was mich mehr enttäuschte, als ich zugeben wollte. Doch dann bekam ich eine etwas merkwürdige E-Mail:

Hi Layne!
Mein Name ist Rumen Wassillewski. Das ist ein bulgarischer Name, weil mein Vater Bulgare ist.
Ich habe im SPIEGEL von deinem Blog gelesen und finde ihn sehr interessant.
Ich fahre seit fünfzehn Jahren Taxi in Berlin und bin auch ein kleiner Gourmet.
Vielleicht kann ich dir mit Informationen helfen.
Ich habe übrigens einen Berlin-Taxi-Blog: www.autofiktion.com.

Im Moment bin ich in Bulgarien in den Ferien.
Aber ich werde heute nach Berlin zurückfahren.
Morgen bin ich schon »on the Road«!
Beste Grüße,
Rumen Wassillewski

»Ein kleiner Gourmet?« Julia lachte. »Wirst du ihm antworten?« Wir waren in ihrer Wohnung am nördlichen Rand von Berlin-Mitte, saßen auf ihrem plüschigen weißen Sofa und aßen Fettuccine Primavera mit Sahne und frischem Dill.

»Das habe ich schon«, sagte ich. »Er klang ziemlich durchgeknallt.« Ich ließ die Gabel an meinen Lippen ruhen. »Aber auf sympathische Art.«

»Dann bin ich einverstanden.« Julia stellte die leere Schüssel weg, wickelte die Tafel dunkler Schokolade aus, die ich mitgebracht hatte, und brach sie in handliche Stücke. Ihre hellblauen Augen, die normalerweise groß und klar waren, wirkten auf einmal nachdenklich. »Wie viel Zeit bleibt dir noch?«

»Drei Wochen«, sagte ich und aß ein Stück Schokolade, ohne es zu schmecken. Je näher der Tag meines Abflugs rückte, desto schwieriger war der Gedanke für mich, Berlin zu verlassen, auch wenn ich keine andere Wahl hatte, denn mein Touristenvisum lief aus. Ich hatte mein Flugticket bereits einmal umgebucht, und wenn ich nicht alle New Yorker Straßen vergessen wollte, musste ich langsam wieder hinters Lenkrad. Die Wahrheit war: Ich hasste die Vorstellung, wieder Taxi zu fahren. Jeden Tag in Berlin hatte ich mich darüber gefreut, es nicht tun zu müssen. Sosehr ich mich auch bemüht hatte, die Arbeit und die Stadt New York zu lieben, so wenig war es mir gelungen.

»Du wirst zurückkommen«, sagte Julia.

Ich wollte ihr glauben.

Als ich Rumen am nächsten Tag anrief, um die Einzelheiten einer Gourmetfahrt mit ihm abzuklären, fand ich, dass er ziemlich unsympathisch klang. Ich wusste nicht, ob es seine Stimme war – wie der Schauspieler James Earl Jones mit deutschem Akzent – oder seine Art, wie er mit mir sprach.

»Jeder erwartet, dass es etwas umsonst gibt«, sagte er. »Ich bin lizenzierter Stadtführer: Wenn ich eine Tour mache, kostet sie normalerweise vierzig Euro die Stunde …«

War das derselbe Rumen, der mir freundliche E-Mails geschrieben hatte? »Ich bin echt überrascht, von dir zu hören!«, hatte er als Antwort auf meine Antwort gemailt. »Meine Lieblingsküche ist die asiatische. Vor allem Thai und Vietnam. Aber als halber Deutscher kenne ich natürlich auch deutsche Lokale. Ich werde darüber nachdenken!« War es derselbe Rumen, der überhaupt erst die Idee zu einer Gourmettour gehabt hatte? Anscheinend änderte er gerade die Grundbedingungen.

»Ich erwarte überhaupt nicht, dass es etwas umsonst gibt«, sagte ich. »Ich fahre selbst Taxi. Aber wenn es wirklich vierzig Euro kostet, kann ich mir nur eine Stunde leisten …«

»Eine Stunde?«

Jetzt wurde ich wütend. »Vielleicht ist es dir das nicht wert? Wir müssen nicht …«

»Okay!«, sagte er. »Wir treffen uns. Eine Stunde ist okay.«

»Gut. Und wenn es dir recht ist, würde ich gern einige Freunde dazu einladen …«

»Freunde?«

»Reiseblogger. Ich habe ihnen von dir erzählt, sie sind sehr neugierig.«

»Gut«, wiederholte er und legte auf, bevor ich mich verabschieden konnte.

Drei Tage später suchte ich die Jessnerstraße, um Rumen zu treffen. Insgeheim hoffte ich, er würde nicht auftauchen. Ich knöpfte meine Jacke zu und verschränkte die Arme, zog die Schultern gegen den Nieselregen hoch. Der Sommer war vorbei. Die Bäume warfen ihre Blätter ab, und die Stadt wurde kühler, dunkler, faltete sich ein. Ich liebte sie trotzdem noch. An diesem Morgen hatte die Frau in dem Antiquariat in der Niederbarnimstraße aus dem Fenster auf den bedeckten Himmel gesehen, während sie meine Bücher an der Kasse wog, und gesagt: »Man kommt nicht wegen des Wetters nach Berlin. Sondern wegen der Menschen.«

Nur ein Taxi parkte am Taxistand in der Jessnerstraße. Ein großer Mann in einer dunkelblauen Regenjacke wischte gerade die Regentropfen von der Windschutzscheibe. Er kehrte mir den Rücken zu. Ich zog meine Ärmel über die Hände.

Als der Mann meine Schritte hörte, drehte er sich um. *O nein,* dachte ich, als ich ihn erblickte.

»Hallo!« Seine Stimme war tiefer als am Telefon – sie hatte die Gewichtigkeit einer Beethoven-Symphonie. »Du bist also Layne«, sagte er, musterte mich von oben bis unten und streckte mir eine riesige Hand entgegen. Er hatte wunderschöne Augen, blaugrau und tief liegend. Sein dunkelblondes Haar war kurz rasiert, und er trug eine Fliegeruhr. Ich schätzte ihn auf etwa Mitte vierzig.

Ich konnte nur nicken und ihm die Hand schütteln, die warm und rauh war. *O nein,* dachte ich wieder und spürte, wie mich grenzdebile Einsilbigkeit überkam, wie immer, wenn ich jemanden attraktiv fand. »Rumen Wassillewski?«

»Nett, dich kennenzulernen.«

»Ja, ebenfalls.« Mein Gesicht brannte.

Ein Mann und eine Frau in Windjacken traten auf uns zu. Dan und Audrey, dem Himmel sei Dank, ein Paar aus den

USA, das 2006 seine Jobs in Prag gekündigt und all seine Sachen verkauft hatte. Seither reisten die beiden um die Welt. Jetzt, vier Jahre später, waren sie immer noch unterwegs und berichteten über ihre Abenteuer auf der Website *Uncornered Market*. Wir waren uns im Netz begegnet und hatten vereinbart, uns zu treffen, als wir entdeckten, dass wir zur selben Zeit in Berlin sein würden. Dan und Audrey hatten sofort zugestimmt, als ich sie zu einer Gourmettour mit Rumen einlud.

Wir vier schüttelten uns freundlich, aber verlegen die Hände. »Wollen wir?«, fragte ich mit aufgesetzter Fröhlichkeit.

»Das heutige Highlight für euch ist deutsches Essen«, sagte Rumen, während er das Taxi durch den dichten Verkehr auf der Frankfurter Allee steuerte, als ob er für einen Autowerbespot eine Hütchenstrecke in Angriff nahm.

»Oh, tatsächlich? Ich dachte, du würdest am liebsten asiatisch …«

»Wir sind in Deutschland, also müsst ihr etwas über deutsches Essen erfahren. Das ist ein Muss!« Sein ganzer Körper bewegte sich, wenn er sprach, als ob der Sitz ihn nicht halten könne.

»Nun, dann machen wir das.« Lachend schob ich mir eine Haarsträhne aus dem Gesicht und bereute, mir nicht mehr Mühe mit meiner Frisur gegeben zu haben. »Das ist super, denn ich habe bereits viele – nein, nicht so viele, aber einige – Taxiabenteuer in Berlin unternommen, und kein Fahrer hat mir bisher deutsches Essen empfohlen …« Mein Gesicht brannte immer noch. Dan und Audrey freuten sich auf dem Rücksitz über alles, was noch kommen sollte.

»Ich werde euch etwas *Einzigartiges* zeigen.« Rumen grinste. »Ihr würdet es allein nie finden, und vielleicht gibt es dieses Restaurant auch gar nicht mehr lange.«

»Warum?«

»Es stammt noch aus der sozialistischen Zeit. Und es ist für arme Leute. Aber das Essen ist okay. Und es liegt sehr zentral, in der Nähe des Alexanderplatzes. Ich weiß nicht, wie sie bei den Preisen und Kunden überleben können.«

»Ist das Essen wirklich gut?«, fragte ich.

»Natürlich.« Er nickte. »Und hundert Prozent deutsch!« Er kicherte – ein hohes Kichern, das überhaupt nicht zu seinem schweren Körper und der voluminösen Stimme passte. »Und ihr müsst die *Tote Großmutter* probieren.«

»Was ist das denn?« Dan und Audrey brachen in schallendes Gelächter aus.

»Das werdet ihr schon sehen«, sagte Rumen. »Normalerweise«, er parkte mit drei Lenkraddrehungen in zweiter Reihe auf der Karl-Liebknecht-Straße – »esse ich deutsche Küche nur bei meiner Mutter.« Er schaltete den Motor aus. »Sie ist in Berlin geboren, in Neukölln. Später sind wir in ein ostdeutsches Dorf gezogen.«

»Und dein Vater ist Bulgare?«

»Ja.« Er löste den Sicherheitsgurt. »Jedes Jahr verbringe ich meinen Urlaub in Bulgarien. Aber immer in den Bergen. Ich mag die Küste nicht.«

»Warum?«, fragte Audrey.

Rumen lächelte. »In Bulgarien sagen wir, dass die Mafia nicht Teil der Regierung ist, sondern die Regierung Teil der Mafia …«

»Wow.« Dan lachte.

»… und deshalb sind die Preise am Schwarzen Meer so hoch.«

Wir stiegen aus und blickten zum Fernsehturm empor, während wir Rumen zum Restaurant folgten. Über dem Eingang hing ein braun-gelbes Schild, auf dem in Frakturschrift *Käse König* stand.

»Käsekönig?«, fragte ich und sah nach oben. »Oder der Käse des Königs?«

»Ich bin mir nicht sicher«, meinte er. »Aber das ist auch nicht so wichtig.«

Wir gingen hinein – in dem Lokal roch es nach Kümmel – und musterten das Büfett hinter dem Tresen, das eine Auswahl an nicht zu identifizierenden Pürees in zerkochtem Grün und Braun enthielt.

Rumen rieb sich die Hände und begrüßte die Frau an der Kasse, die ihm wie einem willigen Komplizen zulächelte, als er einen Teller »Tote Oma« für uns bestellte.

»Das ist sehr interessant«, sagte er und reichte mir einen Teller mit gekochten Kartoffeln, Sauerkraut mit Kümmel und dem Hauptgericht: klumpiger, braunrosa Matsch in rötlichem Öl. »Ich habe gerade erfahren, dass ›Tote Oma‹ noch einen anderen Namen hat.« Er deutete auf den Matsch. »Man nennt es auch *Katastrophe!*« Er stemmte die Hände in die Hüften, legte den Kopf in den Nacken und lachte dröhnend. Ein paar ältere Gäste sahen überrascht von ihrem Essen auf.

»Katastrophe?« Auch ich lachte.

Dan und Audrey beäugten höflich lächelnd den Teller.

»Woraus besteht es?«, fragte ich. »Warte!« Ich wedelte mit den Händen. »Nicht so wichtig. Ich will es eigentlich gar nicht wissen.«

»Aus Blutwurst und Leberwurst«, antwortete Rumen und verwendete dabei die deutschen Begriffe.

Audrey wollte nun wissen, ob sie die Zutaten richtig verstanden hätte. »Blutwurst und Leberwurst?«

»Genau.« Rumen nickte, reichte uns Gabeln und begab sich Richtung Tür.

»Hey«, sagte ich, »wohin gehst du?«

»Ich muss nach dem Taxi sehen«, erwiderte er. »Nicht, dass

ich einen Strafzettel bekomme. Keine Sorge! Ich warte draußen auf euch. Guten Appetit!«

Er ging ins Freie. Wir probierten alle von dem Gericht. »Tote Oma« oder »Katastrophe« schmeckte nicht so widerlich, wie es aussah.

»Ich schmecke Paprika«, sagte ich. »Und Muskat.«

»Mich erinnert es an die Füllung in einem Bánh mì.« Dan versuchte sich darin, das Beste an dem Gericht zu betonen.

»Mit Sauerkraut ist es auf jeden Fall erträglicher«, meinte Audrey. »Das neutralisiert etwas.«

»Also?«, fragte Rumen, als wir wieder zu ihm ins Taxi stiegen.

»Es war nicht schlecht«, antwortete ich.

»Ich weiß nicht, ob wir es noch einmal essen würden«, bemerkte Dan, »aber es war besser als gedacht.«

»Wirklich?«, versicherte sich Rumen.

»Ich habe definitiv schon schlechter gegessen«, erklärte ich. Was auch stimmte. »Tote Oma« war auf keinen Fall vergleichbar mit den *chinchulines* (Gekröse), die wie ranziges Pflanzenfett geschmeckt hatten, damals in Buenos Aires.

»Das Problem bei der deutschen Küche ist«, sagte Rumen, während er über die Schulter sah und auf die Karl-Liebknecht-Straße ausscherte, »dass keine Gewürze benutzt werden. Und überall ist Zucker drin! Darum esse ich in Berlin – und weil meine Mutter nicht in der Stadt wohnt – lieber Thailändisch oder Vietnamesisch. Und jetzt«, er hob die Hand Richtung Schiebedach, »werde ich euch einen der vielleicht besten Vietnamesen in der Stadt zeigen.«

Ich sah auf die Uhr am Armaturenbrett. Unsere gebuchte Stunde war fast um. »Wie bist du auf asiatisches Essen gekommen?«, fragte ich ihn.

»Vor fünfzehn oder zwanzig Jahren«, sagte er, »habe ich in

Frankfurt am Main gewohnt und dort indisches Essen entdeckt. Damals war es noch neu«, er deutete mit den Fingern Anführungszeichen an, während die Hände weiter das Lenkrad hielten, »und später zog ich dann nach Berlin um, wo es noch kaum indisches Essen gab. Von indischer Küche kam ich dann zu thailändischer! Ich mag die Kokosmilch und das rote Curry mit Huhn.« Er schluckte, als liefe ihm das Wasser im Mund zusammen. »Und vietnamesisches Essen lernte ich vor zwei oder drei Jahren kennen, damals war es gerade in Berlin sehr beliebt.«

»Erst vor zwei, drei Jahren?«

»Das ist nur mein Eindruck, ich bin kein Experte darin«, sagte er und wechselte die Spur auf der Karl-Marx-Allee. »Bitte schnallt euch an, hier geht es ein bisschen verrückt zu ...«

»Oh, ja, Entschuldigung.« Anscheinend konnte Rumen sich unterhalten und gleichzeitig den Verkehr im Blick behalten. Unterhielt ich mich mit meinen Fahrgästen, verfuhr ich mich, oder mir unterliefen kleine Fehler, etwa einen Seitenspiegel zu streifen oder zu stark zu bremsen.

Wir überquerten die Spree, um nach Kreuzberg zu gelangen. In diesem Stadtteil sollte sich Rumens Lieblingsvietnamese befinden.

»Vor dem Mauerfall«, erzählte er, »war es mein größter Traum, eines Tages nach Westberlin zu fahren. In Berlin zu leben, war mir nicht so wichtig gewesen. Mein Traum war es, auf die andere Seite der Mauer zu gelangen.«

»Wo warst du, als sie fiel?«

»Im Westen. Ich habe am Brandenburger Tor auf der Mauer getanzt. Das war nur dort möglich, weil sie an dieser Stelle breit und dick genug war, so breit und dick, dass sie Panzer aufhalten konnte.«

»Du warst dort?«, fragte ich ehrfürchtig. Wie war es, wollte ich ihn fragen, auf der Mauer zu tanzen? Aber die Frage erschien mir zu sensationslüstern.

»Natürlich!«, sagte er. »Die ganze Nacht wurde gefeiert, auch am nächsten Tag noch. Die Menschen im Westen brachten uns Bananen und Champagner. Und jeder Ostdeutsche bekam Begrüßungsgeld. Und weißt du, was ich von diesem Geld gekauft habe?«

»Was?«

»Eine LP von Tracy Chapman. Und Würste. Denn die bekam man selten im Osten. Auf dem Ku'damm gab es einen besonderen Imbiss, wo die Wiener Würstchen ganz besonders schmeckten.«

»Wie hast du ihn gefunden?«

»Ich habe ihn gesehen«, antwortete er lächelnd, »und gerochen.«

»Aha.« Ich setzte mich aufrechter, um meine Oberschenkel schlanker aussehen zu lassen.

»Nach dem Mauerfall herrschte eine gewisse Anarchie, vor allem in Ostberlin, weil wenig Polizisten auf den Straßen waren.«

»Bist du deshalb nach Berlin gezogen?«

»Nein, das tat ich, weil alles möglich schien.« Er verstummte. Dann sah er zu mir, danach zu Dan und Audrey, als wollte er sich versichern, dass wir ihm zuhörten. »Das war der Hauptgrund. Aber auch, weil ich zwei laute Partys im Jahr feiern konnte und die Nachbarn nicht gleich die Polizei riefen …«

Ich lachte.

»Außerdem konnte ich in Berlin mit dem Fahrrad auf dem Gehweg radeln und mit einem Bier in der Hand über die Straße laufen!«

»Das ist doch immer noch so, oder?«, fragte ich. »Ich habe jedenfalls dieses Gefühl, dass hier alles möglich ist …«

»Nein, ganz so ist es nicht mehr.« Er schüttelte den Kopf. »Berlin hat seine besten Tage hinter sich.«

Ich starrte ihn an. »Wie meinst du das?«

»Ich meine, dass am Anfang alles möglich war …«

»Ja?«

»Dann aber wurde es langweilig. Mehr und mehr normale Menschen kamen nach Berlin, die die Neunziger nicht miterlebt hatten«, sagte er, und die Begeisterung verschwand aus seiner Stimme. »Heute sind sie immer noch da und können sich die Freiheit nicht vorstellen, in der wir lebten.«

Ich sah aus dem Fenster. Wir fuhren an einem Fahrradfahrer vorbei, auf seinen Rücken hatte er sich eine Bongotrommel geschnallt. *Vorbei?*, dachte ich. *O nein* …

»Inwiefern war es früher anders?«, fragte Dan.

»Jedes Wohnzimmer war eine Kneipe«, sagte Rumen. »Auf Partys saß ein Professor neben einer Putzfrau, und das war vollkommen normal. Da hat sich eine Menge geändert. In den Neunzigern, als ich mit dem Taxifahren begann, hatte ich viel mehr Berliner Fahrgäste. Jetzt sind die meisten von auswärts, die wegen der Arbeit in die Stadt gezogen sind oder wegen ihres Partners. Oder es sind Touristen. Sie kommen nach Berlin, weil es hier billig ist. Und was billig ist, wird nicht respektiert.«

»Was billig ist, wird nicht respektiert …«

»Genau! Sie haben keinen Respekt vor Berlin oder wie es einmal war. Wie kann ich es dir begreiflich machen?« Er warf mir erneut einen Blick zu. »In der letzten Zeit«, fuhr er fort, und etwas Leidenschaft kehrte in seine Stimme zurück, »habe ich meine Gründe, nach Berlin zu ziehen, immer besser verstanden. Ich kam ja wegen der Stadt, nicht wegen eines Partners oder eines Jobs! Und jetzt weiß ich, dass Berlin wie ein realer Mensch für mich war und immer noch ist …«

»Das kann ich nachvollziehen.« Trotz eines Alters von über siebenhundertsiebzig Jahren, Tendenz steigend, empfand ich Berlin wie einen Heranwachsenden an der Schwelle zum Erwachsensein – und New York wie einen Mann in der Midlife-Crisis. Das sagte ich auch laut.

»Bei New York bin ich mir nicht so sicher.« Rumen lachte. »Für mich ist Berlin hauptsächlich meine Mutter, aber es kann auch mein Vater sein … ach!« Er deutete aus dem Fenster auf eine Stelltafel auf dem Gehsteig, die für Caffè Latte mit Sojamilch warb. »Sojamilch!«, sagte er auf Deutsch mit einem Gesichtsausdruck, als lutsche er eine Zitronenscheibe. »Milch kommt von der Kuh! Nicht aus der Sojabohne.«

Ich biss mir auf die Lippen. Ich mochte Sojamilch, aber das würde ich ihm nicht erzählen.

Rumen stellte das Taxi neben dem Fahrradweg am Volkspark Hasenheide ab, vor dem vietnamesischen Restaurant Hamy. Rechts hinterm Eingang befand sich eine offene Küche, in der zwei ältere Asiatinnen mit Haarnetzen konzentriert mit Woks hantierten, an deren Seiten Flammen emporleckten. Nach der »Tote-Oma«-Vorspeise waren wir uns etwas unsicher, was uns hier erwartete. Doch ich hatte noch Hunger, und als ich einen Hauch Kaffirlimette wahrnahm, hegte ich Hoffnung. Wir bestellten Phò, Rotes Curry und Ingwertee und setzten uns an den letzten freien Klapptisch.

»Hast du meinen Blog gesehen?«, fragte Rumen.

Sein Blog – *Autofiktion. Unwahre Geschichten aus dem wahren Leben eines Berliner Taxifahrers* – war natürlich auf Deutsch. Als ich versuchte, seine Posts mit Google Translate zu übersetzen, erhielt ich nur unverständliches Kauderwelsch. »Ich wünschte, ich könnte ihn lesen«, sagte ich.

»Vielleicht ist es besser, wenn du ihn nicht verstehst«, meinte er.

»Warum?« Ich lachte.

»Ich schreibe ganz schön krass, vielleicht auch etwas provokant. Hauptsächlich über Berlin und wie es sich verändert.«

»Ich werde es mir noch einmal ansehen«, sagte ich. »Deine Fotos sind übrigens toll.« Seine Bilder – von Graffiti, Straßenschildern, gefundenen Objekten oder Baustellen – zeigten so absurde Straßenszenen, dass viele fast schon surreal wirkten.

»Dir gefallen die Fotos?« Seine Augen leuchteten, und ich errötete wieder.

Unser Curry, das unter einer Haube aus Kohl- und Fenchelstiften verborgen war, wurde gebracht.

»Deshalb mag ich die vietnamesische Küche«, sagte Rumen und gestikulierte mit der Gabel über seinem Curry. »Der Kontrast. Es gibt immer Salat dazu. In der thailändischen Küche bekommt man nur das heiße Curry.«

»Du bist wirklich ein kleiner Gourmet«, bemerkte ich. Ich nahm einen Bissen und musste husten – hinter lilafarbenem Basilikum und Kaffirlimette versteckten sich rote Chilischoten. »Es ist köstlich«, sagte ich und klopfte mir auf die Brust, während ich rasch Reis gegen die Schärfe aß.

»Zu scharf?« Er wirkte besorgt.

»Nein.« Ich räusperte mich. »Nur schärfer als erwartet.«

Wir aßen. Hin und wieder schaltete ich mich in die Unterhaltung ein, während Rumen mit Dan und Audrey über Bücher sprach. Ob wir Michel Houellebecq gelesen hätten? Nein? Ilija Trojanow? Und *Alexis Sorbas?* Auch nicht? Aber das sei doch ein Muss! »Ich habe den Roman von Nikos Kazantzakis diesen Sommer bestimmt zum zehnten Mal gelesen«, erzählte er. »Sorbas ist mein Held. Wenn alles auseinanderbricht, tanzt er.«

Ich versuchte, kleine elegante Bissen zu nehmen, während ich nachdachte. Am wenigsten beunruhigte mich der bizarre

Übergang von »Toter Oma« zu Rotem Curry. Mehr Gedanken machte ich mir allerdings darüber, ob Berlin seine besten Jahre wirklich schon hinter sich hatte. Ich hoffte, dass niemand am Tisch merkte, wie begeistert ich von Rumen war, der diese Stadt schon viel länger liebte als ich und sie immer noch zu lieben schien, auch wenn er das Gefühl hatte, dass sie ihm entglitt.

30

Ich hätte nie gedacht, dass er schön sein könnte«, sagte ich zu Julia, während wir in der Schlange beim Schlemmerbuffet warteten, einem Dönerstand am Rosenthaler Platz. Seit der »Toten-Oma«-Tour mit Rumen war ein Tag vergangen. Ich warf einen Blick auf den sich träge im Fenster drehenden Fleischspieß, dann sah ich zu Julia, als wir näher an den Tresen traten. Sie wirkte wie ein kleines Mädchen mit Taschen voller Süßigkeiten.

»Weshalb lächelst du so?«, fragte ich.

»Oh …« Sie schaute gespielt unschuldig zur Decke. »Nichts.«

»Nichts?«

»Bitte schön«, sagte der Mann an der Kasse auf Deutsch. »Was darf's denn sein?«

Julia bestellte Döner mit scharfer Soße für uns beide, und ein Mann mit einem riesigen gezackten Messer säbelte dünne Fleischstücke von dem Spieß, ließ sie noch ein wenig im herabgetropften Fett liegen, dann stopfte er sie in ein dreieckiges Fladenbrot.

»Julia«, sagte ich, während wir uns in einer Nische niederließen, »weißt du etwas, das ich nicht weiß?«

Etwas funkelte in ihren sonst Ruhe ausstrahlenden Augen, als sie mir meinen Döner in einer dreieckigen Papierserviette reichte. »Ich habe doch Dilek von deinem Taxiprojekt erzählt …«

»Und?« Julia hatte mir vor ein paar Wochen Dilek vorgestellt, eine ihrer ersten Freundinnen in Berlin. Sie hatte eine

Kolumne in der *Berliner Zeitung*, bereits vier Bücher geschrieben sowie ein Theaterstück: *Türkisch für Liebhaber.*

»Dilek«, so erklärte Julia jetzt, »ist mit David vom *Spiegel* befreundet.«

»Aha!« Ich hob meinen Finger in gespielter Empörung. »Du hast es also Dilek erzählt, die wiederum David …«

»Und Ru… – wie heißt er gleich noch?«

»Rumen Wassillewski.«

»Rumen Wassillewski hat dich jedenfalls im *Spiegel* gefunden!« Julia zupfte ein Stück Fleisch aus dem Fladenbrot. »Ist er süß?«

»Ja«, sagte ich mit Blick auf meinen Döner – Fleisch, Tomaten und Zwiebeln quollen aus dem Fladenbrot wie Obst aus einem Füllhorn – und versuchte zu ergründen, wie ich ihn essen sollte, ohne dass ein größeres Malheur passierte. »Aber ich will jetzt keine schönen und tollen Männer kennenlernen!« Mir blieben in Berlin weniger als zwei Wochen. Alles, was die Stadt jetzt noch liebenswerter machte, vergrößerte nur meine Verzweiflung wegen meiner Abreise.

»Aber weißt du was?«, bemerkte ich, als wir unseren ersten Bissen nahmen – das Fleisch war stark gewürzt, einen Hauch zu salzig, die scharfe Soße eher süßlich. »Nicht nur, dass er gut aussieht. Er ist wirklich …« Ich hob ein Stück heruntergefallene Zwiebel auf. »Er weiß so viel über Berlin. Und er liebt die Stadt. Ich habe das Gefühl, als hätte er mich aufgeweckt.«

Julia rückte eine Tomatenscheibe zurecht. »Wie meinst du das?«

»Seit meiner Ankunft habe ich alles romantisiert. Ich hatte keine Ahnung, wie sehr sich die Stadt seit den Neunzigern verändert hat.« *Wie blind ich war,* dachte ich nach dem Gespräch mit Rumen. Blind gegenüber den früheren, gegenüber den derzeitigen Veränderungen. Warum waren mir die ganzen

Baukräne nicht aufgefallen, die hoch in den Himmel ragten? Oder die Shabby-Chic-Boutiquen, die Coffeeshops und die Baustellen, durch die sich die Zahl der teuren Eigentumswohnungen erhöhte und für die Jugendstilwohnhäuser abgerissen wurden? Das hätte ich schon in den wenigen Wochen, die ich in Friedrichshain wohnte, bemerken können.

»Die Stadt kann aber nicht so bleiben wie in den Neunzigern«, sagte Julia. »Städte verändern sich! Vor allem Berlin. Vielleicht ist dein Taxifahrer ein wenig unrealistisch?« Sie steckte ein Stück Salat zurück in den Döner.

»Vielleicht …«

»Wirst du ihn wiedersehen?«

»Ich weiß es nicht.« Am Ende unserer Gourmettour hatten wir uns die Hand gegeben. Ich durfte nur für eine Stunde bezahlen, obwohl wir über drei Stunden unterwegs gewesen waren. »Es gibt keine Spur«, hatte ich an diesem Abend in meinem Blog geschrieben, »kein Zitat, keine Überleitung, um das heutige Taxiabenteuer angemessen zu beschreiben, um dem Mann, der mich heute herumgeführt hat, gerecht zu werden …«

***

»Willkommen in Alcatraz!«, sagte Rumen und lächelte ein wenig verlegen, als er mich durch eine massive Holztür führte, die hoch und breit genug für ein Fuhrwerk war, dann durch eine weitere Tür in einen kopfsteingepflasterten, dichtbewachsenen Innenhof, wo er die Stahltür eines Hinterhauses mit einem Fenster in Kopfhöhe aufschloss, das wie schmutziges Millimeterpapier aussah. Ich musste tatsächlich an eine Gefängnistür denken, als ich ihm mit glühendem Gesicht über eine staubige Holztreppe nach oben folgte, die Hände in den Hosentaschen vergraben. »Ich würde dich gern auf einen Milchkaffee einladen«, hatte er genau achtundvierzig Stunden nach unserer Gourmettour geschrieben. »Ich mache den besten Milchkaffee südlich der Frankfurter Allee …« Sicher, ich wollte gerade definitiv keine schönen Männer treffen, aber ich hatte trotzdem gehofft, dass er sich meldete. Er wolle mir einige Bücher und ein paar Fotos zeigen, sagte er. Und trotzdem war ich nicht ganz sicher, warum er mich zu sich eingeladen hatte: War er an mir interessiert? Oder daran, dass ich mehr über ihn schrieb? Im Gegensatz zu unserer ersten Begegnung war er glatt rasiert und trug Jeans und eine dazu passende Jacke. Ich musste mich zwingen, ihm in die Augen zu sehen.

»Bitte«, sagte er, »komm rein.« Er öffnete eine Tür, die in eine in Orange tapezierte Küche führte. Es roch nach Spiegelei, und die blaugraue Farbe blätterte von den breiten Holzdielen ab. Über dem Küchentisch, der gegenüber der Tür stand, hing eine Zeichnung eines Mannes in himmelblauen Shorts, der eine nackte Frau an den Unterschenkeln hielt, als sei sie ein Schubkarren.

»Komm«, sagte er, als er bemerkte, dass ich meinen Blick auf die Zeichnung gerichtet hatte. Ich folgte ihm aus der Küche ins Wohnzimmer. Mein Gesicht glühte noch immer.

»Wow«, rief ich aus und lehnte mich gegen den Türrahmen, während meine Augen sich an das orange-rosafarbene Licht gewöhnen mussten, das durch die gestreiften Vorhänge fiel. Die Bücher schienen sich in seiner Wohnung minütlich zu vermehren: Zwei- und dreireihig standen sie in lackierten Regalen, die eine gesamte Wand einnahmen, stapelten sich auf dem Rollschreibtisch zwischen den zwei nach Süden gehenden Fenstern, lagen in Haufen auf einem Segeltuchstuhl und auf der Holzablagefläche unter dem gläsernen Couchtisch, neben alten Ausgaben des *Spiegel.*

Fotos von einem Metallaschenbecher in der Größe eines Posters hingen an den Wänden – »Diesen Aschenbecher habe ich aus einem Bahnhof in Bulgarien mitgenommen«, erklärte er –, neben einer Karte von Europa nach dem Kalten Krieg und Bildern von Bob Dylan aus verschiedenen Stationen seiner Karriere. Zwei Sofas und ein Futon, bedeckt mit Kuh- und Schaffellen, bildeten eine U-Form. Die niedrige Decke war mit purpurrotem Krepppapier beklebt.

»Wohnungen wie diese findet man in Berlin kaum noch«, sagte er, während er sich im Raum umsah, als fragte er sich, wie lange er ihm noch gehören würde.

»Das glaube ich.« So ein Zimmer erwartete man, am Ende eines Geheimgangs zu finden.

»Bitte ...« Er streckte die Hand in Richtung des Futons aus. Dieses Sofa befand sich am nächsten zum Couchtisch, auf dem zwei zarte, rechteckige Kuchenstücke perfekt arrangiert auf zwei rechteckigen weißen Tellern standen. »Mach es dir gemütlich.«

Ich setzte mich vorsichtig und musterte die Kuchen. »Mach es dir gemütlich«, sagte er. Ich zog meine Jacke enger zusammen und faltete schließlich die Hände im Schoß.

»Ich mache jetzt den Kaffee!« Rumen ging in die Küche. Mit einer alten Kaffeemühle kehrte er zurück ins Wohnzimmer. »Zwanzig Euro«, sagte er grinsend, als er sich auf seinen Schreibtischstuhl setzte und die Mühle zwischen die Knie klemmte, »bei eBay.«

Ich lachte. »Benutzt du sie immer?«

»Natürlich! Ich habe dir doch gesagt, dass ich den besten Milchkaffee südlich der Frankfurter Allee mache!« Er drehte die Kurbel, bis sie keinen Widerstand mehr leistete, und ging dann zurück in die Küche.

Ich drehte mich um, kniete mich aufs Sofa und betrachtete

die Bücher in den Regalen. Da war sein geliebter Michel Houellebecq, außerdem Bertolt Brecht und Alexander Solschenizyn. Hermann Hesse hatte ein eigenes Regalfach. Nietzsche und Schopenhauer teilten sich eins. Dann amerikanische Autoren: Jack London, Jack Kerouac, Charles Bukowski, Henry Miller, Mark Twain. Eine Autobiografie von Miles Davis. Elf Bände Sigmund Freud. Deutsch-Bulgarische Wörterbücher neben Büchern mit kyrillischen Titeln. Ein Buch mit Illustrationen von Heinrich Zille …

»Zille!«, rief ich und nahm das Buch aus dem Regal. »Du magst ihn auch?« Nach dem ersten Taxiabenteuer mit Zille hatte ich einen Sammelband mit den Bildern ihres Namensvetters in dem Antiquariat in der Niederbarnimstraße gefunden. Zilles Onkel hatte recht gehabt, dachte ich, als ich die Bilder betrachtete: Die Ähnlichkeit war offensichtlich. Zille hatte die gleichen Apfelwangen und die gleiche Stupsnase wie die Menschen auf den Zeichnungen. Ich sah sie vor mir, wie sie lachend und tanzend über einen Hinterhof voller Menschen ihnen etwas zurief.

»Was hast du gesagt?«, fragte Rumen.

Ich nahm Zilles Buch mit in die Küche, wo er am Herd gerade den Kaffee in einer Espressokanne kochte und Milch in einem schmalen Topf erhitzte. Ich zeigte ihm das Cover: Zilles Charaktere hielten sich an den Händen und tanzten auf dem Einband im Kreis.

»Zille ist ein echter Berliner, der echte Berliner gemalt hat«, sagte er, als er das Gas unter der Milch abdrehte und diese ein paar Sekunden mit einem Schneebesen aufschäumte. »Das macht ihn so besonders.«

Ich blätterte durch das Buch, konnte mich aber nicht auf die Bilder konzentrieren. Der Kaffee begann zu blubbern. Rumen wartete, bis er sich beruhigt hatte, bevor er die Herdplatte ausschaltete und die Espressokanne am Rand der Edelstahlspüle abstellte.

»Weißt du was?«, sagte ich und klappte das Buch zu. »Ich habe über das nachgedacht, was du einmal gesagt hast, dass in Berlin alles möglich sei …«

»Ja …« Er holte zwei Gläser aus dem Schrank, nahm einen Topflappen und füllte die Gläser zu zwei Dritteln mit der heißen Milch vom Herd.

»Ich weiß, ich war in den Neunzigern nicht hier, aber ich empfinde es immer noch so …«

Er schüttelte den Kopf. »Für mich ist die goldene Zeit vorbei.« Rumen goss den Kaffee in die Gläser, der durch die heiße Milch strömte und sich am Boden absetzte wie ein diffuser Nebel. »Weißt du, was nach dem Mauerfall passiert ist? Viele Menschen sind aus Ostberlin weggezogen. Fast alles stand dort leer. Und junge, verrückte Menschen wie ich kamen nach, ebenso verrückte Menschen aus Westberlin. Wir wollten etwas Neues erschaffen, nicht nur feiern! Und Geld war nicht wichtig …«

Ich nickte, das Zille-Buch an die Brust gedrückt.

»Aber Ende der Neunziger zogen immer mehr normale Menschen nach Berlin. Ich sagte es schon.« Er seufzte und verrührte Kaffee und Milch mit einem langstieligen Löffel. »Die Hauptstadt war billig. Jetzt gibt es nahezu keine leeren Räume mehr.« Er nahm etwas in die Hand, das wie eine elektrische Zahnbürste aussah, und schäumte damit die Milch auf.

»Aber …«

»Kein Aber.« Rumen griff sich die Gläser mit dem Milchkaffee am oberen Rand, trug sie ins Wohnzimmer und stellte sie auf dem Couchtisch ab. Ich folgte ihm, dann setzte ich mich wieder an den Rand des Schaffell-Futons.

»Magst du Mercedes Sosa?«, fragte er.

Ich liebe Mercedes Sosa.

»Ich habe sie einmal live gesehen.« Rumen zog eine Schallplatte aus dem Stapel am Boden. »Das werde ich nie vergessen.« Er hob die Abdeckung des Plattenspielers und legte die LP auf.

Ich schloss die Augen und versuchte zuzuhören. Meine Gedanken drifteten aber zwischendurch ab. Ich wollte nicht glauben, dass Berlins goldene Tage bereits vorbei waren. Oder genauer gesagt, dass ich zu spät gekommen war. Rumen setzte sich zu mir. Auch wenn sein Knie einen respektablen Abstand zu meinem wahrte, konnte mich nicht einmal der Klang von Mercedes Sosas Stimme beruhigen, die sanft und unerschütterlich war, als ob sie ihre Kraft tief aus der Erde zog.

»Also«, er hob sein Glas Milchkaffee, »prost!«

»Prost!«, wiederholte ich auf Deutsch und stieß ein wenig zu enthusiastisch mit ihm an. Ich trank einen Schluck und wischte dann rasch den Milchschnurrbart weg. »Oh!«, sagte ich verblüfft. »Du hast nicht übertrieben.«

»Und das heißt?«

»Das schmeckt großartig!« Die Milch milderte die Wucht des Kaffees ab, überdeckte aber nicht seine Stärke.

»Danke schön.« Rumen grinste und deutete auf den Kuchen. Statt einer Glasur bestand die oberste Schicht aus zuckrigen Krümeln. »Streuselkuchen«, erklärte er. »Mein Lieblingskuchen. Probier mal!«

Ich aß einen Bissen von dem Kuchen, der sehr trocken und sehr süß war.

»Vielleicht ist es nicht der beste Streuselkuchen …«

»Ich weiß es nicht.« Ich aß noch einen Bissen, konnte aber außer der Süße nichts herausschmecken. »Ich kann nichts damit vergleichen«, sagte ich. Ermutigt vom Koffein, drehte ich mich zu den Bücherregalen um und deutete auf die Bücher mit kyrillischer Schrift. »Das ist Bulgarisch, richtig? Sprichst du es?«

Er trank einen großen Schluck Milchkaffee. »Mein Bulgarisch ist sehr schlecht«, meinte er. »Aber weißt du was? Wenn Nietzsche auf Bulgarisch geschrieben hätte, würde ich Bulgarisch lernen!«

Ich lachte. Was gab es für einen besseren Grund, eine Sprache zu lernen?

»Bulgarisch ist nicht lustig!«

Ich presste die Lippen aufeinander, um das Kichern zu unterdrücken.

»Gut, manchmal ist es lustig«, gab er zu. »Egal – Nietzsche! Zurück zu Nietzsche!« Er strich mit der Hand über die Buchrücken vom Nietzsche-Schopenhauer-Regal, zog schließlich eine Ausgabe von *Also sprach Zarathustra* hervor und öffnete sie auf einer Seite, in der ein grünes Satinband lag. »Wie kann ich es dir erklären? Nietzsche … Er versucht immer, die Wahrheit zu sagen. Schau mal hier.« Er gab mir das Buch und deutete auf einen mit Bleistift unterstrichenen Satz.

»Ich verstehe doch kein Deutsch«, sagte ich und gab ihm das Buch zurück.

»Ach! Dann musst du es lernen.«

»Das werde ich auch.«

»Tatsächlich?«

»Ja.« Jetzt wollte ich die Sprache wirklich lernen. »Weißt du, was ich an Deutsch mag?«, fragte ich. »Ganze Ideen, ganze Denkgebilde können mit einem einzigen Wort ausgedrückt werden!« Ich gestikulierte wild mit den Händen und hätte beinahe mein Glas umgestoßen – ein sicheres Zeichen, dass ich aufgeregt war. Rumen packte das Glas, bevor es umfallen konnte. »Hoppla!«, sagte ich verlegen. »Entschuldigung.« Ich setzte mich auf meine Hände. »Was ich sagen will … es gibt einzelne

Worte im Deutschen, für die man im Englischen komplette Sätze benötigt.«

»Zum Beispiel?« Er lächelte.

»Lebenskunstler.«

»Was?«

»Lebenskuuuunstler.« Ich bemühte mich, den Umlaut richtig auszusprechen. »Wie du.«

Rumens Lächeln verblasste. »Ich bin kein Lebenskünstler«, erwiderte er und fügte auf Deutsch hinzu: »Dafür kommt die Kunst zu kurz.«

»Ich verstehe dich nicht.«

»Ich habe zu wenig Kunst in meinem Leben.«

»Wie kannst du das sagen? Was ist mit deinem Blog? Deinen Fotos? Deinen Büchern? Dem Taxi?«

Er zuckte mit den Schultern. »Das ist keine Kunst.«

»Doch, das ist es!« Ich sprach lauter. »Du hast kein Büro, keinen Chef. Und du lebst nach deinen eigenen Regeln. Macht das nicht einen Lebenskünstler aus?«

Er tippte mit der Fingerspitze gegen das offene Buch. »Sprechen wir über Nietzsche.«

»Aber …«

Er begann laut vorzulesen: »Von allem Geschriebenen liebe ich nur das, was einer mit seinem Blut schreibt. Schreibe mit Blut, und du wirst erfahren, dass Blut Geist ist.« Er sah strahlend zu mir auf. »Das ist genial!« Vor Aufregung sprach er Deutsch. »Oder?«

»Aber was bedeutet es?«

»Wenn man schreibt, sollte man mit seinem eigenen Blut schreiben«, erklärte er. »Nietzsche hat nur Respekt vor jemandem, der mit Blut schreibt. Das versuche ich auch. Aber ich muss es weiter probieren. Es ist nicht so einfach.«

»Nein, das ist es nicht.«

Ich sah zur Zimmerdecke. Hatte ich jemals wirklich mit Blut geschrieben? Hatte Rumen das?

»Hast du Philosophie studiert?«

»Nein«, erwiderte er. »Ich durfte nicht studieren ...«

»Du durftest nicht?«

»In Ostdeutschland konnte nicht jeder studieren, was er wollte. Meine Lehrer und die Leute an der Universität sagten, ich sei zu individualistisch.« Er legte das Satinband wieder zwischen die Seiten und schloss das Buch. »Ich habe nicht ins System gepasst.«

Ich stellte mein Glas auf dem Tisch ab. Seine damalige Situation nachzuempfinden, war unmöglich, und ich hatte auch nicht das Gefühl, dass er auf Mitgefühl aus war.

»Wie auch immer«, sagte er und stellte *Zarathustra* zurück ins Regal. »Jetzt möchte ich dir etwas vollkommen anderes zeigen.« Er griff nach einer Faltkarte mit rot-gelb-blauem Deckel, die so dick wie ein Buch war.

»Kennst du das hier?« Er reichte mir die Karte. Ich hatte meinen Milchkaffee zu schnell getrunken, und jetzt schlug mein Herz so schnell und laut, dass er es eigentlich hören musste.

»Nein«, antwortete ich und öffnete sie vorsichtig. Es war ein Falk-Stadtplan von Berlin, den man abschnittsweise aufklappte.

»Das ist kein normaler Stadtplan«, erklärte er. »Mein Onkel, er kam aus dem Westen, liebte solche Pläne. Wenn er uns besuchte, brachte er diesen hier mit, und wir saßen stundenlang davor und prägten ihn uns ein. Bei uns gab es keinen Stadtplan von Westberlin. Der Bereich war weiß auf unseren Karten. Deshalb war beides für mich interessant: den Stadtplan an sich anzuschauen und Westberlin darauf zu sehen.« Er trank die letzten Schaumreste seines Milchkaffees. »Mein Onkel hat mir auf diesem Plan gezeigt, wo meine Großmutter im Westen gewohnt hat. Und als die Mauer dann einige Jahre später fiel, habe ich ihr Haus gefunden.«

»Du warst vorher nie bei deiner Großmutter gewesen?«

»Wie denn? Es war verboten.«

»Warte.« Ich schüttelte den Kopf. »Du hast ihr Haus gefunden, weil du es dir auf dem Stadtplan deines Onkels gemerkt hattest?«

»Das stimmt.«

Ich versuchte mir vorzustellen, zu einer Adresse auf Staten Island zu finden, wo ich noch nie war, allein aus der Erinnerung, als ich letztes Jahr den Stadtplan auswendig gelernt hatte. »Das ist verrückt!«

»Nicht verrückt«, erwiderte er. »Karten sind meine Religion.«

Ich lächelte. »Ich glaube auch an Karten.« Ich gab ihm den Falk-Stadtplan zurück und beobachtete, wie er ihn ehrfürchtig wieder zusammenfaltete.

Nur noch acht Tage.

»Wie spät ist es?« Ich stand auf und warf einen Blick auf die Uhr in der Küche. Es war fast fünf Uhr nachmittags, und ich war seit drei Stunden hier. »Oh!«, sagte ich. »Ich muss langsam gehen.«

»Gehen?« Er runzelte die Stirn. »Wohin musst du denn?«

»Ich muss telefonieren.« Ich lehnte mich gegen den Türrahmen, die Hände hinter dem Rücken. »In die USA.« Das war eine Lüge. Ich musste einfach fort. Vielleicht war es Verrücktheit oder Anziehung oder Verlangen – was es auch war, im Moment war es einfach zu viel.

»Aber du hast noch nicht die Fotos gesehen!«

»Ich weiß, es tut mir leid. Vielleicht können wir sie uns ein anderes Mal anschauen.«

»Schade«, sagte er auf Deutsch. Dann stand er auf und strich mit den Händen über seine Hosentaschen. Ich nahm meine Handtasche und die leeren Kuchenteller.

»Nein.« Er packte sie und stellte sie wieder auf den Couchtisch. »Ich mache das schon.«

Er brachte mich die Treppe hinunter, schloss die Stahltür auf, ging mit mir durch den überwucherten Innenhof und hielt mir die massiven Holztüren zur Straße auf.

»Danke für den Milchkaffee«, sagte ich. »Er war köstlich.«

»Keine Ursache.« Er verstaute die Schlüssel in seiner Hosentasche und legte mir die Hand auf die Schulter. Ich spürte ihre Wärme durch meine Jacke bis auf die Haut.

31

Die Sonne versteckte sich hinter Wattewolken, während ich die Jessnerstraße Richtung Süden entlangging, zurück zu meiner Wohnung, und mein Herz so hektisch schlug, als sei mir im letzten Moment die Flucht aus einem brennenden Gebäude geglückt. Oder war ich das brennende Gebäude? Ich bog nach rechts in die Weserstraße ab und eilte auf nichts Eiliges zu – am allerwenigsten auf meinen vorgeschobenen Anruf in die Vereinigten Staaten.

Am Wismarplatz blieb ich stehen, um einen Mann mit einem zweifarbigen Irokesenschnitt und eine Frau in Leopardenshorts zu bewundern, die Tischtennis an einer der öffentlichen Platten auf dem Gehsteig spielten. *Du bist so wunderbar, Berlin …* Ich ging weiter und blieb am Boxhagener Platz erneut stehen, wo sich die Wolken verzogen und die Menschen, die auf dem fleckigen Gras saßen, die obersten Kleidungsschichten ablegten und sich nach Westen in die spätnachmittägliche Sonne ausrichteten, alle Wärme von den schwachen Herbststrahlen aufsaugten und Reggae aus einem Ghettoblaster hörten, den jemand auf einen entführten Einkaufswagen montiert hatte. Ein Mann in einem adidas-T-Shirt übte Handstand, wobei immer wieder sein muskulöser weißer Bauch zu sehen war. Ich erinnerte mich an die Wärme von Rumens Hand vor fünf Minuten auf meiner Schulter, die bei der Erinnerung prickelte.

Ich sah eine leere L-förmige Bank in der Ecke neben einer Pappelgruppe, deren Laub sich bereits gelb verfärbte und so laut raschelte, als verhandelte es mit dem Wind, und setzte mich. Was für ein undankbarer Abschied! Aber ich hatte unbedingt verschwinden müssen. *Schade*, hatte er gesagt. Ich dachte an den verlorenen Ausdruck in seinen Augen und presste die Lider zusammen. Hatte ich ihn also doch noch gefunden – den Taxifahrer, der ebenso viel über Nietzsche wusste wie über Würste. Er war keine Erfindung eines *Lonely-Planet*-Führers. *Wenn Nietzsche auf Bulgarisch geschrieben hätte, würde ich Bulgarisch lernen!* Ich glaubte ihm.

Die Bank bewegte sich, und ich öffnete die Augen. Eine hübsche Rothaarige hatte ihren vollbepackten Rucksack am anderen Ende des L abgestellt und bemühte sich nun, ihn am Umfallen zu hindern.

»Hey, Miranda!«, rief ein dunkelhaariger junger Mann mit einem Gitarrenkoffer und näherte sich lächelnd der Rothaarigen. Er küsste sie auf die Wange und richtete den Rucksack wieder auf, als er sich neben sie setzte. Sie wirkten wie Anfang zwanzig.

»In drei Stunden geht mein Flug«, sagte die junge Frau und sah auf den Boden, während ihr Begleiter seinen Gitarrenkoffer zwischen den Beinen abstellte. »Ich will nicht abreisen«, stöhnte sie. »Das Jahr hier war das beste meines Lebens.«

»Besser als Buenos Aires?«, fragte er und legte einen gebräunten Arm auf die Lehne.

Ich starrte sie an und konnte kaum glauben, was ich da hörte. Beide sprachen Englisch mit verschiedenen spanischen Akzenten, aber ich konnte nicht erkennen, aus welchem Land sie stammten.

Ich wühlte in meiner Handtasche und tat so, als würde ich nicht zuhören und müsste nicht den überwältigenden Impuls unterdrücken, mich in das Gespräch einzuschalten.

»Besser?«, fragte die Rothaarige. »Ich mag die Kultur und die

Menschen in Buenos Aires. Aber ich finde die Stadt nicht schön.«

»Berlin schon?«

»Nun«, sagte sie, »mit ein bisschen mehr Sonne und schöneren Häusern wäre Berlin perfekt.«

Das ist es bereits, wollte ich sagen. Es hatte eine Weile gedauert, aber schließlich hatte ich erkannt, dass die Affinität zu einer Stadt nichts mit der Ästhetik (oder dem Tempo oder der Weltoffenheit oder was auch immer) zu tun hatte. Es ging darum, was für ein Gefühl ein Ort in einem auslöste, was er in einem erweckte. Genau wie ein Mensch. Jeder Mensch spricht etwas anderes in uns an. Aber wie oft ermutigt einen ein Mensch – beschwört einen sogar –, so zu sein, wie man war?

Der junge Mann legte der Rothaarigen den Arm um die Schultern. Sie seufzte und lehnte sich an ihn. »Hey«, sagte sie, »weißt du, ob es hier in der Nähe ein Internetcafé gibt? Ich muss mein Flugticket noch ausdrucken.«

Ich beobachtete, wie er ihr half, den Rucksack aufzusetzen. In acht Tagen würde ich an ihrer Stelle sein. Ich ließ den Kopf hängen, zu traurig, um die Synchronizität des gerade Erlebten zu würdigen. Würde das rothaarige Mädchen zurück nach Berlin kommen? Würde ich es tun?

***

Als ich in der Wohnung war, hatte ich eine E-Mail von Air Berlin mit dem Betreff: »01OCT TXL JFK« bekommen. Aufgewühlt ging ich auf dem hässlichen blauen Teppich auf und ab. *Karten sind meine Religion … Ich habe nicht ins System gepasst … Magst du Mercedes Sosa …?* Schluss! Ich musste jetzt an New York denken. New York, wo ich Taxi fuhr. New York, wo ich lebte. Aber wo würde ich denn tatsächlich leben? Die neunzigminütige Fahrt von Romeo und Sarah zur Taxigarage war eindeutig zu lang – ich musste mir etwas Neues suchen. Schließlich postete ich eine Anzeige auf Craigslist (»Food-Journalistin sucht Unterkunft in Queens«) – und bekam als Erstes eine betrügerische Antwort (»Ich bin nach Nigeria versetzt worden, und mein Haus steht derzeit für 900 Dollar Miete im Monat frei«), doch zwei Zimmer klangen vielversprechend: Eines befand sich in Astoria bei einer Massagetherapeutin aus Puerto Rico, die einen wöchentlichen religiösen Gesangskreis in Bushwick leitete. Das andere – »672 Dollar, keine Mieterhöhung, in der Nähe der Subway, Midtown (Queens Plaza)« – war in Long Island City, bei einer Schriftstellerin, die sich als ziemlich unordentlich bezeichnete. Sie hatte eine Katze, und wenn Google Maps recht hatte, wohnte sie nur fünf Minuten (zu Fuß!) von Team-Taxi entfernt.

Ich antwortete der Schriftstellerin und klappte den Laptop zu. Stattdessen schlug ich ein Buch auf. Was Rumen wohl gerade tat? Ich durchlebte den Nachmittag noch einmal im Kopf, wie er den Tisch mit Porzellanteller und Streuselkuchen gedeckt hatte, wie seine Augen praktisch Funken gesprüht hatten, als er Nietzsche vorlas. Warum hatte er mich eingeladen? Ich wusste es immer noch nicht. Doch was spielte es für eine Rolle? Ich würde abreisen. *Lass es sein*, dachte ich. Aber ich konnte es nicht.

Am nächsten Morgen schrieb ich ihm eine E-Mail mit dem Betreff: »Eine verrückte Idee«. »Was hältst du davon, wenn ich dich bei einer deiner Nachtschichten begleite?«

»Ich liebe verrückte Ideen!«, antwortete er ein paar Stunden später. »Sie könnte von mir stammen!«

Zwei Tage später sammelte er mich um etwa neun Uhr abends auf, nachdem er schon einige Stunden unterwegs gewesen war. Der Abend war kühl und so neblig, dass der Asphalt auf der Dirschauer Straße glänzte. Rumen trug ein Pink-Floyd-T-Shirt, und aus der Musikanlage ertönte leise Bob Dylan. Das Funkgerät, das er während unserer Gourmettour ausgeschaltet hatte, war jetzt an. Die Frauenstimme, die auf Deutsch Querstraßen rief, klang gedämpft.

Rumen nahm eine Dose Red Bull aus der Tasche an der Fahrertür und trank einen Schluck, als ich mich auf den Beifahrersitz setzte.

»Ich habe ein paar Leuten erzählt, dass ich mit dir fahren würde …«

»Ach ja?« Er sah mir ins Gesicht, dann auf meine Schultern.

»Ja.« Ich trug ein ärmelloses weißes Top mit einer Kapuze. Vor fünfzehn Minuten war es mir wie mein einziges Kleidungsstück erschienen, das ihn beeindrucken könnte, ohne dass es so aussah, als wolle ich ihn beeindrucken. Jetzt fühlte ich mich allerdings nackt und overdressed. »Genauer gesagt« – in meiner Handtasche suchte ich nach einem Stift –, »ich recherchiere gerade.« Ich erzählte ihm, dass ich in meinem Blog zu »Fragen an einen Nachtfahrer« aufgerufen hatte.

»Was für Fragen?« Er fuhr die Revaler Straße nach Westen, an den Klubs am alten Bahngelände vorbei – Cassiopeia, RAW-Tempel, Suicide Circus –, in denen erst in drei Stunden Betrieb herrschen würde.

»Über das Taxifahren«, antwortete ich, zog mein Notizbuch heraus und verstaute die Handtasche zu meinen Füßen. Er hielt an der Ecke zur Warschauer Straße, wo sich eine lange Schlange vor dem Dönerstand gebildet hatte. »Mmm.« Ich schloss die Augen und sog den Geruch nach fettgetränktem Fleisch tief ein. »Das ist für mich der Duft von Berlin.«

»Nein, der Duft von Berlin ist die U-Bahn.«

»Die U-Bahn?«

Rumen bog nach rechts auf die Warschauer Straße ein. »Man muss in den Untergrund, dann versteht man es ... Du musst es selbst riechen. Ist es ein Geruch? Gestank? Es kommt von den Bremsen der U-Bahnen. Jede Stadt hat andere Bremsscheiben. Deshalb riecht Berlin anders als Frankfurt. Wegen der U-Bahn.«

Er lächelte. Die Lachfalten warfen Schatten in seinen Bartstoppeln. Ich wandte den Blick von ihm ab, schaute aus dem Fenster auf die grünen Kuppeln am Frankfurter Tor und bereute immer noch meine nackten Schultern. Rasch drückte ich sie in die Rückenlehne.

»Was ist mit den Fragen?« Rumen beschleunigte hinter der M10-Tram, sobald die Ampel grün wurde.

»Oh! Stimmt.« Ich griff nach meiner Handtasche und durchsuchte die Innenfächer, bis ich die Karteikarten gefunden hatte, auf denen die Fragen der Leser standen. Es waren mehr, als ich erwartet hätte. »Manche stammen sogar von Taxifahrern.«

»Gut!« Rumen musterte die leeren Gehsteige auf beiden Seiten der Petersburger Straße. »Im Moment ist auch nicht viel los. Frag mich etwas.«

»Okay.« Ich entspannte mich ein wenig, froh, mich hinter Fragen zurückziehen zu können, die nicht von mir stammten. »Die erste Frage kommt von Florian aus München. Bist du bereit?« Er nickte und trank noch einen Schluck Red Bull. »Florian fragt: ›Gibt es ein Gesetz in Deutschland, das vorschreibt, dass alle Taxis in diesem grauenhaften Beige lackiert sein müssen?‹«

Rumen antwortete, ohne zu zögern: »In Deutschland gibt es für alles Gesetze. Nach dem Krieg waren die Taxis schwarz, sahen damit aber aus wie Leichenwagen. Die Berliner Stadtverwaltung hat die Farbe dann in den Sechzigern oder Siebzigern zu Beige geändert. Die offizielle Bezeichnung ist RAL 1005, Hellelfenbein. Alle Taxis müssen diese Farbe tragen … Entschuldige bitte kurz …« Er griff ins Handschuhfach und drehte den Funk lauter. »Eine Sekunde …« Mit zusammengekniffenen Augen horchte er auf die durchgegebene Adresse. »Nein«, sagte er, »das ist ein Fahrgast aus einer Eckkneipe.« Eine Eckkneipe war so etwas wie ein kleines Pub, eine kleine Bar in einem Viertel, meist an einer Häuserecke, wie mir Julia erläutert hatte. »Nichts für uns.«

»Warum nicht?«

»Man muss sehr vorsichtig sein, wenn man Leute aus einer Eckkneipe mitnimmt«, erklärte er und verlangsamte das Tempo, als wir in die Torstraße einbogen. »Meistens muss der Fahrgast von zwei anderen Personen zum Taxi gebracht werden. In diesem Fall sollte man besser einen Krankenwagen rufen. Denn wenn der Fahrgast erst einmal in deinem Wagen ist, werden seine Probleme auch deine Probleme.«

Ich lachte.

Rumen trank die Red-Bull-Dose aus und verstaute sie in der Tasche an der Fahrertür.

Ich sah aus dem Fenster. Zwei Paare mittleren Alters in Trainingsanzügen wollten uns anhalten. »Hey!«, sagte ich. »Du musst …«

Er fuhr schon rechts ran, hatte sie vor mir gesehen. *O nein,* dachte ich. *Vier Fahrgäste.* Ich musste aussteigen, das hatten wir zuvor vereinbart: Wenn vier Leute ein Taxi brauchten, musste ich den Vordersitz aufgeben, da nur fünf Sicherheitsgurte im Auto waren.

»Ich hoffe, du verirrst dich nicht, wenn du jetzt aussteigst«, sagte Rumen.

Ich schnallte mich ab. »Ich bin Taxifahrerin, und ich habe einen Stadtplan. Ich verirre mich nicht.«

Er streckte die Hand aus. »Warte.«

»Warum?«

»Lass mich erst mit ihnen reden.« Er ließ das Beifahrerfenster herunter.

»Hallo, guten Abend«, begrüßte er die Gruppe auf Deutsch und beugte sich dabei lächelnd über mich.

»KitKatClub«, sagte der kleinere der Männer. »Wenn es Ihnen nichts ausmacht.« Er hatte einen aufgesetzt klingenden britischen Akzent und einen künstlich aussehenden Schnurrbart.

»Ich kann drei von Ihnen mitnehmen«, erwiderte Rumen und wechselte ins Englische. »Vier jedoch nicht.«

Er deutete auf mich. »Das ist eine Kollegin aus New York. Sie recherchiert über Berliner Taxifahrer und fährt heute Nacht mit mir.«

Ich musste ein Lächeln unterdrücken.

»Vielleeeicht«, meinte der Mann und sah an mir vorbei ins Wageninnere, »könnten wir vier dann auf dem Rücksitz mitfahren?«

Rumen schüttelte den Kopf. »Hinten sind nur drei erlaubt«, erklärte er. »Jeder muss sich anschnallen. Ich könnte meine Zulassung verlieren ...«

»Warte«, sagte ich, »ich steige aus.«

»Nein«, erwiderte Rumen.

»Na gut, also ...« Der Mann seufzte theatralisch.

»Na gut, also!«, bestätigte Rumen und fädelte sich wieder in den Verkehr ein.

»Wegen mir ist dir jetzt das Geld entgangen«, sagte ich, während er das Fenster neben mir wieder hochfahren ließ. »Das ist nicht gut.«

»Das war nicht unser Passagier.« Er stellte den Funk lauter. »Los, suchen wir unseren Passagier.«

Es war eine schlechte Nacht für Taxifahrer. In den nächsten anderthalb Stunden fanden wir nur eine Gruppe Mädchen in Plateau-High-Heels und Kampfstiefeln, die nach hartem Alkohol und Jasminblüten rochen und sich auf den Rücksitz quetschten, bevor Rumen etwas wegen der Sitzgurte sagen konnte. Sie erzählten, sie seien aus Frankreich und wollten zum Berghain.

»Für das Berghain ist es noch zu früh«, sagte Rumen. Es war kurz nach elf Uhr abends.

»Wann kann man dann dorthin gehen?«, fragte die Kleinste und schürzte die glänzenden Lippen. Ihre Haut hatte beinahe dieselbe Farbe wie ihre weißblonden Haare im Pixie-Cut. Sie saß in der Mitte, das größte Mädchen auf ihrem Schoß.

»Ich kann euch zum neuen Tresor bringen«, sagte er. »Nach Mitternacht könnt ihr dann ins Berghain gehen. Jetzt passiert da nichts.«

»Egal«, meinte das Mädchen mit den weißblonden Haaren. »Bringen Sie uns irgendwohin.«

Auch wenn das Berghain nur fünfzehn Minuten zu Fuß von meiner Wohnung entfernt lag und Ivo und Steffen mir gesagt hatten, es sei »der tollste Technoklub der Welt«, war ich noch nicht dort gewesen. Ich war mir nicht sicher, ob die beiden Jungs selbst schon drin gewesen waren, doch sie wussten alles über die Türsteher: »Wenn sie dir ins Gesicht schauen, gibt es zwei Möglichkeiten. Entweder winken sie dich rein oder sagen dir, du sollst gehen und nie wiederkommen.« Ich wollte gar nicht wissen, ob ich die Gesichtskontrolle bestehen würde.

»Ihr wisst, dass ich meine Lizenz verlieren kann«, sagte Rumen und grinste den Mädchen im Rückspiegel zu, »wenn ich euch alle vier auf einmal mitnehme. Hinten ist nur Platz für drei Fahrgäste«

»Wir fahren doch nicht weit!«, jammerte das größte Mädchen, das riesige, mit Kajal betonte Augen hatte.

»Und wir sind ganz brav!«, versicherte die Brünette hinter mir, deren Atem nach Wodka roch.

»Und geben Ihnen ganz viel Trinkgeld!«, versprach die Weißblonde.

Das vierte Mädchen, das einen Kussmund hatte und eine Zahnlücke wie Brigitte Bardot, lächelte und schwieg.

»Soll ich aussteigen?«, fragte ich.

»Nein«, sagte Rumen. »So weit ist es nicht.«

Er schaltete von Bob Dylan auf das Radio um und durchsuchte die Sender, bis er einen Technokanal fand.

»*C'est formidable!*«, jubelten die Französinnen und hüpften auf den Sitzen auf und ab. »Lauter, bitte!«

»Mädchen ...«, sagte Rumen und unterdrückte mit Mühe ein Lachen, »ihr habt versprochen, sehr brav zu sein!«

»Das sind wir doch!«

Um zwanzig nach elf kamen wir zum Berghain, das wie ein Industrietempel aus der Stalin-Zeit aussah. Kein Licht brannte, weder drinnen noch draußen, niemand wartete hinter dem Absperrzaun.

»Ist der Klub überhaupt offen?«, fragte die Weißblonde.

»Das habe ich euch doch gesagt«, meinte Rumen. »Erst nach Mitternacht.«

»Ist mir egal!«

»Mir auch!«

»Wir gehen!«

Das Mädchen mit dem Kussmund bezahlte seufzend, und die vier kletterten aus dem Taxi. Wir sahen ihnen nach, wie sie den Trampelpfad hinter die Absperrung entlangeilten.

»Stimmt das?«, fragte ich. »Ist Berghain der großartigste Klub der Welt?«

»Ich weiß es nicht«, antwortete Rumen. »Ich war noch nie dort. Für mich ist Techno keine Musik. Doch es ist die einzige Musik, die die Deutschen nach den preußischen Märschen erfunden haben.« Er überprüfte etwas in seiner schwarzen Geldbörse. »Nach den Märschen ist es ein logischer Schritt hin zu Techno. Doch für Menschen ist Techno nichts.« Er schloss die Geldbörse.

»Wie viel Trinkgeld haben sie gegeben?«

»Dreißig Cent.«

»Im Ernst?«

»Seit ich Taxi fahre, überrascht mich kaum noch etwas.« Er schaltete die Technomusik aus.

Nachdem wir die Französinnen abgesetzt hatten, versuchte ich, mich in meiner Rolle als Beifahrerin zu entspannen, doch es gelang mir nicht. Je weiter der Abend fortschritt und ich nicht mehr auf die Namen der Straßen achtete, durch die wir fuhren, desto mehr merkte Rumen sicher, wie nervös ich war: Wenn ich zu ihm hinübersah, lächelte er mehr als einmal, so wie im Käse König, halb wissend, halb verschmitzt, als ob er das Unbehagen meinerseits genoss. Außerdem schien ihn die Neugier unserer wenigen Fahrgäste zu amüsieren, was meine Person betraf, darunter eine irische Touristengruppe auf dem Weg zum Mariannenplatz, wo sie Brathuhn essen wollten, weiterhin eine Türkin, die eine Kurzstrecke zu einem Baumarkt neben dem Park Hasenheide fahren wollte, auch wenn dieser längst geschlossen hatte. Auch ein Paar aus Bayern, das gerade in Neukölln zu Abend gegessen hatte, fragte sich laut, was ich wohl auf Rumens Beifahrersitz tat. Sie lachten sehr lange, als wir ihnen von der »Toten Oma« erzählten.

»Siehst du?«, sagte Rumen, nachdem er die Bayern vor einer Villa in Zehlendorf abgesetzt hatte. »Manchmal bringt mich auch eine Kurzstrecke zu jemandem, der einen langen Weg vor sich hat.«

»Oder zu jemandem, den du sonst nicht getroffen hättest.« Ich strengte mich an, durch das Tor zur Villa in die Fenster des eindrucksvollen Gebäudes zu spähen. »Das muss ich immer wieder neu lernen«, sagte ich. »Dass der Weg zum Ziel nicht immer der direkteste ist.«

»Das stimmt.« Er lockerte seinen Gurt. »Ich mag diese Unsicherheit zwar nicht, aber das ist der Preis für die Freiheit.«

Und Freiheit, dachte ich, als Rumen auf dem rutschigen Kopfsteinpflaster beschleunigte, *ist sowohl Zweck als auch Ziel, das, was allen Taxifahrern heilig ist, und das, wonach wir alle suchen. Doch jeder Fahrer weiß, dass diese Freiheit relativ ist. Dass sie nur zum Teil zutrifft.* Die Wahrheit – die jeder kannte, aber niemand aussprach – war, dass wir freier waren als die meisten anderen.

Um halb eins, nachdem wir über eine Stunde ohne Passagier durch die Stadt gekurvt waren, fuhr Rumen zurück nach Friedrichshain und parkte vor der Bariton Bar am Taxistand an der Weserstraße.

»Heute Nacht bringt die Jagd nichts«, sagte er. »Jetzt warten wir.« Wir waren das vierte Taxi in der Schlange.

»Okay.« Ich lehnte mich zurück und rollte die Schultern. Rumen schaltete den Motor und das Funkgerät aus. Die Stille im Wagen fühlte sich vertraut an. »Wie wäre es mit einer Frage von Claudia aus New York City? Bist du bereit?«

Er schob seinen Sitz ein wenig nach hinten und streckte die Beine. »Bereit.«

»Was war bisher deine längste Fahrt?«

»Vor sechs Jahren.« Er lächelte und schloss die Augen, als wolle er die Erinnerung näher heranholen. »Eine Strecke von zweihundertsiebzig Kilometern nach Hamburg. Die Kunden mussten ein Flugzeug einer afrikanischen Fluggesellschaft erwischen. Nachdem ich sie abgesetzt hatte, sah ich mir die Stadt an und fuhr Boot. Ein perfekter Tag für mich.«

Jemand stieg in das erste Taxi in der Schlange. Rumen drehte den Zündschlüssel und rollte einen Platz vor.

»Hast du noch mehr Fragen?«, sagte er, während er den Wagen abstellte.

»Nun …« Ich sah aus dem Fenster. Die Klapptische vor der Bariton Bar waren leer. Es war mittlerweile zu kalt, um draußen zu sitzen, selbst für Deutsche. »Eine Frage habe ich noch, von Franco aus Los Angeles.« Es war keine direkt persönliche Frage, aber ich hatte sie bis zuletzt aufgehoben. »Du musst sie nicht beantworten, wenn du nicht willst.«

»Muss ich nicht?«

»Genau.«

»Okay …«

»Willst du die Frage hören?«

»Ich will.«

Ich las sie von der Karteikarte ab, auch wenn ich sie auswendig wusste: »Was ist das Außergewöhnlichste, was ein Passagier jemals getan oder zu dir gesagt hat?«

»Hmmm …« Rumen grinste und verschränkte die Hände hinter dem Kopf. »Das ist ein hundertprozentiges Geheimnis«, meinte er, »und hundertprozentige Leidenschaft.«

»Oh …« Ich war dankbar für die Dunkelheit. Ich faltete die Karteikarte und fixierte eine Topfpflanze im Fenster der Bariton Bar. »Kein Problem. Du musst nicht …«

Die Schlange vor uns bewegte sich.

»Sie war auf der Suche nach jemand Besonderem wie mir«,

erzählte Rumen, während er den Zündschlüssel drehte und nach vorne rollte. »Und sie sah klasse aus und war nicht betrunken. Gut, nur ein klein wenig.«

Ich lachte.

»Sie saß auf dem Rücksitz und bat mich, sie anzusehen. ›Du bist nett‹, sagte sie. ›Was machst du später noch? Wollen wir irgendwo was trinken?‹ Wir gingen in eine Bar, und sie erzählte mir von sich. Sie studierte Architektur, war sehr intelligent und wirklich bildschön. Dann fragte ich sie, ob ich sie nach Hause bringen soll.« Er strich sich mit der Fingerspitze über die Oberlippe. »Sie wohnte nicht weit weg, aber auch nicht ganz nah, vor allem für eine Frau in Pumps.«

»Wie war ihr Name?«

»Den wollte sie mir nicht sagen! Später meinte sie, sie hieße Tamara. Doch am nächsten Morgen habe ich in ihren Schuh gesehen. Weißt du, was darin stand?«

»Was?«

»Tamara!« Er legte die Hand an die Stirn. »Kannst du dir das vorstellen?«

»Nein.« Ich lachte. »Doch.«

Ich erzählte ihm von dem Engländer, der bei meiner ersten Schicht mit mir frühstücken gehen wollte.

»Warum hast du es nicht getan?«

»Ich weiß es nicht. Es war meine allererste Schicht! Was hättest du gemacht?«

Er grinste.

»Du wärst mitgegangen.«

»Frühstücken muss man immer.«

In diesem Moment hätte ich aus dem Taxi aussteigen und zurück zu meiner Wohnung gehen sollen – wir waren nicht weit davon entfernt – und Rumen seine Schicht fortsetzen lassen. *Geh, solange du noch lachst!,* dachte ich. Er hatte alle Fragen beantwortet. Meine journalistische Pflicht war erfüllt. Aber mein Körper war wie festgelötet. Ich konnte nicht gehen.

»Und jetzt« – er holte eine CD-Hülle aus der Tasche an der Fahrertür – »zu etwas ganz anderem. Bist du bereit?« Ich nickte. Er schob die CD in die Anlage, stellte die höchste Lautstärke ein und drückte auf Pause. »Dylans Album *Time Out Of Mind* aus dem Jahr 1997 kann ich zehnmal an einem Abend hören«, sagte er. »Sollte ich jemals ein Buch schreiben, müsste es mit Dylans Worten aus dem ersten Song beginnen.«

Er drückte auf Start, und wir lauschten Bob Dylan, wie er mit schmerzerfüllter, rauher Stimme von verlassenen Straßen und weinenden Wolken sang und einer Frau, die er nicht aus dem Kopf bekam, während düstere Keyboardtöne im Hintergrund erklangen.

Die Härchen auf meinen Armen stellten sich auf. Ich sah den goldenen Nebel der Straßenlampen, die Schatten der Linden auf der Straße, die Topfpflanze und die leeren Tische vor der Bariton Bar, das Pärchen mit Dreadlocks, das auf Rennrädern vorbeizischte. Das alles schien Teil des Songs zu sein. Dies war ein perfekter Moment.

Plötzlich zuckte ich zusammen, als eine Frau mittleren Alters mit blondem Stachelhaar an mein Fenster klopfte.

»Sind Sie frei, oder was?«, fragte sie. Verwirrung überzog ihr Gesicht, dann Missbilligung, als sie uns entspannt nebeneinander im Taxi sitzen und »Love Sick« hören sah, während unsere Hände neben dem Steuerknüppel lagen und sich beinahe berührten. Sie stapfte davon, bevor wir reagieren konnten.

Rumen setzte sich auf, warf einen Blick in den Rückspiegel, als die Frau ins Taxi hinter uns stieg. »Möchtest du ein Bier?«

Ich blinzelte, als hätte man mich aus einem dunklen Kinosaal ins grelle Sonnenlicht gestoßen. »Was ist mit deiner Schicht?«

Dylan beschleunigte das Tempo, und Rumen drehte die Musik leiser. »Jetzt ist gerade tote Hose. Lass uns ein Bier trinken!«

»Tote Hose?«

»*Dead pants* auf Englisch.«

»Wirklich? Das muss ich mir merken.« Ich lachte.

»Was ist mit dem Bier?«

Ich tat so, als müsste ich überlegen. »Okay«, sagte ich schließlich. »Trinken wir ein Bier.«

Er scherte aus der Taxischlange aus. Zwei Blocks weiter winkte uns eine Gruppe schlanker Männer in Schwarz, sie wirkten wie verzweifelte Anhalter an einer Wüstenstraße. *O nein*, dachte ich, als Rumen auf die Bremse trat. Sie waren zu viert.

»Können Sie uns nach Neukölln bringen?«, fragte derjenige aus dem Quartett, der unterernährter als die anderen aussah, und deutete auf einen Haufen Verstärker und Lautsprecher und Gitarrenkoffer. »Wir sind spät dran für einen Auftritt.« Er trug eine rote Fliege, ebenso seine Bandkollegen.

Rumen und ich sahen uns an.

»Die musst du mitnehmen«, sagte ich.

»Ich weiß.« Er sah auf den Steuerknüppel.

Zur Überraschung der Musiker stieg ich aus. Sofort setzten sie einen entschuldigenden Gesichtsausdruck auf, als wüssten sie, dass sie gerade störten. »Ist es in Ordnung«, fragte der Unterernährte, anscheinend der Bandleader, »wenn Sie uns mitnehmen?«

»Ja«, antwortete ich lächelnd. »Natürlich ist es in Ordnung.«

Rumen öffnete den Kofferraum und lud zusammen mit den Musikern die Ausrüstung und Instrumente ein. Ich folgte ihnen zur Rückseite des Wagens. Rumen wischte sich die Hände an seiner Jeans ab. »Wir sehen uns später«, sagte er und drückte meine Hand.

»Ja«, erwiderte ich, »das werden wir.« Ich spürte, wie er und die Musiker mir hinterhersahen, als ich mit schnellen Schritten davonging und hoffte, zumindest nicht in die völlig falsche Richtung zu meiner Wohnung in der Dirschauer Straße zu laufen. *Ich bin eine Taxifahrerin, und ich habe einen Stadtplan. Ich verirre mich schon nicht.*

32

Die restliche Nacht verbrachte ich in einem Zustand großer Erstarrung. Jedes Mal erschauderte ich, wenn ich mich an das Gefühl im Taxi erinnerte, als wir Bob Dylan gehört hatten. Ich versuchte, eine coole, neutrale, professionelle Version dieser Nachtschicht für den Blog zu formulieren – ich hatte Rumen versprechen müssen, die Geschichte von Tamara und ihren Schuhen wegzulassen –, und fragte mich, was wohl passiert wäre, wenn uns die Musiker nicht angehalten hätten.

»Ich habe noch eine Frage für dich«, schrieb ich ihm am nächsten Morgen. Sie stammte von Rodrigo, einem treuen Leser in Buenos Aires, den ich allerdings noch nie persönlich kennengelernt hatte. Er hatte seine Frage in der Nacht, in der Rumen und ich unterwegs waren, geschickt. »Hast du die Filme *Night on Earth* von Jim Jarmusch oder *Taxi Driver* von Martin Scorsese gesehen? Fühlst du dich einem dieser Charaktere verbunden?«

»Ich denke darüber nach«, antwortete Rumen ein paar Stunden später. »Vielleicht kann ich dir eine Antwort geben, wenn wir uns wiedersehen. Werden wir das?!«

Wir trafen uns an seinem freien Tag, der gleichzeitig mein letzter in Berlin war. Rumen wollte mir noch einmal in seinem Taxi die Stadt zeigen. Als er mich abholte, war der Himmel bedeckt, und es begann zu regnen, als wir Richtung Westen fuhren.

»Ich habe dir ja erzählt, dass es in den Neunzigern immer

mehr Menschen nach Berlin zog«, sagte er. »Aber wusstest du auch, dass in den letzten Jahren viele Leute wegen Knut nach Berlin kamen?« Er deutete auf die chinesischen Pagoden am Eingang des Zoos.

»Wer ist Knut?« Ich sah durch das tropfnasse Fenster zu den Pagoden und den Statuen zweier kniender Elefanten, die den Eingang bewachten. Niemand stand an den Kassen an. Wer wollte bei Regen schon in den Zoo gehen?

»Du hast noch nie von Knut gehört?« Rumen steuerte den Wagen um einen Doppeldeckertouristenbus herum. Ein spiralgebundener Straßenatlas von Berlin rutschte über das Armaturenbrett, den er wieder zurück in die Ecke schob. »Knut ist ein Eisbär, der hier im Zoo geboren wurde. Seine Mutter nahm ihn nicht an. Ein Pfleger hat Knut dann mit der Flasche aufgezogen und ihm zum Einschlafen Elvis auf der Gitarre vorgespielt. Der Mann war ein Held in Berlin.«

»Wie schön …«

»Doch als Knut zwei oder drei Jahre alt war, starb der Mann an einem Herzinfarkt, er war erst vierundvierzig.«

»Was ist mit Knut passiert?«

»Er bekam einen anderen Pfleger, glaube ich.«

»Oh.« Ich seufzte.

»Was ist los?«

»Ich bin traurig.«

»Wegen Knut?«

»Ja.« Die spielerische Spannung, die in der Nacht vor ein paar Tagen in Rumens Taxi geherrscht hatte, war verschwunden. Ich presste die Hände auf meinen Bauch, während wir am Zoo vorbeifuhren, und wünschte, ich könnte aufhören, an den Air-Berlin-Flug 6441 zu denken. Morgen um 10:25 Uhr sollte es von Tegel losgehen. Ich hatte noch nicht gepackt. *Ich komme wieder!* Das versprach ich mir andauernd. *Ich komme wieder!*

In diesem Moment, als der Wind die Blätter von den Bäumen riss und sie zu Haufen auf dem Ku'damm auftürmte, erschien es mir jedoch wie ein haltloses Versprechen, begründet in nichts als den Zufällen eines Sommers, der vorüber war.

Rumen nahm eine neongrüne CD aus der Hülle in seinem Schoß und schob sie in die Anlage. »Und jetzt …« Trommeln, indische Geigen und ein Mann, der ekstatisch in ein Mikrofon sang. Wir fuhren gerade durch die Kantstraße.

»Bhangra?« Ich lachte.

»Du kennst Bhangra-Musik?«, fragte er.

»*Du* kennst Bhangra-Musik?«

»Woher?«

»Ich war einmal auf einer indischen Hochzeit. Die älteren Damen haben dazu getanzt.« Ich knickte die Handgelenke ab, versuchte, die Armbewegungen der Frauen nachzumachen, die bei der Hochzeit meiner Freundin Sangeetha fast länger als jeder andere auf der Tanzfläche ausgeharrt hatten. Die Trommeln wurden schneller. Ich tanzte auf meinem Sitz mit, im Takt der Trommeln, als ob ich so meinen Flug vergessen könnte.

»Du bist verrückt!« Rumen grinste, ließ die Fenster herunter und drehte die Lautstärke höher. Der Bass ließ die Sitze vibrieren. Die Menschen auf den Gehsteigen starrten uns hinterher.

»Du aber auch!«, brüllte ich.

»Richtig!«

Er fuhr mit mir zu all seinen Lieblingsplätzen im ehemaligen Westen von Berlin: zuerst zu Zweitausendeins, einem Buchladen in der Kantstraße, wo ich ein Buch über deutsches Brot fand und er eine Muddy-Waters-CD für fünf Euro kaufte. Dann zu Rossia, einem russischen Imbiss und Lebensmittelladen am Stuttgarter Platz, der vierundzwanzig Stunden am Tag geöffnet hatte und wo er gern Kohlrouladen aß und Mineralwasser aus Georgien kaufte. In der Kaiser-Friedrich-Straße zollten wir der Gedenktafel für Herta Heuwer unseren Respekt, der angeblichen Erfinderin der Currywurst, Berlins Äquivalent zum New Yorker Hot Dog: in Stücke geschnittene Bratwurst, mit Ketchup und Currypulver gewürzt. Aber es hieß auch, dass ursprünglich britische Soldaten die Currywurst nach dem Zweiten Weltkrieg mit nach Berlin gebracht hatten. »Manche sagen wiederum, dass sie aus Hamburg stammt«, erklärte Rumen weiter, »aber das ist Unsinn!«

Abermals verschränkte ich die Hände über dem Loch in meinem Bauch.

»Hast du Hunger?«, fragte er.

Den Imbiss am Ku'damm, wo er sich am Tag nach dem Mauerfall seine ersten Westberliner Wiener Würstchen gekauft hatte, gab es nicht mehr, weshalb wir zum Mittagessen zu Good Friends fuhren, einem chinesischen Restaurant in der Kantstraße. »Hier bringe ich viele Diplomaten aus China hin«, sagte er. Wir saßen uns auf Stühlen mit gerader Lehne gegenüber und teilten uns einen Teller Hühnerleber mit schwarzer Sojasoße.

»Wenn du möchtest …«, er zeichnete mit den Zinken seiner Gabel Kreise in die Soße, »kann ich dich morgen zum Flughafen bringen.«

»Okay.« Ich nickte und bemühte mich, den Ausdruck in seinen Augen zu lesen. Heute waren sie eher grau als blau.

Ich stimmte auch zu, als er mich nach dem Essen fragte, ob ich noch ein Bier bei ihm trinken wolle. Wir fuhren im Regen nach Osten, hörten seine neue Muddy-Waters-CD und sprachen wenig.

»Wo sind wir?«, fragte ich, als wir nach einer Reihe von Tunneln wieder an die Oberfläche kamen.

»Neukölln«, erwiderte er und steuerte durch den Verkehr vor dem Estrel Hotel.

»Und jetzt?«, wollte ich ein paar Minuten später wissen, als ich vom Fenster des Taxis einen olivgrünen Zweisitzer erblickte; jemand hatte das Sofa auf dem Gehsteig abgestellt.

»Treptow.«

Wir überquerten die Spree und fuhren nach Friedrichshain, näherten uns seiner Wohnung. Unruhig begann ich auf dem Beifahrersitz hin und her zu rutschen, wusste nicht, wohin mit meinen Armen oder Beinen.

»Verfährst du dich noch manchmal?«, fragte ich, als wir am Wasserturm in der Nähe der S-Bahn-Station Ostkreuz vorbeifuhren, dessen Dachziegel mich an ein Spukschloss erinnerten.

»Wie meinst du das? Mit dem Taxi?«

Ich nickte.

»Natürlich! Das ist doch normal.«

»Wirklich?« Wir waren jetzt auf der Jessnerstraße – seiner Straße.

»Kein Taxifahrer weiß alles«, sagte er und legte den Rückwärtsgang ein. »Es ist auch nicht das Ziel, alles zu wissen.« Er lenkte den Wagen in eine Parklücke gegenüber seinem Wohnhaus. »Das Ziel ist, mit dem Stadtplan alles zu *finden.*«

Ich klammerte mich an meine Handtasche, und Rumen behielt seine Jacke an, als wir seine Wohnung betraten. Wir konnten einander kaum ansehen, während wir in der Küche standen und er zwei Bierflaschen öffnete und mir eine davon reichte.

Ich entzifferte mühsam das schwarz-goldene Etikett auf dem bernsteinfarbenen Glas. »Aus Bayern?«

»In letzter Zeit ist bayrisches Bier in Berlin immer beliebter geworden«, sagte er. »Das Wasser in Bayern ist sehr, sehr gut, weißt du. Deshalb sind die Biere dort auch nicht so bitter wie die aus Norddeutschland. Egal!« Er hob seine Flasche. »Prost!«

»Prost!«, erwiderte ich ebenfalls auf Deutsch. Wir stießen an. Das Bier war malzig und bittersüß mit nur einem leichten Hopfengeschmack. Rumen trank einen großen Schluck. »Schmeckt es dir?«

»Es ist köstlich«, sagte ich, drehte die Flasche in der Hand und musterte das Etikett noch einmal.

»Das ist gerade mein Lieblingsbier.«

Wir tranken weiter. Er immer noch in seiner Jacke, ich mit meiner Handtasche im Arm, auf der Suche nach einem Gesprächsthema.

»Hey!«, sagte ich schließlich und setzte die Flasche etwas kräftiger als beabsichtigt auf dem Küchentisch ab. »Was ist mit Rodrigos Frage?«

Er runzelte die Stirn.

»Ob du *Taxi Driver* und *Night on Earth* gesehen hast …«

»Ja!«, erwiderte er rasch. »Ich erinnere mich. Natürlich habe ich sie gesehen.«

»Das dachte ich mir. Aber das ist nicht die Frage, sondern …« Das Bier stieg mir bereits zu Kopf. »Kannst du dich mit einer der Hauptpersonen identifizieren …«

»Ja. Ich wäre gern eine Mischung aus Robert De Niro, Roberto Benigni und Armin Mueller-Stahl.«

»Okay. Erklär mir das.«

»Benigni ist lustig und verrückt, und ich mag, wie er versucht, die Gelegenheit zu ergreifen, um dem Priester sein Leben zu erzählen, seine Probleme. Das ist großartig.« Rumen trank noch einen Schluck Bier. »Robert De Niro ist auch verrückt, sogar ein bisschen zu sehr, meiner Meinung nach. Aber ich mag, dass er wütend ist und die Stadt und die ganzen wahnsinnigen Menschen ihn wütend machen. Das verstehe ich vollkommen. Aber er driftet in die falsche Richtung ab, als er sich zu sehr um Jodie Foster kümmert. Ein großer Fehler. Man darf sich niemals auf Junkies einlassen, schon gar nicht auf Prostituierte, die auf Droge sind. Es ist zu gefährlich – man kann da nicht gewinnen. Und dann natürlich, als er all diese Waffen kauft … das ist zu viel.«

»Viel zu viel.«

»Armin mag ich, weil er Ostdeutscher ist, und ich mag, wie er seine eigene Geschichte in den Film eingebracht hat. Wie er nach New York kommt und die Sprache erst lernen muss. Armin Mueller-Stahl nimmt seinen Fahrgast nicht zu persönlich. Das ist vielleicht der Unterschied zwischen ihm und De Niro.«

»Großartig beantwortet.«

»Hast du noch mehr Fragen?«

»Das war die letzte.«

»Gut!«, sagte er. »Dann komm! Jetzt beginnt dein Berlin-Unterricht.«

Wir nahmen unser Bier mit ins Wohnzimmer. »Bitte«, er deutete auf den Futon mit dem Schaffell, »setz dich.« Rumen zog einen roten Schuhkarton aus dem unteren Fach eines Bücherregals, ließ sich neben mir nieder und blätterte durch die Fotos in der Schachtel. »Das hier musst du sehen«, sagte er und reichte mir eine Aufnahme von einem Mann in einem marmorierten Bodysuit, der allein auf der Mauer vor dem Brandenburger Tor tanzte.

»Wann hast du das aufgenommen?« Ich beugte mich dichter über das Bild, bis sich unsere Köpfe beinahe berührten.

»Etwa zwei Wochen nach dem Mauerfall.« Rumen schien meine Nähe nicht zu bemerken oder ließ sich davon nicht beeindrucken, als er weiter in der roten Schuhschachtel herumwühlte. »Schau mal.« Er reichte mir die Fotos schneller, als ich sie ansehen konnte. »Diese hier habe ich später aufgenommen. 1992 oder auch 1993.«

Ich betrachtete die Bilder – von leeren Wachtürmen, von einem Straßenverkäufer, der aus einem seidengefütterten Koffer Mauerstücke anpries, von einem besetzten Haus namens Villa Felix, einem Jugendstilwohnhaus, das aussah, als hätte es den Zweiten Weltkrieg kaum überlebt –, und ich begann zu verstehen, was er nach den goldenen Neunzigern verloren hatte. Das Berlin, das ich 2010 kennengelernt hatte, war im Vergleich dazu zahm und erwachsen und geradezu bieder.

»Hoppla!«, sagte ich. »Was ist das?« Ich zeigte ihm eine Aufnahme von drei Panzern, die mit psychedelischen Mustern bemalt und wie eine Stonehenge-Nachbildung in der Nähe des Reichstags standen.

»Eine Freiluftausstellung von einigen englischen Künstlern.«

»Ich kann nicht glauben, dass das der Reichstag ist!« Das Gebäude war noch ohne Kuppel und umgeben von Schutthaufen und Brachland.

»Die Mauer verlief wenige Meter hinter dem Reichstag. Das hier war Niemandsland. Nur eine freie Fläche.« Er trank sein Bier aus. »Stell dir eine Fläche vor, so groß wie vielleicht zwei oder drei Fußballfelder. Einmal habe ich dort gecampt.«

»Vor dem Reichstag?« Ich lehnte mich zurück. Am liebsten hätte ich meine Schuhe ausgezogen.

Er nickte. »Damals war es da ruhig, keine Menschen. Wie im Wald oder im Park.« Er stellte die Bierflasche auf den Couchtisch.

»Und jetzt?« Ich behielt meine Schuhe an und trank stattdessen noch einen Schluck Bier. »Ich meine, wenn man sich diese Bilder ansieht …«

»Jetzt?« Er stand auf und ging in die Küche. Glasflaschen klirrten, als er den Kühlschrank öffnete. »Jetzt …« Er öffnete zwei weitere Flaschen Bier und kam damit zurück ins Wohnzimmer. »Jetzt ist es langweilig.« Er gab mir eine Flasche und stieß mit mir erneut an, bevor er trank. »Jetzt steigen Leute in mein Taxi und sagen so was wie: ›Oh, Berlin ist ja so schön geworden, so sauber.‹ Bla, bla, bla. Sie haben keine Ahnung. Verdammte Touristen.«

»Ich bin auch ein verdammter Tourist.«

»Ja.« Er sah mich an, seine Iris ein dünner graublauer Rand um erweiterte Pupillen. »Aber du interessierst dich für Berlin.«

Ich senkte den Blick. Ja, das stimmte. Und nun, da ich die Stadt in einer jüngeren, wilderen, sorgloseren Zeit gesehen hatte, von der vieles unwiederbringlich verloren war, wurde ich nostalgisch wegen einer Vergangenheit, die nicht die meine war.

»Vielleicht hältst du mich für verrückt«, sagte er.

»Nein …«

»Vielleicht findest du es dumm, so viel an früher zu denken.« Er sammelte die Fotos ein und legte sie zurück in den roten Schuhkarton. »Aber weißt du was?« Er legte den Deckel auf die Schachtel. »Ich vermisse mein Berlin.«

Ich auch, dachte ich. Und ich war noch nicht einmal Teil davon gewesen.

In den nächsten Stunden setzte Rumen meinen Berlin-Unterricht mit Hilfe von YouTube-Videos fort. Zuerst sahen wir uns eines an, das zeigte, wie Ostdeutsche in der Nacht des Mauerfalls durch den Grenzübergang Bornholmer Straße strömten. »Dieser Grenzübergang wurde zuerst geöffnet«, erklärte er. »Nach der Bekanntmachung der DDR-Regierung, dass das Ausreiseverbot aufgehoben war, sind alle ausgeflippt und kamen zu den Grenzübergängen. Die Wachsoldaten waren völlig überfordert und ließen die Leute einfach durchgehen. Kannst du dir das vorstellen?«

»Lass uns das Video noch einmal ansehen«, sagte ich.

Danach fanden wir einen Mitschnitt von John F. Kennedys berühmter »Ich bin ein Berliner«-Rede. »Sagt er da wirklich, er sei ein Donut?«, fragte ich. »Ich habe auch irgendwo gelesen, dass er eigentlich hätte sagen sollen ›Ich bin Berliner‹, und nicht ›Ich bin ein Berliner‹.« Rumen hielt seine Flasche hoch. »JFK ist kein Donut! Ein Donut ist ein Donut! In Berlin nennt man das Pfannkuchen! Und nicht Berliner! Nur außerhalb von Berlin nennt man einen Pfannkuchen einen Berliner.«

Ich wollte die Minuten ins Unendliche ausdehnen, während wir nebeneinander an seinem Schreibtisch saßen, uns über seinen Laptop beugten und ein bayrisches Bier nach dem anderen tranken. Wenn ich seinen Blick auf mir spürte, schlug ich die Beine neu übereinander und wünschte mir, wie so oft, sie wären länger.

Er zeigte mir Videos von all seinen Berliner Lieblingsliedern: »Berlin ist ja so groß«, »Das ist Berlin«, »Ich stehe auf Berlin«, »Berlin, du bist so wunderbar«, »Berliner Frühling«, »Born To Die In Berlin«. Jedes Lied und jedes Bier verfrachteten mich ein Stück mehr ins Delirium, bis schließlich um Mitternacht der dumpfe Schmerz in meinem leeren Magen – der sich auch nach der Hühnerleber nicht gelegt hatte – Benommenheit wich. Ich war in einem gefährlichen Zustand, irgendwo zwischen Freude und Verzweiflung gefangen: Endlich hatte ich den Faden im Labyrinth gefunden. Und jetzt würde ich ihn fallen lassen und davongehen müssen.

Wer stand als Erstes auf und begann zu tanzen? Ich weiß es nicht mehr. Rumen bewegte sich wie ein verrückter Clown ohne Rhythmusgefühl und riss die Arme ohne bestimmten

Grund triumphierend in die Höhe. Ich machte ein paar Salsa-Schritte, schüttelte mir das Haar ins Gesicht und beobachtete ihn, während ich durchs Wohnzimmer flatterte. Ich liebte es, ihn tanzen zu sehen.

»Das Lied heißt ›Schwarz zu Blau‹!« Er drehte die Lautstärke höher, bis die Lautsprecher knackten. »Von Peter Fox. Er ist ein echter Berliner Junge. Du musst seine Songs kennenlernen.«

»Okay!« Ich war betrunken. Peter Fox war aus Berlin. Was auch immer er für Musik machte – Hip-Hop? Reggae? Dancehall? –, sie klang großartig.

»Hoooooo!«, rief Rumen und deutete auf meine Füße. »Du bist ja eine tolle Tänzerin.«

»Du aber auch!«

Wir tanzten weiter durchs Wohnzimmer, umeinander herum, schwitzend, lachend, berührten uns aber immer noch nicht. Nachdem wir das erste Peter-Fox-Album durchgetanzt hatten, brach ich irgendwann auf dem Schaffell zusammen.

»Wie spät ist es?«, fragte ich und streifte meine Schuhe ab.

»Ich weiß es nicht.« Er ließ sich neben mich fallen und legte seinen Kopf an meinen. Seine Haut war heiß. Wir saßen einige Sekunden lang so da, nach Atem ringend, und schauten zur roten Decke empor. Er versuchte, mein Haar zu entwirren. »Warte«, sagte ich und strich mir einige Strähnen hinters Ohr. Seine Lippen waren salzig, als er mich küsste.

Wir lagen auf dem Rücken und hielten uns unter einer dünnen blauen Wolldecke auf dem ausgeklappten Futon an den Händen, als er zu schnarchen begann. Ich schloss die Augen und lauschte auf die Spatzen und das entfernte Rumpeln der S-Bahn – wahrscheinlich der letzte Zug für diesen Tag – und den Wind, der in den Bäumen vor dem Fenster rauschte, als wolle er die Blätter zu leisem Applaus animieren. Ich gab mir viel Mühe, nicht an die Uhrzeit zu denken. Eine Zeile aus Lilianas Lieblingstango kam mir in den Sinn: *Que me quiten lo bailado,* was ungefähr so viel hieß wie: »Niemand kann mir wegnehmen, was ich getanzt habe.«

Es war immer noch dunkel, als ich erwachte, müde und desorientiert, gefühlte Stunden später. Meine Hand lag auch immer noch in seiner, doch Rumen schnarchte nicht mehr. Die Härchen auf seinen Armen kitzelten mich. Ich ließ seine Hand los. Er nahm sie wieder und zog sie an seine Brust. Ich schlief wieder ein, als ich die Sirene eines Krankenwagens hörte – oder war es ein Polizeiauto? Es war schwer zu sagen, aus welcher Richtung das Geräusch kam, doch es war nicht weit entfernt. Ich erinnerte mich, dass er mich zum Flughafen fahren wollte. Wie spät war es? Ich schloss die Augen. Ich wollte mir nicht vorstellen, mich von ihm verabschieden zu müssen.

»Ich komme zurück nach Berlin«, sagte ich.

Die Sirene verstummte. Er antwortete nicht.

»Schläfst du?«

»Nein.« Sein Griff um meine Hand lockerte sich.

Ich öffnete die Augen. Licht begann durch die Ritzen zwischen den Vorhängen ins Zimmer zu strömen.

Er rollte sich herum, setzte sich mit dem Rücken zu mir an die Lehne des Futons und streifte sein T-Shirt über, ein Batikfetzen, auf dessen Vorderseite in rissiger weißer Schrift NEW YORK stand. Es war furchtbar hässlich.

»Ich komme zurück nach Berlin«, wiederholte ich.

Er nickte, immer noch mit dem Rücken zu mir.

»Glaubst du mir nicht?«

»Was?«

»Ich komme zurück.« Ich setzte mich auf, packte ein Sofakissen und drückte es gegen die Brust.

»Ich glaube dir.«

»Okay«, erwiderte ich. »Gut.«

Er seufzte und stützte sich mit den Ellbogen ab.

»Was ist los?«

»Ich glaube …«

»Was?«

»Ich glaube, du siehst mich als Fixpunkt in Berlin.«

»Wie bitte?« Ich verengte die Augen hinter seinem Rücken.

»Ein Fixpunkt. Du suchst nach einem Fixpunkt.«

»Wovon redest du? Darum habe ich dich nie gebeten!«

»Nein, das hast du nicht, aber …«

»Aber was?« Etwas drückte gegen die Leere in meinem Bauch.

»Ich glaube nicht, dass du ehrlich bist.«

»Mit wem?« Ich warf das Kissen auf den Boden. »Ich habe beschlossen, nach Berlin zurückzukehren, lange bevor ich dich kannte.«

Er seufzte wieder und starrte auf den Boden.

»Das ist die Wahrheit!«

Seine Kiefermuskeln traten deutlich hervor, als ob er die Zähne aufeinanderbiss.

»Rumen?«

Er schwieg.

»Na schön. Glaub, was du willst.«

Ich suchte meine Kleidung zusammen, zog mit zitternden Händen meine Jeans an und hängte mir meine Handtasche über die Brust. Je hektischer ich mich bewegte, desto erstarrter saß er da. Ich stellte mich vor ihn, wollte, dass er mich ansah, etwas sagte, während ich gegen die Tränen anblinzelte. Er griff unter den Couchtisch und holte ein Paket in einer Plastikeinkaufstasche hervor.

»Hier.« Er hielt es mir entgegen.

»Was ist das?«

»Das habe ich für dich gemacht.« Er sah an mir vorbei an einen Punkt an der Wand.

»Behalt's«, erwiderte ich.

Sein verletzter Gesichtsausdruck war das Letzte, was ich sah, bevor ich die Wohnung verließ und die Tür nicht hinter mir zuknallte.

Teil IV
New York City

Es kehrt nur zurück, es kommt mir endlich heim –
mein eigen Selbst, und was von ihm lange in
der Fremde war und zerstreut unter alle
Dinge und Zufälle.

Friedrich Nietzsche,
Also sprach Zarathustra

33

Es war 7:30 Uhr morgens, als ich wieder in der Dirschauer Straße war. Mein Flugzeug ging in drei Stunden. Hektisch riss ich in der grauen Morgendämmerung meine Kleider von den Bügeln, zog das Bett ab und stellte Karls Bücher zurück ins Regal. Mir blieb noch eine Stunde, um die Wohnung in ihren ursprünglichen ungepflegten Zustand zurückzuversetzen und mich selbst fertig zu machen. Für die S-Bahn war es zu spät. Wenn ich es rechtzeitig zum Flughafen schaffen wollte, musste ich ein Taxi nehmen.

Ich schluckte den Kloß in meiner Kehle herunter und suchte im Internet nach der Nummer eines Taxiunternehmens. Ein Taxi zu rufen – wie jämmerlich. Er hätte mich doch zum Flughafen bringen sollen. Wie sehr ich mich vor unserem Abschied in Tegel gefürchtet hatte. Aber ein trauriger Abschied wäre so viel besser gewesen als dieser: Jedes Mal, wenn ich an seinen verletzten Gesichtsausdruck dachte, als ich sein Geschenk zurückwies, zog sich mein Magen schmerzhaft zusammen.

Oh!, dachte ich eine halbe Stunde später, als ich das Taxi heranfahren sah – es war eine Mercedes B-Klasse, genau wie Rumens. Bist du es wirklich?

Doch als der Fahrer ausstieg, musste ich niedergeschlagen feststellen, dass er Rumen nur in der Körpergröße ähnelte. Ansonsten war der Mann untersetzt, trug eine Drahtbrille und hatte taillenlanges, strohblondes Haar. »Brauchen Sie Hilfe?«, fragte er und deutete auf meinen ausgebeulten Koffer. Er verstaute ihn im Kofferraum, bevor ich ihm antworten konnte.

»Nach Tegel, nicht wahr?«

Ich rang um Fassung, als er zur Warschauer Straße fuhr und am Frankfurter Tor links in die Karl-Marx-Allee abbog. Aus dem Fenster sah ich auf die Wohnblöcke zu beiden Seiten der Straße und erinnerte mich, dass ich die Strecke einmal mit Rumen gefahren war: »Du musst ›Tote Großmutter‹ probieren …«

»Waren Sie zum ersten Mal in Berlin?«, fragte mich der Fahrer.

Ich nickte und biss mir auf die Lippen.

Er öffnete sein Fenster ein Stück, und der Wind wehte ihm lange Strähnen hinter die Brillengläser. Ich ließ eine Hand in meine Tasche gleiten, tastete nach meinem Handy, holte es heraus – keine neuen Nachrichten. Ich seufzte. Hatte ich es nicht darauf angelegt? Was, wenn ich das Bier abgelehnt und Rumen gebeten hätte, mich nach der Hühnchenleber im Good Friends zurück in die Dirschauer Straße zu bringen? Warum hatte ich mich nicht cool gegeben? Ach, wem wollte ich da etwas vormachen – ich konnte mich nicht cool geben.

Die Sonne schien durch die wogenden Wolken und warf Schatten auf die beigefarbenen Platten der Wohnblöcke. Wie oft war ich diesen Sommer an ihnen vorbeigekommen, überwältigt von ihren Ausmaßen, unentschlossen, was ich von dem stalinistischen Zuckerbäckerstil halten sollte? Als ich jetzt an ihnen vorbeifuhr, war die Botschaft klar: Ich war ein Staubfleck, der von einem Ort an einen anderen gewischt werden würde.

»Wohin fliegen Sie denn?«, fragte der Fahrer. »New York? Da war ich vor vier Jahren. Und *Sie* fahren Taxi?« Er stieß einen leisen Pfiff aus. »Wie ist das so?«

»Nun …« Wir waren am Alexanderplatz, der bis auf einige Backpacker leer war, die ihr Lager an einem der U-Bahn-Eingänge aufschlugen. »Es ist ein bisschen wie in einem Videospiel.«

Er lachte so heftig, dass er irgendwann husten musste.

»Werden Sie nach Berlin zurückkommen?«, fragte er ein paar Minuten später.

»Ja«, antwortete ich und klang dabei überzeugter, als ich es tatsächlich war. Was war mit Rumen? Und Elektropolis? War es letztlich nur ein Hirngespinst meiner Sehnsucht?

»Wissen Sie«, sagte der Fahrer, »Berlin hat sich stark verändert. Das tut es noch immer.« Er deutete durch die Windschutzscheibe auf ein eingerüstetes Wohnhaus. »Ich glaube, der Stadt bleiben nur noch zehn Jahre. Und dann ist sie ein großes gentrifiziertes SoHo.«

Keine einzige Minute schlief ich auf dem Flug von Tegel zum Flughafen JFK. Jedes Mal, wenn ich die Augen schloss, sah ich die letzten Minuten in Rumens Wohnung vor mir, und ich analysierte sie mit masochistischer Präzision. *Ein Fixpunkt. Du suchst nach einem Fixpunkt.* Ich ballte die Fäuste unter dem heruntergeklappten Tablett. *Nein!,* wollte ich ihm sagen. *Das stimmt nicht!* Dann spulte ich ein wenig weiter zurück, erinnerte mich, wie unsicher er bei unserem ersten Kuss gewesen war, wie er meine Stirn gestreichelt hatte, wie warm seine Finger waren, wie seine Haut in der Mitte seiner Brust roch, wie Wacholder und Honig … Nein. Wie Wacholder und verbrannter Zucker.

Irgendwo über Grönland begann ich im Licht des Monitors, der in die Rückenlehne des Vordersitzes eingelassen war, in mein Notizbuch zu schreiben, während das Mädchen neben mir mit über einem NYU-Pullover verschränkten Armen schlief. Drehte ich mich im Kreis? Hatte ich gerade denselben Fehler wieder gemacht, nur mit einem anderen Mann in einer anderen Stadt? War es möglich, dass die Straßen Rumen dazu gebracht hatten, in kurzen – wenn auch leidenschaftlichen – Intervallen zu leben, genauso wie die *milonga* Joaquín beeinflusst hatte? Hatte ich denn bei den ganzen Taxifahrten gar nichts über die Vergänglichkeit der Dinge gelernt? War ich keinen Schritt weiter als vor drei Jahren (vor drei Jahren!), als ich dieses verrückte Experiment begonnen hatte?

Eine Stewardess tippte mir auf die Schulter und lächelte professionell unter ihrem Air-Berlin-Hütchen: »Huhn oder Pasta?«

Da wären wir also wieder, dachte ich und hielt mich an den Armlehnen fest, als das Flugzeug zum Landeanflug ansetzte. Die puerto-ricanische Masseurin mit der Wohnung in Astoria hatte beschlossen, zurück nach Puerto Rico zu gehen, weshalb Rebekka – die unordentliche Schriftstellerin mit der Katze, die in der Nähe der Taxigarage wohnte – meine neue Mitbewohnerin werden würde. Für eine sechsmonatige Probephase ohne Vertrag, worauf wir uns bei einem Skype-Gespräch geeinigt hatten.

Rebekka wirkte nett: Sie war ebenso wie ich freiberufliche Journalistin und Schriftstellerin und kam auch aus Kalifornien. Wenn sie nicht gerade journalistisch arbeitete, schrieb sie an einem historisch-feministischen Science-Fiction-Roman. *Und sie wohnt nur fünf Minuten von der Garage entfernt,* rief ich mir immer wieder in Erinnerung, als das Flugzeug zum Gate rollte, doch in diesem Moment konnte mir keiner dieser Punkte Sicherheit geben. Was machte ich eigentlich in dieser ungnädigen Stadt?

***

Rebekka lächelte höflich – schüchterner als auf Skype –, als sie mir die Tür zu ihrer Wohnung in Long Island City öffnete. Sie war etwa in meinem Alter, groß und schlank, mit kurzem, dunklem Haar, das sich zu einem Bob lockte, und haselnussbraunen Augen, die außen ein wenig nach unten zeigten. Ihre Schultern waren von zu viel Schreibtischarbeit gebeugt.

Ich zwang mich zu einem Lächeln, auch wenn ich nach dem schlaflosen Flug vollkommen am Ende war. Außerdem roch es überall nach Katzenklo und verdorbenem Fisch. Ich rollte meinen Koffer über den unebenen Holzboden und atmete nur oberflächlich, als ich ihr den Flur entlang folgte.

»Hier ist die Abstellkammer«, sagte Rebekka, als sie die erste Tür zur Rechten öffnete und ein Stück Bettgestell aus dem Weg schob. Auf dem Fensterbrett stand ein Katzenklo. »Ich lasse die Tür möglichst offen, falls die Katze hier reinmöchte.«

Dann zeigte sie mir die restliche Wohnung: In der Küche hing ein Paar Topfhandschuhe in Katzenform von Magneten an der Dunstabzugshaube, und in einer Metallschüssel neben dem Kühlschrank trockneten Katzenfutterreste vor sich hin. Katzenklo Nummer zwei stand unter dem Waschbecken im Badezimmer. Katzenklo Nummer drei befand sich im Wohnzimmer, gegenüber einem Ledersofa, dessen Armlehnen von tiefen Kratzern durchzogen waren, aus denen die Füllung quoll. »Sie hat Verdauungsprobleme«, erklärte Rebekka, »weshalb ich es ihr zu erleichtern versuche.« Ich nickte und hielt den Atem an.

Die Katze hatte keinen Namen. Sie kroch hinter dem Sofa hervor, mit hochgerecktem Schwanz und aggressiv aufgeplustertem, dunkelgrauem Fell, als Rebekka die Tür zu meinem Zimmer öffnete. »Hallo, Süße!« Rebekkas Stimme stieg einige Oktaven höher, und sie machte schmatzende Geräusche, als sie die Katze anlächelte. »Miez, Miez, Miez …« Die Katze durchstreifte den Raum mit der Aufmerksamkeit einer Jägerin und starrte mich böse an, während sie Rebekka ignorierte. Na super.

Mein langes, schmales Zimmer war etwas kleiner als der Hauptraum der Berliner Wohnung – also geradezu palastartig für New Yorker Verhältnisse. In einer Ecke lag eine gelbliche Doppelmatratze, in einer anderen stand ein Beistelltisch. Ich ließ den Koffer an der Tür stehen, ging zu dem vorhanglosen Fenster und sah hinaus: Ich blickte auf Dena's Coffeeshop an der 29th Street sowie den Verkehr am Fuß der Queensboro Bridge. Außerdem sah ich die Subway-Gleise in Richtung Queensboro Plaza. Selbst bei geschlossenem Fenster war der Lärm – kreischende Züge der Linien N und 7, ungeduldiges Hupen, Pressluftbohrer und Motorsägen von der Baustelle bei der Subway-Station – überwältigend. Über viertausend Meilen und eine ganze Welt entfernt war ich vom leisen Rattern der Berliner S-Bahn, der Fahrräder, die über Kopfsteinpflaster holperten, und dem Drum'-n'-Bass meines Nachbarn von oben. Die Katze rieb sich mit gewölbtem Rücken und immer noch erhobenem Schwanz an meinem Koffer.

Ich warf Rebekka ein Lächeln zu. *Sechs Monate,* dachte ich. *Sechs Monate kann ich überall leben.* Am liebsten hätte ich all meine Sinne eingefroren.

In dieser Nacht träumte ich vom Taxifahren. Mein Fahrgast war ein gesichtsloser Mann mit einem Panamahut, der mir jedes Mal, wenn wir ein Ziel erreicht hatten, eine neue Adresse vorgab.

Am nächsten Morgen wachte ich von der Sonne auf, die durch das vorhanglose Fenster hereinschien. Ich nahm die Ohrstöpsel heraus – die Baustelle war noch nicht zum Leben erwacht, das Hupen jedoch schon. Ich ging zum Fenster und sah nach draußen. Yellow Cabs standen am Eingang zur Queensboro Bridge und und warteten darauf, dass die Ampel umschaltete. Als es grün wurde, rasten sie los wie nervöse Rennpferde. Ich beobachtete, wie sie sich gegenseitig zu überholen versuchten, als sie auf die Brücke Richtung Westen, nach Manhattan bretterten. *Ich muss da auch wieder raus.*

Aber noch nicht heute. Ich klappte meinen Laptop auf und rief E-Mails ab. Neun Nachrichten von der argentinischen Satellitenfirma. Eine von Mom und Dad. Eine von Isabel. Und eine von Rumen.

Meine Knie wurden weich, als ich seinen Namen las. Den größten Teil der Reise durch sechs Zeitzonen hatte ich gehofft, von ihm zu hören. Jetzt konnte ich es kaum glauben, so, wie wir auseinandergegangen waren.

Ich zuckte zusammen, als ein Zug kreischend die Kurve nahm. Früher hatte ich mich immer gefragt, wer wohl in den Wohnungen lebte, in deren Fenster ich von der Bahn aus sehen konnte.

Ich stellte den Laptop auf einen Sonnenfleck auf dem Holzboden und kniete mich davor, um seine Nachricht zu lesen:

Hi Layne!

Ich hoffe, du hattest einen guten Flug.

Ich muss mich entschuldigen für das, was ich gesagt habe.

Ich habe viel darüber nachgedacht, seit du abgereist bist.

Aber du weißt, dass ich aus Ostdeutschland komme, und hier sind wir sehr direkt!

Entschuldige – ich mache Witze, aber ich meine es gleichzeitig sehr ernst.

Es war mir jedenfalls eine Freude, dir alles über Berlin zu erzählen.

Ich habe gemerkt, dass dich die Stadt wirklich interessiert.

Deshalb hoffe ich, dass du zurückkommst und wir uns wiedersehen.
Grüße aus Berlin/Friedrichshain!
Viel Glück in deinem Taxi! Viel Glück in NYC!
Rum

Alles ist in der Schwebe, dachte ich und beugte mich näher zum Bildschirm, während ich seine Nachricht noch einmal las. Aber noch ist nicht alles verloren.

34

Erst nach einigen Tagen brachte ich den Mut auf für einen Testspaziergang von der Wohnung zur Team-Taxigarage. Ich stand an dem Maschendrahtzaun und beobachtete, wie die Tagfahrer nach ihrer Schicht einer nach dem anderen zurückkehrten. Dann versuchte ich, mich über den neuen, kurzen Weg zu freuen.

»Ho-ZAAAAY!«, bellte der Zuteiler ins Mikrofon. Seine Stimme klang unbekannt. »A-BOOOOO!«

»Bist du schon deine erste Schicht gefahren?«, hatte Rumen gefragt. Wir schrieben uns jeden Tag, als Freunde, als Kollegen, nachdem wir uns beide für den missglückten Abschied in Berlin entschuldigt hatten. »Noch nicht«, antwortete ich ihm. Jedes Mal, wenn ich meinen *New York City 5-Borough Street Atlas* zur Hand nahm und mich selbst die Straßen durch den Central Park abfragte und alternative Routen während der Rushhour zu den Flughäfen JFK und La Guardia recherchierte, hatte ich das Gefühl, jeglichen Orientierungssinn verloren zu haben.

»HOW-ard!« Die Rufe des Zuteilers hallten wie Donnerschläge über den Parkplatz. »A-ZEEEZ!« Mein Magen verkrampfte sich vor Mitgefühl mit den Fahrern.

Ich schlang die Finger durch die Maschen im Zaun und blickte hinüber zu den Wagenreihen auf dem Parkplatz. Wie gelbe Boote, die in einem schmutzigen Hafen lagen, sahen die Taxis aus. Ich dachte an das Segelboot, das ich auf dem Gelände von Pablo Nerudas Haus auf der Isla Negra gesehen hatte, an der chilenischen Küste, bei einer meiner Grenzreisen, um mein argentinisches Touristenvisum zu erneuern. Zwischen Nerudas Wohnhaus, das in Schiffsform erbaut war – mit Bullaugen als Fenster –, und dem Cottage, in dem er seine Gedichte schrieb, hatte ein Ein-Mann-Segelboot auf einem Haufen Steine gelegen, leicht zur Seite geneigt, als hätte es gerade eine starke Windböe getroffen. »Neruda ging gern an Bord« – ich hatte zugehört, als eine junge Lehrerin ihren Schülern das erzählte – »und stellte sich vor, er wäre ein tapferer Kapitän. Aber er hatte panische Angst vor dem Meer. Er schrieb so viel darüber, hätte jedoch nicht einmal einen Zeh ins Wasser gesteckt.«

Meine Hände lagen schweißnass auf dem Lenkrad, als ich am nächsten Morgen vom Team-Parkplatz fuhr. *Es ist nicht das Ziel, alles zu wissen.* Ich erinnerte mich an Rumens Worte, als ich auf den Northern Boulevard einbog und auf neue Schlaglöcher achtete. *Das Ziel ist, mit dem Stadtplan alles zu finden.*

Vielleicht. Nichtsdestotrotz ließ ich mich beim Überfahren der Queensboro Bridge hinter die anderen Taxis zurückfallen und unterdrückte das Verlangen, auf direktem Weg zur Garage zurückzufahren, trotz der *Superman*-Melodie, die gerade aus der Anlage ertönte.

Mein erster Fahrgast war ein Priester, der mich an der 34th Street anhielt. Er lachte, als er die Musik hörte. »Wissen Sie, wie Sie nach Williamsburg kommen?«, fragte er. Er war massig, sprach mit leichtem Brooklyn-Akzent, und unter seinem Kragen war ein verblasstes Pfeil-und-Bogen-Tattoo zu erkennen.

»So einigermaßen.« Ich drehte die Musik leiser.

Bis zur Williamsburg Bridge schaffte ich es allein, ab da lotste mich Father Ron, wie er sich vorgestellt hatte.

»Taxifahren«, sagte er, als er mich durch das chassidische

Viertel dirigierte, wo Männer mit Pelzhüten und langen Mänteln mit gefalteten Händen und hocherhobenen Köpfen herumflanierten, »ist für beide Seiten ein Akt des Glaubens.«

»Das stimmt.« Ich lächelte.

»Wie lange fahren Sie schon?«

»Nicht so lange.« Bei der Frage musste ich an die *milonga* denken, wo die Männer mich nach einem oder zwei Liedern gern fragten, wie lange ich schon Tango tanzte. »Über den Sommer war ich in Berlin«, erzählte ich, »weshalb ich viel vergessen habe.«

»Berlin in Deutschland? Da war ich noch nie.« Er kratzte sich an einer seiner Salz-und-Pfeffer-Koteletten. »Aber ich muss Ihnen sagen, ich bin ein alter Mann und habe kein so schönes Bild davon.«

»Da sind Sie nicht der Erste, der mir das sagt ...«

»An der Union müssen Sie rechts abbiegen«, unterbrach er mich.

Ich nickte ihm im Rückspiegel zu. »Selbst meine Eltern waren dieser Meinung. Sie dachten sofort an die Mauer.«

»Und Hitler«, meinte er.

»Und Hitler.«

»Aber die Stadt ist sicher mehr als das.«

»Oh«, sagte ich, während ich abbremste, um abzubiegen, »auf jeden Fall.«

Nachdem ich Father Ron abgesetzt hatte, fuhr ich zurück nach Manhattan und musste an göttliche Intervention denken und wie unmöglich es war, schnell für ein Dim Sum bei Ping's vorbeizuschauen. Nach einer halben Stunde steckte ich hinter einem Müllaster auf der West 88th Street fest und bemühte mich, nicht im Rückspiegel nach meinem Fahrgast zu sehen, einem sommersprossigen Mann in enger Sportkleidung, den ich zwei Blocks zuvor aufgesammelt hatte und der jetzt ziemlich theatralisch auf seinem Sitz herumrutschte und stöhnte, während wir darauf warteten, dass die Müllmänner ihre Arbeit erledigten.

»Können Sie nicht vorbeifahren?«, fragte er und steckte den Kopf durch die Öffnung in der Trennscheibe.

Das hatte ich mich auch schon gefragt. Doch zwischen dem Laster und den rechts von uns parkenden Autos waren gerade mal knapp zwei Meter, und ich brauchte mindestens einen halben Meter mehr, um die Seitenspiegel nicht abzufahren. Auf dem Gehsteig fahren ging auch nicht – alle zehn Meter oder so versperrten Bäume in schmiedeeisernen Schutzgittern den Weg. Zum Umdrehen war es ebenfalls zu spät: Hinter uns hatte sich bereits eine Schlange gebildet, auch wenn noch niemand hupte.

»Das geht nicht.«

»Scheiße.«

Nicht jeder liebt seinen Taxifahrer, dachte ich, als der Mann auch noch mit der Faust auf den Sitz schlug. Die Szene war mir nur allzu vertraut, doch meine Reaktion darauf war neu – ich fühlte mich nicht verantwortlich für unsere missliche Lage. Was konnten wir schon tun, als auf die Müllmänner mit ihren Sonnenbrillen zu warten, während sie Müllsäcke in einer Geschwindigkeit in den Schlund des Lasters warfen, als ob ihr Vorrat unendlich wäre? Sicher lachten sie über mich und die immer länger werdende Autoschlange hinter mir, als ob sie ihre Macht, den Verkehr einfach anzuhalten, genössen.

Was den Mann auf dem Rücksitz nur noch wütender machte. Er streckte die Hand durch die Scheibenöffnung und wedelte mit einem Fünfdollarschein.

»Schalten Sie das Taxameter ab! Ich steige aus!«

Ich sah ihn an, seine verengten Augen, die geweiteten Nasenlöcher. Die Falten auf seiner Stirn und um seinen Mund wurden weiß, als sich die Haut darum von Rosa zu Tiefrot verfärbte. »Ich will Ihr Geld nicht«, sagte ich und winkte ab.

Als ich nach der Schicht in die Wohnung zurückkam, traf mich der Geruch der drei Katzenklos auch dieses Mal wie ein Schlag. Ich hatte mir angewöhnt, durch den Flur zu eilen, nur durch den Mund zu atmen, Rebekka kurz zuzuwinken, wenn sie da war (was zum Glück selten der Fall war), und in mein Zimmer zu stürzen. Dort warf ich die Handtasche ab und überprüfte meine E-Mails. Normalerweise wartete eine Nachricht von Rumen auf mich, oft schrieb er über Essenserlebnisse: »Habe gerade deine Köfte am Kottbusser Damm probiert. Du hattest recht! Sie sind wirklich gut! In den letzten Tagen habe ich auch Fotos von drei vietnamesischen Restaurants gemacht. Leider hatte ich keine Zeit, auch nur eines zu testen. Ich habe immer Kunden, was ja wiederum gut ist …«

Ich antwortete immer sofort. Wir warben nicht umeinander, es gab also keine Spielchen, keine Regeln, keine langen, schüchternen Pausen zwischen den Nachrichten. Es gefiel mir, ihm antworten zu können, wenn mir danach war, ihn mit verführerischen Beschreibungen meines Essens zu necken und ihm Bilder vom Taxi zu schicken. Und es gefiel mir, mir zu sagen, dass ich einen Freund in Berlin hatte, dass ich dorthin zurückkehren würde und dass ihm zu schreiben eine Flucht vor dem Gestank der Wohnung und dem ohrenbetäubenden Lärm vor meinem Fenster war, der mal lauter, mal leiser wurde, jedoch nie verstummte.

Im Laufe der Wochen wurde ich immer abhängiger von unserer täglichen Kommunikation, wurde süchtig nach ihrer Regelmäßigkeit wie nach ihrer Intensität. Und schon bald schien es, als der Austausch sich vom Essen und Taxifahren auf Städte und Bücher und deutsche Philosophen verlagerte, als pflegten Rumen und ich eine moderne Version eines Briefwechsels aus dem 19. Jahrhundert: »Ich möchte auf eine Sache bei Nietzsche hinweisen«, schrieb er. »Deine erste Deutschstunde, wenn du so willst: ›Du musst nicht nur mit dem Munde, sondern auch mit dem Kopfe essen, damit dich nicht die Naschhaftigkeit des Mundes zugrunde richtet.‹«

Er schickte Bilder von seinem aktuellen Lesestoff – *Bai Ganyo* von seinem bulgarischen Lieblingsschriftsteller Aleko Konstantinow, und *Berlin. Schicksal einer Weltstadt* von Walther Kiaulehn –, der an einem Glas Milchkaffee lehnte. Er erklärte seine Verehrung für Bob Dylan: »Er macht immer das, was keiner von ihm erwartet. Deshalb respektiere ich ihn!« Er ließ sich über Lebenskunst und Lebenskünstler aus: »Ich finde es problematisch, dass viele Leute das Konzept eines Lebenskünstlers nicht verstehen. Wenn man versucht, seinen eigenen Weg zu finden, der ein wenig vom Mainstream abweicht, muss man immer erklären, warum man anders ist, und das verunsichert diese Menschen manchmal …«

In Berlin hatte ich einen Einblick in seine Persönlichkeit und einen mehr als flüchtigen Eindruck von seiner Leidenschaft bekommen – ich hätte nie gedacht, einmal einen von Natur aus so leidenschaftlichen Menschen kennenzulernen. Doch jetzt, auch wenn er nicht in seiner Muttersprache schrieb, hatte ich das Gefühl, mich mit einer verwandten Seele zu unterhalten.

Und ist das nicht, dachte ich, wenn ich meinen Laptop zuklappte, *der Beginn einer wunderbaren Freundschaft?*

»Da schau an!«, sagte ich, als Isabel aus ihrem Bürogebäude an der West 39th Street trat. Sie war wie immer elegant gekleidet, trug einen burgunderfarbenen, in der Taille zugeknoteten kurzen Wollmantel und kniehohe Stiefel in der Farbe von dunkler Schokolade. Ich umarmte sie, wie ich es bei der *milonga* gelernt hatte, drückte mein Herz an ihres. »Wie geht es dir?«

Sie erwiderte die Umarmung wie eine echte *milonguera.* »Gut«, antwortete sie. »Und was ist mit dir, meine Liebe? Wie ist es, wieder zurück zu sein?«

»Komisch.«

»Das möchte ich wetten.«

Untergehakt gingen wir Richtung Times Square und ließen uns erst los, als wir unter einer Absperrung an der Seventh Avenue durchtauchten und stehen blieben, um einem Mann in der Nähe des Eingangs zur Linie 7 zuzuhören, der eine langsame Version von »My Favorite Things« auf der Trompete spielte.

»Ich glaube«, sagte ich, als wir in unseren Handtaschen nach Kleingeld suchten, »so langsam verstehe ich, was ich für New York empfinde.«

»Ach ja?«

»Mmmhmm.«

Wir gingen die Treppe hinunter zur Subway. Der Wind aus dem Tunnel brachte ihr kurzes, rotbraunes Haar in Unordnung. Sie strich es glatt, so dass es wieder ihr herzförmiges Gesicht umrahmte.

Nicht nur Isabels Eleganz überraschte mich jedes Mal, wenn wir uns sahen. Sondern vor allem ihre Freude. Ihr Freund mochte in einer Existenzkrise stecken, ihr Job als Projektmanagerin langweilig sein, ihre Greencard in einem bürokratischen Labyrinth festhängen, ganz gleich, was sie umtrieb, ich spürte bei ihr immer die (seltene) Zufriedenheit eines Menschen, der genau dort ist, wo er sein will.

Im Zug nach Queens verrenkten wir uns, als die Linie 7 in

Long Island City ans Tageslicht fuhr, den Hals bei dem Versuch, einen Blick durchs Fenster auf die Skyline von Manhattan zu erhaschen.

»Wo steigen wir aus?«, fragte Isabel.

»Eighty-second Street.«

Wir waren auf dem Weg zu einem kolumbianischen Restaurant, das mir zwei Fahrer empfohlen hatten, die ich im Team-Gemeinschaftsraum kennengelernt hatte.

»Du hast noch nie *bandeja paisa* gegessen?«, fragte Hernán, der in Barranquilla geboren war.

»Das ist unser Nationalgericht«, erklärte José, der aus Bogotá kam, »aus dem Nordwesten Kolumbiens. Dort nennt man es *paisas.*«

In New York aßen Hernán und José *bandeja paisa* gern im Pollos a la Brasa Mario. Das Restaurant, gekrönt mit einem rotgelben Schild (ESPECIA LIDAD EN MARISCOS * ASADOS * COMIDA TIPICA, KOSTENLOSE LIEFERUNG), leuchtete uns unter zweireihigen Scheinwerfern an der Ecke 37th Avenue und 83rd Street in Jackson Heights entgegen. Isabel und ich betrachteten die Bilderspeisekarte am Fenster, bevor wir hineingingen: *Bandeja paisa* war das erste Gericht auf der Liste.

Wir entschieden uns für einen Tisch in der Mitte des Raums, unter einem künstlichen Ficus, den jemand in einen hohen Behälter aus Pappmaché gestopft und ihn so in eine Palme verwandelt hatte. Mein roter Formica-Stuhl ließ sich nicht bewegen, als ich ihn näher an den gelben Formica-Tisch heranziehen wollte – beide waren am Boden festgelötet. Als wir *bandeja paisa* bestellten, mit *mazamorra* (Maiseintopf) als Vorspeise, wirkte unser Kellner, ein winziger Mann in einer weinroten Schürze, überrascht.

»Also, meine Liebe«, sagte Isabel, als der Kellner den Eintopf auf den Tisch gestellt hatte, zusammen mit einem Teller Limettenscheiben und einer Schale grüner Salsa, »wie ist es, wieder Taxi zu fahren?«

»Hmm …« Nachdem ich etwas Salsa hineingerührt hatte, presste ich noch ein wenig Limettensaft auf das *mazamorra*, das aussah wie eine Schüssel Milch mit ein paar Klecksen Maisbrei. »Nun …«

»*Ay, no!*«, rief der Kellner und eilte an unseren Tisch, bevor wir von unserem Essen probieren konnten. Isabel und ich sahen zu ihm auf, unsere Löffel in der Luft eingefroren.

»Das ist für Ihr *bandeja*«, sagte er und schob Limetten und Salsa außer Reichweite. »Das hier …«, er deutete unter die Schüssel mit dem *mazamorra* auf ein paar ungleich große Brocken braunen Zuckers, die teelöffelförmigen Asteroiden ähnelten, »… ist *panela*«, erklärte er. »Das essen wir zu *mazamorra*. Und normalerweise«, fügte er lächelnd hinzu, »essen wir es zum Frühstück.«

»Oh!« Ich errötete.

»*No te preocupes*«, sagte der Kellner. Keine Sorge. Rasch räumte er den verunreinigten Maiseintopf weg und brachte uns eine neue Schüssel.

»*Muchas gracias.*«

Isabel kicherte, als sie ein Stück *panela* in das *mazamorra* rührte. »Erinnerst du dich, wie sehr mich das Taxifahren ausgelaugt hat? Vor Berlin?«, fragte ich.

»Ich erinnere mich an Mr. 16:29«, erwiderte sie, immer noch rührend. Das *panela* schmolz in zimtfarbenen Wirbeln in dem milchigen Maisbrei.

Ich entsann mich des hypernervösen Geschäftsmanns, den ich in allerletzter Minute am Flughafen JFK abgesetzt hatte. »Armer Mr. 16:29.« Ich probierte das *mazamorra*. Es war eher geschmacksneutral, aber beruhigend und kleidete meinen Magen wie eine Decke aus. »Aber weißt du was?« Ich ließ meinen Löffel am Schüsselrand ruhen. »Wenn er jetzt bei mir einstiege, wäre es wahrscheinlich anders.« Ich erzählte Isabel von dem Mann in Sportkleidung, wie wenig mich sein Wutanfall wegen des Mülllasters vor uns berührt hatte. »Ich denke, es liegt an Berlin«, sagte ich. »Die Taxifahrer dort, jedenfalls die, die ich kennengelernt habe, gehen vollkommen anders an die Sache heran – oder zumindest wirkt es so. Als wäre es eine Gelegenheit.« Ich sah zu der künstlichen Ficuspalme auf. »Oder sogar eine Kunstform.«

»Redest du von dem Sorbas-Typen?«

»Ja.« Ich lächelte. Isabel hatte in meinem Blog über Rumen gelesen. »Wir schreiben uns, seit ich wieder in New York bin.«

»Wirklich?«

Der Kellner brachte nun unser *bandeja paisa.* Wir lehnten uns mit offenem Mund zurück, als er eine übergroße Platte auf dem Tisch abstellte. Dieser Überfluss war schon geradezu obszön: gebratene Kochbananen, *carne asada*, eine halbe Avocado, ein *arepa* (Maiskuchen), ein Stück *chicharrón* (gebratener Schweinebauch), Reis, Bohnen und ein Spiegelei.

»*¡Buen provecho!*«, sagte der Kellner, bevor er wieder zurück in die Küche eilte.

»O mein Gott«, meinte Isabel und musterte das *bandeja* mit einer Mischung aus Freude und Angst.

»Vielleicht muss man erst den ganzen Tag in den Bergen arbeiten, bevor man das hier essen darf«, sagte ich und löffelte grüne Salsa auf unsere Teller.

Isabel lachte und träufelte Limettensaft über das Essen. »Ihr haltet also Kontakt?«

Ich nickte, während ich ein Stück vom *carne asada* abschnitt, das dünn geklopft war und ein wenig zäh, aber immer noch saftig und mit viel Pfeffer bestreut. Ich erzählte ihr, was nach der »Tote Oma«-Tour passiert war, einschließlich unseres traurigen Abschieds. »Jetzt sind wir Freunde«, erklärte ich, während ich ein paar Bohnen mit der Gabel zerdrückte. Doch unsere E-Mails wurden immer vertrauter, immer zweideutiger. Auf Rumens Vorschlag hin lasen wir gerade dasselbe Buch, Erich Fromms *Haben oder Sein*. In der letzten Woche hatten wir uns unsere Lieblingsstellen hin- und hergeschickt. (Ich: »Was man gibt, verliert man nicht, sondern im Gegenteil, man verliert, was man festhält.« Er: »Wissen bedeutet nicht, im Besitz von Wahrheit zu sein, sondern durch die Oberfläche zu dringen und kritisch und tätig nach immer größerer Annäherung an die Wahrheit zu streben.«) »Weißt du, was mir am besten gefällt?«, schrieb er in einer seiner letzten Nachrichten. »Wir verstehen einander sehr gut.«

Hier ging es um Fromm, aber natürlich war es mehr als das, auch wenn der Sozialpsychologe eine Art Höhepunkt darstellte. Immer schwerer fiel es mir jedoch, die Sehnsucht hinter meinen Zeilen zu verstecken: nach Rumen, nach Berlin. Es war auch unmöglich, nicht unruhig zu werden, wenn er mehr als einen halben Tag für eine Antwort brauchte. Aber ich sagte mir, dass es sinnlos war, auf eine Auflösung des Ungelösten zu drängen. Ich suchte hier in New York noch nach etwas: Ich musste weiter Taxi fahren, länger hierbleiben, auch wenn Rebekkas Katze mittlerweile ihr Geschäft vor meiner Tür erledigte, auch wenn jeder Post wie die Einleitung zu einem weiteren Abschied, zu einem weiteren Umzug erschien.

Isabel und ich hatten uns durch das halbe *bandeja paisa* gearbeitet, bis wir kapitulierten und den Kellner baten, ob er uns den Rest Schweinebauch einpacken könnte.

»Etwas muss ich dir noch erzählen«, sagte ich, als wir nebeneinander die 83rd Street entlanggingen, die Schultern gegen den scharfen Oktoberwind hochgezogen. »Ich habe dir ja gesagt, dass Rumen mich eigentlich zum Flughafen fahren wollte, wir aber dann gestritten haben und ich mit einem anderen Taxi gefahren bin.«

»Das hast du.«

»Weißt du, was der Fahrer dieses Taxis zu mir gesagt hat?«

»Was denn?« Sie schob ihr Kinn in ihren Mantelkragen.

»Berlin hat noch zehn Jahre, bevor es ein großes, gentrifiziertes SoHo wird. Aber weißt du was? Es ist mir egal! Wenn Berlin noch zehn Jahre hat, dann will ich sie dort verbringen.« Die Stadt wurde vielleicht immer normaler, Rumens goldene Neunziger waren vorbei, aber selbst aus der Entfernung war es für mich weiterhin Elektropolis.

»Das klingt wie Liebe«, sagte Isabel.

Ich berührte sie an der Schulter. »Ich weiß, dass du weißt, was ich meine, New Yorkerin.«

Wir saßen schweigend in der Bahn. Ich warf einen Blick zu Isabel, die an der Innenseite ihrer Wange kaute. Warum wollte ich nicht in New York leben, wo ich, im Gegensatz zu meiner Freundin, kommen und gehen konnte, wie ich wollte? Vielleicht, überlegte ich nun, als der Zug weiter nach Westen fuhr, wurden wir beide von Orten angezogen, wo wir unsere Wandergelübde ständig erneuern mussten, wo wir uns immer wieder fragen mussten, Tag für Tag, Jahr für Jahr, ob wir wirklich an dem Ort waren, an dem wir sein wollten. Ich umarmte Isabel lange, bevor sie in die Linie R umstieg. »Nimm du den Schweinebauch«, sagte ich.

»Sicher?«

»Du kannst Eintopf daraus machen.« Ich drückte ihr die Plastiktüte in die Hand, und sie schlüpfte im letzten Moment aus der Tür, bevor die Tonbandstimme sagte: »Bitte zurückbleiben, Türen schließen.« Sie wartete auf dem Bahnsteig, den Schweinebauch fest an sich gedrückt. Ich winkte ihr durch das verkratzte Fenster zu, während der Zug anfuhr. *Du bist meine Schwester,* las ich in ihrem traurigen Lächeln, *und ich weiß, dass du gehen musst.*

Auf dem Weg zurück in die Garage stand ich nach meiner nächsten Schicht im Stau auf der Queensboro Bridge, trommelte mit den Fingern gegen das Lenkrad und drehte Celia Cruz lauter, während ich angesichts der vielen Bremslichter vor mir aufseufzte.

Es war eine gute Schicht, abgesehen von den üblichen Abstechern auf die Toilette: zwei problemlose Fahrten zum Flughafen JFK, hundertdreiundneunzig gefahrene Meilen, Lamm auf Reis mit grüner Chilisoße am Kwik-Meal-Wagen auf der West 45th Street (wo Taxifahrer immer bevorzugt bedient wurden), fünfundneunzig Dollar in der Tasche und vierundzwanzig Fahrten, von denen eine ein kleines Mädchen war, das mit seinen zwei Dads einstieg und mir erzählte, sie alle seien auf dem Weg zur ihrer neunundneunzigjährigen Großmutter in Connecticut. Alice war bis zu den Fingernägeln in Lila gekleidet, weltgewandt, wie es nur New Yorker Kinder sind, eine größere Kosmopolitin mit sieben als ich mit sechsunddreißig. »Mein Lieblingsessen«, sagte Alice, als wir die Sixth Avenue entlangfuhren, an den West 4th Street Courts vorbei, »sind die Suppenklöße im Grand Szechuan.« Beim Aussteigen warf sie mir einen Kuss zu. »Bitte gebt ihr ganz viel Geld«, sagte sie zu ihren Dads, bevor sie durch die Messingtüren des Grand Central Terminal hüpfte.

Jetzt war es vier Uhr nachmittags. Alice war wahrscheinlich schon in Connecticut, und auf der unteren Ebene der Queensboro Bridge Richtung Osten stand immer noch alles still. Ich stellte den Steuerknüppel auf »Parken« und versuchte, über das Taxi vor mir hinwegzusehen. Doch überall waren nur

Bremslichter. Ich kurbelte das Beifahrerfenster hinunter und schaute hinaus: Die Nachmittagssonne glitzerte auf den East River und beleuchtete Manhattan von hinten, das wie eine Legoland-Silhouette aussah. Ich dachte an Rumens letzte E-Mail: »Erinnerst du dich an das Cover der Bob-Dylan-CD mit dem alten New Yorker Taxi?! *Modern Times.* Ich höre oft Bob Dylan und denke an dich und NY. Ich sollte mir die Stadt einmal ansehen.«

Ja, das solltest du. Ich holte meine Kamera aus der Tasche und machte einige Aufnahmen von der Skyline und den Bäumen auf Roosevelt Island sowie einem leeren Containerschiff, das den East River entlangfuhr, bis der Verkehr sich endlich wieder in Bewegung setzte.

Sobald ich zurück in der Wohnung war, schrieb ich Rumen. »Hier sind ein paar Fotos von New York, New York.« Ich wusste, was ich als Nächstes tippen würde, ich hatte es mir im Taxi zurechtgelegt. Ich fuhr mit den Fingern über die Tastatur, wischte Staub und Krümel weg. Vielleicht war es zu viel, vielleicht war der Zeitpunkt nicht der richtige? Ich schrieb es dennoch und las es laut vor, während ich mich fragte, wie die Worte wohl für ihn klingen würden: »Wenn du je nach New York kommen solltest, dann kannst du gern bei mir wohnen!« Ich schickte die E-Mail los, bevor ich länger darüber nachdenken konnte.

35

Ich hoffe, du meinst das ernst!«, antwortete Rumen am Morgen, nachdem ich ihm das Foto der Skyline geschickt hatte. »Vielleicht mache ich das …«

Draußen fuhr kreischend die Bahn vorbei und verlangsamte dann die Fahrt vor der Station Queensboro Plaza. Nach einem kurzen Blick aus dem Fenster widmete ich mich wieder dem Computer und las mit weit aufgerissenen Augen Rumens Nachricht zu Ende: »Vielleicht mache ich das und komme nach New York …«

Ich sprang auf. Vielleicht? Aufgeregt ging ich im Zimmer umher. Vielleicht, ja? Ich hätte nicht gedacht, dass auch nur die leiseste Hoffnung, dass er kommen könnte, solche Gefühle in mir auslösen könnte.

Natürlich meine ich das ernst! Ich sah bereits vor mir, wie Rumen ein Sandwich mit Pfefferkornseewolf auf der Staten-Island-Fähre aß. Wie er belgisches Ale in der Dachbar auf dem La Quinta Motel in Koreatown trank. Wie er den ersten Bissen Süßkartoffel-Pie bei RCL Enterprises auf dem Rockaway Boulevard kostete. Wie er eine Harissa-Falafel von Taïm auf einer Bank auf der High Line verspeiste und auf die Tenth Avenue blickte. Wie er Bukharan Samsas von Tandoori Food & Bakery auf dem Beifahrersitz meines Taxis auswickelte …

Stell dir vor, du bist an einem Flughafen, triffst dort jemanden, den du liebst, nach einer langen, langen Reise … Die ungehemmte Umarmung war der schrecklichste Part meiner ersten Tangostunden gewesen und beinahe jedes Tangos, den ich danach getanzt hatte, selbst wenn er nur drei Minuten dauerte. Und jetzt? Ich konnte mich nur auf die Möglichkeit, dass Rumen nach New York kam, konzentrieren und nicht über alles Weitere nachdenken. *Und wenn er nicht kommt?* Es würde mich zerstören, in Grund und Boden stampfen. Doch ein Teil von mir, der etwas klügere, wusste, dass ich mich wieder aufrappeln würde.

***

»Glaubst du, er wird wirklich in einen Flieger steigen?«, fragte Isabel. Wir warteten an der Ecke 68th und Park an einer roten Ampel. Ich blätterte in meinem Notizbuch nach der Adresse der American Society, wo gleich María Kodama neue Übersetzungen der Essays ihres verstorbenen Mannes Jorge Luis Borges lesen würde.

»Ich kann es dir nicht sagen.«

Ich sah zu den Penthäusern hinauf, so weit außer Reichweite wie der Himmel, dann die Straße hinab, auf die vielen Taxis, die – zumeist leer – die Upper East Side nach Norden entlangfuhren.

»Weißt du, was er mir gesagt hat?«, fragte ich, als wir die Osthälfte der Park Avenue überquerten.

»Was denn?« Ein scharfer Novemberwind wehte durch die Straßen. Isabel zog ihren weinroten Schal enger um sich. Jedes Mal, wenn wir uns sahen, fühlte es sich fast wie das letzte Mal an.

»In Ostdeutschland hätten alle immer einen Traum gehabt, Paris sehen und sterben. Aber ihm ist Paris egal. Er sagt immer: ›New York sehen und sterben.‹ Sein Traum ist New York.«

»Das kann ich verstehen.«

»Ich weiß, dass du das kannst.«

Sie lachte. »Und wenn er tatsächlich kommt? Seid ihr nur Freunde? Oder …?«

Ich dachte an Rumens letzte E-Mail: »Ich denke über den besten Zeitpunkt einer New-York-Reise nach. Deshalb frage ich dich noch einmal ganz ernsthaft: Kann ich bei dir übernachten? Ich zahle auch! Ich dachte an eine Woche. Was meinst du?«

Bezahlen? Mir wurde das Herz schwer. »Natürlich kannst du bei mir wohnen!«, hatte ich mit gerunzelter Stirn geantwortet. »Wir haben ein Sofa. Aber nein, du musst mir doch nichts bezahlen!! Ich nehme dein Geld nicht …«

»Ich versuche, es ganz neutral zu sehen«, sagte ich jetzt zu Isabel. »Es wäre großartig, wenn er käme. Egal, was wir sind.«

Isabel und ich lehnten uns vor und lauschten andächtig María Kodama, die aus Borges Essay *The Full Extent of My Hope* las. »Und damit das klar ist«, sagte sie, während sie Borges' Worte mit leiser, aber eindringlicher Stimme vortrug, als ob sie erleichtert wäre, ein lang gehütetes Geheimnis zu teilen, »die Zukunft hat nie den Mut, vollkommen die Gegenwart zu sein, ohne zuerst Dinge auszuprobieren, und dieses Ausprobieren bedeutet Hoffnung.«

Ich sah zu Isabel, die meine Hand drückte.

Nach unzähligen E-Mails und Wochen, in denen wir über einen möglichen Termin für seinen Besuch sprachen, der nicht auf die wichtigsten Wochenenden für Berliner Taxifahrer fiel (»Zuerst muss ich das mit den Terminen für die Berlinale und die Internationale Tourismus-Börse und die Messe Fruit Logistica abklären …«), schickte mir Rumen einen Flugplan – seinen Flugplan:

ICH KOMME NACH NY, NY!

Hier sind die genauen Angaben:

HINFLUG Dienstag 11. Januar TXL ab 11:50 am JFK an 2:59 pm Delta 079 Nonstop

RÜCKFLUG Dienstag 18. Januar JFK ab 7:25 pm Delta 078 Nonstop

Ich bringe meinen nagelneuen Schlafsack mit. Er freut sich schon, etwas von der Welt zu sehen!

PS – Kennst du einen Ort, wo wir etwas »Dylan-Feeling« finden könnten? ;-)

Hinflug! Rückflug! Ja, ja, ja! Rumen, wie er gebratene Okras im Rockaway West Indian Roti Shop aß, wie er die bosnische Wurst im Cevabdzinica Sarajevo lobte, wie er Augenbohnencurry im Punjabi Grocery & Deli um drei Uhr morgens verspeiste …

Strahlend rannte ich ins Wohnzimmer. Rebekka sah hektisch blinzelnd von einem auseinandergefalteten Blatt Papier auf. Die Katze hüpfte von der Couch und spazierte in den Flur.

»Was ist los?«, fragte sie. Ihre Schultern hingen noch mehr als sonst, als ob jemand auf ihnen kniete.

Ich hatte Rebekka vor Wochen ein bisschen über Rumen erzählt, als sein Besuch noch nicht sicher war. »Oh, klar«, sagte sie, nachdem ich seinen Traum von »New York sehen und sterben« beschrieben hatte. »Natürlich kann er hier wohnen, wenn er kommt.« Sie hatte ihn Mr. Nietzsche getauft.

»Äh …«, ich räusperte mich, »du erinnerst dich doch an Mr. Nietzsche?«

Rebekka nahm eine bernsteinfarbene Glasampulle vom Schoß, die wahrscheinlich die neueste Medizin für die Katze enthielt, und sah den Flur entlang. »Hm?«

»Mr. Nietzsche … mein Freund, der Taxifahrer, aus Berlin?«

»Mr. Nietzsche …?«

»Er möchte mich im Januar besuchen …«

»Mr. Nietzsche.« Sie faltete den Beipackzettel zusammen und steckte ihn wieder in die Medikamentenschachtel. »Januar? Okay, kein Problem.«

»Ich kann das Sofa in mein Zimmer stellen, wenn du willst.«

»Das musst du nicht.« Sie stand auf, ging in den Flur und lockte die Katze, das Medikament hinter dem Rücken versteckt: »Miez, Miez, Miez …«

Rumen und ich schrieben uns weiterhin jeden Tag, manchmal auch zwei- oder dreimal, seit sein Besuch feststand. »Ich muss dich darauf vorbereiten, wo ich wohne, will dich aber nicht abschrecken«, schrieb ich. »Mach dir um mich keine Sorgen!«, antwortete er. »Ich mag Katzen – aber nicht in meinem Schlafsack.«

Ich dachte darüber nach, was ich Isabel gesagt hatte: *Es wäre wunderbar, wenn er käme. Egal, was wir sind.* Ja: Er war ein außergewöhnlicher Mensch – je mehr ich über ihn erfuhr, desto offensichtlicher wurde das. Aber wenn ich an die »Tote Oma« und den Milchkaffee dachte, wie wir am Taxistand an der Weserstraße im Auto »Love Sick« gehört und zu Peter Fox getanzt hatten, bis wir auf dem Schaffell landeten, und wenn ich an Nietzsche und Fromm und *Alexis Sorbas* (den ich immer noch lesen musste) dachte, wusste ich, dass ich mehr als eine wunderbare Freundschaft mit Rumen wollte. Gleichzeitig wurde ich trotz (oder wegen?) unserer vielen E-Mails immer verwirrter, je näher seine Anreise rückte. Wo waren unsere Grenzen, was war das oberste Limit? Was wohl geschah, wenn er hier war?

Ich hielt den Besuch sogar vor meinen Eltern geheim, die normalerweise ungefähr wussten, wie es um mein Liebesleben stand.

»Hast du in letzter Zeit nette Männer im Taxi kennengelernt?«, fragte Mom. Sie dachte, ich würde nur im Taxi jemand Neues treffen.

»Nein, in letzter Zeit nicht.«

»Ist wahrscheinlich auch schwer, ein bewegliches Ziel zu treffen«, sagte Dad.

Wüssten Mom und Dad, dass ein Taxifahrer aus Berlin eine Woche bei mir wohnen würde, egal ob Lebenskünstler oder nicht, würden sie vor Sorge kein Auge mehr zumachen (»Ist er ein Kommunist?«) oder sich irgendein romantisches Märchen zusammenspinnen, das noch unrealistischer als meine Träumereien war (»Vielleicht werden eure Kinder auch Taxifahrer!«, oder mir zumindest Fragen stellen, die ich nicht beantworten konnte (»Wo wird er schlafen?«).

»Samstag oder Sonntag, wenn du hier bist, muss ich arbeiten«, schrieb ich ihm eine Woche vor seiner Ankunft. »Aber du kannst mich ein paar Stunden begleiten – wenn du magst ...«

»Ganz ehrlich«, antwortete er, »ein Traum würde wahr werden! Mir fehlen die Worte ... ich versuche es trotzdem: Das wäre noch größer als großartig!!! (Ich wollte nicht ›überwältigend‹ sagen. Nach dem Mauerfall sagen die Menschen das viel zu oft ...) Aber was ist mit deiner Taxilizenz? Könntest du Probleme bekommen?«

»Keine Sorge!«, erklärte ich. »Ich habe einen Plan. Wir brauchen nur deine Zulassung ...« Eigentlich war es unzulässig, ihn oder irgendeine andere Person im Taxi mitzunehmen, wenn das Taxameter ausgeschaltet war, aber ich wollte Rumen in New York ermöglichen, was er für mich in Berlin getan hatte – vor allem, als ich erkannte, was es ihm bedeutete.

Wie werden wir uns begrüßen?, überlegte ich, während ich am Sonntag um acht Uhr morgens auf der Suche nach Fahrgästen war. Ich sah zu der gigantischen glitzernden Schneeflocke empor, die gefährlich über der 57th Street montiert war, und versuchte, mir jedes mögliche Szenario vorzustellen, wenn ich Rumen am Flughafen abholte: ein steifer Handschlag, eine freundschaftliche Umarmung, ein Kuss auf die Wange ... Und danach? Jeden Tag fügte ich unserem New-York-Plan einen neuen Punkt hinzu – nie würden wir in einer Woche schaffen, was er meiner Meinung nach in New York alles sehen und essen sollte. Chilikrabben im Szechuan Gourmet oder mandschurisches Chow mei im Tangra Masala? Burger im Shake Shack oder gebratenes Huhn bei Amy Ruth's? Chicken Jalfrezi im Curry in a Hurry oder Spinat- und Ricotta-Focaccia im Lorusso's? Die Tage verschwammen immer mehr, je mehr ich sie durchzuplanen versuchte.

Das Einzige, was ich mir klar vorstellen konnte, war die Taxischicht. Auch konnte ich mir Rumen auf dem Beifahrersitz vorstellen, wie wir die Queensboro Bridge überquerten, nach Manhattan hineinfuhren und »Balada Para Un Loco« hörten (»Ballade für einen Verrückten«), meinen Lieblingstango von Astor Piazzolla: »Lass uns fliegen, meine Liebe / steig auf meine Supersportillusion / lass uns am Rand balancieren / mit einer Schwalbe im Motor ...«

Der Ankunftsbereich von Delta Air Lines für internationale Flüge am Flughafen JFK war eine einzige Baustelle. Nirgends gab es Anzeigetafeln oder automatische Türen oder Menschen, die hinter Absperrbändern mit Schildern, Ballons oder Blumen warteten, wie ich es vom Flughafen in San Francisco kannte, wo ich als Kind immer so gern zugesehen hatte, wie die Leute aus Manila oder London oder Mexico City ankamen und von wie wahnsinnig schluchzenden Angehörigen umarmt wurden. Hier bestand der Boden aus unverputztem Beton, der feucht vom Schnee war, zwei Neonröhren waren an der abgehängten Decke montiert, die hinter dem geschwärzten Abdeckglas flackerten. Ein Mann in einem verknitterten Anzug saß auf seinem Aktenkoffer vor einer Stahltür, durch die wahrscheinlich die ankommenden Passagiere treten würden.

Mit zitternden Fingern hatte ich den ganzen Morgen über Rumens Flugstatus aktualisiert: »Ankunft pünktlich«, wurde mir jedes Mal angezeigt. Rumen hatte mir ein letztes Mal geschrieben, bevor er zum Flughafen fuhr:

Guten Morgen, Layne,
ich bin gerade aufgestanden!
Alles ist in Ordnung!
Ich bringe meine Taxizulassung nach New York, für alle Fälle!
Und ich werde meine warmen Sachen anziehen!
Ans Gepäck!

Sein Flugzeug sollte in dreißig Minuten landen. Draußen herrschten minus sechs Grad, doch die Heizung im Ankunftsbereich war auf tropische Temperaturen eingestellt worden. Ich schwitzte in meiner dicken Winterjacke.

»Warten Sie auf den Flug aus Berlin?«, fragte ich den Mann im verknitterten Anzug. Nirgendwo war ein Logo der Fluggesellschaft zu sehen.

»Ich hoffe es«, antwortete er seufzend mit Blick auf die Stahltür.

Ich öffnete meine Jacke und versuchte, tief durchzuatmen, doch die Luft wollte einfach nicht tief in meine Lunge hinein. Der Mann im Anzug holte sein Handy heraus und wählte eine Nummer. Ich ging nach draußen, zurück zum AirTrain, und überprüfte noch einmal, ob ich mich im richtigen Delta-Ankunftsbereich befand. Eisige Windböen zerstörten meine Frisur und den letzten Rest Glamour, den ich nach einer schlaflosen Nacht, einer endlosen Stunde in der Linie E und dem AirTrain noch aufwies. Bei jedem zu langen Halt hatte ich Höllenqualen gelitten.

Vom Flughafenzug ging ich zurück in den Ankunftsbereich – so nichtssagend, wie es hier aussah, musste ich richtig sein. Der Mann im Anzug murmelte etwas in sein Handy. Mittlerweile hatten sich einige Menschen, von denen manche Deutsch sprachen, vor der Stahltür eingefunden, die immer noch verschlossen war. Was würde passieren, wenn Rumen durch diese Tür trat? Ich schloss die Augen, wollte mir die Szene noch einmal vorstellen – eine Umarmung? Ein Handschlag? Ein Kuss auf die Wange …? Schnell öffnete ich sie wieder, als mir schwindelig wurde. Jemand entfernte die Verriegelung der Tür.

»O Gott«, flüsterte ich und schneuzte mich. Warum ist es hier nur so warm? Der erste Passagier, eine Frau in den Fünfzigern in einem grauen Rollkragenpullover, schob sich durch die Tür, die stöhnte und quietschte, als sie aufschwang. Sie steuerte so rasch auf den Ausgang zu, als würde sie verfolgt. Ich starrte auf ihren Koffer, als sie an mir vorbeihastete, und suchte nach der Flughafenkennung an ihrem Gepäckaufkleber: TXL. *Berlin Tegel! Rumen Wassillewski ist gelandet!*

Ich sah nun vor mir, wie er in der Schlange stand und darauf wartete, dass der Einwanderungsbeamte seinen Pass abstempelte: »Was ist der Grund Ihres Besuchs in den Vereinigten Staaten?« Wie würde er antworten? »New York sehen und sterben?«

Ich verlagerte das Gewicht von einem Fuß auf den anderen und zog meine Handtasche höher auf die Schulter. Wo war die Grenze zwischen Panik und Euphorie? Wann hatte ich das letzte Mal so viel Angst gehabt und war gleichzeitig so aufgeregt gewesen? Beim Tangotanzen? Beim Taxifahren? Als ich in Buenos Aires, New York und Berlin ankam, ohne eine Menschenseele zu kennen? Ja. Nein. Das hier war eine ganz andere Art Hölle – so furchteinflößend wie elektrisierend. Was würde geschehen, wenn er durch diese Tür trat? Alles war möglich. Alles. Ich schwitzte in meiner dicken Jacke und lachte. Im Nichtwissen lag auch eine Art Aufregung. Gespannt zu sein, bedeutet, am Leben zu sein. Das Nichtwissen zu akzeptieren, wie Keats es vertritt, und nicht verzweifelt nach dem Wissen zu streben.

Oh, da ist jemand für eine Wanderung durch Sibirien ausgerüstet, dachte ich, als ich einen Mann mit roten Augen in Wanderstiefeln und einem kaffeebraunen Parka mit pelzbesetzter Kapuze durch die Tür eilen sah. Erst nach ein paar Sekunden erkannte ich Rumen. Ich hielt den Atem an, verfolgte, wie er auf mich zustürzte, einen Metallkoffer hinter sich herziehend, der kaum mit ihm mithalten konnte und schließlich umkippte, bevor Rumen mich erreicht hatte. Er packte ihn am Griff, stellte den Koffer neben mich und zog mich in seine Parkaumarmung, küsste mich, vorsichtig zuerst, ob ich es auch wollte. Wir küssten uns, bis außer uns niemand mehr in der Ankunftshalle war.

Es war eine der kältesten Wochen in diesem Winter, so kalt, dass die Züge halbleer waren, so kalt, dass unsere Ohren brannten und unsere Finger selbst in den Handschuhen schmerzten, während der Wind durch die Straßenschluchten und unsere Strümpfe pfiff. Rumen nahm so gut wie nie seine alberne dunkelblaue Schneemütze mit den Ohrenklappen und den goldenen Streifen ab – aber ich sah ihn trotzdem gern an, wie er kalte Liangpi-Nudeln bei Xi'an Famous Foods in Chinatown aß, auf dem Weg nach Spanish Harlem durch den Schnee im

Central Park stapfte und Kuchenstücke bei Patsy's aß. Wie er Ochsenschwanz verspeiste im Walkers Wood und Erdnussbuttersandwiches mit Marmelade (»Ich will essen, was die Amerikaner essen!«) auf der Staten-Island-Fähre. Als ich in der Subway auf seinem Schoß saß und wir uns die Kopfhörer seines MP3-Players teilten und mit den Köpfen zu Mikis Theodorakis, Bob Dylan und Canned Heat nickten, seiner Lieblingsbluesrockband. Ich hatte noch nie so viel Spaß in New York.

Er übergab mir das Geschenk, das ich schon an meinem letzten Tag in Berlin hätte bekommen sollen: zehn CDs mit Musik, die er mir für das Taxi selbst zusammengestellt hatte, ein zertifiziertes Stück Berliner Mauer und die englischen Übersetzungen seiner fünf ewigen Lieblingsbücher: *Alexis Sorbas*, *Elementarteilchen*, *Narziß und Goldmund*, *Siddhartha* und *Also sprach Zarathustra*.

In der Nacht, in der wir über die Brooklyn Bridge gingen und abwechselnd aus einer Flasche Jameson-Whiskey tranken, sah Manhattan in der eisigen Luft aus wie ein Aufklappbuch. »Ich kann jetzt nach New York reisen«, sagte er und breitete die Arme zu den Wolkenkratzern aus. »Früher war das unmöglich.« Er umarmte mich überschwenglich. »Das ist schon großartig!«

Wir spazierten über die schneematschigen Straßen des Village, besuchten Orte, die eine Verbindung zu Bob Dylan hatten und die ich für Rumen recherchiert hatte: das Village Gate, wo Dylan »A Hard Rain's A-Gonna Fall« im Untergeschoss schrieb, Gerde's Folk City, wo er seinen ersten professionellen Auftritt gehabt hatte, das Fat Black Pussycat, wo er angeblich »Blowin' In The Wind« bei einer Tasse Kaffee schrieb, das Café Wha?, wo er am Tag seiner Ankunft in New York Woody-Guthrie-Songs spielte, und die Jones Street, wo er für das Cover von *The Free-*

wheelin' Bob Dylan posierte, Arm in Arm mit Suze Rotolo, seiner damaligen Freundin.

»Komm her!«, rief Rumen, der mitten auf der Jones Street stand und seine Kamera hervorzog.

»Soll ich ein Foto von Ihnen machen?«, fragte lächelnd eine weißhaarige Dame in einem lilafarbenen Kapuzenumhang, als sie an uns vorbeiging.

Sie machte drei Aufnahmen von Rumen und mir, wie wir uns im Schnee aneinanderklammerten.

»Ich sage es dir ganz ehrlich«, meinte er nach unserer Dylan-Tour, als wir im Café Grumpy an einem Tisch gegenüber der Espressomaschine saßen und spätmorgendlichen Cappuccino tranken. »Mir tut unser letzter Morgen in Berlin sehr leid. Ich habe mich dumm verhalten.«

»Mir tut es auch leid«, erwiderte ich und legte die Hände um die bauchige braune Tasse. »Aber ich war so traurig, weil ich abreisen musste …«

»Wann genau kommst du wieder nach Berlin?«

»April.« Im April endete mein informeller Mietvertrag mit Rebekka. Außerdem durfte ich ab April wieder mit einem Touristenvisum nach Deutschland einreisen.

»Und dann?« Er rührte in seinem Cappuccino. »Was planst du dann?«

»Auf unbestimmte Zeit zu bleiben.«

»Du liebst Berlin tatsächlich so sehr?«

»Ja.« Ich schluckte einen Löffel voll Schaum. »Aber vielleicht bin ich noch in der Honeymoon-Phase.«

Er griff nach meiner Hand. »Und wie wird sie enden, diese Honeymoon-Phase?«

Ich erzählte ihm, was der Taxifahrer mir auf der Fahrt nach Tegel gesagt hatte, dass Berlin noch zehn Jahre hätte.

»Vielleicht müssen wir gemeinsam dagegen ankämpfen«, sagte Rumen und nahm auch meine andere Hand. »Was meinst du?«

Ich lächelte. »Das wäre größer als großartig.«

Wir tranken unseren Cappuccino aus und gingen die Seventh Avenue Richtung Times Square. Rumen schüttelte beim Anblick des Verkehrs den Kopf und starrte wütend den sich gegenseitig schneidenden Taxis hinterher, die wie die Haie um Fahrgäste kämpften. »Die sind doch verrückt!«, rief er und blieb mitten auf dem Gehweg stehen. »In Berlin nimmt man einem anderen Fahrer keinen Fahrgast weg! Es ist ein ... wie sagt man? ... ungeschriebenes Gesetz!«

»In New York respektieren nicht einmal Taxifahrer andere Taxifahrer«, erwiderte ich. »Manchmal ist das jedenfalls so.«

»Aber sie fahren wie die Kannibalen!«

»Wenn man hier etwas verdienen will, muss man aggressiv sein.«

»Bist du das?«

»Nein.«

Er grinste. »Du bist also Vegetarierin.«

»Wie bitte?«

»Eine Vegetarierin unter den ganzen Kannibalen.«

»Vielleicht.« Ich lachte. »Oder eine Veganerin.«

»Eine was?«

»Nicht so wichtig.«

»Morgen sehen wir das ja.« Er schob mein Haar zur Seite und küsste mich auf die Wange. »Ich kann es kaum erwarten.«

Normalerweise war ich selbst nach zwei Tassen Kaffee nur halb bei Bewusstsein, wenn ich um vier Uhr morgens zur Garage kam, um ein Taxi abzuholen. Nicht jedoch am 16. Januar 2011.

Einen Tag vor dem einjährigen Jubiläum meiner ersten Taxischicht waren meine Augen jedoch weit offen, auch wenn Rumen und ich bis nach Mitternacht die New-York-Folge aus *Night on Earth* angesehen hatten: »Hey, Mann«, sagte Yoyo aus Brooklyn zu dem ostdeutschen Clown hinter dem Lenkrad, »du musst auf ›Fahren‹ schalten!« Wir lachten, bis unsere Bäuche schmerzten, auch wenn wir den Film schon öfter gesehen hatten, als wir zählen konnten. »Schalt verdammt noch mal auf ›Fahren‹!« Wir waren uns einig: Das war Poesie.

Der Wartebereich bei Team war leer, einzig zwei Fahrer saßen da, die ich nicht kannte und die sich auf den Fernseher konzentrierten, wo eine Wiederholung von *Die Nacht der Abenteuer* lief.

Ich setzte mich auf die Bank an der Ziegelwand und begann über alles nachzudenken, was in den nächsten zwölf Stunden schiefgehen konnte: Es waren minus fünf Grad, und laut Wetterbericht von WNYC könnte es schneien. Was, wenn ich einen Unfall hatte? Rumen war so ein guter Fahrer. Wie peinlich wäre das denn? Was, wenn ich mich verirrte? Wäre heute endlich der Tag, an dem ich eine Fahrt nach Staten Island bekam? Und was, wenn die Taxi & Limousine Commission uns erwischte? Könnten sie mir wirklich meine Lizenz entziehen – und würden sie es tun?

Elisabeth Shue hatte fast den »Babysitting Blues« zu Ende gesungen, als Mike meinen Namen aufrief. Zur Hölle mit den Risiken, dachte ich und eilte los. Ich war noch nie so froh gewesen, ein Taxi zu bekommen.

»Steht an der Zapfsäule!«, sagte Mike.

»Danke!«

Mein Atem bildete weiße Wölkchen, als ich hastig die Rituale vor meiner Schicht absolvierte: Karotten, Mandeln und Käsestücke in der Seitentasche der Fahrertür verstauen, den

New York City 5-Boroughs Street Atlas dort aufschlagen, wo sich die Karte vom südlichen Manhattan befand, meine Lizenz – die immer noch in Boris' Plastikhülle steckte – im Plexiglashalter hinter meinem Kopf befestigen. Als ich die Astor-Piazzolla-CD, die ich gebrannt hatte, mit »Balada Para Un Loco« als erstem Lied in den Player einschieben wollte, merkte ich, dass der Wagen keinen hatte. Ebenso wenig wie ein Radio – irgendjemand hatte alles aus dem Armaturenbrett herausgerissen. *Nun,* dachte ich und verstaute die CD wieder in meiner Tasche, *dann eben nicht.*

Rumen wartete am vereinbarten Treffpunkt, an der Ecke 29th Street und 40th Avenue. Er hüpfte auf der Stelle in seinem kaffeebraunen Parka, und als ich hupte, riss er triumphierend die Fäuste in die Höhe.

Ich kurbelte das Beifahrerfenster herunter. »Guten Morgen, Sir.« Ich lächelte. »Brauchen Sie ein Taxi?«

»Fahr mich nach Manhattan!«, sagte er und sprang auf den Beifahrersitz, als überquere er eine Grenze. Er nahm seine Mütze ab und küsste mich. Dann trommelte er mit den Händen gegen das Armaturenbrett. »Mann!«, sagte er. »Schalt auf ›Fahren‹!« Er nickte in Richtung des Taxameters. »Ha!«

»Du hast deine Lizenz dabei?«, fragte ich.

Er holte ein Schlüsselband unter seinem Pullover hervor, an dem seine Berliner Taxilizenz in einer laminierten Tasche hing. Wenn uns die Taxi & Limousine Commission erwischte, wollten wir Folgendes tun: Rumen würde seine Zulassung zeigen, und ich würde so etwas sagen wie: »Das ist ein Taxifahrer aus Berlin, der in New York für ein vergleichendes Projekt recherchiert.« Ich half also nur aus und war mir sicher, dass ich uns aus einer eventuellen misslichen Lage herausreden konnte.

Ich fuhr um den Block, damit er sich die Taxigarage und die Fahrer der Nachtschicht ansehen konnte, die gerade ihre Wagen zurückbrachten. Er starrte aus dem Fenster, seine Taxilizenz fest in der Hand. Als er sich zu mir umdrehte, standen Tränen in seinen Augen.

»Ich kann nicht glauben, dass du das für mich tust.«

»Glaub es«, erwiderte ich und musste auch mit den Tränen kämpfen, als ich auf den Northern Boulevard einbog. Ich fuhr zwischen den Baustellenabsperrungen am Queens Plaza North, bremste bei Schlaglöchern und schaffte die Ampel vor der Einfahrt zur oberen Ebene der Queensboro Bridge.

Rumen deutete auf das Loch im Armaturenbrett. »Keine Musik?«

»Die machen wir.«

»Wir?« Er lachte. *Dunk-dunk, dunk-dunk* – das Taxi rollte über die Risse im Asphalt. »Okay!« Er griff in seine Kuriertasche. »Warte ...« Rumen holte seinen MP3-Player hervor, drückte mir einen Kopfhörerstöpsel ins Ohr, den anderen steckte er sich selbst ein, während wir auf die obere Ebene fuhren. »Nur für ein Lied«, sagte er.

Wir nahm die letzte Kurve, und er stieß einen lauten Schrei aus. »YEEhaaa!« Da war Manhattan, das sich in der eiskalten Luft glasklar vor dem Horizont abzeichnete. »Vom Taxi sieht es so schön aus.«

»Nicht wahr?« Die Stadt schien am Himmel vorbeizuziehen, wie sie es manchmal tat, wenn ich die Queensboro Bridge zu Beginn einer Schicht überquerte.

»Okay!«, sagte er wieder und schaltete den MP3-Player ein. »Bereit für Canned Heat?«

»O ja!«

»›On The Road Again‹«, sagte er, sang die erste Zeile mit dem Sänger mit, schnippte mit den Fingern, als Harmonika, Drums, Piano und Rhythmusgitarre auf einmal einsetzten, während wir über die Brücke fuhren. Wir sangen beide in

Richtung der Skyline: »*Well I'm so tired of cryin' / But I'm out on the road again / I'm on the road again …*«

»Hey!« Er drehte sich zu mir. »Hast du Hunger?«

»Das habe ich doch immer«, erwiderte ich, als wir auf die Second Avenue fuhren und wild zur Musik auf den Sitzen herumhüpften. »Magst du Punjabi-Essen?«

Dank

Taxifahrer von Buenos Aires, New York City und Berlin – dieses Buch ist für euch, ebenso wie für meine Eltern. Sally McGrane, danke für die Hilfe, dieses Buch ins Leben zu rufen, für deine Ehrlichkeit, Großzügigkeit und dein Einfühlungsvermögen, für all die Stunden in der Kantine der Volksbühne. Ich werde dir bis an mein Lebensende dankbar sein. Eleanor Jackson – danke, dass du mich gefunden und meine ersten Versionen gelesen hast, dass du meine Heldin bist. Tim O'Connell – dank dir ist dieses Projekt den Windeln entwachsen und wächst immer noch weiter; wie kann ich dir je genug danken? Tom Pold, ich danke dir dafür, dass du mich mit deinen Anmerkungen in den Wahnsinn getrieben hast. Michiko Clark, Sara Eagle, Jordan Rodman – ich bin so froh über eure Leidenschaft für dieses Buch, dass ihr allen davon erzählt. Johannes Dianovich Claerbout – dein Gedächtnis ist Teil jeden Abenteuers. Matt Chesterton – ich stehe für immer in deiner Schuld, dass du den wunderbaren Artikel über *Taxi Gourmet* geschrieben und dir die Zeit genommen hast, den Buenos-Aires-Teil des Manuskripts zu lesen. Vicky Baker, Vera Block, Jessica Bridger, Joanne Camas, Jory Des Jardins, Leah Douglas, Andy Eckardt, Geraldine Eisendraht, Jorge Luis Fernández, Emily Flake, Verena Hasel, Thiago Guimaraes, Nina Anika Klotz, Simon McCormack, Joshua Partlow, Olivier Pratte, Aaron Rutkoff, David Gordon Smith, Heike Vowinkel, Julia Washausen und Claudio Weissfeld – danke für eure Gesellschaft bei meinen Food-Abenteuern und dafür, dass ihr die Geschichte weitererzählt. Fabián

Peralta, Mariangeles Rodriguez, Natacha Poberaj, Oliver Kolker, Pato y Luis – ich werde nie eure tapferen Versuche vergessen, mir Tango beizubringen. Iris und Constance Marie, ihr seid meine Heldinnen – fahrt weiter, meine Damen! Daniel Beccaria, Joe Hennessey, Mike Katz, Allen, Jake und alle anderen bei Team Systems Taxi Garage – ihr seid das Salz der Erde. Maria Teresa Mauro aus Palma (Trapani), Italien, und Emil Dimitrow und die Einwohner von Spanchevtsi, Bulgarien – ich danke euch für das Erbauen von wunderschönen Orten, um ein Buch zu vollenden. Querida Adriana Romano, *vos sos un regalo.* Danke, Alberto Bernardino Paz und Julie Taylor, für eure hinreißenden Übersetzungen, und Valorie Hart, dass mit ihrer Erlaubnis Albertos Worte hier auftauchen dürfen. Maxine Brown, Elis Graifman, Debra Russell – ich schulde euch Dank für eure Weisheit, den Tango und vieles andere. Lisa Barelli, Ryan Bird und Christine Fannon, Gabriela Hallas, Rodrigo Varela Perarnau, Brainy Smurf – danke, dass ihr bei *Taxi Gourmet* mit mir durch dick und dünn geht. Lilian Moreira, du hast mir gezeigt, wie es ist, eine Stadt zu lieben. Julia Fischer, danke, dass du meine erste Freundin in Berlin geworden bist. Ihr wunderbaren Kickstarter-Unterstützer: Autumn Arnold, Bob Barad, Clement Barrera-Ng, Ann Bernard, Dave Bloch, Erik Boertjes, Jano Cabrera, Wanda Cairns, Patrick Campbell, Armando Carmona, Laura Chinen, Jon und Diane Claerbout, Lucy Cousins, Don Eash, Ben Emmel, Cheryl Ennis, Oriana Fowler, Terry Michael Gammon, Joshua Goldfein, Steven Goldman, Carolina Gomez-Jones, Caroline Hendrix, Patti Horikawa, Teresa Hernandez Nimmo, Marisa Elana James, Ira Kaplan, Craig Katerberg, Kent Keltner, Kira Lerner, Jongyu Lin, Paul Mariz, Robin Martinazzi, Frank und Joyce Miner, Lilian Moreira, Frank Mosler, James Mosler, Shirley Nakao, Daniel Neilson, René Clausen Nielsen, Ken und Ann

Palmer, Salem Pasha, Karen Plise, Carolynn Pawluk, Sangeetha Raghunathan, Megan Rich, Amy Scott, Audrey Scott, Ed Scott, Matthias Schwab, Brant Smith, Richard Stahler-Sholk, Veronica V-V, Andrew Vollo und Julie Wakelee-Lynch – ihr habt Berlin möglich gemacht und mich nach Hause geführt. Enrique, Godfred, Zille – ich bin so froh, euch auf der Straße getroffen zu haben. Mom und Dad, ihr werdet das Ende der Straße nie erreichen … Rumen, *du bist mein Sorbas.*

Vom Aussteigen träumen viele,
Franziska Schmitt hat es gewagt.

Franziska Schmitt

TAUSCHE ALLTAG GEGEN LEBEN

Meine Reise ins Glück

Karriere, Freunde, Großstadtleben – eigentlich läuft alles ganz prima für die Mittdreißigerin Franziska Schmitt. Wenn da nicht dieses Gefühl wäre, die Sorge, dass das jetzt schon alles war. Und so fasst sie den mutigen Entschluss, ein Jahr lang alleine durch Asien zu reisen, um Antworten auf ihre Fragen zu finden. Kurzerhand kündigt sie nach über zehn Jahren ihren Job, löst die Wohnung auf und verabschiedet sich von Familie und Freunden. Doch sie ahnt nicht, wie sehr diese Reise ihr Leben auf den Kopf stellen wird.

Ein hochprozentig flammendes Plädoyer für ein vereintes Europa.

Laura Nunziante

SALUTE!

Wie ich mit ganz Europa Brüderschaft trank

Die Deutsch-Italienerin Laura feiert nichts so ab wie Europa. Wenn sie hört, wie Europäer über Europäer herziehen und Brüssel an allem schuld sein soll, kriegt sie echt zu viel. Sie beschließt deshalb, etwas dagegen zu tun, und begibt sich auf einen wilden Trip, der ausgerechnet in London am Tag nach der Brexit-Wahl startet. Über Göteborg und Amsterdam treibt es sie in ihre zweite Heimat Italien und anschließend in den Osten Europas. Ihre Mission: Über den gemeinsamen Drink will sie zur Völkerverständigung beitragen.
Sie entdeckt mit einer Klapperkiste das unbekannte Transnistrien, findet in Krakau ihren Lieblingsschnaps, diskutiert in Londoner Bars über Sexismus und hat eine interkontinentale Affäre. Unerschrocken und voller Energie belebt Laura den europäischen Geist wieder – mit Neugier, einem Schnapsglas sowie jeder Menge Humor und Selbstironie.

KNAUR

Im humorvollen Selbstversuch erzählt Anna Funck von den absurdesten Ernährungstrends und erklärt, welche dennoch hilfreich sind.

Anna Funck

EGAL, ICH ESS DAS JETZT!

Mein Jahr mit grünen Smoothies, Superfoods und anderen bekloppten Ernährungstrends

Eigentlich wollte sich Anna Funck vom Ernährungswahn nicht verrückt machen lassen. Als ihr aber auffällt, dass sie sich nach manchem Essen schlapp fühlt, will sie so gesund wie möglich leben. Die Moderatorin und Mutter von zwei Kindern beginnt, alles auszuprobieren: von Paleo über Low Carb bis hin zu Superfoods. Auf grüne Smoothies möchte sie schon bald nicht mehr verzichten, doch als sie ihrer Familie Zucchini-Spaghetti auftischt, heißt es nur: »Mama, die Nudeln sind kaputt!«

»Mit einer Riesenportion Humor und Selbstironie, ohne erhobenen Zeigefinger, futtert sich Anna Funck durch alle Ernährungstrends. Und wer will, lernt dabei etwas – der Rest amüsiert sich einfach. Angenehm unperfekt.«

Vanessa Blumhagen,
Bestseller-Autorin und SAT.1-Moderatorin

KNAUR